예제가 가득한

챗GPT
프롬프트
길라잡이

예제가 가득한
챗GPT 프롬프트 길라잡이

초판 1쇄 인쇄 | 2024년 5월 10일
초판 1쇄 발행 | 2024년 5월 20일

지 은 이 | 이승우

발 행 인 | 이상만
발 행 처 | 정보문화사

책 임 편 집 | 노미라
편 집 진 행 | 명은별
교 정 교 열 | 이수지

주　　　 소 | 서울시 종로구 동숭길 113 정보빌딩
전　　 화 | (02)3673 - 0114
팩　　 스 | (02)3673 - 0260
등　　 록 | 1990년 2월 14일 제1 - 1013호
홈 페 이 지 | www.infopub.co.kr

I S B N | 978-89-5674-976-1

예제가 가득한

챗GPT 프롬프트 길라잡이

이승우 지음

ChatGPT

정보문화사
Information Publishing Group

머리말

2022년 후반부, 대중에게 처음으로 공개된 챗GPT는 앞으로 다가올 미래 사회에 광범위하고 다양한 측면에서의 혁신적 변화를 가져올 것이다. GPT3.5 버전으로 처음 공개된 시점으로부터 겨우 15개월 정도의 시간이 지났을 뿐인데, 그 성장속도는 눈이 부실 지경이다.

챗GPT는 초기 텍스트 생성형 인공지능을 뛰어 넘어 달리 3(DALL-E 3)를 이용한 이미지 생성 영역까지 빠르게 확장하고 있다. 2023년 11월에는 사용자별로 커스텀화할 수 있는 GPT인 GPTs를 출시하였고, 최근(2024년 2월)에는 비록 베타버전이긴 하지만 동영상 생성형 모델인 소라(sora)의 출시까지 이르고 있다.

이러한 챗GPT의 성장속도에 비추어 볼 때, 챗GPT의 미래 발전 방향을 예측하는 것은 의미없는 일이 될 수도 있다. 과거에는 경험하지 못했던 AI 시스템이기에 이들이 성장할 수 있는 영역을 가늠해 보는 것은 쉽지 않기 때문이다. 게다가 OpenAI에서 개발한 챗GPT 외에도 다양한 종류의 AI 서비스들이 우후죽순으로 공개되고 있다. 바야흐로 생성형 인공지능의 춘추전국시대가 시작된 것이다.

이와 같은 트렌드에 맞춰 런칭되고 있는 수많은 AI 서비스들 사이에서 불안해하는 사용자들을 위한 솔루션을 딱 하나만 제시해야 한다면 바로 '프롬프트'가 아닐까 한다. 생성형 인공지능으로부터 사용자에게 쓸모있는 답변을 얻고자 한다면 좋은 질문이 반드시 선행되어야 할 것이며, 이 좋은 질문을 우리는 '프롬프트'라고 칭할 수 있다. 오색 찬란한 외형으로 뒤덮인 인공지능을 다루는 핵심 도구는 결국 '프롬프트'인 것이다.

이 책에서는 거창하고 심오한 AI 및 LLM에 관한 지식보다는 실제 생활이나 업무에서 바로 쓸 수 있는 330개 이상의 다양한 프롬프트를 제공한다. 시중에 출판된 챗GPT 관련 서적들처럼 여러 종류의 생성형 인공지능을 사용하지 않고, 단순하지만 명료하게 OpenAI사의 챗GPT만을 활용한 프롬프트 적용 사례를 제공한다. 이외에도 다음과 같은 특징들을 가지고 있다.

- 330개 이상의 바로 쓸 수 있는 프롬프트 예시문 제공
- 프롬프트를 쉽게 작성할 수 있는 프롬프트 공식 제공
- 프롬프트를 재사용할 수 있는 프롬프트 템플릿 제공
- 최신 GPT4의 기능(달리, 브라우징)을 반영한 프롬프트의 활용
- 커스텀화 된 GPTs의 활용과 유용한 GPTs
- 챗GPT 모바일 앱의 활용
- 프롬프트 활용에 대한 유튜브 영상 제공

이 책은 챗GPT를 처음 접하는 사용자부터 이미 일정 수준까지 사용해 본 경험이 있는 사용자까지, 모든 독자가 챗GPT를 더 깊이 이해하고 최대한 활용할 수 있도록 구성되어 있다. 새로운 시대를 살아가는 데 강력한 도구가 될 챗GPT를 익히고 사용함에 있어 이 책이 좋은 안내자가 될 수 있기를 바란다.

이승우

이 책을 보는 방법

> ### PART 01 | 챗GPT 입문

챗GPT에 관한 기초적인 이론 및 작동 원리에 대해 간략하게 설명하고, 챗GPT를 가입하는 과정과 챗GPT의 화면 구성에 대해 설명한다. 챗GPT 가입과 사용법 설명에 활용된 캡처 화면은 최근 GPT4 업데이트로 인해 변경된 화면을 모두 반영했다.

> ### PART 02 | 프롬프트의 기초

프롬프트에 대한 일반적인 개념과 기능, 특징 등에 대해 서술했다. 분량이 적어 부담없이 읽어 나갈 수 있을 것이다.

> ### PART 03 | 프롬프트 작성 기법

챗GPT에서 사용되는 프롬프트를 실제로 작성하는 방법에 대해 설명한다. 기초적인 프롬프트 예시문을 사용하여 설명함으로써 독자들의 이해를 돕고자 했다. 특히 Section 06에서 설명하는 프롬프트 공식과 프롬프트 템플릿 작성 요령은 반드시 숙지하기 바란다. 프롬프트 공식 및 프롬프트 템플릿 작성 요령 또한 예시를 들어 이해를 돕고자 했다.

> ### PART 04 | 용도별 프롬프트 예시문

다음과 같이 챗GPT의 주요 용도에 따른 프롬프트를 예시로 제공한다.
- '정보 검색'을 위한 프롬프트
- '창의적 콘텐츠'를 위한 프롬프트
- '지식 습득'을 위한 프롬프트
- '대화형 상호작용'을 위한 프롬프트

> ### PART 05 | 분야별 프롬프트 예시문

이 책의 가장 핵심적인 내용으로, 실무나 생활에서 바로 적용하여 생산성을 올릴 수 있는 프롬프트들을 제공한다. 여기서 제공하는 프롬프트만 300여 개에 달하며 40개 이상의 유튜브 영상으로 보충 설명을 제공하고 있다. 유튜브 영상은 책 중간 중간 제공하는 'QR코드'를 통해 시청할 수 있다. 분야별 프롬프트 예시문의 종류는 다음의 표를 참고하자.

단, GPT4(유료 버전)에서만 활용가능한 프롬프트는 빨간색으로 표시했다.

[요약/추출/추론/토론]을 위한 프롬프트	[문서/글쓰기]를 위한 프롬프트
−긴 글 요약하기 −단어/키워드 추출 −추론 시키기 −토론에 필요한 정보 생성	−기획서 −제안서 −보고서 −공문서 −논문 −공지문 −사과문 −연설문 −단행본 쓰기 −웹소설 쓰기 −동화 쓰기 −에세이 쓰기 −시 쓰기 −자서전 쓰기 −시나리오 쓰기 −이메일 쓰기 −블로그 포스트 쓰기 −신문 & 뉴스 기사 쓰기 −유튜브 대본 쓰기 −인터뷰용 질문지 쓰기 −리뷰(후기) 쓰기 −과제(리포트) 쓰기 −카드 뉴스 스크립트 쓰기 −문장 교정: 맞춤법 및 글자 수 재지정
[교육/진학/취업]을 위한 프롬프트	
−수업(강의) 설계 −평가 문항 제작 −수행평가 평가 기준안 작성 −현장 체험학습 계획서 작성 −수능 문제 풀이 −입시 컨설팅 −적성 및 진로 탐색 −채용 공고 작성 −면접 시 질문과 답변 −자기 소개서 작성	
[의료/건강]을 위한 프롬프트	
−질환별 치료법 −의약품 정보 확인 −증상별 원인 추정 및 병원 추천 −건강 상담 −건강 검진 결과 분석 및 해석 −식습관 개선	
[행정/법률]을 위한 프롬프트	
−나에게 유용한 정책 찾기 −복지 제도 알아보기 −위기 대응 매뉴얼 작성 −법률 및 판례 해석 −근로계약서 독소 조항 찾기 −개인 간 분쟁 해결 방안 −내용 증명 작성	
[노무/세무]를 위한 프롬프트	**[생활/여가]를 위한 프롬프트**
−직무별 회사 찾기 −퇴직 후 실업급여의 계산 −연봉 협상 시뮬레이션 −워라밸 일자리 찾기 −N잡러의 종합소득세 계산 −중소기업 취업자 소득세 감면 −연말정산 질문&답변	−뉴스 검색 −트렌드 검색 −날씨 검색 −가사 분담 −요리 레시피 −인간 관계 조언

[투자/금융]을 위한 프롬프트	[영어/IT/그림]을 위한 프롬프트
−부동산 투자	−심리 상담
−주식 투자	−쇼핑
−기업의 재무 분석	−맛집 추천
−투자 포트폴리오	−여행 정보
−투자 시뮬레이션	−독서
−개인 현금흐름표 작성	−영화
−신용카드의 선택	−헬스(PT)
−보험 설계	−취미
	−TV

[경영/기획/마케팅]을 위한 프롬프트	[영어/IT/그림]을 위한 프롬프트
−ESG 경영 전략	−문법 검사
−경쟁사 분석을 통한 사업 분석	−직독 직해: 한영 연습
−사업 계획서 작성	−독해 지문 만들기
−제품 기획	−영어 번역
−서비스 기획	−영단어 학습
−콘텐츠(앱) 기획	−IELTS 답안 제작
−브레인스토밍	−토익 문항 제작
−고객 수요 조사용 설문지 만들기	−회화용 다이얼로그 생성
−상권 분석	−엑셀
−브랜딩	−파워포인트
−제품 슬로건	−크롬
−제품 소개	−파이썬
−이벤트	−HTML, CSS, 자바스크립트
−제품 광고	−썸네일
−제휴 마케팅	−로고
−고객 만족도 조사	−이모티콘
−고객 응대	−4컷 만화

PART 06 | **GPT4 실전 가이드**(단, 유료 버전에서만 활용 가능)

2023년 11월에 최종 업데이트된 GPT4의 기능을 정리하여 다음과 같은 내용으로 설명한다.

- GPT4에서 업그레이드된 기능: 달리, 브라우징, 어낼리시스
- 챗GPT 모바일 앱(App), GPTs, Custom Instruction

유튜브 강의

 youtube.com/@nomadcodelab

독자 문의 및 업데이트

네이버 블로그 blog.naver.com/swlee2638의 '안부글'을 이용하여 문의하기 바라며 챗GPT 및 관련 정보의 업데이트된 내용은 포스트를 발행할 예정이다.

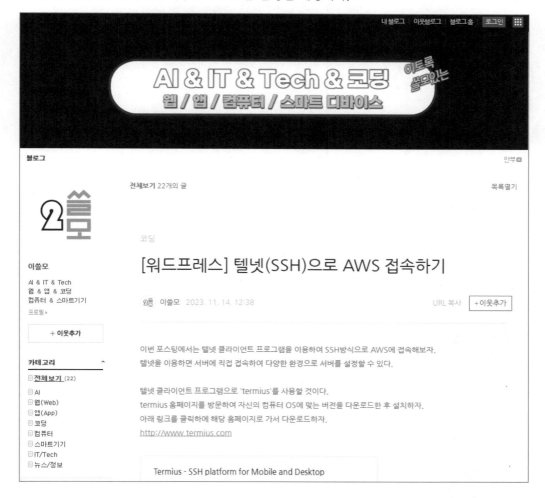

330개의 프롬프트 스크립트(텍스트) 제공

정보문화사 홈페이지(infopub.co.kr) 자료실에서 파일 다운로드 가능하다.

차례

PART 01 챗GPT 입문

PART 02 프롬프트의 기초

PART 03 프롬프트 작성 기법

PART

01

챗GPT 입문

01 챗GPT의 원리

챗GPT의 GPT는 Generative Pre-trained Transformer의 약자로, 직역하면 생성형 사전학습 변환기라고 할 수 있다. 여기서 'Generative'의 'G'를 뜻하는 '생성'이란 기계 스스로 학습한 알고리즘으로 새로운 글, 이미지, 영상 등을 생성하는 기술을 말한다. 다음으로 'Pre-trained'의 'P'를 뜻하는 '미리 학습됨'이란 수많은 문자, 문장을 엄청난 비용과 시간을 들여가며 GPT에게 미리 입력시켜 왔다는 것이다. 마지막으로 'Transformer'의 'T'를 뜻하는 트랜스포머는 라벨링으로 데이터를 인식하던 과거 방식과는 달리, 문장을 구성하는 요소들 사이의 패턴을 미리 입력된 엄청난 데이터 속에서 수학적 방법으로 찾아내는 것을 의미한다. 이와 같이 트랜스포머는 문장 속 단어와 같은 순차 데이터 간의 관계를 추적해 해당 문장의 맥락과 의미를 인식하고 생성하는 인공지능 신경망으로, 다양한 자연어 처리 작업을 수행할 수 있다.

예를 들어 사람의 귀 모양, 발 모양, 손 모양, 머리 모양, 신체 비율 등의 구성 요소들 사이에서 패턴을 발견하고 이들간의 관계를 추적해 해당 패턴을 가진 객체를 마침내 "사람"으로 인식하는 것이다. 이를 언어 모델에 적용시키면 단어(토큰)들 사이의 관계와 그 단어들로 구성된 문장의 뜻을 이해할 수 있는 발전된 언어학습 모델이 될 수 있다. 바로 이러한 언어학습 모델을 챗GPT라고 정의할 수 있다.

여기에 인간이 직접 작성한 질문-답 형식의 수많은 데이터 학습이 더해지면서 챗GPT는 마치 사람이 대답하는 것처럼 꼼꼼하게 대답할 수 있게 되었다. 쉽게 말해 챗GPT는 인터넷상의 또는 사람들이 직접 입력한 많은 문장과 단어를 읽고 배운 인공지능이다. 챗GPT는 이렇게 입력된 데이터를 통해 사람들이 어떻게 말하는지, 질문에 어떻게 대답하는지를 배워서 마치 사람인 것처럼 사용자의 질문에 대답하게 된다. 공부를 많이 해서 머릿속에 방대한 지식과 정보를 가진 학생이 시험 문제를 잘 푸는 것처럼, 챗GPT도 많은 글, 질문과 답변을 읽으며 학습한 데이터를 바탕으로 사용자의 다양한 질문에 대답할 수 있는 것이다.

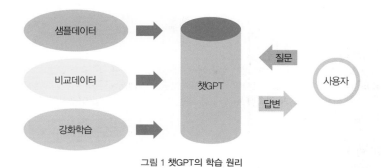

그림 1 챗GPT의 학습 원리

02 챗GPT의 발전

① OpenAI에서 개발한 자연어 처리(Natural Language Processing, NLP) 모델
② GPT1(2018년 6월): 약 1.1억 개의 매개변수(파라미터)를 사용
③ GPT2(2019년 2월): 약 15억 개의 매개변수(파라미터)를 사용
④ GPT3(2020년 6월): 1,750억 개의 매개변수(파라미터)를 사용
⑤ GPT3.5(2022년 11월): 11월 30일에 베타버전을 일반인에게 무료 공개
　 4,096개의 토큰(약 8,000개의 단어), 4~5페이지에 해당하는 프롬프트 입력
⑥ 2023년 1월: 챗GPT 일간 사용자 수 1억 명 돌파
⑦ GPT4(2023년 3월): 답변 능력 향상 및 이미지 인식 기능을 추가해 유료 공개
　 32,768개의 토큰(약 70,000개의 단어), 50페이지에 해당하는 프롬프트 입력
⑧ GPT4 Turbo(2023년 11월): 멀티모달 및 최신 정보를 반영한 프롬프트 가능
　 최대 128,000개의 토큰 지원으로 300페이지 이상의 프롬프트 입력 가능

03 챗GPT의 특징

① 카카오톡처럼 일상적인 인간의 언어로 대화하듯이 소통 가능
② 글쓰기, 대화에 특화된 생성형 AI
③ 딥러닝을 통해 스스로 정보를 생성하고 추론하는 능력을 갖춤
④ 시행착오를 거쳐서 최적의 방법을 찾아가는 강화학습 기법의 적용
⑤ 강화학습 기법의 적용으로 스스로 오류를 잡고 수정이 가능
⑥ 챗GPT는 버전이 상향될수록, 강화학습을 통해 소프트웨어 또는 하드웨어 측면에서 최적화
　 될 수 있어 성능 향상 속도가 매우 빠름

❖ **자연어 처리란?**

자연어(Natural Language)란 인간이 일상생활에서 사용하는 언어를 뜻한다. 자연어 처리는 이러한 자연어를 컴퓨터와 같은 기계를 이용해 묘사할 수 있도록 연구하고 이를 구현하는 인공지능의 한 분야이다. 자연어의 의미를 분석해 컴퓨터가 처리할 수 있도록 하는 기술로, 이 기술을 이용하면 컴퓨터가 인간의 언어를 이해하고 생성할 수 있다.

❖ **머신러닝이란?**

머신러닝(Machine Learning)은 컴퓨터가 스스로 학습하게 하는 기술이다. 예를 들면, 컴퓨터에게 많은 수의 고양이 사진을 보여 주면서 '이것은 고양이야'라고 가르친다. 많은 고양이 사진에 노출된 컴퓨터는 새로운 사진이 주어졌을 때 그게 고양이인지 아닌지를 스스로 판단할 수 있게 된다. 이렇게 데이터(문서, 사진, 영상 등)를 통해 학습하고, 스스로 판단하는 능력을 갖추는 기술이다.

❖ **딥러닝이란?**

딥러닝(Deep Learning)은 머신러닝의 한 방식인데, 인간의 뇌가 정보를 처리하는 방식을 모방한 '인공신경망'을 사용한다. 이 인공신경망은 많은 수의 '층(레이어, layer)'으로 이루어져 있어서 '깊이(deep)'가 발생하므로 '딥러닝'이라고 부른다.

머신러닝과의 차이를 예로 설명하면, 일반 머신러닝은 고양이 사진을 컴퓨터에게 보여 줄 때 '귀가 어디에 있고, 눈은 어떻게 생겼는지' 등의 특정한 정보를 알려 줘야 한다.

하지만 딥러닝에서는 많은 사진을 보여 주기만 하면, 컴퓨터가 스스로 고양이의 특징을 파악해 나간다. 딥러닝은 더 복잡하고 세밀한 학습이 가능해서 사진뿐만 아니라 음성 인식, 번역, 이미지 생성 등 다양한 분야에서 사용되는 기술이다.

04 챗GPT의 활용 분야

텍스트 생성

챗GPT는 자연어 처리 기술을 적용한 인공지능 시스템이기에 인간의 언어를 이해하며, 자연스러운 대화가 가능하다. 별다른 사전 작업 없이 챗GPT는 사용자가 요구하는 문장의 오타, 문법, 맞춤법, 구두법 등을 확인해 교정할 수 있다. 이외에도 주어진 문맥에 맞춰 내용이나 형식 면에서 적합한 문장을 생성하거나 완성할 수 있다. 소설, 에세이, 시(詩), 영화 대본 등의 다양한 글쓰기 작업에 활용될 수 있다.

텍스트 이해 및 분석

다양한 언어에 대한 소스를 입력받은 챗GPT는 풍부한 데이터를 기반으로 사용자가 제공하는 문장을 분석하며 문장의 의미를 파악하고, 챗GPT 자신의 해석을 사용자에게 제시할 수 있다.

텍스트에 담긴 감정 및 의도 분석

챗GPT는 사용자가 문장에서 표현하고자 하는 감정 또는 의도까지도 찾아낼 수 있다. 사용자가 제시한 문장의 이해와 분석 과정을 통해 문장에 담긴 감정을 분석하고 감정의 상태까지도 추정할 수 있다. 또한 사용자가 질문을 통해 추구하는 의도를 파악하고 이에 적합한 답변을 제시할 수 있다.

텍스트 번역

언어 번역은 챗GPT가 할 수 있는 여러 가지 일 중에서 특히 뛰어난 분야로, 높은 정확도를 보여주고 있는 부분이다. 다양한 언어의 번역 작업에 유용하게 사용될 수 있다. 특히 GPT4에서는 이 부분이 더욱 강화되어 번역 결과가 한결 자연스러워졌다.

텍스트 분류

챗GPT는 제공받은 텍스트를 이해하고 분석을 한 후 특정 주제나 카테고리로 분류할 수 있는 기능을 가지고 있다. 텍스트에서 추출한 내용을 바탕으로 스팸 메일을 필터링하거나 비슷한 맥락 안에 있는 내용들을 단락이나 절로 구분해 문서를 정리할 수 있다.

텍스트 요약

챗GPT는 txt, pdf 등의 파일이나 사용자가 직접 입력한 긴 텍스트를 주어진 조건에 맞춰 요약할 수 있다. 또한 키워드를 추출해 핵심 문장을 만들거나 전체 글의 주제가 담긴 문장을 생성할 수 있다. 단, 파일 입력은 GPT4에서만 제공되는 서비스이다.

전문 지식 제공

챗GPT는 사전에 학습되거나 입력된 빅데이터를 기반으로 다양한 주제에 관한 지식과 정보를 제공하며 이를 바탕으로 해당 분야의 질문에도 짧은 시간 내에 답변할 수 있다. 하지만 전문 지식의 경우, 반드시 검증을 거쳐 사용해야 한다.

이미지 생성

챗GPT에서는 달리(DALL-E)라는 이미지 AI가 포함되어 있어, 텍스트로 입력된 내용을 분석해 텍스트가 요구하는 이미지를 생성할 수 있다. 특히 GPT4에서는 멀티모달 기능이 지원됨에 따라 입력된 이미지를 참조해 새로운 이미지를 생성할 수도 있다.

05 챗GPT 사용 시 유의 사항

첫째, 한글보다 영어를 사용하는 것이 좀 더 효과적이므로, 번역 AI나 번역 서비스를 무료로 제공해 주는 웹사이트를 이용하면 한글의 단점을 보완할 수 있다. 번역 시 사용할 수 있는 번역 AI 또는 웹사이트는 다음의 보충 해설란에 따로 정리해 놓았다.

사실 GPT3.5가 일반인에게 공개될 당시만 해도 영어로 질문했을 때 답변의 질과 한글로 질문했을 때 답변의 질 차이가 느껴지긴 했지만, 최근 GPT4가 출시되면서 상황이 조금 달라졌다. 우선 아래의 그래프부터 살펴보자.

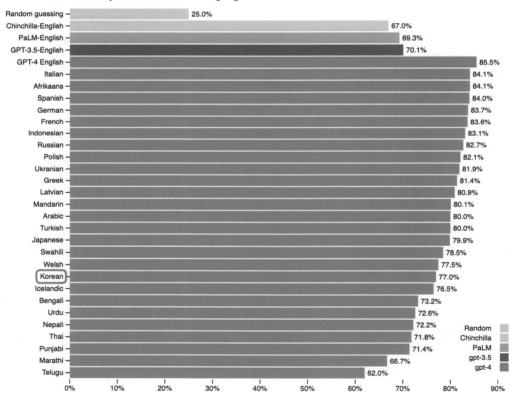

그림 2 GPT4 언어별 이해정확도(출처-https://klu.ai/blog/GPT4-llm)

이 그래프는 GPT4가 오픈하면서 OpenAI사(社)에서 제시한 언어별 이해정확도에 관한 것이다. 그래프에서 "Korean(한글)"의 정확도를 살펴보면 77.0%로 그렇게 낮지 않은 결과치를 보여 준다. 그래서 GPT4를 사용하는 유료 사용자라면 위에서 언급한 번역 서비스를 번거롭게 사용할 필요는 없다고 볼 수 있다. 한글로 입력해도 거의 실시간급으로 챗GPT가 이해할 수 있기 때문이다. 하지만 GPT3.5를 사용하는 사람이라면 여전히 한글보다는 영어로 질문할 때 좀 더 질 높은 답변을 얻게 된다.

둘째, 챗GPT가 응답하는 데이터의 진실성이나 유효성을 검증하는 시스템은 아직 구축되지 않았기에 이러한 허점을 이용해 가짜뉴스나 편향된 정보를 제공할 수 있다. 따라서 챗GPT가 제공하는 데이터를 100% 신뢰해서는 안 되며, 사용자가 검증할 수 있는 내용의 한도 내에서 챗GPT를 사용하는 것이 바람직하다. 사용자가 검증할 수 없는 데이터라면 그 답변을 활용하는 데 있어 좀 더 신중한 자세를 가져야 한다.

셋째, 콘텐츠나 데이터의 소유권에 관한 문제가 발생할 수 있다. AI가 생성한 데이터에는 저작권자의 허락이 필요한 경우가 있을 수 있다. 타인의 저작권을 침해하지 않도록 주의하며 챗GPT를 사용해야 한다. 프롬프트를 이용해 저작권을 확인할 수도 있다. GPT4에서는 '달리'와 같은 이미지프로세싱 서비스가 기본적으로 탑재되면서 저작권에 관한 부분이 좀 더 엄격해졌다. 이에 따라 저작권 관련 문제가 생길 수 있는 프롬프트의 경우 챗GPT가 거부하는 일도 종종 발생한다.

마지막으로, 윤리적인 문제가 발생할 수 있다. 챗GPT는 원래 윤리적 중립을 지켜야 하므로 차별적이거나 혐오, 성적 불쾌감을 일으킬 수 있는 질문에는 원칙적으로 답변할 수 없다. 하지만 일부 사용자들은 이러한 윤리적 제한 사항을 교묘히 피해 비윤리적 답변을 유도한다. 챗GPT 개발사인 OpenAI는 이러한 우회 기법을 차단하기 위해 발빠른 대응을 하고 있으나, 이는 사용자의 몫이기도 하다.

보충 해설

❖ **할루시네이션(Hallucination)**

할루시네이션은 인공지능이 정보를 처리하는 과정에서 발생하는 오류를 '환각'에 빗댄 말이다. 챗GPT와 같은 생성형 AI가 질문의 맥락과 동떨어진 답변을 마치 옳은 답변인 것처럼 제공하는 현상을 말하는 것으로, 이를 이용해 가짜뉴스 등을 악의적으로 생성할 수도 있다.

❖ **할루시네이션을 예방할 수 있는 프롬프트**

① ~답변과 관련된 해외 사례를 매칭해 달라.
② ~답변과 관련된 해외 연구 내용을 알려 달라.
③ ~답변과 관련된 공식 자료를 활용해 달라.
④ ~답변과 관련된 출처를 알려 달라.

❖ **번역 AI 및 번역 웹사이트**

① 프롬프트지니(크롬익스텐션)
② 번역서비스 딥엘(https://deepl.com)
③ 네이버 파파고(https://papago.naver.com)
④ 구글 번역(https://translate.google.com)

01 챗GPT 가입 및 실행

01 openai.com에 접속한 다음, 우측 상단의 'Log in'을 클릭한다.

그림 3 OpenAI 홈페이지

02 좌측의 'ChatGPT'를 클릭한다.

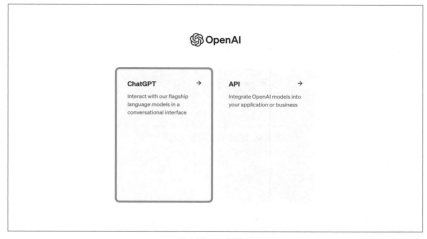

그림 4 챗GPT 선택 화면

03 클릭 후 나타난 화면에서 'Sign up' 버튼을 클릭해 가입한다.

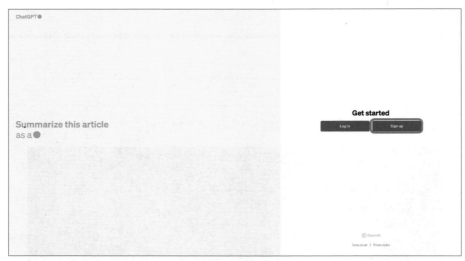

그림 5 챗GPT 회원가입 화면

04 'Google 계정으로 계속' 버튼을 클릭해 본인의 구글 계정으로 로그인한다.

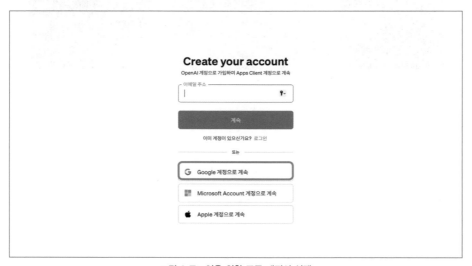

그림 6 로그인을 위한 구글 계정의 선택

05 구글 계정의 이메일 주소를 입력하고 '다음'을 클릭한다.

그림 7 구글 계정의 이메일 주소 입력

06 구글 계정의 비밀번호를 입력하고 '다음'을 클릭한다.

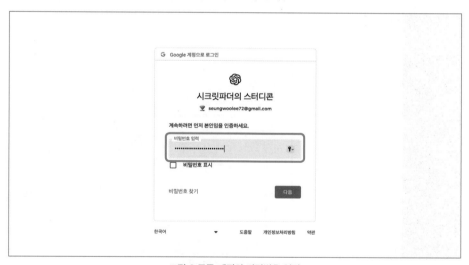

그림 8 구글 계정의 비밀번호 입력

07 성과 이름, 생년월일을 입력하고 'Agree' 버튼을 클릭한다.

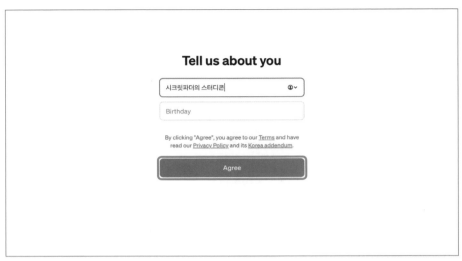

그림 9 개인 정보의 확인

08 챗GPT 메인 화면이 나타났다. 무료 사용자는 'GPT3.5'만 사용 가능하다.

그림 10 챗GPT의 메인 화면

02 챗GPT 화면의 구성

01 챗GPT 첫 질문하기

'챗GPT는 무엇입니까?'라는 첫 질문을 화면의 오른쪽 패널 아래에 있는 대화 입력창에 입력한다. 그 다음 입력창 오른쪽의 '화살표' 아이콘을 클릭하거나 엔터를 치면 아래 화면과 같이 챗GPT의 답변이 나타나고, 화면 왼쪽 패널에는 '챗GPT 소개'라는 대화방이 하나 생성된다.

그림 11 질문의 입력

그림 12 챗GPT 답변의 생성

02 생성된 대화방 이름의 수정과 대화방 삭제하기

대화방 이름 옆에 있는 점 3개 '⋯' 아이콘을 클릭하면 대화방 이름을 수정하거나 현재 대화방 전체를 삭제할 수 있는 하위 메뉴가 나타난다.

그림 13 대화방 이름 수정과 삭제

03 새로운 대화방 생성하기

왼쪽 패널 상단의 'New Chat' 버튼을 클릭하면 새로운 대화방을 생성할 수 있다.

그림 14 새 대화방 생성

04 챗GPT4로 유료 회원 업그레이드하기

왼쪽 패널 하단의 'Upgrade Plan' 버튼을 클릭하면 유료 회원 결제를 할 수 있고 결제 후에는 GPT4 버전을 사용할 수 있다.

그림 15 Upgrade Plan의 선택

현재 챗GPT가 지원하는 고급 기능들은 유료 버전인 GPT4에서만 사용할 수 있는 것들이 많다. 챗GPT의 활용도와 효율성을 높이려면 유료 버전을 사용하는 게 좋다.

03 챗GPT의 기본적인 사용법

01 검색 중지와 다시 검색하기

챗GPT가 답변하는 중에 멈추고 싶다면 우측 하단의 '멈춤' 버튼을 클릭한다.

그림 16 답변 생성의 강제적인 중지

사용자가 일부러 답변의 생성을 중단하지 않더라도 챗GPT 서버에 사용자가 많이 몰릴 경우 답변을 생성하다가 멈출 수도 있다. 이때 생성하다가 멈춰 버린 답변을 계속 보고 싶다면 대화 입력창에 '계속해 줘'라고 입력한다.

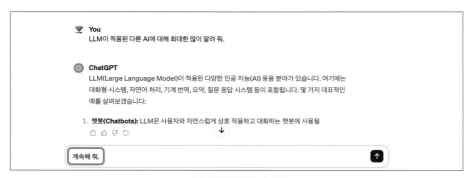

그림 17 멈춰진 답변의 재생성

02 질문의 수정과 답변의 재생성

앞서 질문한 내용을 수정해서 다시 질문하고 싶다면 '연필' 아이콘을 클릭한다.

그림 18 질문의 수정

앞서 질문한 내용을 수정한 후 'Save & Submit' 버튼을 클릭한다.

그림 19 수정한 질문의 실행

질문을 수정한 후 다시 물어보면 다음과 같이 새로운 답변이 생성된다.

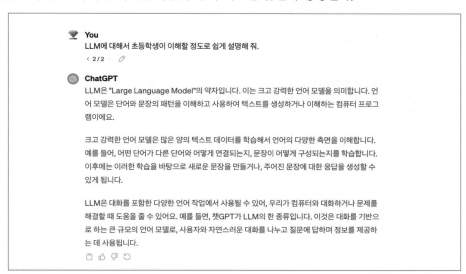

그림 20 수정된 질문에 따른 답변의 재생성

03 이전 질문과 답변의 확인

이전 답변을 다시 보고 싶다면 질문 하단의 화살표 '〈 또는 〉'를 클릭한다.

그림 21 이전 질문으로 이동

'〈'를 클릭하면 이전 질문에 대한 답변을 확인할 수 있다.

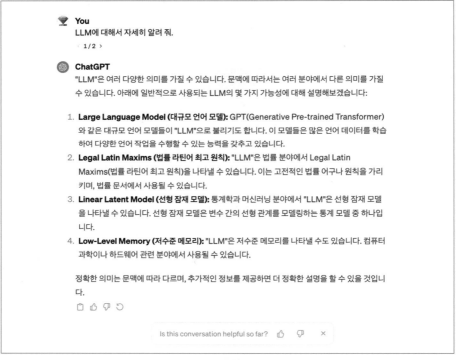

그림 22 이전 답변의 확인

'〉'를 클릭하면 다음 질문에 대한 답변을 확인할 수 있다.

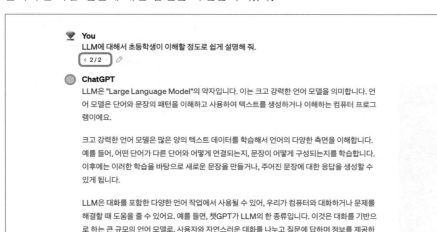

그림 23 다음 답변의 확인

04 답변 내용의 복사

답변으로 화면에 표시된 내용을 복사하려면 '메모장' 아이콘을 클릭하고, 동일한 질문에 대해 새
로운 답변을 재생성하고 싶다면 '새로고침' 아이콘을 클릭한다.

그림 24 답변 내용의 복사

05 Custom Instruction 설정하기

'Custom Instruction'은 챗GPT를 사용할 때 챗GPT가 특정한 방식으로 답변할 수 있도록 미리 설정함으로써 프롬프트를 간소화시킬 수 있는 기능이다.

아래 그림과 같이 메뉴를 클릭하면 'Custom Instruction' 화면이 나타난다.

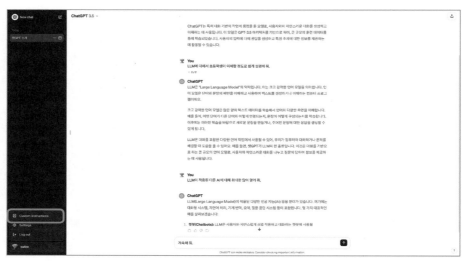

그림 25 Custom Instruction 실행

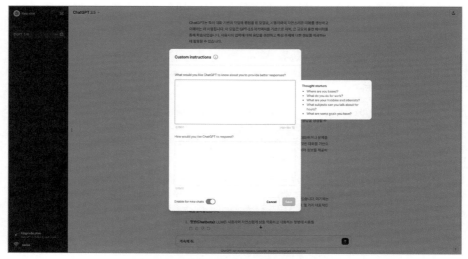

그림 26 Custom Instruction 사용자 페르소나 입력 화면

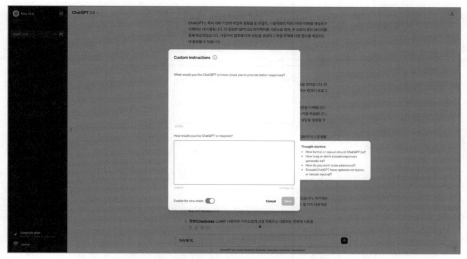

그림 27 Custom Instruction 챗GPT 페르소나 입력 화면

Custom Instruction 예시는 마지막 파트인 GPT4의 챗GPT 앱 부분에서 제공할 것이다. 단, Custom Instruction은 영어로 설정해야 하며 앞서 보충 해설에서 언급한 번역 서비스를 이용해 한글을 영어로 변환할 수 있다.

챗GPT 메인 화면 좌측 상단의 'GPT3.5'를 클릭하면 GPT 버전을 선택할 수 있다.

그림 28 챗GPT의 버전 선택

챗GPT vs 구글 검색의 비교

01 구글 검색

구글 검색의 경우 일반적인 검색으로 볼 수 있다. 네이버, 다음 등의 검색 방식과 비슷하며, 인터넷 환경에 존재하는 데이터 안에서 검색 조건에 맞는 결과를 웹사이트나 파일의 형태로 제시한다.

정확한 키워드를 알 수 없을 경우 연관성이 없는 검색 결과가 나타날 수 있으므로 검색하는 사람이 선택하는 키워드에 따라 검색 결과가 많이 달라질 수 있다. 하지만 최근에는 연관 검색어 등을 제공함으로써 키워드 선택을 보다 용이하게 해 주었고 이로써 사용자가 보다 손쉽게 키워드를 활용할 수 있게 되었다.

또한 구글 스타일의 검색에서는 하나의 검색어에 수많은 결과를 제공하며, 결과값은 특정 사이트나 URL로의 링크로 제공된다. 그로 인해 사용자가 이를 직접 클릭해 해당 사이트나 URL을 방문하기 전에는 검색 결과의 정확도를 판단할 수 없다. 수많은 검색 결과의 목록 중에서 사용자가 어떤 것을 선택하느냐에 따라 검색 결과의 정확도가 달라질 수 있으므로 검색 결과에 대한 신뢰도가 낮아질 수밖에 없다.

일반적인 구글 방식의 검색에서는 앞 검색 결과를 반영하거나 참조해 다음 검색을 할 수 없다. 이전 검색과 다음 검색의 결과값을 조합해 재구성하는 것은 검색 서비스를 사용하는 사용자의 몫이다.

그림 29 구글 검색(챗GPT가 생성한 이미지)

02 챗GPT 검색

챗GPT 검색의 경우 딥러닝을 통해 주어진 데이터를 재학습하고 새로운 정보를 추론해 생성된 결과를 제시하는 대화형 검색이다. 구글 검색에 비해 키워드를 잘 몰라도, 천천히 범위를 좁혀 가는 프롬프트를 반복함으로써 필요한 답변을 유도할 수 있다.

구글 검색에 비해 하나의 질문에는 하나의 결과만을 제공하기 때문에 결과 선택이 용이하며 결과에 대한 신뢰도가 상승할 수 있다.

그림을 생성하는 경우 사용자가 원하는 그림을 글로 설명하면 구글 검색처럼 인터넷상에서 해당 그림을 찾아 주는 방식이 아닌, 검색하고자 하는 그림을 새로 그려 준다. 또한 동일한 대화 영역 내에서 이탈하지 않는다면 앞서 질문한 내용과 그 질문에 대한 답변을 함께 참고해 새로운 답변을 생성한다.

그림 30 챗GPT 검색(챗GPT가 생성한 이미지)

03 구글 검색 vs 챗GPT 검색 비교

구글 검색?

'머신러닝'과 '딥러닝'에 대한 내용을 알고 싶은 누군가가 있다고 가정하고, 그 사람을 사용자라고 하자. 사용자가 머신러닝과 딥러닝에 대한 지식을 얻기 위해 도서관에 가야 한다고 가정하면, 이때의 도서관은 많은 정보가 쌓여 있는 인터넷과도 같은 환경이다.

사용자는 도서관에서 머신러닝에 관한 3권의 책과 딥러닝에 관한 3권의 책, 총 6권을 선택한다. 도서관을 인터넷으로 대치한다면 6권의 책들은 6개의 웹사이트 페이지 또는 6개의 URL이 될 것이다. 사용자는 이러한 책 또는 인터넷 사이트들을 본인 스스로 도서관 또는 인터넷을 방문해 찾아야 하며 그만큼의 시간과 노력을 들여야 한다.

어쨌든 이러한 과정을 통해 책이나 웹사이트로부터 지식과 정보들을 취득했다면, 이제 사용자의 수준에서 정보와 지식을 이해할 수 있도록 가공하고 정리해야 한다. 이 과정에서도 앞선 검색 과정만큼의 시간과 노력이 소요된다.

그런데 돌발 상황이 생겼다. 단순히 '머신러닝'과 '딥러닝'의 개념 이해를 넘어 그 두 개념 간의 비교를 통해 '차이점'을 찾으라는 미션이 추가된 것이다. 미션의 수행자는 앞서 각각의 개념을 찾으려 할 때 반복했던 '검색과 선택'의 행위를 또 다시 반복할 수밖에 없다. 이러한 반복적인 과정은 결국 작업의 생산성을 떨어트린다.

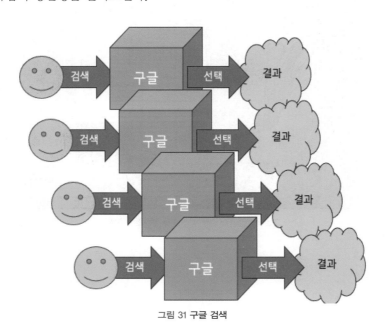

그림 31 구글 검색

챗GPT 검색?

똑같은 상황에서 챗GPT를 사용하면 구글 검색과 어떤 차이가 있는지를 살펴보자. 구글 검색의 경우와 마찬가지로 '머신러닝'과 '딥러닝'에 대한 내용을 알고 싶은 누군가가 있다고 가정하자. 사용자는 머신러닝과 딥러닝에 대한 지식을 얻기 위해 도서관에 가야 하며, 이때의 도서관은 많은 정보가 쌓여 있는 인터넷과도 같은 환경이다. 여기까지는 구글 검색과 별다른 점이 없다. 하지만 챗GPT 환경에 있는 도서관에는 이전 도서관과는 달리 사서(司書), 즉 챗GPT가 있다.

마치 오프라인 도서관에 갔을 때 도서관 사서에게 책을 찾아 달라고 부탁하듯이 챗GPT에게 '머신러닝'과 '딥러닝'에 대한 지식과 정보를 요구한다. 그 요구를 받은 챗GPT는 머신러닝과 딥러닝과 관련된 도서관에 있는 모든 책을 순식간에(거의 수초 내로) 분석해 문법에 맞는 단어와 문장으로 구성된 답변을 생성해 준다. 이는 검색과 선택을 반복하던 구글 검색 방식에 비해 시간과 노력을 획기적으로 줄일 수 있다.

또한 구글 검색에서와 같이 새로운 과제 '머신러닝과 딥러닝의 차이'를 알아내라는 미션이 주어진다고 해도 미리 겁먹을 필요가 없다. 그저 이전에 '머신러닝'과 '딥러닝'에 대해서 알려 줬던 사서, 즉 챗GPT를 찾아가면 된다. 앞선 검색에서 사용했던 대화창을 다시 불러만 오면 되는 것이다. 그러면 그 채팅방의 챗GPT는 기존에 자신이 답변했던 내용을 바탕으로 새로운 관점에서 머신러닝과 딥러닝에 대한 지식과 정보를 비교 분석한 후, 문법에 맞는 단어와 문장으로 다시 답변을 제공한다. 그것도 아주 짧은 시간 내에 제공할 수 있으며, 심지어 사용자가 미처 생각하지 못한 창의적인 답변을 생성할 가능성도 있다.

그림 32 **챗GPT 검색**

PART

02

프롬프트의 기초

프롬프트의 개념

01 고전적 의미

프롬프트(prompt)는 원래 연극에서 사용하는 용어이다. 관객이 보이지 않는 영역에서 연극 배우들에게 대본과 지시 사항을 전달하는 기계가 바로 '프롬프트'다. 이러한 프롬프트의 의미가 확장되어 '인공지능이 결과를 내놓을 수 있도록 구체적으로 지시를 하는 말'로 발전되었다.

02 초기 컴퓨팅에서의 의미

초기 컴퓨터는 인간의 언어를 알아듣지 못했다. 그래서 인간의 언어를 컴퓨터가 알아들을 수 있는 기계어로 변환해야 했으며, 이를 실행하기 위해 명령어(command)를 사용했다.

대표적인 운영 체제였던 도스(DOS)에서는 텍스트 명령어를 받아들이기 위한 인터페이스로 프롬프트를 사용했는데, 다음과 같이 희거나 검은 빈 화면상에 텍스트 명령어를 입력받기 위한 커서가 깜박깜박거리는 형태였다.

그림 33 컴퓨터의 명령 프롬프트 화면

하지만 이와 같이 명령어를 일일이 입력하는 과정은 컴퓨터 사용에 있어 효율성과 대중성을 약화시켰고 이러한 불편을 해소하고자 현재의 윈도우와 같은 그래픽 사용자 인터페이스(GUI)를 도입하게 되었다. 텍스트를 입력하는 대신 단순히 마우스를 클릭함으로써 컴퓨터의 활동(액션)을 제어할 수 있게 되었다.

03 챗GPT에서의 의미

윈도우가 보급된 이후 미국에서 시작된 인터넷이 전세계적으로 확장되면서 웹(WWW: World Wide Web)의 세상이 펼쳐졌고, 인터넷상에서 생성되는 광대한 데이터를 검색하기 위해 키워드 또는 키워드를 포함한 불완전한 문장을 '검색어'로 사용하게 되었다.

하지만 2024년을 살아가는 우리는 드디어 일상에서 사용하는 자연스러운 문장으로 컴퓨터에게 지시할 수 있게 되었다. '코로나 바이러스'라는 단순 검색어 대신 '코로나 바이러스에 대한 논문을 쓰려고 하는데 여기에 알맞은 목차를 구성해 줘'와 같은 구체적 질문이나 지시를 할 수 있게 되었다. 바로 이러한 지시 사항을 담고 있는 문장을 '프롬프트'라고 한다. 정리하자면 프롬프트란 '컴퓨터(AI)와 하는 대화' 또는 '컴퓨터(AI)에게 건네는 질문' 그 자체인 셈이다.

다시 말해 챗GPT와 같은 생성형 인공지능이 어떤 일을 수행하기 위해서는 인간의 구체적인 지시와 요구가 필요하며 이러한 지시나 요구를 '프롬프트'라고 말할 수 있다. 물론 그 지시나 요구는 텍스트가 될 수도 있고, 특정 파일(pdf, txt, xls 등) 또는 이미지가 될 수도 있다.

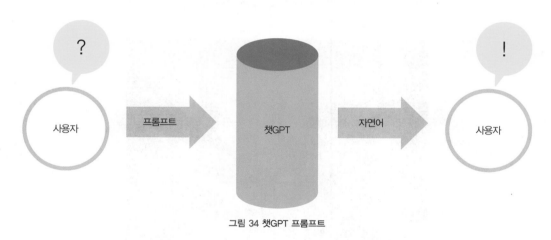

그림 34 **챗GPT 프롬프트**

프롬프트의 기능

01 작업 유도 기능

프롬프트는 문장을 통해 특정 작업이나 주제를 제시함으로써 챗GPT가 해당 작업을 수행하도록 유도할 수 있다. 예를 들어, '한국의 날씨를 알려 줘'라는 프롬프트를 챗GPT에 입력했다면, 챗GPT는 먼저 여러 가지 정보들 중에서 날씨에 관한 정보를 검색할 것이다. 이렇게 검색한 결과로부터 한국의 날씨 정보만을 뽑아낸다. 프롬프트상에 포함된 '한국의 날씨'라는 구체적인 조건은 챗GPT가 사용자에게 필요한 답변을 생성할 수 있도록 유도하는 역할을 한다.

그림 35 프롬프트의 작업 유도(챗GPT가 생성한 이미지)

02 문맥 제공 기능

이전 대화나 정보를 바탕으로 프롬프트를 작성한다면 챗GPT는 이전 내용을 참고해 해당 질문의 응답을 생성할 수 있다. 챗GPT와 사용자 간에 주고 받는 질문과 대답은 또 다른 질문을 위해 추가로 제공되는 사전 정보이며, 최종 검색을 위한 자료로써 유용하게 사용된다. 프롬프트를 통해 외부 정보, 응답 조건, 상황 및 환경 등의 문맥(context)을 제공할 수 있다.

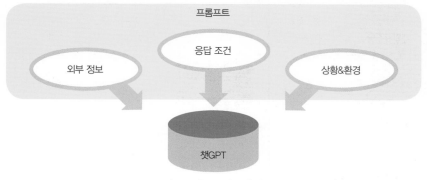

그림 36 프롬프트의 문맥 제공

03 지시 내용 전달 기능

프롬프트의 가장 중요한 기능에는 프롬프트를 이용해 사용자가 지시하고자 하는 내용을 챗GPT에게 전달하는 것이 있다. 챗GPT에게 답변을 요청하기 위한 프롬프트에 구체적인 주체와 대상을 포함시킴으로써 지시 내용을 보다 정확하게 전달할 수 있다. 이로 인해 챗GPT의 답변 처리 속도와 정확도를 높일 수 있다.

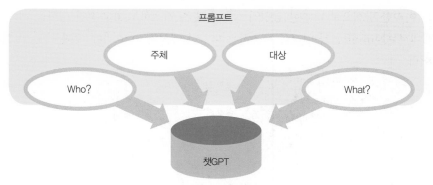

그림 37 프롬프트의 정보 제공

04 창의성 자극 기능

개방형(열린) 질문으로 구성된 프롬프트를 사용하거나 어떤 가상의 조건을 프롬프트 내에서 설정함으로써 챗GPT의 창의성을 유도할 수 있다. 이렇게 생성된 답변을 통해 사용자 또한 생각지 못한 방향으로 문제를 해결하거나 아이디어를 도출할 수 있게 된다.

그림 38 프롬프트의 창의성

05 감정이나 의견 표현 기능

사용자가 챗GPT에게 특정한 감정이나 의견을 표현하고자 할 때, 이를 효과적으로 전달하기 위해서는 적절한 톤(tone)과 매너(manner)를 사용하는 것이 중요하다. 예를 들어, 만약 사용자가 기쁜 감정을 담은 프롬프트를 작성한다면, 챗GPT 역시 그 기쁨을 반영한 언어를 사용해 답변을 구성하게 된다. 반대로 슬픔을 담은 프롬프트를 작성하면, 챗GPT는 그에 맞는 위로의 말을 찾아 사용자에게 제공한다.

중요한 점은 챗GPT가 실제로 감정을 느끼는 게 아니라, 프로그래밍된 알고리즘에 따라 반응한다는 것이다. 즉, 사용자의 의도와 문맥을 파악해 해당 상황에 적합한 언어적 표현을 사용한다. 챗GPT는 이러한 방식으로 다양한 감정적 상황에 맞는 적절하고 효과적인 대화를 제공할 수 있다. 이 책에서는 이러한 톤과 매너를 사용하는 다양한 예시와 그 효과에 대해 더 깊이 있게 탐구할 예정이다.

그림 39 프롬프트의 감정 표현

프롬프트의 중요성

01 도구와 대화로서의 프롬프트

컴퓨터와 같은 디지털 장치의 활용은 오늘날 업무 효율성을 극대화하는 데 필수불가결한 요소로 자리 잡았다. 이러한 맥락으로 챗GPT와 같은 인공지능 기술의 활용 역시 중요하다. 사용자의 숙련도에 따라 컴퓨터 사용에 있어 고급 사용자와 일반 사용자로 나뉘는 것처럼, 챗GPT를 사용하는 데도 같은 원리가 적용될 수 있다.

챗GPT를 능숙하게 활용하기 위해서는 효과적인 프롬프트 작성 능력이 필수적이다. 프롬프트는 단순한 명령이나 단어의 나열이 아니라, 인간과 인공지능 사이 소통의 한 방법이다. 따라서 적절하고 정교한 프롬프트 작성은 챗GPT로부터 원하는 답변을 얻기 위한 중요한 요건이다. 어떻게 질문을 구성하느냐에 따라 인공지능의 응답이 크게 달라질 수 있기 때문이다.

이를 컴퓨터나 스마트폰 없이 업무를 진행하는 상황과 비교해 보자. 컴퓨터나 스마트폰 없이 업무를 수행한다면, 업무의 생산성은 현저히 떨어질 것이며, 동료나 고객과의 의사 소통도 느려지고 질적으로도 저하될 것이다. 모든 문서를 수기로 작성하고 계산기로 수치를 일일이 계산해야 한다면, 결과의 신속성과 정확성도 크게 낮아질 것이다. 반면에 컴퓨터나 스마트폰을 이용하면 간단한 터치나 마우스 클릭 몇 번으로 이러한 문제들을 쉽게 해결할 수 있다.

챗GPT의 사용도 이와 유사하다. 효과적인 프롬프트 작성을 통해, 우리는 챗GPT의 능력을 최대한 활용해 작업의 생산성, 신속성, 그리고 정확성을 높일 수 있다.

챗GPT, 지식 노동 불평등 줄인다…숙련-비숙련 격차 감소 효과

| 미 MIT 연구진, 챗GPT와 지식 노동 생산성 관계 연구

과학 | 입력 :2023/07/14 09:09

 한세희 과학전문기자 | ✉   Ⓝ 기자 페이지 구독   🔲 기자의 다른기사 보기

그림 40 미국 MIT 챗GPT-노동 생산성 관계 연구 결과(출처 https://zdnet.co.kr/view/?no=20230714081522)

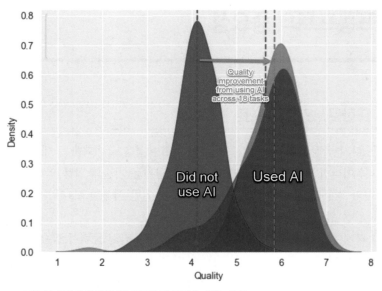

그림 41 AI가 지식 근로자의 생산성 및 품질에 미치는 영향(출처 https://my.ai.se/resources/2015)

02 프롬프트의 생산성과 효과

챗GPT의 등장은 컴퓨터와 스마트폰의 기능을 한 차원 높여 줄 것으로 기대된다. 이렇게 발전된 기술을 효과적으로 사용하기 위해서는 사용자가 정확한 지시와 피드백을 통해 프롬프트를 구성하는 능력을 갖춰야 한다. 이를 통해 챗GPT의 고도화된 기능을 최대한 활용할 수 있으며, 이는 업무의 효율성과 생산성을 크게 향상시킬 것이다.

이러한 기술의 변화에 발맞춰, 프롬프트 작성 능력은 필수적인 기술로 자리 잡고, 새로운 시대에 적응하는 데 중요한 역량이 될 것이다. 인공지능 시대가 도래함에 따라 많은 분야의 업무가 인공지능에 의해 수행될 수 있다.

하지만 이 모든 과정에서 인간의 지속적인 감독과 조정은 필수적이다. 이러한 새로운 시대에는 인공지능을 효과적으로 관리하고 제어할 수 있는 능력을 갖춘 사람들이 필요하게 되며, 그 중에서도 프롬프트 작성 능력은 매우 중요한 역량으로 부상할 듯하다. 실제로 '프롬프트 엔지니어링'이라는 새로운 직무가 도입되고 있기도 하다. 다음 파트에서는 이러한 프롬프트 작성에 대해 자세히 알아보도록 하겠다.

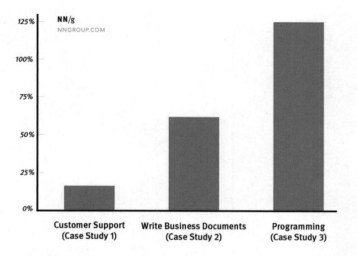

그림 42 AI로 인한 닐슨노먼그룹 직원의 생산성 향상 비율(출처 https://www.nngroup.com)

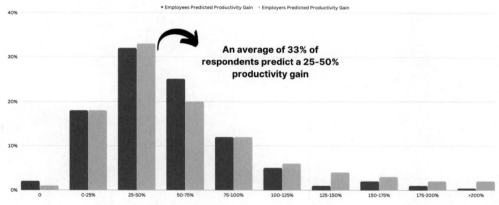

그림 43 고용주 및 피고용자 관점의 생산성 증가율 예측(출처 https://www.sortlist.com/datahub)

프롬프트 작성 기법

효과적인 프롬프트의 조건

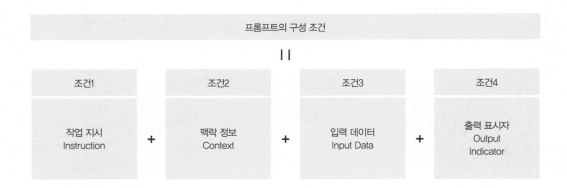

프롬프트의 구성 조건

||

조건1		조건2		조건3		조건4
작업 지시 Instruction	+	맥락 정보 Context	+	입력 데이터 Input Data	+	출력 표시자 Output Indicator

조건① 작업 지시(Instruction)

수행하고자 하는 작업과 출력에 관한 명령을 포함해 지시한다. 이 지시는 사용자가 챗GPT에게 수행하거나 답변하기를 원하는 구체적인 작업 내용을 포함한다. 즉, 사용자의 요청이나 목적을 달성하기 위해 필요한 챗GPT의 행동을 기술한다. '작업 지시'는 주로 프롬프트의 도입부에 배치된다.

조건② 맥락 정보(Context)

사용자가 원하는 답변이나 출력물을 생성하도록 유도하는 조건과 배경 정보, 추가적인 설명을 제공한다. 이 정보는 챗GPT가 작업 지시를 이해하는 데 도움을 주며, 챗GPT가 작업을 더 정확하고 적절하게 수행하는 데 도움을 준다. 이러한 맥락 정보는 질문의 영역을 한정시키는 역할도 함으로써 챗GPT의 처리 속도를 높여 줄 수 있다. '맥락 정보'는 주로 프롬프트에서 '작업 지시'의 다음 순서로 제시된다.

조건③ 입력 데이터(Input Data)

입력 데이터는 사용자가 요구하는 작업을 챗GPT가 수행하거나 질문에 대답하기 위해 필요한 구체적인 데이터이다. 입력 데이터는 대부분 텍스트, 이미지, 숫자 데이터 등으로 제시될 수 있다. '입력 데이터'는 주로 프롬프트에서 '맥락 정보'의 다음 순서로 제시된다.

조건④ 출력 표시자(Output Indicator)

출력 표시자는 결과물의 유형, 형식, 구조 등에 대한 제한 조건과 예시를 명시함으로써 챗GPT 에게 어떤 형식의 결과물을 내보내야 하는지를 알려 준다. 이 표시자는 작업을 수행하는 과정에서 원하는 출력물의 형태를 유도하는 역할을 한다. '출력 표시자'는 주로 프롬프트의 말미에 제공된다.

아래 프롬프트 예시문을 통해 프롬프트를 구성하는 요소인 작업 지시, 맥락 정보, 입력 데이터, 출력 표시자에 대해 구체적으로 이해해 보자.

"다음 문단을 요약해 주세요. 이 문단은 최근 발표된 과학 논문의 일부로, 특정한 유전자와 특정 질병 간의 연관성에 대해 설명하고 있습니다. 해당 논문은 매우 기술적이며 복잡한 의학 용어를 많이 사용하고 있습니다. '이 연구에서는 XYZ 유전자가 ABC 질병의 발병과 밀접한 연관이 있음을 밝혔다. 이를 통해 XYZ 유전자의 변이가 ABC 질병의 주요 원인 중 하나로 작용할 가능성이 높음을 시사한다. 연구팀은 다양한 임상 시험과 실험을 통해 이러한 가설을 검증했으며, 이 결과는 향후 ABC 질병의 치료법 개발에 중요한 기여를 할 것으로 기대된다.' 한 문장의 요약문 형태로 결과를 제공해 주세요."

구분	내용
작업 지시	다음 문단을 요약해 주세요.
맥락 정보	이 문단은 최근 발표된 과학 논문의 일부로, 특정한 유전자와 특정 질병 간의 연관성에 대해 설명하고 있습니다. 해당 논문은 매우 기술적이며 복잡한 의학 용어를 많이 사용하고 있습니다.
입력 데이터	이 연구에서는 XYZ 유전자가 ABC 질병의 발병과 밀접한 연관이 있음을 밝혔다. 이를 통해 XYZ 유전자의 변이가 ABC 질병의 주요 원인 중 하나로 작용할 가능성이 높음을 시사한다. 연구팀은 다양한 임상 시험과 실험을 통해 이러한 가설을 검증했으며, 이 결과는 향후 ABC 질병의 치료법 개발에 중요한 기여를 할 것으로 기대된다.
출력 표시자	한 문장의 요약문 형태로 결과를 제공해 주세요.

프롬프트의 기본 구조

01 내용 부분

프롬프트는 내용에 있어 키워드, 역할, 조건 또는 맥락, 주제로 구성된다. 예를 들어 아래의 프롬프트를 기준으로 내용 구성 요소를 나누어 보도록 하자.

"서울, 경기 지역에 대한 오늘의 날씨를 기상 예보관의 입장에서 알려 주세요."라는 프롬프트를 작성했다.

첫 번째, 위 프롬프트의 키워드는 "날씨" 또는 "기상 예보"로 선정할 수 있다.

두 번째, 위 프롬프트의 역할은 "기상 예보관"의 역할을 가진다.

세 번째, 위 프롬프트의 조건 또는 맥락을 살펴보면, 우선 공간 측면에서는 "서울, 경기 지역"으로 한정되고 시간 측면으로는 "오늘"로 한정된다.

네 번째, 위 프롬프트의 주제는 "오늘의 날씨"가 될 수 있다.

02 형식 부분

프롬프트는 형식에 있어 크게 두 가지로 나눠 볼 수 있다.

첫 번째, 지시 유형으로, 챗GPT가 수행할 작업을 사용자가 특정해 주고 지시하는 역할을 한다.

두 번째, 출력 유형으로, 사용자로부터 지시 받은 작업에 대한 응답을 어떻게 나타낼 것인지를 결정한다.

예시를 통해 두 가지 형식에 관해 좀 더 알아보도록 하자.

지시 유형

텍스트 생성	설명해 줘. 작성해 줘. 만들어 줘. 생성해 줘. 알려 줘.	보여 줘. 정의해 줘. 나열해 줘. 말해 줘.
번역	번역해 줘. ~어로 어떻게 말하는지 알려 줘.	번역을 도와 줘.
대체	바꿔서 말해 줘. 다르게 표현해 줘.	재구성해서 말해 봐. 다른 방식으로 해 봐.
이해	주제가 무엇인지 알려 줘. 키워드가 무엇인지 알려 줘.	문단별로 내용을 몇 단어로 알려 줘. 쉽게 이해할 수 있게 다시 작성해 줘.
요약	요약해 줘. 간략하게 설명해 줘.	간단하게 설명해 줘. 정리해 줘.
비교 & 평가	평가해 줘. 비교해 줘. 차이점을 알려 줘.	장단점을 알려 줘. 특징을 알려 줘.
분석	분석해 줘. 파악해 줘. 해석해 줘.	설명해 줘. 검토해 줘.
추론	예상하는 것을 알려 줘. 이유를 알려 줘.	근거를 알려 줘. 영향에 대해 알려 줘.
분류	분류해 줘. 유형별로 나눠 줘.	종류별로 분류해 줘.
감정	기분이 어떤지 알려 줘. 감정의 강도를 숫자로 알려 줘.	감정 상태를 알려 줘. 감정을 색깔로 알려 줘.
제안	제안해 줘. 추천해 줘.	권해 줘. 제시해 줘.

출력 유형

목록	목록으로 나열해 줘. 리스트로 만들어 줘.	목록으로 정리해 줘.
개요	개요를 만들어 줘. 개요를 작성해 줘.	문단별로 제목을 만들어 줘.
표	표로 만들어 줘.	표를 작성해 줘.
분량	5가지로 알려 줘. 1,000자 이내로 알려 줘.	200단어로 작성해 줘.
출력 형식	마크다운 형식으로 정리해 줘. xml 포맷으로 생성해 줘. cvs 형식으로 만들어 줘.	이미지로 만들어 줘. 그래프로 그려 줘.
기타	대화 형식으로 만들어 줘. 질문과 답변의 형식으로 만들어 줘.	시간의 순서대로 나열해 줘.

01 제로샷 프롬프트(Zero-Shot Prompting)

제로샷(Zero-shot) 상황에서 챗GPT는 이전의 학습 과정에서 본 적이 없는 작업(task)이나 카테고리에 대해 예측을 해야 한다. 즉, 해당 프롬프트에 대한 별도의 예시가 주어지지 않은 단순한 형태를 말한다.

프롬프트 예시
- "나는 빵을 좋아한다. 왜 그럴까?"

챗GPT는 '왜 빵을 좋아하는지'에 대한 배경 설명 없이도 스스로 예측을 시도해 이에 기반하여 적당한 답변을 생성한다.

02 원샷 프롬프트(One-Shot Prompting)

원샷(One-shot) 상황에서 챗GPT는 하나의 예시를 보고 결과를 생성한다.

프롬프트 예시
- 첫 번째 프롬프트, "나는 고양이를 좋아한다. 그것은 귀엽기 때문이다."
- 두 번째 프롬프트, "나는 강아지를 좋아한다. 그것은 _____ 때문이다."

챗GPT는 첫 번째 프롬프트에서의 '고양이를 좋아하는 이유'를 참고해, 두 번째 프롬프트의 '강아지를 좋아하는 이유'를 스스로 유추해서 적절한 답변을 생성한다.

03 퓨샷 프롬프트(Few-Shot Prompting)

퓨샷(Few-shot) 상황에서 챗GPT는 두 개 이상의 예시를 보고 결과를 생성한다.

프롬프트 예시
- 첫 번째 프롬프트, "나는 고양이를 좋아한다. 그것은 귀엽기 때문이다."
- 두 번째 프롬프트, "나는 책을 좋아한다. 그것은 지식을 주기 때문이다."
- 세 번째 프롬프트, "나는 음악을 좋아한다. 그것은 _____ 때문이다."

챗GPT는 첫 번째, 두 번째 프롬프트의 내용을 참조해 세 번째 프롬프트의 '음악을 좋아하는 이유'를 스스로 유추해서 적절한 답변을 생성한다.

04 사고사슬(CoT) 프롬프트(Chain-of-Thought Prompting)

사고사슬(CoT) 프롬프트와 아래에서 설명할 제로샷 사고사슬 프롬프트는 복잡한 문제나 여러 단계의 질문이 필요한 작업을 수행하도록 지시하는 방법이다.

우선 사고사슬 프롬프트는 챗GPT에게 하나의 프롬프트로 여러 단계의 작업을 순서대로 수행하도록 지시하는 형태로, 각 단계별 내용이나 요소를 알고 있는 경우에 사용할 수 있다.

프롬프트 예시

- "구글에서 '가장 건강한 과일'이 무엇인지 검색해 줘."
- "검색 결과를 바탕으로 가장 건강한 과일의 특징을 설명해 줘."
- "그 과일을 실제 생활에서 구입할 수 있는 방법에 대해 설명해 줘."

위의 프롬프트와 같이 각 단계별로 알아야 할 내용들을 한꺼번에 챗GPT에게 요구하는 경우인데, 챗GPT는 전체 작업의 흐름을 미리 인식한 후 첫 번째 단계에서 얻은 정보를 두 번째 단계에서 사용하고, 두 번째 단계에서 얻은 정보를 세 번째 단계에서 스스로 사용해 적절한 답변을 제시할 수 있다.

05 제로샷 사고사슬(CoT) 프롬프트(Zero-Shot CoT Prompting)

제로샷 사고사슬(CoT) 프롬프트는 앞서 설명한 사고사슬 프롬프트와는 달리 각 단계별 내용이나 요소가 불명확한 경우에 사용하며, 각 단계마다 챗GPT의 답변을 요구하는 형태이다.

프롬프트 예시

- "구글에서 '가장 건강한 과일'이 무엇인지 검색해 줘."
  (첫 번째 프롬프트에 대한 챗GPT의 답변을 사용자가 확인한 후 다시 질문한다.)
- "검색 결과를 바탕으로 가장 건강한 과일의 특징을 설명해 줘."
  (두 번째 프롬프트에 대한 챗GPT의 답변을 사용자가 확인한 후 다시 질문한다.)
- "그 과일을 실제 생활에서 구입할 수 있는 방법에 대해 설명해 줘."

이 경우 챗GPT는 각 단계가 끝날 때마다 답변을 생성한 후 다음 단계의 프롬프트로 지시를 받게 된다. 따라서 챗GPT는 전체 작업의 흐름을 미리 알 수 없으며, 각 단계가 주어질 때마다 이를 적용해 답변을 생성해야 한다.

프롬프트 작성의 11가지 원칙

챗GPT는 어떤 질문을 받든 답변을 제시한다. 물론 반사회적이거나 비윤리적인 질문은 거부할 수도 있다. 하지만 일반적인 질문의 경우 챗GPT는 대단위 데이터를 포괄적으로 수집해 어떻게든 답변을 구성한다.

아래에 제시된 프롬프트 작성의 11가지 원칙은 OpenAI가 공식 문서에서 밝힌 '좋은 프롬프트를 쓰는 방법들'을 기반으로 추가 내용을 첨삭한 것이다.

원칙① 구체적으로 질문하기

챗GPT에서 무언가를 알고 싶은 경우 일반적이거나 모호한 질문보다는 특정 주제나 측면에 대해 질문하는 것이 중요하다. 범위가 너무 넓거나 추상적인 질문에 대해서는 낮은 수준의 답변이 나올 확률이 높다. 챗GPT가 사용자의 프롬프트를 이해하고 적절한 응답을 할 수 있도록 구체적으로 프롬프트를 작성해야 하며 대화의 목적과 초점을 명시해 줘야 한다.

나쁜 예시

• 대한민국에서 유명한 것은 무엇이니?

좋은 예시

• 대중문화 측면에서 대한민국에서 세계적으로 유명한 것은 무엇이니?

단순히 대한민국에서 유명한 것을 물어보는 질문의 모호함을 벗어나 대중문화 분야를 특정해 줌으로써 구체적으로 물어본다.

원칙② 명확하고 간결한 언어 사용하기

챗GPT는 기계이므로 사용자가 알고 싶은 것을 이해하려면 특정 지침이 필요하다. 챗GPT가 헷갈릴 수 있는 단어 사용을 피하고, 이해하기 쉬운 간단한 단어를 사용해야 한다. 혼동을 일으킬 수 있는 모호한 언어는 피해야 한다.

나쁜 예시
- 나는 지금 너의 상태가 어떤지 궁금해.

좋은 예시
- 넌 어떻게 지내니?

단순하고 간결하게 '어떻게 지내니?'라고 질문하면 되는데 '너의 상태가 어떠니?'처럼 쓸데없이 질문을 길게 만들 필요는 없다.

원칙③ 맥락 제공하기

챗GPT는 당신에 대해 모든 것을 알지 못하는 사람과 같다. 무언가를 알고 싶다면 배경 정보를 제공하거나 질문이 제기된 맥락 또는 질문을 한정할 수 있는 조건 등을 사전에 설명하는 것이 도움이 된다. 예를 들어 전문 용어나 기술 용어를 사용해 질문해야 한다면 해당 용어에 대한 명확한 정의나 설명을 질문 전후에 제공해 주는 것이 좋다. 이런 과정을 통해 챗GPT는 맥락에 맞는 답변을 제공해 줄 수 있다.

나쁜 예시
- 당신의 스트레스 관리 방법은 무엇인가?

좋은 예시
- 당신은 회사로부터 스트레스를 받고 있다. 이를 극복할 수 있는 방법은 무엇인가?

맥락을 고려한다는 것은 주어진 상황이나 정보, 조건을 고려한다는 말이다. 위의 두 예시는 모두 '스트레스 극복 방안'에 대해서 질문하고 있지만, '회사에서 받는 스트레스'라는 상황이나 조건을 질문에 부여함으로써 보다 구체적인 답변을 얻을 수 있다.

원칙④ 한 번에 한 가지 주제에 대해 질문하기

챗GPT 화면 좌측에 보이는 채팅 제목 하나 하나가 대화(chat)이다. 챗GPT는 이 대화 단위로 기록이 저장된다. 같은 대화 내에서는 이전에 나눴던 대화 내용을 기억한 상태에서 정보를 조합함으로써 보다 정교한 대답을 해 줄 수 있다.

하지만 이러한 학습 능력은 대화 단위로 이루어지므로 새로운 대화를 시작하면 즉, 채팅방을 새로 생성하면 이전 채팅방의 대화 내용을 참고할 수 없게 된다.

따라서 하나의 대화에서는 한 가지 주제로 연결된 질문을 하는 것이 좋다. 대화의 주요 초점을 분산시킬 수 있는 관련 없는 주제나 지엽적은 내용은 질문에 포함하지 않는다.

원칙⑤ 올바른 서식 사용하기

챗GPT는 올바른 문법과 구두점을 사용할 때 좋아하는 선생님과 같다. 맞춤법에 맞는 올바른 문장을 사용하면 챗GPT는 사용자가 요청하는 내용을 더 쉽게 이해할 수 있다.

나쁜 예시

- 아빠가방에 들어갔다.

좋은 예시

- 아빠가 방에 들어갔다.

띄어쓰기를 무시하고 작성한 프롬프트는 '아빠가 방에 들어가는 것'을 '아빠가방에 뭔가가 들어갔다는 것'으로 잘못 이해할 수 있다. 띄어쓰기에 맞춰 작성한 프롬프트에서는 전달하고자 하는 의미를 챗GPT가 제대로 이해할 수 있다.

원칙⑥ 필요한 경우 추가 정보를 제공하기

챗GPT는 탐정과 같아서 사건을 해결하기 위해 더 많은 정보가 필요하다. 찾고 있는 답변을 얻지 못한 경우 챗GPT가 도움을 줄 수 있도록 언제든지 추가 정보를 제공한다.

보다 심층적인 정보가 필요하거나 관련 주제에 대해 좀 더 자세히 알고 싶다면, 후속 질문을 통해 답변에 참고할 만한 추가 맥락이나 예시를 제공한다.

원칙⑦ 결과가 만족스럽지 않으면 조금 다르게 물어보기

챗GPT의 대답이 만족스럽지 않을 때는 앞서 대화한 질문이나 요청을 다르게 표현함으로써 좀 더 보완된 응답을 얻을 수 있다.

이전 프롬프트

• 서울에 가 볼 만한 곳을 추천해 줘.

수정 프롬프트

• 서울의 여행지로 좋은 곳을 알려 줘.
  서울에서 할 수 있는 관광 체험으로 무엇을 해 볼 수 있을까?

이와 같이 프롬프트를 바꿔봄으로써 원하는 정보나 답변을 보다 구체적이고 다양하게 얻을 수 있다. 프롬프트를 수정하고 싶다면 이미 입력했던 질문 아래에 있는 '다시 쓰기' 아이콘을 클릭해 질문을 수정한 뒤 'Save & Submit' 버튼을 눌러서 수정된 질문에 대한 챗GPT의 대답을 요구해 보자.

원칙⑧ 전문가 관점에서 물어보기

챗GPT에게 질문하고자 하는 영역에서의 '전문가 역할'을 부여하는 방법이다. 영어로 'act as'라는 문구를 사용하는 기법으로, 우리말로 바꿔 말하면 '~로서'의 의미를 가진다. 챗GPT가 대화 내에서 특정 역할이나 페르소나를 가지게 만드는 장치이다. 이와 같은 방식으로 역할을 부여받은 챗GPT는 보다 전문가적인 입장에서 답변할 수 있다.

프롬프트 템플릿 예시

• [전문산업 분야]에서 일하는 엔지니어가 사용하는 기초적인 기술 10가지를 목록으로 알려 줘.
  (여기에서 [전문산업 분야]는 템플릿 변수이다.)

원칙⑨ 단계별로 순서대로 물어보기

전문산업 분야에 있어 복잡한 작업과 프로세스에 대해 자세한 단계별 지침이 필요할 때 이를 요청하기 위한 프롬프트로 단계별 프롬프트를 사용할 수 있다. 단계별 프롬프트는 특정 작업이나 과정을 완료하기 위해 수행해야 할 하위 작업 목록에 대한 요청이라 볼 수 있다. 단계별 프롬프트는 일반적으로 순서대로 실행되어야 하는 작업 과정에 적합하다.

프롬프트 템플릿 예시

- [작업]에 대한 단계별 가이드를 제공해 주세요.
- [작업] 과정을 단계별로 안내해 주세요.
- [작업]에 관여하는 각 단계에 대해 자세히 설명해 주세요.
- [작업] 절차를 단계별로 나눠 설명해 줄 수 있나요?
- [작업] 과정을 순차적인 단계로 설명해 주세요.
- [작업]에 도움이 필요해요. 이것을 하는 방법에 관한 단계별 가이드를 줄 수 있나요?
- 저는 [작업]을 처음 접하는데, 단계별로 설명해 줄 수 있나요?
- [작업]에 대해 따라하기 쉬운 단계별 가이드를 작성해 주세요.
- [작업]의 단계를 안내해 주세요. 제가 올바르게 수행하고 있는지 확인하고 싶어요.
- [주제]에 관한 단계별 지침을 제공해 주세요.
- [산업 분야]에서 [역할]이 [절차]를 수행하는 방법에 대해 단계별 지침을 알려 줘.
- 아래에 주어진 [항목]에 관한 단계별 세부 지침을 알려 줘.
  (여기에서 [ ] 부분은 템플릿 변수이다.)

원칙⑩ 조건 구문을 사용해서 물어보기

'If~(조건 포함)' 또는 'If not~(조건 제외) then~' 구문을 사용해 조건을 제시함으로써 보다 구체적이거나 다양한 답변을 챗GPT로부터 유도할 수 있다. 우리말로 바꾸자면 '만약 ~라면'이라는 구문으로 대체할 수 있다.

프롬프트 예시

- 프로그래밍 언어를 배우려면 어디서부터 시작해야 할까?

원칙⑪ 비교 구문을 사용해서 물어보기

챗GPT에 질문하는 원칙의 마지막 항목으로, 비슷한 것을 비교해 질문할 수 있다. 이 방법은 주로 두 가지 이상의 선택지 중에서 어떤 것이 더 나은지, 또는 어떤 차이점이 있는지를 알고 싶을 때 유용한 방식이다.

프롬프트 예시

- '여기 어때' 앱과 '요기요' 앱을 비교해 관련 앱의 특징들을 정리해 줘.
- '애플'과 '삼성' 스마트폰 중 어떤 것이 가성비가 좋은지 알려 줘.
- 투자 수단에 있어 '주식'과 '부동산'을 비교해서 각각의 장단점을 알려 줘.

프롬프트 업그레이드 테크닉

01 사전 정의를 통한 최면 걸기

사용자들은 챗GPT에게 다양한 역할, 조건, 상황 등을 지정할 수 있다. 예를 들어 "이제부터 당신은 위대한 철학자입니다."라고 말함으로써 챗GPT에게 새로운 페르소나를 부여하는 것이 가능하다. 특정 역할을 부여함으로써, 마치 최면을 걸듯이 챗GPT가 그 역할에 몰입하게 만드는 것이다.

이 방식은 'as if'나 '페르소나' 프롬프트와 비슷하다고 볼 수 있지만, 이와 별개로 사용자는 마치 프로그래머가 코드에서 함수를 정의하듯이 챗GPT에게 다양한 상황이나 조건들을 사전에 설정할 수 있다. 이를 통해 챗GPT는 사물이 되거나 특정 상황에 맞춰 대답을 할 수 있게 된다.

만약 챗GPT가 특정 정보를 가지고 있지 않을 때는 사용자가 직접 정보를 제공할 수도 있다. 특히, 최근의 정보나 뉴스와 같이 챗GPT가 접근할 수 없는 자료를 사전에 입력해 둔 경우, 챗GPT는 최신 데이터에 접근할 수 없더라도 이미 입력된 데이터를 기반으로 적절한 답변을 제공할 수 있게 된다. 단, GPT4부터는 최신 정보에 접근할 수 있게 되었다.

하지만 이렇게 사전에 입력된 데이터는 한 채팅방에서만 유효하다는 한계를 가진다. 이러한 기능은 챗GPT가 사용자의 요구에 더 잘 부응할 수 있도록 만드는 하나의 업그레이드 과정으로 볼 수 있다. 특정 정보를 사전에 정의하면 사용자가 전달하는 특정 단어나 주제를 챗GPT는 같은 방식으로 인식할 수 있게 된다. 또한 동일한 대화 내에서는 비교적 일관성 있는 챗GPT의 답변을 유도할 수도 있다.

02 확답 아닌 추측성 답변 요청

챗GPT가 답변하는 데 어려움을 겪는다면 질문을 좀 더 유연하게 바꿔본다. 예를 들어 '너는 이것에 대해 어떻게 생각해?'라고 단정적으로 질문하기보다는 '이것에 대해 네가 추측하거나 예상하는 것들은 뭐야?'라는 식으로 정확성의 정도를 낮춰 볼 수 있다.

이러한 방법은 예상외로 효과를 발휘한다. 어차피 챗GPT의 답변에 대한 진위는 사용자가 한번 더 검증해야 하는 경우가 많으므로 추정과 예측하는 방식으로 대화를 이어가면서 답변을 유도하는 것도 괜찮은 방법이다.

03 질문 범위의 확장 또는 축소

챗GPT에게 던지는 질문의 영역을 매우 좁히거나 크게 변경해 다시 질문하는 방법이다. 예를 들어 한국인들의 성향을 묻는 경우에 먼저 아시아인의 성향부터 물어보기 시작한다. 그리고 연속해서 이루어지는 사용자와 챗GPT 간의 대화를 통해 그 범위를 조금씩 좁혀간다. 이런 식으로 마지막에 한국인의 성향에 대한 답변을 유도하는 방식이다.

또는 이와 반대로 먼저 한국에 사는 특정 세대나 성별의 성향을 물어본 후, 연속되는 대화를 통해 세대와 성별의 범위를 점차 확대시켜서 결국에는 한국인의 일반적 성향을 도출해 내는 방식도 있다.

04 부연 설명을 요청하는 문구의 사용

챗GPT에게 다음과 같은 다양한 문구를 사용해 부연 설명을 요청한다.

- '더 짧게' ～해 줘.
- '더 길게' ～해 줘.
- '다시' ～해 줘.
- '핵심적으로' ～해 줘.
- '한마디로' ～해 줘.
- '좀 더 자세히' ～해 줘.
- '더욱 구체적으로' ～해 줘.
- '더 쉽게' ～해 줘.
- '더 어렵게' ～해 줘.
- '계속' ～해 줘.
- '명확하게' ～해 줘.
- '모호하게' ～해 줘.
- '대충' ～해 줘.
- '예를 들어' ～해 줘.
- '덧붙여서' ～해 줘.
- '이어서' ～해 줘.
- '관련해서' ～해 줘.
- '포괄적으로' ～해 줘.
- '좀 더 전문적으로' ～해 줘.
- '좀 더 다양하게' ～해 줘.
- '좀 더 적절한' ～해 줘.
- 좀 더 높은 수준으로
- 좀 더 관련된
- 좀 더 신뢰감 있는

05 톤(tone) vs 매너(manner)

프롬프트를 작성할 때 사용되는 톤과 매너는 상황, 대상, 목적에 따라 다양할 수 있다. 여기서 '톤'은 글이나 말의 느낌, 태도를 나타내며, '매너'는 프롬프트의 접근 방식이나 스타일을 의미한다. 쉽게 말해 '톤'은 '말투'이며, '매너'는 '말하는 태도'이다.

톤의 유형

① 정보적(Informative)

사실과 정보를 제공하는 데 중점을 두는 객관적이고 교육적인 톤이다.

> 예 "이 기술은 빅데이터 분석을 통해 사용자 경험을 개선하는 데 사용됩니다."

② 명령적(Imperative)

구체적인 행동을 지시하거나 요구하는 강한 톤이다.

> 예 "이 양식을 작성하고 내일까지 제출하세요."

③ 질문적(Inquisitive)

호기심을 자극하고 탐구를 촉진하는 질문 형태의 톤이다.

> 예 "우주의 끝은 어디일까요? 그곳에는 무엇이 있을까요?"

④ 친근한(Friendly)

따뜻하고 친밀한 분위기를 조성하는 톤으로, 대화를 쉽고 편안하게 만든다.

> 예 "안녕하세요! 오늘 날씨가 참 좋네요. 주말 계획은 어떻게 되세요?"

⑤ 전문적(Professional)

전문성과 정확성을 강조하는 톤으로, 주로 비즈니스나 학술적 상황에서 사용된다.

> 예 "제안서에 따르면, 이 프로젝트는 효율성을 20% 향상시킬 것으로 예상됩니다."

⑥ 설득적(Persuasive)

독자를 설득하기 위해 사용되는 톤으로, 특정한 관점이나 행동을 촉진한다.

> 예 "이 제품을 사용하면 생산성이 획기적으로 증가할 것입니다. 지금 바로 체험해 보세요!"

⑦ 공감적(Empathetic)

독자의 감정이나 상황에 공감하는 톤으로, 개인적이고 감성적인 접근을 사용한다.

> 예 "그 상황이 얼마나 어려웠을지 이해해요. 여기서 어떻게 도와드릴 수 있는지 알려 주세요."

⑧ 유머러스(Humorous)

유머와 재미를 강조하는 톤으로, 가볍고 즐거운 분위기를 조성한다.

> 예 "만약 고양이가 인터넷을 지배한다면, 모든 검색 결과는 귀여운 고양이 동영상으로 시작할 거예요!"

⑨ **모티베이셔널(Motivational)**

동기를 부여하고 영감을 주는 톤으로, 긍정적이고 활력 있는 메시지를 전달한다.

📷 "당신은 무엇이든 할 수 있어요! 오늘의 도전을 받아들이고, 자신의 잠재력을 발휘하세요!"

⑩ **비판적(Critical)**

분석적이고 평가적인 접근을 사용하는 톤으로, 문제점을 지적하거나 개선점을 논의한다.

📷 "이 계획은 잠재적인 리스크가 많습니다. 리스크 관리 전략을 개선해야 할 필요가 있습니다."

매너의 유형

① **직접적(Direct)**

명확하고 직설적인 표현을 사용하며 복잡하지 않고 이해하기 쉬운 지시를 제공한다.

📷 "이 보고서를 내일까지 완성해 주세요."

② **간접적(Indirect)**

더욱 완곡하거나 제안적인 방식으로 접근하며 직접적인 명령보다는 제안이나 요청의 형태를 취한다.

📷 "혹시 내일까지 보고서를 완성할 수 있을까요?"

③ **공손한(Polite)**

예의 바르고 공손한 어투를 사용하며 상대방을 존중하는 태도를 표현한다.

📷 "죄송하지만, 가능하시다면 이 보고서를 내일까지 완성해 주실 수 있으실까요?"

④ **명료한(Clear)**

모호함 없이 명확한 지시와 정보를 제공하며 오해의 소지를 최소화한다.

📷 "이 보고서는 5개의 섹션으로 구성되어야 하며, 각 섹션은 최소 300단어를 포함해야 합니다. 내일 오후 3시까지 제출해 주세요."

⑤ **친절한(Kindly)**

친밀하고 친절한 어조를 사용하며 대화 상대방과의 좋은 관계를 유지하거나 구축하는 데 유용하다.

📷 "안녕하세요! 보고서 작업은 잘 진행되고 있나요? 혹시 내일까지 완성할 수 있으면 정말 도움이 될 것 같아요."

⑥ **단호한(Firm)**

결연하고 확신에 찬 태도를 보여 주며 중요한 지시나 요구 사항을 강조할 때 사용된다.

📷 "이 보고서는 내일까지 반드시 완성되어야 합니다. 지연될 여지가 없습니다."

⑦ **유쾌한(Pleasant)**

재치 있고 유쾌한 어조를 사용하며 대화를 가볍고 즐겁게 만들고자 할 때 유용하다.

📷 "보고서를 내일까지 완성하는 영웅이 필요해요. 혹시 슈퍼맨처럼 밤을 새워 준비해 줄 수 있나요?"

⑧ **상세한(Detailed)**

구체적이고 상세한 정보를 제공하며 복잡한 개념이나 지시를 명확하게 전달하고자 할 때 사용된다.

> **예** "이 보고서는 서론, 본론, 결론의 구조를 가져야 하며, 각 섹션은 해당 주제에 대한 자세한 분석을 포함해야 합니다. 통계 데이터와 사례 연구를 포함하여 내일까지 이메일로 보내 주세요."

⑨ **존중하는(Respectful)**

상대방의 의견이나 입장을 존중하는 태도를 보이며 대화에서 상대방을 배려하는 방식으로 접근한다.

> **예** "당신의 전문 지식을 고려할 때, 이 보고서를 맡길 수 있는 가장 적합한 분은 당신 같습니다. 내일까지 완성해 주실 수 있을까요?"

⑩ **긍정적인(Positive)**

긍정적이고 영감을 주는 매너로 상대방을 격려하고 동기를 부여합니다.

> **예** "여러분의 노력과 전문성이 이 프로젝트의 성공을 이끌 것입니다. 보고서를 내일까지 완성해 주시면, 우리 팀의 목표 달성에 큰 도움이 될 것입니다!"

06 서술식 입력 vs 개조식 입력

챗GPT에게 간단한 맥락을 제공하면 어느 정도 잘 대답하는 편이지만, 질문에 사용된 복잡한 맥락을 제대로 파악하기에는 아직 해석 능력이 부족하다. 그래서 단순한 맥락을 길게 서술하지 않고 짧게 끊어서 중요한 요점이나 단어를 나열하는 방식인 개조식을 이용해 질문할 수 있다.

서술식 입력 예시

소설을 쓰고 싶어. 현대 한국을 배경으로 하는 판타지 소설이면 좋겠는데, 주인공이 로봇을 다룰 줄 아는 직장인이었으면 좋겠어.

개조식 입력 예시

다음과 같이 소설을 쓰고 싶어. 아래 조건에 맞는 소설을 부탁해.
- 장르: 판타지 소설
- 배경: 현대, 한국
- 주인공 특징: 로봇을 잘 다루는 직장인

07 싱글턴 vs 멀티턴

챗GPT를 이용해 작업을 수행하는 데 필요한 아이디어를 쉽게 얻을 수 있다. 이러한 아이디어를 챗GPT로부터 생성하기 위한 방법으로 하나의 프롬프트를 사용하는 싱글턴(Single Turn) 방식과 한 개 이상의 프롬프트를 사용해 챗GPT와 대화를 주고 받으며 결과를 도출해가는 멀티턴(Multi Turn) 방식으로 나눌 수 있다.

싱글턴 방식

싱글턴의 경우 프롬프트 사용 횟수는 1회이며, 결과물이 생성되는 시간도 수 초 또는 수십 초 이내로 짧은 편에 속한다. 보통 하나의 프롬프트로 완성될 수 있는 간단한 질문에 사용되며 과정이 루틴하게 진행되는 업무의 경우에 적합하다. 프롬프트의 제작 난이도는 그리 높지 않다. 가장 기초적인 프롬프트라고 볼 수 있으며 초보자의 수준에서 접근하기 쉬운 일반적인 프롬프트 형식이다.

싱글턴 예시

- 서울 종로에서 초등학생 자녀와 갈만한 곳 5개를 알려 줘.
- 서울역에서 서울 종로로 갈 수 있는 방법을 5개만 알려 줘.
- 지하철 종각역에서 도보 10분 이내의 맛집 3개를 알려 줘.

위의 프롬프트들은 모두 '서울 종로'와 관계된 프롬프트들이지만 프롬프트들 간에 아무런 인과 관계가 없는 1회성의 프롬프트들이다. 이렇게 프롬프트를 만드는 방식이 '싱글턴' 방식이다.

멀티턴 방식

멀티턴의 경우 챗GPT와 1회 이상의 대화를 주고 받으며 답변을 조금씩 수정하거나 보충하는 방식으로, 싱글턴에 비해 긴 시간이 소요된다. 하지만 일반적으로 답변의 품질이 우수하다. 실제로 챗GPT로부터 높은 품질의 답변을 얻어내기 위해서는 질문과 답변을 많이 반복해야 한다. 즉, 동일한 주제에 대한 하나의 대화창에서 오가는 대화들이 바로 '멀티턴 방식'의 프롬프트들이라고 볼 수 있다.

멀티턴 예시

- 6세 미만 아이들의 영어 조기 교육을 돕기 위해 인공지능을 활용 방법을 10개만 알려 줘.
  ☞ 위 질문에 대해 챗GPT가 답변함
- 위의 답변에 아래 조건을 반영해 추가로 10개의 비지니스 아이디어를 알려 줘.
  조건: 인공지능 기술 활용, 언어는 비영어권, 홈스쿨링용, 배터리 사용제품
  ☞ 위 질문에 대해 챗GPT가 답변함

- 위의 답변 중 3번째 아이디어에 대한 구체적인 사업 방안을 5가지로 정리해 줘.
  - ☞ 위 질문에 대해 챗GPT가 답변함
- 위에서 말한 사업 방안 중 2번째 사업 방안에 대한 사업 계획서를 간단하게 작성해 줘.
  - ☞ 위 질문에 대해 챗GPT가 답변함

위의 프롬프트들은 앞 프롬프트들과의 인과 관계를 가지면서 앞 프롬프트에 대한 챗GPT의 답변에 대해 다시 질문을 한다. 꼬리에 꼬리를 무는 것처럼 질문과 대답을 반복함으로써 답변의 수준을 심화하거나 확장할 수 있다.

08 복합 프롬프트

원하는 출력을 정밀하게 생성하려면 다양한 맥락 정보와 입력 데이터, 형식 표시자를 한꺼번에 넣어서 프롬프트를 만들어야 한다. 이렇게 복잡하고 여러 구성 요소를 갖는 프롬프트를 입력하는 데는 두 가지 방법이 있다.

먼저 대화하듯 여러 가지 조건을 서술해 나가는 서술형 작성 방식이다. 챗GPT는 사람의 대화형 지시를 잘 학습하기 때문에 모호하지 않고 모순이 없는 문장이라면 아무리 복잡해도 지시대로 잘 수행할 수 있다. 그러나 긴 문장을 한 번에 복잡하게 쓰다 보면 구성 요소 간에 부조화와 모호함이 생기기 쉽다. 따라서 요구 조건이 많을 때는 조건마다 끊어서 짧은 문장을 연속적으로 쓰는 것이 좋다.

또 다른 방법은 지시와 조건을 나눠서 쓰는 구조화 작성 방식이다. 프롬프트의 앞부분이나 뒷부분에 지시문을 쓰고, 조건 항목의 목록을 따로 만들어 첨부하는 것이다. 구조화된 프롬프트는 각 단계를 명확하게 구분해서 나열하고, 선택할 수 있는 조건들의 항목들을 지정한다. 이로써 체계적으로 요구 조건을 전달할 수 있다. 그러나 구조적 제약 때문에 자유로운 표현이 어려울 수 있으며, 작성에 필요한 시간이 더 많이 소요될 수 있다. 항목별로 조건을 쓰면 서술형을 통해 문맥에서 전달할 수 있는 핵심 아이디어를 놓칠 수 있으므로 전달하고 싶은 아이디어에 맞춰 항목별로 조건을 세밀하게 지정하는 작업이 필요하다.

서술형 복합 프롬프트 예시
- 글의 주제는 '4차 산업의 신기술을 활용한 건설산업 구조 개선'이고, 글은 서론, 본론, 결론으로 나눠 줘. 서술적 에세이로 써야 하고, 많은 정보가 들어가야 해. 그리고 건설 분야의 전문가 입장에서 적어 줘. 최종 글의 길이는 1,000단어 이상이 되어야 해.

구조화 복합 프롬프트 예시

다음 조건에 맞춰 글을 써 줘.

제목: 건설산업 분야에서 4차 산업의 적용

주제: 4차 산업의 신기술을 활용한 건설산업 구조 개선

- 서론

  현재 건설산업 현황

  현재 건설산업 구조의 문제점

- 본론

  4차 산업 관련 신기술 제시

  4차 산업 관련 신기술 중 건설 분야에 적용 가능한 기술 제시

  건설 관련 4차 산업 기술의 적용 방법

  건설 관련 교육 과정의 개선

- 결론

  기대 효과

  정책적인 측면

- 기타

  글의 스타일: 건설 분야 전문가의 입장에서 기술적인 문체 사용

  최종 글의 길이: 1,000단어 이상

09 개방형 프롬프트

일반적으로 개방형 즉, 지나치게 광범위한 질문은 피하는 걸 권장한다. 보다 포괄적인 답변을 얻기 위해 개방형 질문을 할 수도 있지만, 이러한 유형의 질문은 종종 대화를 단절시키거나 엉뚱한 답변을 유도할 수 있다. 하지만 때로는 알고 싶은 것이 무엇인지 모르는데 어떤 주제에 관해 전체적으로 궁금할 수도 있다. 이런 경우 다양한 답변과 해석이 가능한 개방형 질문을 할 수 있다.

닫힌 질문: 선택형 질문 또는 예/아니요를 끌어내는 질문

- 너는 영상을 생성할 수 있니?
- 너는 음원을 생성할 수 있니?
- 너는 맞춤법을 검사할 수 있니?

열린 질문: '왜', '어떻게', '무엇을'을 포함

- 블로그에 적을 만한 소재를 5가지만 알려 줘.
- 인생의 목표를 설정하는 방법을 3가지만 알려 줘.
- 우주를 여행할 수 있는 방법에 대해 알려 줘.

열린 질문은 사용자의 창의적인 생각을 유도할 수 있으므로 아이디어 도출이나 브레인스토밍 시 사용하면 도움을 받을 수 있다.

01 효율적인 프롬프트를 위해 이것만은 꼭 기억하자

지금까지 기본적인 프롬프트 작성 방법과 더불어 좀 더 다양한 형식의 프롬프트를 작성하기 위한 여러 가지 방식들을 알아보았다. 이어지는 파트 4, 5에서는 일상생활이나 업무 등에서 실제로 사용하고 응용할 수 있는 분야별·용도별 프롬프트를 제시하고 이에 대한 설명을 이어나갈 것이다. 파트 4, 5에서 제공하는 분야별·용도별 프롬프트들이 여러분들의 생활과 업무의 효율성을 배가시켜 줄 거라고 믿어 의심치 않는다.

앞선 내용들을 지나쳤다고 하더라도 아래에서 다루어 볼 효율적인 프롬프트 작성을 위한 일반 원칙만은 반드시 기억하도록 하자. 지금까지 알아본 프롬프트 작성 방법에 대한 내용들 중에서 가장 중요하고 필요한 것들로만 정리해 보았다.

첫째, 대화의 흐름을 바꾸려면?

챗GPT와의 해왔던 이전 대화들과는 완전히 다른 흐름으로 전환하려면 왼쪽 상단의 'new Chat'(아이콘)을 클릭해서 아예 새로운 대화창을 생성한 후 대화를 이어나가는 게 좋다.

하지만 앞에서 했던 대화를 참조해 새로운 질문을 만들어야 하므로 당장 새로운 대화창을 생성하는 게 힘들 수도 있다. 이럴 때는 '이전 대화 내용이나 지침, 그리고 흐름들은 무시할 것'이라는 조건을 프롬프트에 사용하면 된다.

둘째, 다양한 답변이 필요하다면?

아이디어를 얻거나 창의적 문제 해결이 필요한 경우에는 챗GPT에게 답변을 요구할 때 반드시 답변의 개수를 지정해 주도록 하자. '10가지 종류', '5개의 방법' 등과 같은 식으로 챗GPT가 답변할 개수를 명확하게 지정하자.

셋째, 필요 없는 것을 사전에 제거하려면?

챗GPT가 만들어 준 답변들에서는 약간의 기계적인 느낌과 문맥상 뉘앙스에서 오는 약한 이질감을 느낄 수 있다. 이 때문에 일반적으로 사용자는 이를 개성에 맞게 수정해 사용하는 경향이 있다. 하지만 챗GPT가 답변한 내용을 바로 복사해서 사용하는 경우도 분명히 있을 수 있다. 이 경우에는 수정 없이 바로 사용할 수 있도록 답변에 포함되면 안 되는 '기호', '문장 부호', '단어' 등을 미리 질문의 조건으로 설정해야 한다.

'이런 기호들과 문장 부호, 단어 등은 **빼줄 것**'이라는 조건을 프롬프트에 추가해 답변에 필요 없는 성분들은 미리 제거하자.

넷째, 답변이 만족스럽지 않다면?

만약 챗GPT의 답변이 마음에 들지 않으면 어떻게 할까? 가장 좋은 방법은 새로운 질문 또는 기존 질문을 수정해서 다시 챗GPT에게 답변을 요구하는 것이다. 하지만 질문을 수정하거나 새로운 질문을 만들 여유가 없다면 챗GPT의 답변 밑에 있는 '재생성(Regenerate)' 아이콘을 눌러 답변을 재생성해 보자. 확률적으로 재성생된 답변은 이전 답변보다 질이 높은 경우가 많다. 챗GPT는 절대로 똑같은 답변을 주지 않는다. 재생성된 답변 또한 부족하다고 느낀다면 만족할 때까지 '재성성' 아이콘을 반복해서 눌러 보자.

마지막으로, 조금 더 답변의 질을 올리려면?

챗GPT 답변의 수준을 조금 더 올리고 싶다면 프롬프트를 작성할 때 수식어를 사용해 보자. 수식어는 '분명한', '좀 더~', '가장~', '중요한', '오직~', 숫자 등의 형용사들과 '지금', '반드시', '자주', '거의', '매우' 등의 부사로 구성된다. 형용사와 부사 이외에도 '절대 ~안 된다', '결코 ~하지 말 것' 등의 강한 부정어를 사용해도 답변의 질을 조금이나마 향상시킬 수 있다.

02 프롬프트 제작 공식

사실 프롬프트를 제작하는 방법을 몇 가지로 고정할 수는 없다. 사용자마다 글을 쓰는 스타일이 다르고 자유롭게 활용할 수 있는 단어의 개수나 문장 형식의 양이 다르기 때문이다. 하지만 공식처럼 프롬프트를 패턴화시킬 수는 있다. 이렇게 패턴화된 프롬프트를 하나의 틀로써 사용하면 동일한 붕어빵 제조틀로 단팥 붕어빵, 슈크림 붕어빵, 딸기잼 붕어빵 등을 찍어내듯이 다양한 형태와 내용이 담긴 프롬프트를 생산할 수 있다.

다음과 같은 패턴에 맞춘 프롬프트 공식을 따라가다 보면 문장력이 다소 부족한 사람이더라도 보다 쉽고 편하게 좋은 프롬프트를 만들어 낼 수 있다.

① STEP 1

페르소나 및 역할의 부여

1단계에서는 챗GPT에게 페르소나와 역할을 부여한다. 답변에 적합한 자질과 역량 등을 미리 설정하고, 그 페르소나에 맞는 목적성 있고 구체적인 역할을 부여한다.

페르소나 및 역할의 예시
- 너는 소아과 의사야. 너는 유아기 예방 접종을 안내하는 역할이야.
- 너는 프로그래머야. 너는 회원 가입 모듈을 개발하는 역할이야.
- 너는 아동심리학자야. 너는 결손 아동의 심리 상태를 잘 알고 있어.

② STEP 2

사전 정보의 입력 또는 사전 학습

2단계에서는 챗GPT가 질문을 좀 더 명확하게 이해하고 질문에 적합한 답변을 생성할 수 있도록 챗GPT가 미리 알면 좋을 사전 정보를 제시하거나, 답변할 때 참조할 만한 내용을 사전에 학습시킨다.

사전 정보의 예시
- 토론 주제마다 찬성 의견 1개, 반대 의견 1개가 필요하다.
- 만일 찬성 의견이 10개라면 찬성에 반대되는 의견도 10개여야 한다.

사전 학습의 예시
- 다음과 같이 맞춤법에 어긋난 오탈자를 올바르게 교정할 것.
  수정 전: 너는 그 사람의 은해를 모르는구나.
  수정 후: 너는 그 사람의 은혜를 모르는구나.

③ STEP 3

지시 사항

3단계에서 입력하는 내용이 바로 챗GPT에게 답변을 요구할 질문이다. 프롬프트를 구성하는 가장 핵심적인 부분이다. 챗GPT가 사용자로부터 임무를 부여받는 단계로, 3단계에 사용되는 문장들은 앞서 배웠던 프롬프트 작성 원칙을 고려해 최적화된 문장으로 만들어야 한다.

지시 사항의 예시
- ~ 주제에 대한 포스트를 작성하세요.
- 위 포스트 내용의 수준은 중학생 수준으로 맞춰 주세요.
- 포스트 내용은 친절하고, 유쾌한 톤으로 만들어 주세요.
- 본인이 경험한 것 같은 내용을 삽입해 주세요.
- 포스트는 아래에 제시된 응답 조건에 맞춰 작성하세요.

④ **STEP 4**

응답 조건

4단계는 응답할 내용의 범위나 분량 등을 제시하는 단계이다. 4단계의 응답 조건을 완성하면 비로소 프롬프트의 핵심 부분인 질문이 완성된다.

응답 조건의 예시

- 포스트 글자 수는 2,000자로 만들어 주세요.
- 포스트는 3개의 섹션으로 나누고 섹션별로 소제목을 만드세요.
- 첫째 줄에는 포스트 제목을 표시하세요.
- 포스트에 적합한 해시태그 5개를 생성하세요.
- 해시태그는 포스트의 마지막에 추가하세요.

⑤ **STEP 5**

출력 형식

내부적으로 챗GPT의 답변이 모두 생성되었다면 이제 최종적으로 화면에 표시될 또는 파일로 만들어질 형식을 지정하는 단계이다. 화면상으로는 표, 그림, 텍스트, 그래프 등으로 표시할 수 있고, 파일상으로는 cvs, txt, pdf, 이미지 파일(jpg, png 등), json, html, markdown 등의 형식으로 파일을 생성할 수 있다.

출력 형식의 예시

- 통계 자료는 표의 형식으로 나타내 줘.
- 다음과 같은 형식으로 만들어 줘.
  일자:
  장소:
  인원:
  경비:
- 질문에 적합한 웹페이지의 HTML 파일을 생성해 줘.

위와 같이 총 5단계에 걸쳐 프롬프트를 생성하는 방법을 알아보았다. 사용자가 질문하고자 하는 내용의 범위와 깊이에 따라 위의 5단계를 모두 사용해 프롬프트를 작성할 수도 있고, 한두 개의 단계는 생략하고 조금 단순한 방식으로 프롬프트를 작성할 수도 있다.

프롬프트 공식에 맞춰 하나하나 블록을 쌓듯이 프롬프트를 만들어 봤다면 다음 내용에서는 프롬프트 '템플릿'을 사용해서 프롬프트를 만들어가는 방법에 대해 알아보도록 하자.

03 프롬프트 템플릿 제작

프롬프트를 작성하고 사용하다 보면 동일한 업무 또는 내용을 다루는 경우 관련 프롬프트를 재사용할 가능성이 많아진다. 예를 들어 이도령 선생님이 기말고사 대비 평가 문항을 만들고 있다고 가정해 보자. 이도령 선생님은 프롬프트 작성 능력이 뛰어나 누구보다도 챗GPT를 잘 활용할 수 있기에 평가 문항 제작에 있어 생산성이 좋은 편이다. 하지만 이도령 선생님 옆 자리의 성춘향 선생님은 이제 막 챗GPT를 알아가는 시기라 아직 프롬프트 제작을 낯설어한다.

이런 경우 이도령 선생님은 자기가 만든 프롬프트를 성춘향 선생님께 건네 줄 수 있다. 하지만 이도령 선생님이 만든 프롬프트는 이미 이도령 선생님이 출제한 문제들에 대한 사전 정보, 지시 내용, 조건, 출력 형식 등으로 가득하다. 이런 상태의 프롬프트를 받은 성춘향 선생님의 입장에서는 타인의 프롬프트를 재사용하는 것이 힘들 수도 있다. 바로 이때 필요한 게 프롬프트 템플릿이다.

템플릿의 사전적 의미는 '어떤 것을 만들 때 안내 역할을 하는 사용상의 형식, 서식'이다. 즉 평가 문항의 뼈대를 이루는 기본적인 구조를 템플릿으로 만들어 놓고 변동되는 데이터만을 수정함으로써 새로운 '평가 문항지'를 제작할 수 있는 것이다.

템플릿을 만드는 단계 또한 앞서 설명한 프롬프트 공식의 제작 단계와 많이 다르지 않다. 단, 템플릿은 프롬프트를 사용하는 사람이 바뀌어도 변하지 않는 기본 형식(프롬프트)과 사용자에 따라 유동적으로 변동되는 데이터인 '변수'로 이루어진다.

따라서 사용자에 따라 동적으로 달라지는 '템플릿 변수'를 챗GPT가 사용자에게 요구하고, 그러한 요구를 받은 사용자가 자신만의 '변수값'을 입력하는 과정이 추가될 뿐이다. 아래 예시를 통해 프롬프트 템플릿을 만드는 과정을 이해해 보자.

① STEP 0

템플릿 변수 설정

0단계는 이전에 설명했던 프롬프트 공식에는 없는 단계이다. 프롬프트 전체에 적용되며, 유동성을 가지는 템플릿 변수를 설정하는 단계이기에 제일 처음에 작성해야 하는 단계로 지정했다. 1단계보다 앞선다고 하여 '0단계'로 지정했다. 아래 예시를 보며 '템플릿 변수'를 설정하는 방법을 이해해 보자.

템플릿 변수 설정 예시

[1] 교육 과정을 알려 주세요.(입력 예: n차 교육 과정)
[2] 학교 종류를 알려 주세요.(중, 고등 중 1개를 입력할 것)
[3] 학년을 알려 주세요.(입력 예: 1, 2, 3 중 1개를 입력할 것)
[4] 과목명을 알려 주세요.(입력 예: 수학)
[5] 단원명을 알려 주세요.(입력 예: 삼각함수)

[6]　난이도를 알려 주세요.(상, 중, 하 중 1개를 입력할 것)
[7]　문항수를 알려 주세요.(입력 예: 20)
[8]　객관식 주제를 알려 주세요.
[9]　객관식 문항수를 알려 주세요.(입력 예: 15)
[10]　선택지 개수를 알려 주세요.(입력 예: 5)
[11]　서술형 주제를 알려 주세요.
[12]　서술형 글자 수를 알려 주세요.(입력 예: 30)

위의 예시에서 템플릿 변수로 총 12개를 설정했다. [1]이 바로 템플릿 변수의 이름이고 [1]에 들어가는 교육 과정 명칭이 템플릿 변수 [1]의 값이 된다. 변수명은 항상 괄호('[', ']') 안에 숫자를 넣어 생성하고, 템플릿 변수의 값을 입력받을 수 있게 문구를 입력해 줘야 한다.

위와 같은 템플릿 변수에 대한 내용을 챗GPT가 인식하면 사용자에게 템플릿 변수에 대한 사용자 변수값의 입력을 요청하게 된다. 사용자의 입력을 요구하는 메시지가 화면에 나타나면 사용자는 적절한 변수값을 주어진 양식대로 입력하면 된다. 이에 대한 자세한 설명은 파트 5의 프롬프트 내용이나 유튜브 영상에서 제공할 것이다.

① STEP 1

페르소나 및 역할의 부여

1단계는 프롬프트 공식과 동일하지만, 프롬프트 사용자에 따라 변하는 페르소나와 역할은 '템플릿 변수'를 적용해야 한다. 0단계 예시에서 연속되는 내용으로 1단계 예시를 작성했다.

페르소나 및 역할 부여의 예시
• 너는 [2]학교 [3]학년 [4]교과 담당 교사야.
• 너는 기말고사 평가 문항을 제작하는 역할이야.

페르소나에서 템플릿 변수 [2], [3], [4]를 불러왔다. 만일 사용자가 변수 [2]에 대한 값을 '고등', 변수 [3]에 '2', 변수 [4]에 '수학'을 입력하면 위 프롬프트의 페르소나는 '너는 고등학교 2학년 수학 교과 담당 교사야'라는 문장으로 주어진다.

② STEP 2

사전 정보의 입력 또는 사전 학습

프롬프트 공식의 2단계 내용이 이번 예시에서는 빠진다. 이와 같이 질문의 내용과 범위 그리고 깊이에 따라 생략 가능한 단계들이 존재한다. 2단계가 적용되는 프롬프트 템플릿은 파트 5에서 다룬다. 만약 2단계가 필요하다면 템플릿 변수를 사용해 1단계처럼 작성하면 된다.

③ STEP 3

3단계에서도 템플릿 변수를 이용해 챗GPT에게 지시할 내용을 작성해 준다.

지시 사항의 예시

- [1], [2]학교, [3]학년, [4], [5]의 범위 내에서 평가 문항을 출제할 것.
- 난이도는 [6]수준에 맞춰 [7]개의 문항으로 구성된 평가지를 만들어 줘.

여기서도 변수 [1]의 값으로 '7차 교육 과정', 변수 [2]의 값으로 '중', 변수 [3]의 값으로 '3', 변수 [4]의 값으로 '과학', 변수 [5]의 값으로 '운동과 에너지', 변수 [6]의 값으로 '중', 변수 [7]의 값으로 '20'을 입력하면 지시 사항은 다음과 같은 프롬프트로 만들어진다.

- 7차 교육 과정, 중학교, 3학년, 과학, 운동과 에너지의 범위 내에서 평가 문항을 출제할 것.
- 난이도는 '중' 수준에 맞춰 20개의 문항으로 구성된 평가지를 만들어 줘.

④ STEP 4

4단계에서도 템플릿 변수를 이용해 챗GPT가 응답할 조건에 대해 입력함으로써 질문을 완성시킨다.

응답 조건의 예시

- 총 [7]개의 문항 중에서 [8]에 관한 [9]개의 객관식 질문을 만들어 줘.
- 각 질문에는 [10]개의 선택지를 제공해 주고, 정답은 별표(*)로 표시해 줘.
- 나머지 문항은 [11]에 대해 [12]자 이상으로 작성해야 하는 서술형 문제를 만들어 줘.
- 서술형 문제의 적절한 답지도 함께 제시해 줘.

여기서도 변수 [7]의 값은 '20', 변수 [8]의 값은 '물체의 운동과 힘', 변수 [9]의 값은 '18', 변수 [10]의 값은 '5', 변수 [11]의 값은 '에너지 보존', 변수 [12]의 값은 '30'을 입력하면 응답 조건은 다음과 같은 프롬프트로 만들어진다.

- 총 20개의 문항 중에서 '물체의 운동과 힘'에 관한 18개의 객관식 질문을 만들어 줘.
- 각 질문에는 5개의 선택지를 제공해 주고, 정답은 별표(*)로 표시해 줘.
- 나머지 문항은 '에너지 보존'에 대해 30자 이상으로 작성해야 하는 서술형 문제를 만들어 줘.
- 서술형 문제의 적절한 답지도 함께 제시해 줘.

⑤ STEP 5

출력 형식

마지막으로 출력 형식도 템플릿 변수를 사용해 만들어 준다. 템플릿 변수가 필요 없다면 그냥 템플릿 변수 없이 일반적인 프롬프트로 만들 수 있다.

출력 형식의 예시

- 객관식 문항 번호
- 객관식 문제 내용
- 객관식 선택지
- 서술형 문항 번호
- 서술형 문제 내용
- 서술형 예상 답

이로써 실제로 프롬프트 작성에 들어가기 전에 다뤄야 할 내용들은 모두 살펴보았다. 특히 마지막에 설명한 '프롬프트 공식'과 '프롬프트 템플릿'은 주의를 기울여서 숙지해야 한다. 앞으로 만들어 볼 프롬프트들의 일부는 '프롬프트 공식'과 '프롬프트 템플릿'을 바탕으로 만들어갈 것이기 때문이다.

PART
04

용도별 프롬프트
예시문

이 프롬프트는 다양한 주제에 대한 정보를 검색하거나 통찰을 얻기 위한 질문들이다. 원하는 정보를 찾기 위해 프롬프트를 조금 더 구체적이거나 일반적으로 만들어 사용할 수 있다. 아래의 간단한 예시를 통해 이해해 보자.

1. 월스트리트 주식 시장의 역사는?
2. 당뇨병의 초기 증상은 무엇인가요?
3. 클라우드 컴퓨팅의 장단점은 무엇인가요?
4. 치즈 만드는 과정을 설명해 주세요.
5. 코로나 바이러스 백신의 작동 원리는 무엇인가요?
6. 미국의 건국 원칙은 무엇인가요?
7. 글로벌 온난화의 주요 원인은 무엇인가요?
8. 3D 프린팅의 다양한 응용 분야는 무엇인가요?
9. 로마 제국이 쇠퇴한 이유는 무엇인가요?
10. 스페이스 엑스의 창업자는 누구인가요?
11. 알츠하이머 치매의 치료법은 무엇인가요?
12. 자동차 엔진의 작동 원리는 무엇인가요?
13. 레오나르도 다 빈치의 대표작은 무엇인가요?
14. 스마트폰의 역사는 어떻게 되나요?
15. 비트코인의 작동 원리는 무엇인가요?
16. 바그너의 "발키리"는 어떤 음악인가요?
17. 심해 탐사에서 사용되는 기술은 무엇인가요?
18. 강아지 훈련의 기본 원칙은 무엇인가요?
19. 블랙홀은 무엇이며 어떻게 형성되나요?
20. 가상 현실(VR)의 주요 응용 분야는 무엇인가요?
21. 스시의 기원은 어디인가요?
22. 태양 에너지의 장단점은 무엇인가요?
23. 수학에서 피보나치 수열이란 무엇인가요?
24. 코딩을 배우는 데 좋은 프로그래밍 언어는 무엇인가요?

25. 물의 삼중점은 무엇인가요?

26. 모네의 "수련 연못"은 어떤 그림인가요?

27. 대기 오염을 줄이기 위한 방법은 무엇인가요?

28. 양자 컴퓨터의 원리는 무엇인가요?

29. 유기농업의 장단점은 무엇인가요?

30. 오존층은 어떻게 파괴되나요?

31. 우주의 빅뱅 이론은 무엇인가요?

32. 포토샵의 기본 기능은 무엇인가요?

33. 브렉시트의 주요 영향은 무엇인가요?

34. 인공지능이 의료 분야에서 어떻게 사용되나요?

35. 심리학에서 인지 부조화란 무엇인가요?

36. 웹 개발을 위한 HTML, CSS, 자바스크립트의 역할은 무엇인가요?

37. 교육의 혜택과 한계는 무엇인가요?

38. 적색 파장의 물리적 특성은 무엇인가요?

39. 재생 에너지의 종류는 무엇이 있나요?

40. 자동차 보험의 주요 요인은 무엇인가요?

41. 조지 오웰의 "1984"는 어떤 내용인가요?

42. 라틴 미국의 음악 유형은 무엇이 있나요?

43. 메타버스의 정의와 응용 분야는 무엇인가요?

44. 녹색 에너지의 경제적 이점은 무엇인가요?

45. 영양학에서 단백질의 역할은 무엇인가요?

46. 블록체인 기술이 금융에서 어떻게 응용되나요?

47. 사물인터넷(IoT)의 보안 취약점은 무엇인가요?

48. 중국의 "일대일로" 프로젝트는 무엇인가요?

49. 스트레스 관리를 위한 기술은 무엇이 있나요?

50. 진화론과 창조론의 주요 차이점은 무엇인가요?

이 프롬프트는 창의적인 작업이나 흥미로운 상상, 영감 등을 얻고자 할 때 사용된다. 이를 통해 사용자는 브레인스토밍의 효과를 얻을 수 있다. 아래의 간단한 예시를 통해 이해해 보자.

1. 미래의 도시를 상상해 그림을 그려 주세요.
2. 초콜릿이 생명체라면 그의 일상은 어떨까요? 이야기를 써 주세요.
3. "가을의 노래"라는 주제로 시를 작성해 보세요.
4. 괴물과 사람이 함께 사는 세계의 일상을 묘사해 주세요.
5. 레시피를 창의적으로 변형해 새로운 요리법을 만들어 보세요.
6. 로봇이 사랑에 빠진다면? 단편소설을 써 주세요.
7. 하루를 색깔로 표현한다면 어떻게 될까요? 그림 또는 글로 설명해 주세요.
8. 옛날 옛적에 어떤 행성에서…(이후 내용을 채워 넣으세요).
9. 악당이 주인공이 되는 이야기를 작성해 보세요.
10. 공룡이 멸종하지 않았다면 현대에 어떻게 살아가고 있을까요?
11. 자동차 대신 다른 교통 수단을 상상해 보세요.
12. 지구를 떠나 다른 행성에서 살아가는 경험을 글로 써 주세요.
13. 비가 내리는 날, 한 마리의 고양이가 겪는 모험을 쓰세요.
14. 가상의 동물을 만들어 그 특징과 습성에 대해 설명해 주세요.
15. 나만의 슈퍼히어로를 만들고 그 능력을 상세히 작성해 주세요.
16. 별에서 온 외계인과 지구인의 대화를 작성해 보세요.
17. "시간을 거슬러"라는 주제로 노래 가사를 작성해 주세요.
18. 다섯 가지 물건만 가지고 섬에서 살아남는 방법을 기술해 주세요.
19. 달과 태양이 대화를 나눈다면 그 내용은 어떤 걸까요?
20. 새로운 발명품을 상상해 그 기능과 사용법을 설명해 주세요.
21. 전설이나 신화에서 영감을 받아 새로운 이야기를 만들어 보세요.
22. 신비한 숲을 배경으로 한 모험 이야기를 써 주세요.
23. 당신이 만약 왕이라면 어떤 법을 만들고 어떻게 나라를 다스릴까요?
24. 가족 모임에서 일어날 수 있는 가장 이상한 일을 작성해 보세요.
25. 하루를 행복하게 만드는 작은 일들을 그림이나 글로 나열해 주세요.

26. UFO가 지구에 착륙했다면 어떤 일이 벌어질까요?

27. 미지의 생명체에게 우리 문화를 소개한다면 어떻게 할까요?

28. 퇴근 후 마법의 문을 발견했다면? 이후 일어나는 일을 작성해 주세요.

29. 음악이 없는 세계에서 어떤 변화가 일어날까요?

30. 우리의 일상 속에 숨겨진 미스터리를 하나 선택해 글로 풀어 주세요.

31. 수학 문제를 푸는 대신, 수학을 활용한 창의적인 작품을 만들어 보세요.

32. 여러 종류의 식물이 어떻게 커뮤니케이션할지 상상해 보세요.

33. 사람들이 감정을 음식으로 표현한다면 어떤 모습일까요?

34. 내가 만약 동물이었다면? 그 동물의 하루를 묘사해 주세요.

35. 미래의 패션 트렌드를 예측해 그림으로 그려 보세요.

36. 동화 속 주인공이 현대 사회에 나타났다면 어떻게 적응할까요?

37. 우주선을 타고 다른 행성을 탐험한다면 어떤 것을 가지고 갈까요?

38. 가상의 게임을 만들어 그 규칙과 목표를 설정해 보세요.

39. 전기가 없는 세계에서 생활하는 모습을 묘사해 주세요.

40. 좋아하는 영화나 책의 주인공과 나누는 대화를 상상해 작성해 보세요.

41. 과학적으로 불가능한 상황을 창의적으로 해결하는 방법을 써 주세요.

42. 무인도에서 식물과 대화를 나눴다면 그 내용은?

43. 사랑의 정의를 자신만의 방식으로 표현해 보세요.

44. 가상의 축제를 기획해 보세요. 어떤 행사가 있을까요?

45. 지금까지 알려진 가장 놀라운 사실을 창의적으로 풀어 보세요.

46. 시간을 멈추는 시계를 발견했다면, 그 시계를 어떻게 사용할 수 있을까요?

47. 거울이 반영하는 세계가 실제로 존재한다면 그곳은 어떤 모습일까요?

48. 소셜 미디어가 없는 세계에서 사람들은 어떻게 소통할까요?

49. 흔히 알려진 전설이나 민담을 현대 버전으로 재해석해 보세요.

50. 여러분만의 언어를 만들어 보세요. 단어와 그 의미, 문법 규칙을 설정해 주세요.

이 프롬프트는 다양한 지식 분야에서 깊이 있는 정보를 탐색하거나 습득하는 데 도움을 준다. 특히 이러한 프롬프트를 통해 기존의 지식이나 정보를 확장할 수 있다. 아래의 간단한 예시를 통해 이해해 보자.

1. 중요한 역사적 사건의 원인과 결과는 무엇인가요?
2. 기후 변화의 주요 원인과 그 해결책은 무엇인가요?
3. 물의 세 가지 상태 변화를 설명해 주세요.
4. 파이썬 언어에서 리스트와 딕셔너리의 차이점은 무엇인가요?
5. 인간의 심리적 반응을 조절하는 주요 신경 전달 물질은 무엇인가요?
6. 퀀텀 물리학의 기본 개념에는 어떤 것들이 있나요?
7. 재정적 자유를 달성하기 위한 기본 원칙은 무엇인가요?
8. 힌두교의 주요 신들과 그 역할은 무엇인가요?
9. 3D 프린팅 기술이 가져올 수 있는 잠재적 영향은 무엇인가요?
10. 미국 독립 선언은 언제, 왜 이루어졌나요?
11. 사진을 찍을 때 주의해야 할 기술적인 요소는 무엇인가요?
12. 비트코인의 작동 원리를 설명해 주세요.
13. 진화론과 창조론의 주요 논점을 비교해 주세요.
14. 미술에서 퍼스펙티브(Perspective)의 중요성은 무엇인가요?
15. 다양한 타입의 클라우드 컴퓨팅 서비스에는 어떤 것들이 있나요?
16. 재료 과학에서 복합 재료(Composite Materials)의 용도는 무엇인가요?
17. 세계 대전의 원인과 결과를 비교 분석해 주세요.
18. 코딩에서 디버깅(Debugging)의 중요성과 방법은 무엇인가요?
19. 다양한 사회 문제에 대한 지속 가능한 해결책은 무엇인가요?
20. 뇌와 컴퓨터의 정보 처리 방식의 차이는 무엇인가요?
21. 우주의 기원에 대한 여러 가설을 설명해 주세요.
22. 디지털 마케팅에서 SEO의 중요성은 무엇인가요?
23. 영양소의 다양한 종류와 그 기능을 설명해 주세요.
24. 재미있는 수학 퍼즐 하나를 설명하고 해답을 찾아 보세요.

25. 인공지능이 사회와 경제에 미치는 영향은 무엇인가요?

26. 코로나 바이러스가 전 세계에 미치는 영향에 대해 분석해 주세요.

27. 웹 개발에서 프런트엔드와 백엔드의 주요 차이점은 무엇인가요?

28. 식물이 광합성을 통해 어떻게 에너지를 얻는지 설명해 주세요.

29. 기초 물리학에서 뉴턴의 세 가지 운동 법칙은 무엇인가요?

30. 마음의 건강을 유지하기 위한 방법은 무엇인가요?

31. 논리적 사고 능력을 향상시키는 방법은 무엇인가요?

32. 나노 기술이 의학 분야에 가져올 수 있는 혁신은 무엇인가요?

33. 글로벌 금융 시장의 기본 구조와 작동 원리는 무엇인가요?

34. 역사적으로 중요한 여성 인물들의 업적은 무엇인가요?

35. 스타트업을 시작할 때 고려해야 할 주요 요소는 무엇인가요?

36. 데이터 과학에서 머신러닝의 역할은 무엇인가요?

37. 윤리적인 문제로 논란이 되는 현대 기술은 무엇인가요?

38. 온라인 개인 정보 보호의 중요성과 방법은 무엇인가요?

39. 문학 작품을 분석할 때 고려해야 할 주요 요소는 무엇인가요?

40. 심리학에서 다양한 종류의 편견과 그 원인을 설명해 주세요.

41. 게임 이론이 경제학과 사회과학에 적용되는 예시는 무엇인가요?

42. 식품의 유통 과정에서 발생할 수 있는 문제와 해결책은 무엇인가요?

43. 천문학에서 블랙홀이란 무엇이며 어떻게 발견되었나요?

44. 로봇 공학에서 인간과 로봇의 상호작용에 대해 설명해 주세요.

45. 전자 상거래에서 사용자 경험(UX)의 중요성은 무엇인가요?

46. 지구 외 생명체의 존재 가능성에 대한 여러 가설을 비교해 주세요.

47. 대기 오염의 주요 원인과 그 해결책은 무엇인가요?

48. 고고학에서 발견된 주요 유적지와 그 중요성은 무엇인가요?

49. 스마트홈 기술의 현재 상태와 미래 전망은 무엇인가요?

50. 동물 실험의 윤리적 문제와 대안적 방법에 대해 설명해 주세요.

이 프롬프트는 흔히 사용되는 일반적인 형태이며 대화의 시작점이 된다. 질문에 대한 챗GPT의 응답에 따라 좀 더 다양한 상호작용이 가능하다. 아래의 간단한 예시를 통해 이해해 보자.

1. 오늘 기분이 어떤가요? 그 이유는 무엇인가요?
2. 최근에 본 영화나 읽은 책에 대해 이야기해 보세요.
3. 지금 가장 필요로 하는 것은 무엇인가요?
4. 가장 좋아하는 음식은 무엇인가요? 그 이유는?
5. 가장 최근에 여행을 다녀온 곳은 어디인가요?
6. 최근에 배운 새로운 기술이나 지식은 무엇인가요?
7. 가장 인상 깊었던 인물은 누구인가요?
8. 오늘 계획은 어떤 것이 있나요?
9. 가장 힘들게 겪었던 경험과 그것에서 얻은 교훈은 무엇인가요?
10. 생일에 가장 기억에 남는 선물은 무엇인가요?
11. 현재 읽고 있는 책이나 관심 있는 주제는 무엇인가요?
12. 가장 마지막으로 본 영화나 드라마는 무엇인가요?
13. 가장 좋아하는 음악 장르와 아티스트는 누구인가요?
14. 가장 최근에 해본 취미 활동은 무엇인가요?
15. 가장 최근에 꿨던 꿈은 무엇인가요?
16. 여러분이 가장 자주 하는 생각은 무엇인가요?
17. 내년 이맘때는 어떤 일을 하고 싶은가요?
18. 좋아하는 계절은 무엇인가요?
19. 어릴 때 꿈은 무엇이었나요? 현재의 꿈과 얼마나 다른가요?
20. 살면서 가장 기억에 남는 일은 무엇인가요?
21. 일상에서 가장 행복을 느끼는 순간은 언제인가요?
22. 가장 좋아하는 애완동물은 무엇인가요?
23. 이상형은 어떤 모습인가요?
24. 현재 가장 큰 고민은 무엇인가요?
25. 다가오는 주말에는 어떤 계획이 있나요?

26. 무엇을 하면 시간 가는 줄 모르게 몰입하나요?

27. 어떤 일을 하면서 가장 만족감을 느끼나요?

28. 가장 좋아하는 색깔은 무엇인가요?

29. 자주 가는 음식점이나 카페는 있나요?

30. 가장 최근에 배운 생활의 지혜나 팁은 무엇인가요?

31. 최근에 감동 받은 일이나 사건은 무엇인가요?

32. 가장 최근에 구매한 물건은 무엇인가요?

33. 가장 좋아하는 명언이나 격언은 무엇인가요?

34. 가장 좋아하는 연휴나 휴일은 언제인가요?

35. 가장 중요하다고 생각하는 가치나 미덕은 무엇인가요?

36. 현재 가장 큰 목표나 소원은 무엇인가요?

37. 가장 좋아하는 스포츠나 운동은 무엇인가요?

38. 오늘 아침에 먹은 식사는 무엇인가요?

39. 현재 가장 기대하고 있는 일이나 사건은 무엇인가요?

40. 최근에 가장 만나고 싶은 사람은 누구인가요?

41. 최근에 가장 방문하고 싶은 나라나 도시는 어디인가요?

42. 최근에 가장 즐겨하는 유튜브 채널이나 팟캐스트는 무엇인가요?

43. 가장 좋아하는 앱이나 웹사이트는 무엇인가요?

44. 가장 최근에 들은 노래는 무엇인가요?

45. 가장 좋아하는 게임은 무엇인가요?

46. 현재 가장 원하는 물건이나 경험은 무엇인가요?

47. 가장 좋아하는 TV 프로그램은 무엇인가요?

48. 가장 최근에 쓴 글이나 글쓰기에 대한 경험은 무엇인가요?

49. 가장 좋아하는 사람에게 하고 싶은 말은 무엇인가요?

50. 오늘 하루를 한마디로 표현하면 무엇인가요?

PART

05

분야별 프롬프트
예시문

[요약/추출/추론/토론]을 위한 프롬프트

---

01 긴 글 요약하기

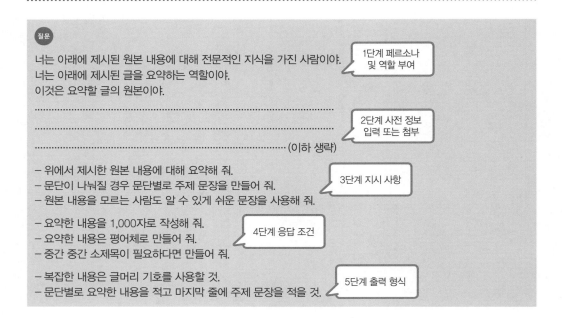

질문

너는 아래에 제시된 원본 내용에 대해 전문적인 지식을 가진 사람이야.
너는 아래에 제시된 글을 요약하는 역할이야.
이것은 요약할 글의 원본이야.

1단계 페르소나 및 역할 부여

....
....
.... (이하 생략)

2단계 사전 정보 입력 또는 첨부

– 위에서 제시한 원본 내용에 대해 요약해 줘.
– 문단이 나눠질 경우 문단별로 주제 문장을 만들어 줘.
– 원본 내용을 모르는 사람도 알 수 있게 쉬운 문장을 사용해 줘.

3단계 지시 사항

– 요약한 내용을 1,000자로 작성해 줘.
– 요약한 내용은 평어체로 만들어 줘.
– 중간 중간 소제목이 필요하다면 만들어 줘.

4단계 응답 조건

– 복잡한 내용은 글머리 기호를 사용할 것.
– 문단별로 요약한 내용을 적고 마지막 줄에 주제 문장을 적을 것.

5단계 출력 형식

요약할 내용이 파일 형식으로 되어 있는 경우에는 아래 그림과 같은 메시지창에서 '클립' 모양의 버튼을 클릭해 파일을 직접 첨부할 수 있다. 파일을 첨부한 경우 챗GPT가 스스로 파일이 첨부되었음을 인지하고 파일 내용을 원본으로 해서 요약 작업을 실행한다. 단, 파일 첨부 기능은 GPT4 유료 사용자에 한정된다.

Message ChatGPT...

ChatGPT can make mistakes. Consider checking important information.

그림 44 챗GPT 메시지창

제공해 주신 원본 내용을 확인했습니다. 원본 내용은 "~~~"이라는 주제로 ~~~와 관련된 여러 주제들을 다루고 있습니다. 주요 내용은 다음과 같습니다.

소제목1
– (이하 생략)
– 주제 문장: ~이다.

소제목2
– (이하 생략)
– 주제 문장: ~이다.

소제목3
– (이하 생략)
– 주제 문장: ~이다.

소제목4
– (이하 생략)
– 주제 문장: ~이다.

소제목5
– (이하 생략)
– 주제 문장: ~이다.

이 요약은 각 문단의 핵심 내용과 그에 해당하는 주제 문장을 제공합니다. 이는 ~~~에 대한 다양한 해석과 그 현대적 의미를 탐구하는 것으로 보입니다.

02 단어/키워드 추출

추출은 문장이나 글에서 특정한 단어를 선별하는 작업을 말한다. 이번 대화에서는 두 가지 종류의 추출 작업을 해 볼 것이다.

첫 번째 추출은 짧은 문장에서 단어를 추출하는 아주 단순한 작업이다. 그래서 이번 프롬프트에서는 1단계 페르소나와 역할 부여 과정과 4단계 응답 조건을 설정하는 과정은 건너뛰기로 하자.

 질문

David는 Google에 입사하기 전에 Amazon에서 근무한 엔지니어입니다. 그는 Google SW 엔지니어로 2011년부터 2015년까지 5년간 활동했습니다. 구글에서 퇴사한 후 삼성에서 4년간 시니어 개발자로 근무했고, 이후 2020년부터 현재까지 엔씨소프트에서 앱 기획팀 PM으로 근무하고 있습니다.

> 2단계 사전 정보 입력 또는 첨부

위와 같이 입력된 정보에서 대상자의 근무 이력을 회사별로 추출해 줘.

> 3단계 지시 사항

5단계 출력 형식

화면에 출력 시 다음과 같은 형식의 표로 만들어 줘.
– 이름
– 근무처
– 근속연수
– 기간

대상자의 근무 이력을 회사별로 추출해 요청하신 형식의 표로 정리하겠습니다.

이름	근무처	근속연수	기간
David	Amazon	-	-
David	Google	5년	2011년 ~ 2015년
David	삼성	4년	이후 4년간
David	엔씨소프트	-	2020년 ~ 현재

– "Amazon"과 "엔씨소프트"에서의 근속연수와 정확한 기간이 명시되어 있지 않아, 해당 정보는 누락되었습니다.
– 삼성에서의 정확한 근무 기간이 명시되어 있지 않아, "이후 4년간"으로 기재했습니다.

두 번째 추출은 모방 추출 작업이다. 챗GPT에게 특정하게 추출하는 방식을 사전에 학습시키는 것이다. 이는 프롬프트 공식의 2단계에 해당하는 방식으로, 챗GPT가 모범 답안으로 간주하게 될 내용을 미리 입력해 놓는 것이다. 아래에 나와 있는 프롬프트를 참고하자.

질문

1단계 페르소나 및 역할 부여

너는 입시 학원의 논술 강사로서 주어진 글을 읽고 키워드와 핵심 문구를 찾고 키워드와 핵심 문구를 이용해 주제 문장을 만드는 역할이야.
아래에 주어진 **예시**를 통해 원문에서 키워드, 핵심 문장 그리고 주제 문장을 추출하는 방식을 알 수 있어.
참고하기 바란다.
예시

2단계 사전 정보 입력 또는 첨부

(원문)
신문이 진실을 보도해야 한다는 것은 ···
···
···
·· (이하 생략)

(키워드) ~~~, ~~~, ~~~
(핵심 문구) ~~~~~~, ~~~~~

3단계 지시 사항

(주제 문장) 신문은 ~~~~~~~~~~~~~~ 이다.

위에 주어진 **예시**를 참고해 아래에 주어진 글을 분석해 키워드, 핵심 문구, 주제 문장을 추출해 줘.
퍽 오래 전, 문지방이 닳도록···

....
....
.... (이하 생략)

- 키워드는 5개 이상 찾고, 쉼표로 구분할 것.
- 핵심 문구는 3개 이상 찾고, 쉼표로 구분할 것. ← **4단계 응답 조건**
- 주제 문장은 1개 또는 2개로 만들 것.
- 평서체를 사용해 요약할 것.

출력 시 다음과 같은 형식으로 만들어 줘. ← **5단계 출력 형식**
- 키워드:
- 핵심 문구:
- 주제 문장:

주어진 문장을 분석해 키워드, 핵심 문구 및 주제 문장을 제시하겠습니다.
- 키워드: 호프집, 얼굴, 이목구비, 휴대폰, 중독, 자기 인식.
- 핵심 문구: 얼굴의 기능과 구조에 대한 고찰, 휴대폰의 일상 속 지배력, 기술에 대한 의존과 자기 인식.
- 주제 문장: 현대 사회에서 기술, 특히 휴대폰이 인간의 일상과 자기 인식에 미치는 영향을 고찰하며, 이를 통해 우리가 얼굴의 구조와 같이 자연스럽게 받아들이는 것들에 대해 다시 생각해 보게 한다.

03 추론 시키기

추론이란 이미 알고 있거나 확인 가능한 정보를 취합해 새로운 논리적 결론을 만들어내는 행위나 과정을 말한다. 쉽게 생각해서 여러 사실을 기반으로 두고 사고를 통해 또 다른 명제를 끌어내는 과정이다. 챗GPT에게 여러 가지 사실이나 조건을 부여하고 그것들을 근거로 다른 판단을 끌어낼 수 있다. 아래 프롬프트를 보면서 추론 과정을 이해해 보자. 간단한 추론일 경우 1단계의 페르소나와 역할 부여 과정은 생략할 수 있다.

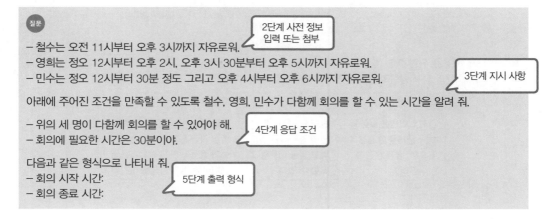

질문

- 철수는 오전 11시부터 오후 3시까지 자유로워. ← **2단계 사전 정보 입력 또는 첨부**
- 영희는 정오 12시부터 오후 2시, 오후 3시 30분부터 오후 5시까지 자유로워.
- 민수는 정오 12시부터 30분 정도 그리고 오후 4시부터 오후 6시까지 자유로워. ← **3단계 지시 사항**

아래에 주어진 조건을 만족할 수 있도록 철수, 영희, 민수가 다함께 회의를 할 수 있는 시간을 알려 줘.

- 위의 세 명이 다함께 회의를 할 수 있어야 해. ← **4단계 응답 조건**
- 회의에 필요한 시간은 30분이야.

다음과 같은 형식으로 나타내 줘.
- 회의 시작 시간: ← **5단계 출력 형식**
- 회의 종료 시간:

철수, 영희, 민수가 모두 참석할 수 있는 회의 가능 시간은 다음과 같습니다:

– 회의 시작 시간: 12: 00
– 회의 종료 시간: 12: 30

이 시간은 세 사람 모두가 자유로운 시간대이며, 최소 필요한 30분을 만족합니다.

04 토론에 필요한 정보 생성

너는 저출산 문제를 해결할 정책을 연구하는 전문가야.
저출산 문제와 관련된 토론에서 나올 수 있는 의견을 검토하는 역할이야.

1단계 페르소나 및 역할 부여

토론 주제: 저출산 대책으로서 이민의 활성화

위 토론 주제에 대한 찬반 의견을 알려 줘.

3단계 지시 사항

– 찬성 의견과 반대 의견은 각각 5개씩 만들어 줘.
– 찬성 의견과 반대 의견을 서로 매칭시킬 것.
– 반대 의견에 대한 재반박 의견을 제시할 것.
– 모든 의견에는 근거를 제시할 것.
– 서로 중복되지 않게 만들어 줘.
– 공개된 정보를 최대한 활용할 것.
– 최근 정부의 정책 방향을 고려할 것.

4단계 응답 조건

아래의 순서대로 표 형식으로 보여 줘.
– 찬성 의견
– 반대 의견
– 재반박 의견

5단계 출력 형식

마지막으로 근거는 각 의견 끝에 표시해 줘.

저출산 문제 해결을 위한 이민 활성화 정책에 대한 토론을 위해 찬성, 반대, 재반박 의견을 각각 준비했습니다.
이 의견들은 최근의 정책 방향과 공개된 정보를 바탕으로 작성되었습니다.

찬성 의견	반대 의견	재반박 의견
찬성 1: 이민은 노동력 부족 문제를 해결할 수 있으며, 경제 성장에 기여한다.	**반대 1:** 이민은 현지인의 일자리를 위협하고 임금 하락을 초래할 수 있다.	**재반박 1:** 이민자들은 주로 부족한 직종을 채우며, 다양한 기술과 경험을 가진 이민자들이 경제에 긍정적 영향을 미친다.

찬성 2: 이민자들은 다양한 문화적 배경을 가지고 있어 사회의 다양성과 문화적 풍부함을 증진시킨다.	**반대 2:** 이민의 증가는 사회적 갈등과 문화적 충돌을 유발할 수 있다.	**재반박 2:** 적절한 통합 정책과 문화 간 교류 증진은 사회적 조화를 이루고 문화적 이해를 높일 수 있다.
찬성 3: 이민자 가족은 종종 더 많은 자녀를 가짐으로써 인구 감소 문제에 대처할 수 있다.	**반대 3:** 이민자 가족의 높은 출산율은 사회 복지 시스템에 부담을 줄 수 있다.	**재반박 3:** 이민자들의 높은 출산율은 장기적으로 인구구조를 안정화시키고 경제적 활동 인구를 유지하는 데 기여한다.
찬성 4: 이민자들은 새로운 아이디어와 기술을 도입하여 혁신을 촉진한다.	**반대 4:** 이민자들의 통합에는 상당한 시간과 자원이 필요하며, 이는 사회적 비용을 증가시킨다.	**재반박 4:** 이민자 통합에 드는 비용은 그들이 경제 발전에 기여하는 장기적 이익에 비해 상대적으로 작다.
찬성 5: 이민자들은 인구 고령화 문제에 대응하여 의료 및 간병 서비스 부문에서 중요한 역할을 할 수 있다.	**반대 5:** 이민자 증가는 주거, 교육, 의료 시스템에 부담을 줄 수 있다.	**재반박 5:** 적절한 인프라 투자와 계획을 통해 이러한 부담은 관리될 수 있으며, 이민자들은 이러한 서비스 부문에서 중요한 인력으로 기여할 수 있다.

그림 45 챗GPT 답변

근거:
– 찬성 의견: 국제 이민기구(IOM) 보고서, 유엔 인구 기금(UNFPA) 보고서, 경제협력개발기구(OECD) 연구 자료.
– 반대 의견: 사회학 및 경제학.

[교육/진학/취업]을 위한 프롬프트

01 교육

수업(강의) 설계

수업(강의) 설계를 위한 수업 지도안이나 강의 계획서를 작성하기 위해서는 프롬프트 템플릿을 만들어 사용하는 것이 좋다. 특히 표준화되어 있는 서식의 경우, 템플릿을 사용함으로써 재사용성을 높일 수 있다.

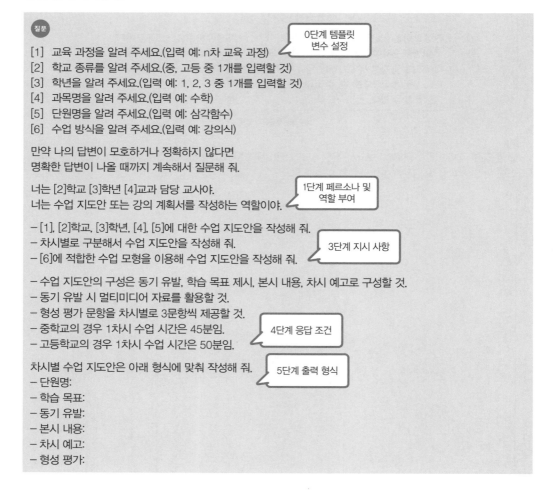

질문

[1] 교육 과정을 알려 주세요.(입력 예: n차 교육 과정)
[2] 학교 종류를 알려 주세요.(중, 고등 중 1개를 입력할 것)
[3] 학년을 알려 주세요.(입력 예: 1, 2, 3 중 1개를 입력할 것)
[4] 과목명을 알려 주세요.(입력 예: 수학)
[5] 단원명을 알려 주세요.(입력 예: 삼각함수)
[6] 수업 방식을 알려 주세요.(입력 예: 강의식)

> 0단계 템플릿 변수 설정

만약 나의 답변이 모호하거나 정확하지 않다면
명확한 답변이 나올 때까지 계속해서 질문해 줘.

너는 [2]학교 [3]학년 [4]교과 담당 교사야.
너는 수업 지도안 또는 강의 계획서를 작성하는 역할이야.

> 1단계 페르소나 및 역할 부여

– [1], [2]학교, [3]학년, [4], [5]에 대한 수업 지도안을 작성해 줘.
– 차시별로 구분해서 수업 지도안을 작성해 줘.
– [6]에 적합한 수업 모형을 이용해 수업 지도안을 작성해 줘.

> 3단계 지시 사항

– 수업 지도안의 구성은 동기 유발, 학습 목표 제시, 본시 내용, 차시 예고로 구성할 것.
– 동기 유발 시 멀티미디어 자료를 활용할 것.
– 형성 평가 문항을 차시별로 3문항씩 제공할 것.
– 중학교의 경우 1차시 수업 시간은 45분임.
– 고등학교의 경우 1차시 수업 시간은 50분임.

> 4단계 응답 조건

차시별 수업 지도안은 아래 형식에 맞춰 작성해 줘.
– 단원명:
– 학습 목표:
– 동기 유발:
– 본시 내용:
– 차시 예고:
– 형성 평가:

> 5단계 출력 형식

이러한 프롬프트 템플릿으로 챗GPT에게 물어보면 다음과 같이 템플릿 변수에 해당하는 값을 입력해 달라는 메시지를 보여 준다.

알겠습니다. 작성할 수업 지도안을 위해 다음 정보를 제공해 주시겠어요?

1. 교육 과정(예: 2015 개정 교육 과정)
2. 학교 종류(중학교 또는 고등학교 중 선택)
3. 학년(1, 2, 3 중 선택)
4. 과목명(예: 수학)
5. 단원명(예: 삼각함수)
6. 수업 방식(예: 강의식)

이 정보를 바탕으로 정확한 수업 지도안을 작성하겠습니다.

위와 같이 템플릿 변수값을 입력해 달라는 챗GPT의 메시지를 받았다면 아래처럼 템플릿 변수값을 타이핑해서 입력한 후 챗GPT에게 다시 전송한다.

질문

1. 2015년 개정 교육 과정
2. 중학교
3. 3
4. 과학
5. 운동과 에너지
6. 강의식

템플릿 변수값을 입력받은 챗GPT는 아래 화면과 같이 수업 지도안을 출력한다.

감사합니다. 제공하신 정보를 바탕으로 중학교 3학년 과학 과목의 '운동과 에너지' 단원에 대한 강의식 수업 지도안을 작성하겠습니다. 이 수업 지도안은 2015년 개정 교육 과정에 맞춰져 있습니다.

수업 지도안(중학교 3학년 과학: '운동과 에너지')
1. 단원명: 운동과 에너지
2. 학습 목표:
    −운동과 에너지의 개념을 이해한다.
    ....
    ....
    .... (이하 생략)

평가 문항 제작

평가 문항도 수업 지도안이나 강의 계획서처럼 프롬프트 템플릿을 사용해 제작할 수 있다. 아래의 프롬프트 예시를 살펴보자.

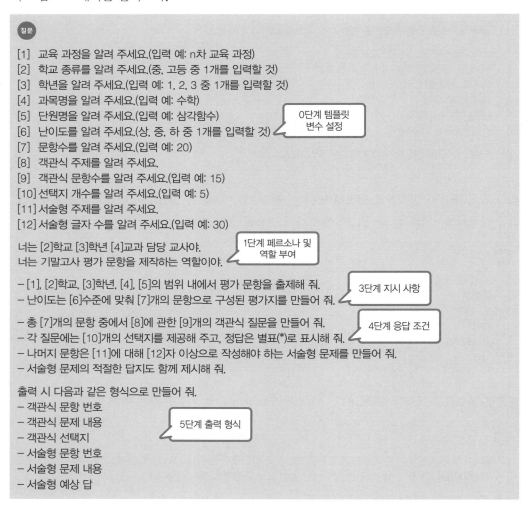

질문

[1] 교육 과정을 알려 주세요.(입력 예: n차 교육 과정)
[2] 학교 종류를 알려 주세요.(중, 고등 중 1개를 입력할 것)
[3] 학년을 알려 주세요.(입력 예: 1, 2, 3 중 1개를 입력할 것)
[4] 과목명을 알려 주세요.(입력 예: 수학)
[5] 단원명을 알려 주세요.(입력 예: 삼각함수) ── 0단계 템플릿 변수 설정
[6] 난이도를 알려 주세요.(상, 중, 하 중 1개를 입력할 것)
[7] 문항수를 알려 주세요.(입력 예: 20)
[8] 객관식 주제를 알려 주세요.
[9] 객관식 문항수를 알려 주세요.(입력 예: 15)
[10] 선택지 개수를 알려 주세요.(입력 예: 5)
[11] 서술형 주제를 알려 주세요.
[12] 서술형 글자 수를 알려 주세요.(입력 예: 30)

너는 [2]학교 [3]학년 [4]교과 담당 교사야. ── 1단계 페르소나 및 역할 부여
너는 기말고사 평가 문항을 제작하는 역할이야.

– [1], [2]학교, [3]학년, [4], [5]의 범위 내에서 평가 문항을 출제해 줘. ── 3단계 지시 사항
– 난이도는 [6]수준에 맞춰 [7]개의 문항으로 구성된 평가지를 만들어 줘.

– 총 [7]개의 문항 중에서 [8]에 관한 [9]개의 객관식 질문을 만들어 줘. ── 4단계 응답 조건
– 각 질문에는 [10]개의 선택지를 제공해 주고, 정답은 별표(*)로 표시해 줘.
– 나머지 문항은 [11]에 대해 [12]자 이상으로 작성해야 하는 서술형 문제를 만들어 줘.
– 서술형 문제의 적절한 답지도 함께 제시해 줘.

출력 시 다음과 같은 형식으로 만들어 줘.
– 객관식 문항 번호
– 객관식 문제 내용
– 객관식 선택지 ── 5단계 출력 형식
– 서술형 문항 번호
– 서술형 문제 내용
– 서술형 예상 답

이처럼 프롬프트 템플릿으로 챗GPT에게 물어보면 다음과 같이 템플릿 변수에 해당하는 값을 입력해 달라는 메시지가 돌아온다.

알겠습니다. 다음 정보를 제공해 주시면, 기말고사 평가 문항을 만들어 드리겠습니다:

1. 교육 과정(예: n차 교육 과정)
2. 학교 종류(예: 중학교, 고등학교)
3. 학년(예: 1, 2, 3 중 하나)
4. 과목명(예: 수학)
5. 단원명(예: 삼각함수)
6. 난이도(예: 상, 중, 하 중 하나)
7. 문항수(예: 20)
8. 객관식 주제
9. 객관식 문항수(예: 15)
10. 선택지 개수(예: 5)
11. 서술형 주제
12. 서술형 글자 수(예: 30)

이 정보를 제공해 주시면, 귀하의 요청에 맞는 평가 문항을 만들어 드리겠습니다.

위와 같이 템플릿 변수값을 입력해 달라는 챗GPT의 메시지를 받았다면 아래처럼 템플릿 변수값을 타이핑해서 입력한 후 챗GPT에게 다시 전송한다.

1. 7차 교육 과정
2. 중학교
3. 3학년
4. 과학
5. 운동과 에너지
6. 중
7. 20
8. 물체의 운동과 힘
9. 18
10. 5
11. 에너지 보존
12. 30

템플릿 변수값을 입력받은 챗GPT는 아래 화면과 같이 수업 지도안을 출력한다.

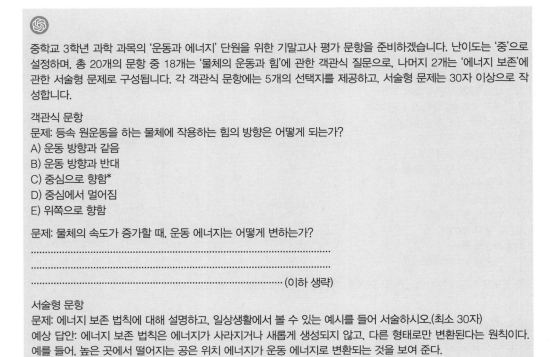

중학교 3학년 과학 과목의 '운동과 에너지' 단원을 위한 기말고사 평가 문항을 준비하겠습니다. 난이도는 '중'으로 설정하며, 총 20개의 문항 중 18개는 '물체의 운동과 힘'에 관한 객관식 질문으로, 나머지 2개는 '에너지 보존'에 관한 서술형 문제로 구성됩니다. 각 객관식 문항에는 5개의 선택지를 제공하고, 서술형 문제는 30자 이상으로 작성합니다.

객관식 문항
문제: 등속 원운동을 하는 물체에 작용하는 힘의 방향은 어떻게 되는가?
A) 운동 방향과 같음
B) 운동 방향과 반대
C) 중심으로 향함*
D) 중심에서 멀어짐
E) 위쪽으로 향함

문제: 물체의 속도가 증가할 때, 운동 에너지는 어떻게 변하는가?
··
··
·· (이하 생략)

서술형 문항
문제: 에너지 보존 법칙에 대해 설명하고, 일상생활에서 볼 수 있는 예시를 들어 서술하시오.(최소 30자)
예상 답안: 에너지 보존 법칙은 에너지가 사라지거나 새롭게 생성되지 않고, 다른 형태로만 변환된다는 원칙이다. 예를 들어, 높은 곳에서 떨어지는 공은 위치 에너지가 운동 에너지로 변환되는 것을 보여 준다.

문제: 에너지 전환의 예를 하나 들고, 그 과정에서 에너지 보존 법칙이 어떻게 적용되는지 설명하시오.
··
··
·· (이하 생략)

이러한 문항들이 학생들의 이해도를 평가하는 데 도움이 되기를 바랍니다. 추가 조정이 필요하면 알려 주세요.

수행평가 평가 기준안 작성

학교 수업에서 학생의 학습 결과에 관해 과정을 고려한 평가를 하고자 할 때 사용할 수 있는 방법이 바로 수행평가이다. 수행평가는 '2015 개정 교육 과정'의 적용과 더불어 그 중요성과 비중이 점점 더 확대되어 가고 있다.

수행평가 평가 기준안을 다음과 같은 프롬프트 템플릿을 사용해 작성해 보자.

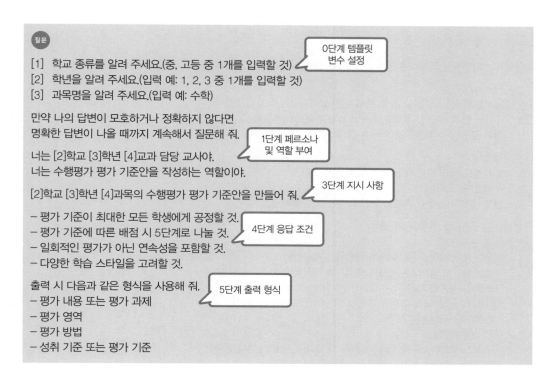

질문

[1] 학교 종류를 알려 주세요.(중, 고등 중 1개를 입력할 것)
[2] 학년을 알려 주세요.(입력 예: 1, 2, 3 중 1개를 입력할 것)
[3] 과목명을 알려 주세요.(입력 예: 수학)

만약 나의 답변이 모호하거나 정확하지 않다면
명확한 답변이 나올 때까지 계속해서 질문해 줘.

너는 [2]학교 [3]학년 [4]교과 담당 교사야.
너는 수행평가 평가 기준안을 작성하는 역할이야.

[2]학교 [3]학년 [4]과목의 수행평가 평가 기준안을 만들어 줘.

- 평가 기준이 최대한 모든 학생에게 공정할 것.
- 평가 기준에 따른 배점 시 5단계로 나눌 것.
- 일회적인 평가가 아닌 연속성을 포함할 것.
- 다양한 학습 스타일을 고려할 것.

출력 시 다음과 같은 형식을 사용해 줘.
- 평가 내용 또는 평가 과제
- 평가 영역
- 평가 방법
- 성취 기준 또는 평가 기준

챗GPT가 프롬프트의 변수값을 받기 위해 질문한다.

알겠습니다. 다음 정보를 제공해 주시면 해당 학년과 과목에 대한 수행평가 평가 기준안을 작성하겠습니다:

1. 학교 종류(중학교 또는 고등학교 중에서 선택해 주세요)
2. 학년(1, 2, 3 중에서 선택해 주세요)
3. 과목명(예: 수학)

이 정보를 바탕으로 수행평가 평가 기준안을 만들어 드리겠습니다.

사용자는 프롬프트 템플릿 변수값을 지정해 준다.

질문

1. 중학교
2. 1
3. 국어

템플릿 변수값을 입력받은 챗GPT는 다음 화면과 같이 수행평가 평가 기준안을 출력한다.

중학교 1학년 국어 과목의 수행평가 평가 기준안을 다음과 같이 제안합니다:

평가 내용 및 과제
1. 독서일지 작성: 책을 읽고, 각 책에 대한 요약과 개인적인 의견을 작성
2. 주제별 발표: 주어진 주제에 대해 조사하고 발표하는 과제
3. 창작 글쓰기: 주어진 주제에 대한 창의적인 글 작성

평가 방법
1. 독서일지: 책의 주요 내용 요약 및 개인적 의견 작성
2. 주제 발표: 조사한 내용을 바탕으로 한 구술 발표 및 PPT 제작
3. 창작 글쓰기: 주어진 주제에 대한 창의적인 글 작성 및 제출

성취 기준 및 평가 기준(5단계 배점)
1. 독서 일지(20점)
   - 우수(16 – 20점): 내용 이해가 탁월하고 개인적인 의견이 명확하게 표현됨
   - 양호(11 – 15점): 내용 이해가 충분하며 개인적인 의견이 일부 포함됨
   - 보통(6 – 10점): 기본적인 내용 이해는 되었으나 의견 표현이 미흡함
   - 미흡(1 – 5점): 내용 이해가 부족하거나 의견 표현이 거의 없음
   - 불참(0점): 작성하지 않음
2. 주제 발표(30점)
   - 우수(24 – 30점): 주제에 대한 이해가 뛰어나고 발표가 매우 명확함
   - 양호(18 – 23점): 주제 이해가 좋으며 발표가 분명함
   - 보통(12 – 17점): 주제 이해가 기본적이며 발표가 일부 명확함
   - 미흡(6 – 11점): 주제 이해가 부족하며 발표가 불분명함
   - 불참(0점): 발표하지 않음
3. 창작 글쓰기(50점)
   - 우수(40 – 50점): 주제에 대한 창의적인 접근이 뛰어나고 글이 매우 흥미로움
   - 양호(30 – 39점): 주제에 대한 이해가 좋고 창의적인 접근이 포함됨
   - 보통(20 – 29점): 주제에 대한 기본적인 이해와 창의적인 접근이 일부 포함됨
   - 미흡(10 – 19점): 주제에 대한 이해가 부족하고 창의적인 접근이 미흡함
   - 불참(0점): 작성하지 않음

현장 체험학습 계획서 작성

학교의 현장 체험학습은 학교라는 공간을 떠나 견문을 넓히기 위한 교육 활동 중 하나이다. 많은 수의 학생들과 교사들이 함께 이동하는 만큼 여러 방면으로 신경써야 할 것들이 많다. 챗GPT가 알려 주는 내용을 바탕으로 학교의 사정에 맞게 수정해 계획서를 작성할 수 있다.

질문

너는 15년 차의 능숙한 교사야.
15년 동안 다양한 현장 체험학습을 기획한 경험이 있으며
이번에도 고3 학생들의 졸업 여행 계획서를 작성하는 역할이야.

> 1단계 페르소나 및
> 역할 부여

– 제주도에서 3박 4일간 현장 체험학습을 진행할 예정이야.
– 출발지는 서울이며 비행기로 왕복할 예정이야.
– 학생 1인당 예상 경비는 50만 원이고 인원은 150명이야.
– 5월 중순 경에 서울에서 출발할 예정이야.

2단계 사전 정보 입력 또는 첨부

아래 내용을 작성해 줘.
– 사전 교육 일정과 내용을 알려 줘.
– 현장 답사 일정을 만들어 줘.
– 3박 4일간의 일정을 만들어 줘.
– 졸업 여행을 경험함으로써의 교육적 효과에 대해 알려 줘.

3단계 지시 사항

다음 조건을 고려할 것.
– 일정에는 식사 시간 및 휴식 시간을 포함할 것.
– 일정은 시간 순서대로 제시할 것.
– 안전 교육에 대한 내용을 포함할 것.
– 잔류 학생 관리에 대한 내용을 포함할 것.

4단계 응답 조건

아래의 출력 형식에 맞춰 답변을 만들어 줘.
1. 개요
2. 세부 계획
3. 행사 일정

5단계 출력 형식

　　　–사전 교육 일정
　　　–사전 답사 일정
　　　–3박 4일 일정
4. 예산 정산은 표로 만들 것

챗GPT는 다음과 같이 현장 체험학습 계획서를 만들어 준다.

1. 개요
　　–목적: 고등학교 3학년 학생들의 졸업 여행으로 현장 체험학습 진행
　　–기간: 5월 중순, 서울 출발
　　–장소: 제주도 일원
　　–참가 인원: 학생 150명
　　–예상 경비: 학생 1인당 50만 원
　　–목표: 교육적 가치와 안전을 중시하는 졸업 여행 제공
2. 세부 계획
　　–안전 교육: 학생들의 안전을 최우선으로 해서 체험학습 전 안전 교육 실시
　　–잔류 학생 관리: 잔류 학생을 위한 별도의 활동 및 관리 계획 수립
　　–교육적 효과: 문화적 체험, 자기주도적 학습, 단체 활동을 통한 사회성 향상
3. 행사 일정
　　–사전 교육 일정
　　　일시: 5월 초, 2시간
　　　내용: 안전 교육, 여행 예절, 제주도 문화 및 역사에 대한 간단한 소개
　　–사전 답사 일정
　　　일시: 4월 말, 2일간

목적: 숙박 시설, 식당, 체험 장소 등 사전 점검
-3박 4일 일정
  Day 1: 출발 및 제주 도착
      08: 00~09: 30: 서울 출발 준비 및 안전 교육
      10: 00~11: 30: 비행기 탑승 및 제주 도착
  ....
  ....
  .... (이하 생략)

  Day 2: 제주 자연 탐험
  .... (이하 생략)

  Day 3: 문화 체험
  .... (이하 생략)

  Day 4: 귀가
  .... (이하 생략)

4. 예산 정산

항목	단가	인원	총액
항공권	20만 원	150명	3,000만 원
숙박비	5만 원/박	150명	2,250만 원
식비	2만 원/일	150명	1,200만 원
입장료 및 활동비	5만 원	150명	750만 원
기타	–	–	300만 원
총 예산			10,200만 원

참고 사항
– 예산은 최대한 정확하게 계산되었으나, 변동 가능성 있음.
– 예비비로 300만 원을 계획.

수능 문제 풀이

아래 프롬프트에서 영어 지문으로 제시한 내용은 2024년도 수능 영어 시험 문제의 실제 지문이다. 해당 문제의 정답을 챗GPT에게 물어보니 5초 내로 정답을 알려 주었다.

 질문

I'm Charlie Reeves, manager of Toon Skills Company. If you're interested in new webtoon-making skills and techniques, this post is for you. This year, we've launched special online courses, which contain a variety of contents about webtoon production. Each course consists of ten units that help improve your drawing and story-telling skills. Moreover, these courses are designed to suit any level, from beginner to advanced. It costs $45 for one course, and you can watch your course as many times as you want for six months. Our courses with talented and experienced instructors will open up a new world of creativity for you. It's time to start creating your webtoon world at https://webtoonskills.com.

위 글의 목적으로 가장 적절한 것을 아래 **보기**에서 골라 봐.

챗GPT는 다음과 같이 문제의 정답을 알려 준다.

위 글의 목적은 웹툰 제작과 관련된 온라인 강좌를 홍보하는 것입니다. 이 글은 새로운 웹툰 제작 기술과 기법에 대한 온라인 과정을 소개하고 있으며, 강좌의 구성, 수준, 가격 및 이용 방법에 대한 정보를 제공합니다. 따라서 가장 적절한 선택은 ① 웹툰 제작 온라인 강좌를 홍보하려고 입니다.

이번에는 단순히 내용을 해석해서 정답을 고르는 문제가 아닌, 좀 더 복잡한 과정을 요구하는 문제이다. 문법이나 어법에 어긋나게 사용하는 단어를 고르는 문제의 정답을 챗GPT에 물어 보았다.

A number of studies provide substantial evidence of an innate human disposition to respond differentially to social stimuli. From birth, infants will orient preferentially towards the human face and voice, ① underline{seeming} to know that such stimuli are particularly meaningful for them. Moreover, they register this connection actively, imitating a variety of facial gestures that are presented to them — tongue protrusions, lip tightenings, mouth openings. They will even try to match gestures ② which they have some difficulty, experimenting with their own faces until they succeed. When they ③ do succeed, they show pleasure by a brightening of their eyes; when they fail, they show distress. In other words, they not only have an innate capacity for matching their own kinaesthetically experienced bodily movements with ④ those of others that are visually perceived; they have an innate drive to do so. That is, they seem to have an innate drive to imitate others whom they judge ⑤ to be 'like me'.

위 글의 밑줄 친 ① seeming, ② which, ③ do, ④ those, ⑤ to be 중에서 어법상 틀린 것을 골라 봐.

챗GPT는 다음과 같이 문제의 정답을 알려 준다.

각 밑줄 친 부분을 다시 살펴보겠습니다:
1. ① seeming: "seeming to know that such stimuli are particularly meaningful for them"은 문법적으로 올바른 구조입니다. 여기서 "seeming"은 "infants will orient preferentially towards the human face and voice"에 대한 부가적인 설명을 제공합니다.

2. ② which: "which they have some difficulty"는 문법적으로 불완전한 구조입니다. "which" 다음에는 동사나 완전한 구문이 필요합니다. 예를 들어, "which they have some difficulty in performing"과 같이 수정할 수 있습니다.
3. ③ do: "When they do succeed"는 문법적으로 올바릅니다. 여기서 "do"는 강조를 위해 사용되었습니다.
4. ④ those: "those of others that are visually perceived"는 문법적으로 올바른 구조입니다. "those"는 앞서 언급된 "bodily movements"를 대체하는 대명사로 사용되었습니다.
5. ⑤ to be: "whom they judge to be 'like me'"는 문법적으로 올바릅니다. 여기서 "to be"는 "whom"에 대한 설명을 제공하는 무한정사 구문입니다.

따라서 어법상 문제가 있는 부분은 ② "which"입니다.

마지막으로 지문으로 제시된 글의 일부를 빈 칸으로 만든 후, 빈 칸에 적절한 단어나 문장을 고르는 문제를 챗GPT에게 물어 보았다.

질문

Over the last decade the attention given to how children learn to read has foregrounded the nature of textuality, and of the different, interrelated ways in which readers of all ages make texts mean. 'Reading' now applies to a greater number of representational forms than at any time in the past: pictures, maps, screens, design graphics and photographs are all regarded as text. In addition to the innovations made possible in picture books by new printing processes, design features also predominate in other kinds, such as books of poetry and information texts. Thus, reading becomes a more complicated kind of interpretation than it was when children's attention was focused on the printed text, with sketches or pictures as an adjunct. Children now learn from a picture book that words and illustrations complement and enhance each other. Reading is not simply _____. Even in the easiest texts, what a sentence 'says' is often not what it means.

위 글에서 Reading is not simply 뒤에 들어갈 말로 가장 적절한 것을 아래 **보기**에서 골라 봐.

보기
① knowledge acquisition
② word recognition
③ imaginative play
④ subjective interpretation
⑤ image mapping

챗GPT는 다음과 같이 문제의 정답을 알려 준다.

위 글에서는 '읽기'가 과거에 비해 더 다양한 표현 형태를 포함하게 되었으며, 단순히 인쇄된 텍스트에 집중하는 것에서 벗어나, 단어와 일러스트레이션이 서로를 보완하고 강화하는 방식으로 변화했다고 설명하고 있습니다. 따라서, '읽기'가 더 복잡한 해석의 형태가 되었다는 맥락을 고려할 때, 가장 적절한 보기는 **② word recognition** 입니다. 이는 '읽기'가 단순히 단어를 인식하는 것 이상의 의미를 갖는다는 것을 강조합니다.

02 진학

입시 컨설팅

챗GPT는 입시 상담 서비스에 사용하기에 적절한 도구이다. 상담자 역할인 챗GPT와 학생 또는 학부모가 질문과 대답을 반복함으로써 원하는 답변을 보다 빠르고 정확하게 생성할 수 있게 되었다. 단, 입시 정보의 경우 최신 경향을 반영하는 것이 중요하므로 반드시 GPT4를 사용해야 한다. GPT3.5는 대학별 전형 또는 새로이 도입되는 정책을 제대로 반영하지 못하기 때문이다. 대학 입시 제도는 대학별로 매우 다양한 전형 제도를 운영하기 때문에 프롬프트 공식이나 프롬프트 템플릿을 사용하지 않고 사용자와 챗GPT가 대화를 주고 받는 방식인 '멀티턴' 방식의 프롬프트를 사용하는 게 좋다.

서울특별시에 코딩 관련 학과가 개설되어 있는 4년제 대학교를 알려 줘.

챗GPT는 다음과 같이 답변을 준다.

서울특별시에 위치한 주요 4년제 대학교들 중에서 코딩 및 컴퓨터 관련 학과를 개설하고 있는 대학들은 다음과 같습니다:

1. 서울대학교: 서울대학교의 컴퓨터공학부는 이론 및 실용적 응용 연구를 통해 전문 인력을 양성합니다【〃】.
2. 고려대학교: 고려대학교 컴퓨터학과는 소프트웨어 인재 육성과 산업체 수요에 맞춘 교육을 제공합니다【〃】.
3. 연세대학교: 연세대학교의 컴퓨터과학과는 IT 전문 인력 양성에 초점을 맞추고 있습니다【〃】.
4. 한양대학교: 한양대학교 컴퓨터소프트웨어학부는 컴퓨터공학 및 컴퓨터과학 분야의 전문 인력을 배출하는 것을 목표로 합니다【〃】.
5. 서강대학교: 서강대학교 컴퓨터공학과는 컴퓨터 기반, 응용, 지능형 시스템, 시스템 아키텍처 등 다양한 분야에 중점을 둡니다【〃】.
6. 성균관대학교: 성균관대학교의 소프트웨어대학은 기초과학 및 응용력 함양을 목표로 합니다【〃】.
7. 중앙대학교: 중앙대학교 소프트웨어학부는 컴퓨터공학 이론과 기술에 초점을 맞춥니다【〃】.

이 외에도 인공지능, 빅데이터 등 4차 산업 혁명과 관련된 학과를 개설하고 있는 대학들이 많습니다. 예를 들어 서울대학교, 고려대학교, 연세대학교 등은 인공지능 및 빅데이터와 관련된 학과나 교육 과정을 제공하고 있습니다【〃】.

각 대학의 컴퓨터 관련 학과들은 현대 사회에서 중요한 역할을 하는 분야들을 다루고 있으며, 각 학과는 학문적 깊이와 산업체 수요에 따라 교육 과정을 구성하고 있습니다. 대학 선택 시, 각 대학의 교육 철학, 교육 과정, 그리고 졸업 후의 진로와 관련하여 충분한 정보를 얻은 후 결정하는 것이 중요합니다.

위 답변에서 【〃】 표시는 GPT4의 브라우징 기능의 결과로써 이 표시를 클릭하면 관련된 최신 정보의 웹페이지를 볼 수 있다. 일종의 다른 URL로의 링크인데 링크를 클릭해서 링크된 웹페이지를 열어 보면 컴퓨터공학과 외에도 소프트웨어, 인공지능, 빅데이터 등 코딩과 유사한 학과나 학부의 정보를 확인할 수 있다. 이어서 질문을 계속해 보자.

질문

4번 한양대학교의 컴퓨터소프트웨어학부의 전형 방식에 대해 알려 줘.

챗GPT는 다음과 같이 답변을 준다. 답변 내용에 맞춰 수능 시험의 최저 기준을 맞추고 전형에 최적화될 수 있도록 학교 생활 기록부를 관리해야 할 것이다.

한양대학교 컴퓨터소프트웨어학부의 입학 전형 방식은 다음과 같습니다:

1. 일반대학교 입학 전형(특별 전형):
   - 이 전형은 서류 심사와 면접으로 진행되는 무시험 전형입니다.
   - 평가 기준으로는 시험 성적이 아닌 사회 활동, 교육 및 연구 활동, 경력 등 다양한 자기 실현 성과를 활용합니다.
   - 서류 심사는 학업 계획서, 대학 및 대학원 성적, 수상 및 경력 증명서, 자격 증명서 등을 포함합니다.
   - 면접 시험은 전공에 대한 지식, 학문에 대한 열정과 지식, 전공에 대한 적성 등을 평가합니다【〃】.
2. 학부 입학 전형:
   - 수시 모집: 총 74명 모집. 지역 균형 선발 전형 14명, 일반 전형 30명, 고른기회 전형 6명, 논술 11명.
   - 정시 일반 전형: 56명을 선발.
   - 학생부 교과 전형(지역 균형)은 미적분 또는 기하 중 1과목 이상 이수, 물리II, 화학II, 생물II, 지구과학II 중 1과목 이상 이수가 필요합니다.
   - 학생부 종합 일반 전형은 고등학교 생활 기록부를 100% 반영합니다.
   - 학생부 종합 고른기회 전형은 기초 생활 수급자, 차상위 계층, 국가 보훈 대상자, 농어촌 학생 등이 지원 가능합니다【〃】【〃】.

한양대학교 컴퓨터소프트웨어학부는 기업과의 연계를 통해 학생들에게 장학 및 취업 지원을 제공하고, 실무 능력과 국제적 역량을 갖춘 인재를 양성하는 것을 목표로 합니다. 졸업 후에는 다양한 분야로의 진출이 가능하며, 이에는 전통 제조업 분야의 SW 직군, 금융 분야, SW 제조 분야, 서비스 분야, 관공서, 교육계 등이 포함됩니다【〃】.

각 전형별 세부 사항은 한양대학교의 공식 웹사이트나 입학처에서 제공하는 최신 정보를 확인하는 것이 좋습니다. 전형 방식이나 모집 인원 등은 매년 변동될 수 있으므로, 최신 정보를 확인하는 것이 중요합니다.

적성 및 진로 탐색

내가 '잘 하는 일'을 하며 살아가야 할지 내가 '좋아하는 일'을 하며 살아가야 할지의 고민은 진로를 개척해 나가려는 순간 흔하게 나타난다. 이 질문을 챗GPT에게 물어보자.

질문

좋아하는 일을 하는 게 좋을까? 잘하는 일을 하는 게 좋을까?

챗GPT는 다음과 같이 답변을 준다.

좋아하는 일과 잘하는 일 사이에서 선택하는 것은 쉽지 않은 결정입니다. 두 가지를 고려해야 할 요소들이 있습니다:

1. 좋아하는 일을 하는 경우: 이것은 보통 더 큰 만족감과 동기 부여를 가져다 줍니다. 당신이 정말로 열정을 가지고 있는 일을 할 때, 그 일에 더 많은 시간과 노력을 기울이게 되고, 이는 종종 더 큰 성공으로 이어질 수 있습니다. 그러나, 당신이 좋아하는 일이 항상 재정적으로 안정적이거나 실용적인 경로를 제공하는 것은 아닐 수 있습니다.

2. 잘하는 일을 하는 경우: 이것은 종종 더 안정적인 경력 경로와 더 높은 초기 성공률을 제공합니다. 당신이 이미 능숙한 분야에서 일하면, 더 빨리 진전을 보고 인정을 받을 수 있습니다. 그러나, 만약 당신이 그 일을 진정으로 좋아하지 않는다면, 장기적으로 만족감이나 동기 부여가 떨어질 수 있습니다.

때로는 이 두 가지를 결합하는 것이 가능합니다. 예를 들어, 당신이 잘하는 일에서 경력을 시작하고, 그 동안에 당신이 좋아하는 일에 필요한 기술이나 경험을 쌓을 수 있습니다. 또는, 당신이 좋아하는 일에서 작은 프로젝트를 시작하여 그 분야에서의 역량을 개발할 수도 있습니다.

결국, 이 선택은 당신의 개인적인 가치, 우선 순위, 그리고 당신의 현재 생활 상황에 달려 있습니다. 장기적인 목표와 당신이 인생에서 무엇을 가장 중요하게 생각하는지 고려하여 결정을 내리는 것이 중요합니다.

위 답변을 보니 좋아하는 일을 하면 크게 성공할 수도 있지만 경제적으로 많이 힘들어질 수도 있다고 한다. 반면에 잘 하는 일을 하면 쉽게 경제적 안정을 찾지만 훗날 후회로 인해 만족감이 떨어질 수도 있다고 한다. 그래서 다음과 같이 내가 잘하는 일과 내가 좋아하는 일을 제시하고 이 둘을 고려한 직업에 대해 챗GPT의 의견을 물어 보았다. 이번에는 프롬프트 공식을 사용해서 만들어 보자.

이제부터 너는 학생들의 진로와 적성을 설계해 주는 컨설턴트야.
너는 내가 잘하는 것과 좋아하는 것을 고려해서 나의 진로를 설계해 주는 역할이야.

내가 잘하는 일은 다음과 같아.
- 나는 글을 재미있고 감동적으로 잘 쓴다.
- 나는 임기응변 능력을 가지고 있고, 눈치가 빠르다.
- 나는 부지런하고 약속을 잘 지킨다.
- 나는 주변 정리를 잘하고 분류를 잘한다.
- 나는 컴퓨터와 스마트기기를 잘 다룬다.

내가 좋아하는 일은 다음과 같아.
- 나는 그림 그리는 것을 좋아한다.
- 나는 자전거 타는 것을 좋아한다.
- 나는 책 읽는 것을 좋아한다.
- 나는 걷기 여행을 좋아한다.

내가 잘하는 일과 내가 좋아하는 일을 병행하여 지속할 수 있는 방법을 다음 조건에 맞춰 알려 줘.

첫째 조건, 구체적인 직업 이름을 제시할 것.
둘째 조건, 해당 직업의 연봉 금액을 제시할 것.
셋째 조건, 5가지 이상의 직업을 제시할 것.

챗GPT는 다음과 같이 답변을 준다. 처음의 답변에서는 연봉 금액을 달러로 표시했기에 이를 '원화' 단위로 표시하고 국내 정보만을 사용하라는 조건으로 다시 답변을 생성했다. 아래의 답변을 참고하자.

대한민국의 시장과 연봉 단위에 맞춰 귀하의 잘하는 일과 좋아하는 일을 병행할 수 있는 직업을 다시 제안해 드리겠습니다. 연봉은 경력, 지역, 그리고 해당 분야의 수요에 따라 달라질 수 있으며, 제시된 금액은 평균적인 수준을 반영합니다.

1. 콘텐츠 작가 및 일러스트레이터
   −직업 설명: 디지털 미디어, 출판사 또는 자체 블로그에서 글을 쓰고, 관련 그림을 그리는 일입니다. 이 직업은 글쓰기 능력과 그림 그리기를 결합할 수 있습니다.
   −연봉 범위: 연간 약 2,500만 원 − 4,000만 원
2. 광고 크리에이티브 디렉터
   −직업 설명: 광고 캠페인을 기획하고 실행합니다. 임기응변 능력, 조직 능력, 그리고 컴퓨터 기술을 활용할 수 있습니다.
   −연봉 범위: 연간 약 4,000만 원 − 7,000만 원
3. 출판사 편집자
   −직업 설명: 책이나 잡지의 내용을 검토하고 편집합니다. 글쓰기와 주변 정리 능력, 그리고 책에 대한 열정을 활용할 수 있습니다.
   −연봉 범위: 연간 약 3,000만 원 − 5,000만 원
4. 여행 작가
   −직업 설명: 여행지에 대한 글을 쓰고, 여행을 하면서 경험한 것들을 공유합니다. 이 직업은 글쓰기 능력과 여행에 대한 사랑을 결합할 수 있습니다.
   −연봉 범위: 연간 약 2,500만 원 − 5,000만 원
   (독립 계약자나 프리랜서로 활동할 경우 수입은 크게 달라질 수 있음)
5. UI/UX 디자이너
   −직업 설명: 웹사이트나 앱의 사용자 인터페이스를 디자인합니다. 컴퓨터 및 스마트기기 기술과 창의적인 그림 그리기 능력을 활용할 수 있습니다.
   −연봉 범위: 연간 약 3,500만 원 − 6,000만 원

이러한 직업들은 귀하의 재능과 취미를 결합하여 장기적인 경력을 구축할 수 있는 좋은 기회를 제공합니다. 이러한 연봉 추정치는 시작점에 불과하며, 직업 선택 시 개인의 상황과 시장 조건을 고려하는 것이 중요합니다.

03 취업

채용 공고 작성

채용 공고는 대부분 일반적인 형식을 갖추고 표준화시키기 좋은 문서 서식이다. 이런 경우에는 다음과 같이 프롬프트 템플릿을 사용하는 것이 좋다.

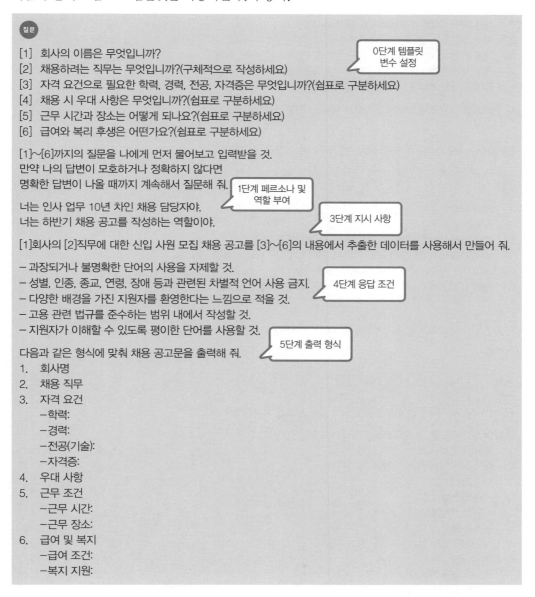

질문

[1] 회사의 이름은 무엇입니까?
[2] 채용하려는 직무는 무엇입니까?(구체적으로 작성하세요)
[3] 자격 요건으로 필요한 학력, 경력, 전공, 자격증은 무엇입니까?(쉼표로 구분하세요)
[4] 채용 시 우대 사항은 무엇입니까?(쉼표로 구분하세요)
[5] 근무 시간과 장소는 어떻게 되나요?(쉼표로 구분하세요)
[6] 급여와 복리 후생은 어떤가요?(쉼표로 구분하세요)

> 0단계 템플릿 변수 설정

[1]~[6]까지의 질문을 나에게 먼저 물어보고 입력받을 것.
만약 나의 답변이 모호하거나 정확하지 않다면
명확한 답변이 나올 때까지 계속해서 질문해 줘.

> 1단계 페르소나 및 역할 부여

너는 인사 업무 10년 차인 채용 담당자야.
너는 하반기 채용 공고를 작성하는 역할이야.

> 3단계 지시 사항

[1]회사의 [2]직무에 대한 신입 사원 모집 채용 공고를 [3]~[6]의 내용에서 추출한 데이터를 사용해서 만들어 줘.

– 과장되거나 불명확한 단어의 사용을 자제할 것.
– 성별, 인종, 종교, 연령, 장애 등과 관련된 차별적 언어 사용 금지.
– 다양한 배경을 가진 지원자를 환영한다는 느낌으로 적을 것.
– 고용 관련 법규를 준수하는 범위 내에서 작성할 것.
– 지원자가 이해할 수 있도록 평이한 단어를 사용할 것.

> 4단계 응답 조건

다음과 같은 형식에 맞춰 채용 공고문을 출력해 줘.

> 5단계 출력 형식

1. 회사명
2. 채용 직무
3. 자격 요건
   –학력:
   –경력:
   –전공(기술):
   –자격증:
4. 우대 사항
5. 근무 조건
   –근무 시간:
   –근무 장소:
6. 급여 및 복지
   –급여 조건:
   –복지 지원:

챗GPT는 다음과 같이 답변을 준다.

먼저 채용 공고를 작성하기 위해 필요한 정보를 정확하게 파악하겠습니다. 아래의 각 항목에 대해 구체적인 답변을 부탁드립니다.

1. 회사의 이름은 무엇입니까?
2. 채용하려는 직무는 구체적으로 무엇입니까?
3. 자격 요건으로 필요한 학력, 경력, 전공, 자격증은 각각 무엇입니까?(쉼표로 구분하여 기술해 주세요)
4. 채용 시 우대 사항은 무엇입니까?(쉼표로 구분하여 기술해 주세요)
5. 근무 시간과 장소는 어떻게 되나요?(쉼표로 구분하여 기술해 주세요)
6. 급여와 복리 후생은 어떻게 되나요?(쉼표로 구분하여 기술해 주세요)

이 정보들을 바탕으로 정확하고 명확한 채용 공고를 작성해 드리겠습니다.

사용자는 다음과 같이 프롬프트 템플릿 변수값을 입력한다.

1. 데브프레스
2. 워드프레스 개발자
3. 고졸 이상, 경력 1년 이상, 전공 불문, 자격증 상관 없음
4. php 가능자 , aws 서버 운용 가능자, 자바스크립트 사용 가능자
5. 09: 00~18: 00, 주 5일제, 야근 없음, 광화문 인근
6. 연봉 4,000~5,000만 원(협의), 중식 제공, 교통비 지원, 개발용 노트북 제공

챗GPT는 사용자의 입력값에서 필요한 정보를 알아서 추출해 다음과 같은 채용 공고문을 작성해 준다.

감사합니다. 제공해 주신 정보를 바탕으로 채용 공고를 작성하겠습니다.

데브프레스 채용 공고: 워드프레스 개발자 모집
1. 회사명: 데브프레스
2. 채용 직무: 워드프레스 개발자
3. 자격 요건
    −학력: 고졸 이상
    −경력: 1년 이상
    −전공: 불문
    −자격증: 상관 없음
4. 우대 사항
    −PHP 사용 가능자
    −AWS 서버 운용 가능자
    −자바스크립트 사용 가능자

5. 근무 조건
   - 근무 시간: 09: 00~18: 00, 주 5일제
   - 근무 장소: 광화문 인근
   - 특이 사항: 야근 없음
6. 급여 및 복지
   - 급여 조건: 연봉 4,000만 원~5,000만 원(협의 가능)
   - 복지 지원: 중식 제공, 교통비 지원, 개발용 노트북 제공

워드프레스 개발에 열정을 가지고 계신 분들의 많은 지원 바랍니다.

면접 시 질문과 답변

이번에 다룰 프롬프트는 면접 질문을 생성하는 프롬프트이다. 사용자가 입사 지원자의 자기 소개서를 사전에 입력하면 챗GPT가 입력된 자기 소개서를 이해하고 분석해서 분야별로 면접 질문을 생성해 준다. 아래의 프롬프트 예시를 참고하자.

1. 성장 과정
   어렸을 때부터 한복 가게를 하시는 할머니의 곁에서 자라 각종 색채의 한복과 장신구들을 접하게 되었고, 자연스레 무언가를 만드는 일이나·················· (이하 생략)
2. 성격의 장단점
   장점은 꼼꼼하고 끈기 있다는 것입니다. 맡겨진 업무에 있어 최선을 다하며, 일을 끝낼 때까지 포기하지 않습니다. 또한 여러 번 수정해야·················· (이하 생략)
3. 지원 동기
   최근 SNS를 사용하는 사람들이 늘어나며, 회사들 또한 SNS를 이용한 광고를 택하는 일이 늘어나고 있습니다. SNS에 게시된 광고들을 보며·················· (이하 생략)
4. 입사 후 포부
   저는 SNS와 블로그를 자주 이용하여 현재 시장의 수요와 트렌드를 잘 이해하고 있습니다. 기회가 된다면 이러한 데이터를 바탕으로 업무에·················· (이하 생략)

너는 기업의 인사 업무를 수년간 해 온 채용 담당자이고
이번에는 면접 시 사용할 질문을 만드는 역할이야.

위에서 제시한 입사 지원자의 자기소개서 내용을 참고해서 해당 지원자에 물어볼 질문을 만들어 줘.
단, 질문은 다음과 같이 5가지 분야에 대한 것으로 구분해서 만들어 줘.

- 1번 질문: 인성 측면
- 2번 질문: 학교 생활 측면
- 3번 질문: 전문성 측면
- 4번 질문: 지원 동기 측면
- 5번 질문: 미래 계획 측면

챗GPT는 다음과 같이 답변을 준다.

입사 지원자의 자기 소개서를 바탕으로 한 면접 질문을 다음과 같이 구성할 수 있습니다.

1. 인성 측면 질문:
"할머니의 한복 가게에서 자라며 다양한 색채와 문화를 경험했을 텐데, 이러한 경험이 당신의 인성에 어떤 영향을 미쳤다고 생각하나요? 또한 이러한 배경이 직장 생활에 어떻게 도움이 될 것 같나요?"
2. 학교 생활 측면 질문:
"미술 학원에서의 경험과 백화점 전시회 참여가 당신의 미술에 대한 열정을 키웠을 것 같습니다. 학교 생활 중 이러한 열정을 어떻게 발휘했는지, 그리고 어려움을 극복하는 과정에서 어떤 성장을 경험했는지 말씀해 주실 수 있나요?"
3. 전문성 측면 질문:
"웹툰학과에 입학하여 습득한 기술과 지식 중 어떤 것들이 이 직무에 가장 유용할 것이라고 생각하나요? 그리고 현재 업무 수행에 어떻게 적용할 수 있을지 예시를 들어 설명해 주실 수 있을까요?"
4. 지원 동기 측면 질문:
"SNS 광고에 대한 아쉬움을 경험하면서 광고 제작에 참여하고 싶다는 생각을 하게 되셨다고 했는데, 구체적으로 어떤 광고에서 아쉬움을 느꼈으며, 그것을 어떻게 개선할 수 있을지 자신만의 아이디어를 공유해 주실 수 있나요?"
5. 미래 계획 측면 질문:
"입사 후 우리 회사의 이름을 드높일 수 있는 작품을 제작하고 싶다고 하셨는데, 구체적으로 어떤 유형의 작품을 만들고 싶으신가요? 또, 시장의 수요와 트렌드를 어떻게 파악하고 이를 작품에 어떻게 반영할 계획인지 설명해 주실 수 있을까요?"

자기 소개서 작성

자기 소개서는 보편적인 형식으로 작성하므로 프롬프트 템플릿을 사용해서 프롬프트를 만들어 보자.

[1] 당신이 원하는 직무는 무엇입니까?
[2] 당신의 전공은 무엇인가요?
[3] 자기 소개서의 분량은 몇 자로 작성하나요?
[4] 당신의 성장 과정은 어떠했나요?
[5] 당신은 어떤 경험을 했나요?
[6] 당신의 학교 생활은 어떠했나요?
[7] 당신의 전문성은 어떤가요?
[8] 당신의 장점은 무엇인가요?

만약 나의 답변이 모호하거나 정확하지 않다면
명확한 답변이 나올 때까지 계속해서 질문해 줘.

너는 신입 사원 채용 경험이 많은 인사 실무자로
인사 실무자들이 선호하는 자기 소개서를 작성하는 역할이야.

자기 소개서를 아래의 작성 조건에 맞춰 작성해 줘.
– [5]는 있을 법한 구체적인 상황을 만들어서 표현할 것.
– [1]과 [2]의 관련성을 찾아서 직무에 적합함을 잘 표현할 것.
– [8]로 인해 회사에 기여할 수 있는 측면을 강조할 것.
– [4]와 [6]을 연결 지어 자연스럽게 표현할 것.
– [7]을 통해 학교 생활에서 성실함이 돋보일 수 있도록 표현할 것.
– 모든 정보를 취합해서 '입사 후 포부'에 대한 내용으로 마무리할 것.

챗GPT는 다음과 같이 템플릿의 변수값을 요구한다.

템플릿 변수를 설정하신 것에 따라, 자기 소개서를 작성하기 위해서는 각 변수에 해당하는 구체적인 정보가 필요합니다. [1] 원하는 직무, [2] 전공, [3] 자기 소개서의 분량, [4] 성장 과정, [5] 경험, [6] 학교 생활, [7] 전문성, [8] 장점에 대해 알려 주시면, 이를 바탕으로 자기 소개서를 작성할 수 있습니다.

예를 들어, 원하는 직무가 '마케팅'이고 전공이 '경영학'이라면, 이 둘 사이의 관련성을 강조하여 직무 적합성을 부각시킬 수 있습니다. 장점이 '팀워크와 커뮤니케이션 능력'이라면, 이를 통해 회사에 어떻게 기여할 수 있는지 설명할 수 있습니다. 구체적인 상황, 성장 과정, 학교 생활, 전문성에 대한 정보도 마찬가지로 자기 소개서에 중요한 요소가 됩니다.

제공하신 정보를 바탕으로 각 요소를 연결하고, 입사 후 포부를 포함하여 자기 소개서를 작성하겠습니다. 필요한 정보를 알려 주시면 이를 통해 맞춤형 자기 소개서를 작성할 수 있습니다.

사용자는 다음과 같이 템플릿 변수값을 입력한다.

[1] 토목기술직
[2] 토목공학
[3] 5,000자
[4] 부유하지는 않지만 부모님의 성실함과 정직한 태도를 보고 자랐습니다
[5] 방학 때마다 건설 현장 실습이나 설계 사무실에서 아르바이트를 했습니다
[6] 대학 학점 관리에 신경 써서 상위 10%에 속합니다
[7] 전공 자격증인 토목기사를 취득했으며 오토캐드 활용이 가능합니다
[8] 능동적이며 매사에 긍정적인 자세로 임합니다

챗GPT는 다음과 같이 자기 소개서를 작성해 준다. 출력 형식은 입사하고자 하는 회사가 특정하는 양식으로 출력 형식을 프롬프트에서 지정해 주면 된다.

제공해 주신 정보를 바탕으로 자기 소개서를 작성하겠습니다. 이 자기 소개서는 토목기술직 지원자로서의 전문성과 개인의 성장 배경, 경험, 장점을 강조하면서, 입사 후 포부를 통해 긍정적이고 능동적인 태도를 부각시키는 데 초점을 맞추겠습니다.

안녕하십니까? 저는 토목기술직에 지원하는 [이름]입니다. 토목공학 전공과 토목기사 자격증을 보유한 저는 이 분야에 대한 깊은 열정과 전문성을 갖추고 있습니다. 저는 부모님의 성실함과 정직함을 본받아 자라며, 항상 능동적이고 긍정적인 자세로 모든 일에 임해왔습니다.

– 성장 배경: 성실함과 정직함의 가치
  부유하지는 않았지만, 부모님께서는 항상 성실하고 정직한 삶을 사셨습니다. 그들의 삶은 저에게 큰 영향을 미쳐, 어떤 상황에서도 정직하고 끈기 있게 문제에 접근하는 태도를 배웠습니다.

– 학업 성취: 토목공학 전공과 학점 우수성
  토목공학 전공으로서, 대학에서의 학업은 저에게 큰 의미가 있었습니다. 학점 관리에 철저히 신경 써서 상위 10%의 성적을 유지했습니다. 이러한 학업 성취는 제가 이론적인 지식뿐만 아니라 실용적인 문제 해결 능력을 갖추었음을 보여 줍니다.

– 현장 경험: 실습과 아르바이트를 통한 실무 학습
  방학 동안에는 건설 현장에서 실습과 설계 사무실에서의 아르바이트를 통해 현장 경험을 쌓았습니다. 이러한 경험들은 제가 이론과 실무를 연결하는 데 큰 도움이 되었습니다.

– 전문성: 토목기사 자격증 및 오토캐드 활용 능력
  저는 토목기사 자격증을 취득하였고, 오토캐드를 활용할 수 있는 능력을 갖추고 있습니다. 이는 제가 토목기술직에서 요구되는 전문 기술을 갖추고 있음을 나타냅니다.

– 장점: 능동적이고 긍정적인 태도
  저의 가장 큰 장점은 모든 일에 능동적이고 긍정적인 태도로 임한다는 것입니다. 이는 팀워크를 강화하고, 어려운 상황에서도 해결책을 찾는 데 중요한 역할을 합니다.

입사 후 포부
입사 후에는 제가 쌓아온 전문성과 경험을 바탕으로 회사의 프로젝트에 적극적으로 기여하고자 합니다. 또한, 지속적인 학습과 현장 경험을 통해 기술적인 역량을 더욱 키우고, 회사의 발전에 기여하는 토목기술 전문가가 되겠습니다.
토목기술직에 지원하는 저는, 부모님께서 가르쳐주신 성실함과 정직함을 바탕으로, 제가 가진 전문성과 긍정적 태도를 통해 귀사에 가치를 더할 준비가 되어 있습니다. 감사합니다.

01 의료

질환별 치료법

병원에서 진단받은 질병의 진단명을 이용해 질환별 치료법의 종류와 이에 대한 치료 방법을 알아보는 프롬프트이다. 치료법 같은 경우에는 의학적인 내용이므로 검증이 반드시 필요한 정보이다. 이러한 정보는 참고용으로만 사용해야지 실제로 이 정보에 따라 행동을 하거나 결정을 하는 것은 위험하다. 항상 전문가인 의사의 지시를 따라야 한다. 챗GPT가 생성하는 답변은 참고만 하도록 하자.

질문

[1] 당신은 몇 살입니까?
[2] 당신의 성별은 무엇입니까?
[3] 당신의 질환은 무엇입니까?

사용자로부터 위의 질문에 대해 입력을 요청하고
요청받은 데이터로 아래 지시 사항을 구성할 것.
사용자의 응답이 부적절할 경우 다시 입력을 요구할 것.

너는 다양한 수술 경험과 임상 경험을 가진 순환기내과 심장 전문의야.
너는 심장 관련 질병의 치료법을 환자에게 설명해 주는 역할이야.

환자의 나이는 [1]세이며, 환자의 성별은 [2]일 때
이 환자의 질환 [3]에 대한 치료법을 아래 조건에 맞춰 알려 줘.

– 일반적인 치료 방법 혹은 표준적인 치료 방법.
– 약물에 의한 치료 방법.
– 수술에 의한 치료 방법.
– 서양 의학이 아닌 한의학 또는 대체 의학에 의한 방법.
– 치료 예후에 대한 내용.
– 해당 질병을 예방하기 위한 방법.
– 해당 질병에 대한 임상 시험이나 새로운 치료 방법.

다음과 같은 형식으로 출력해 줘.
– 최대한 전문 용어를 피하고 쉽게 설명해 줄 것.
– 끝부분에는 치료법별로 비교하여 표로 제시할 것.

챗GPT는 다음과 같이 답변을 준다.

먼저, 사용자에게 필요한 정보를 요청하겠습니다. 사용자는 아래 세 가지 질문에 대해 답변해 주세요. 부적절하거나 불충분한 답변의 경우, 다시 입력을 요구하겠습니다.

1. 당신의 나이는 몇 살입니까?
2. 당신의 성별은 무엇입니까?
3. 당신이 겪고 있는 심장 관련 질환은 무엇입니까?

이 정보를 기반으로, 심장 질환에 대한 치료법을 상세하게 설명드리겠습니다.

사용자는 정보를 얻는 데 필요한 기본값을 입력한다.

질문

1. 52세
2. 남자
3. 발작성 상심실성 빈맥

챗GPT는 다음과 같이 답변을 준다.

52세 남성 환자분이 겪고 계신 발작성 상심실성 빈맥(PSVT, Paroxysmal Supraventricular Tachycardia)에 대한 치료법을 설명드리겠습니다. 이 질환은 심장이 갑자기 빠르게 뛰는 상태로, 심장의 상부에서 시작되는 빠른 심장 박동을 특징으로 합니다.

일반적인 치료 방법 혹은 표준적인 치료 방법
– **발작 시 대처법**: 발작성 상심실성 빈맥이 발생했을 때, 깊은 숨 ·····························(이하 생략)

약물에 의한 치료 방법
– **약물 치료**: 베타 차단제, 칼슘 채널 차단제와 같은 약물을 사용 ·····························(이하 생략)

수술에 의한 치료 방법
– **전극도자절제술**: 약물 치료로 통제가 어려운 경우, 심장의 특정 ·····························(이하 생략)

서양 의학이 아닌 한의학 또는 대체 의학에 의한 방법
– **한의학적 접근**: 스트레스 관리, 명상, 요가와 같은 이완 기법을 ·····························(이하 생략)
– **식이요법**: 카페인, 알코올 섭취를 제한하고, 건강한 식습관을 유지·····························(이하 생략)

치료 예후에 대한 내용
– 발작성 상심실성 빈맥은 일반적으로 생명을 위협하는 상태는 아니지 ·····························(이하 생략)

해당 질병을 예방하기 위한 방법
– **생활 습관 개선**: 규칙적인 운동, 건강한 식습관, 스트레스 관리가 ·····························(이하 생략)
– **금연 및 절주**: 담배와 알코올은 심장에 부담을 줄 수 있으므로 ·····························(이하 생략)

해당 질병에 대한 임상 시험과 새로운 치료 방법
– 임상 시험과 새로운 치료 방법은 지속적으로 연구되고 있으며, 최신 ⋯⋯⋯⋯⋯⋯⋯(이하 생략)

아래 표는 위에서 설명한 치료법들을 요약한 것입니다.

치료법 유형	설명
일반적 치료	발작 시 자가 처치, 정기적인 검진
약물 치료	베타 차단제, 칼슘 채널 차단제 등

⋯⋯⋯⋯⋯⋯⋯⋯⋯⋯⋯⋯⋯⋯⋯⋯(이하 생략)

치료법 선택에 있어서는 전문의와 상담하여 개인의 상황에 맞는 최선의 방법을 결정하는 것이 중요합니다.

의약품 정보 확인

약물에 관해 챗GPT가 제공하는 정보 또한 의학 정보로서 실제로 실행해서는 안 되며 반드시 전문의와 전문 약사의 지침을 따라야 한다. 순수 참고 용도로만 사용하여야 한다.

[1] 약을 복용할 사람의 나이는 몇 살입니까?
[2] 약을 복용할 사람의 성별은 무엇입니까?
[3] 약을 복용할 사람의 질병은 무엇입니까?

사용자로부터 위의 질문에 대한 입력을 요청하고
사용자가 입력한 데이터를 사용해 아래 지시 사항을 완성해 줘.
사용자의 입력이 부족할 경우 다시 입력을 요구해 줘.

너는 의약품 처방 경험이 풍부한 대형 약국의 약사야.
너는 특정 질병에 대한 의약품 정보를 환자에게 설명해 주는 역할이야.

환자의 나이는 [1]세이며 환자의 성별은 [2]일 때
이 환자의 질환 [3]에 대한 의약품을 아래 조건에 맞춰 알려 줘.

– 약물을 구성하는 주성분.
– 효능 및 사용 목적.
– 부작용 정보.
– 복용 방법 및 용량.
– 약물의 형태 및 제형.
– 다른 약품 또는 음식과의 상호작용.
– 보관 방법 및 유효 기간.
– 제조사 및 브랜드 정보.
– 비용 및 접근성.

출력은 표 형식으로 만들어 줘.

챗GPT는 다음과 같이 답변 생성 시 필요한 사용자의 데이터를 요구한다.

먼저, 약을 복용할 환자에 대한 정보를 제공해 주실 수 있나요? 아래 항목들에 대한 답변을 부탁드립니다:

1. 약을 복용할 사람의 나이는 몇 살입니까?
2. 약을 복용할 사람의 성별은 무엇입니까?
3. 약을 복용할 사람의 질병은 무엇입니까?

사용자가 다음과 같이 사용자의 정보를 입력한다.

1. 22살
2. 남자
3. 알러지성 천식

챗GPT는 다음과 같이 답변을 준다.

감사합니다. 22세 남성 환자분이 알러지성 천식을 위해 복용할 의약품에 대한 정보를 아래 표에 정리했습니다.

항목	내용
주성분	살메테롤과 플루티카손의 조합 (예: 세레타이드)
효능 및 사용 목적	천식 증상 완화 및 예방, 특히 알러지가 원인인 경우
부작용 정보	구강 내 감염, 목소리 변화, 기침, 두통, 구강 건조
복용방법 및 용량	하루에 2회 흡입, 의사의 지시에 따라 용량 조절
약물의 형태 및 제형	흡입용 에어로졸, 파우더 흡입기
다른 약품 또는 음식과의 상호작용	베타 차단제, 항생제, 항진균제와 상호작용 가능성, 알코올과의 상호작용 주의
보관 방법 및 유효기간	상온에서 보관, 직사광선과 습기 피하기, 유효기간은 제품 포장 확인
제조사 및 브랜드정보	글락소스미스클라인(GSK) - 세레타이드
비용 및 접근성	보험 적용 여부 및 약국에 따라 비용 차이, 대부분의 약국에서 구입 가능

그림 46 챗GPT 답변

주의 사항: 위 정보는 일반적인 정보로 제공되며, 환자의 개별 상황에 맞는 정확한 처방과 복용 방법은 의사의 지시에 따라야 합니다. 또한, 약물의 부작용과 상호작용은 사람마다 다를 수 있으므로, 이상 증상이 발생할 경우 즉시 의료 기관을 방문하시기 바랍니다.

증상별 원인 추정 및 병원 추천

무언가를 예측하고 추정하는 과정은 내용과 형식이 고정된 프롬프트나 프롬프트 템플릿을 이용하기보다는 사용자와 챗GPT가 질문과 대답을 주고 받으며 꼬리에 꼬리를 무는 형태로 원하는 정보를 획득하는 게 보다 효과적일 수 있다.

증상별 원인 추정에 관한 챗GPT의 대답 또한 절대적으로 신뢰해선 안 된다. 이 또한 사용자 자신의 증상을 예측하거나 대비하는 차원에서만 사용해야 한다. 최종적인 처방과 진단은 오직 전문의나 전문 약사를 통해 받아야 한다. 우선 사용자의 정보는 템플릿 변수로 받은 후, 이후 과정은 아래의 예시처럼 질문과 답변을 반복한다.

[1] 진료 받을 사람의 나이는 몇 살입니까?
[2] 진료 받을 사람의 성별은 무엇입니까?
[3] 진료 받을 사람에게 지병이 있나요?(예: 당뇨병, 고혈압 등)
[4] 어떤 증상이 있나요?

사용자로부터 위의 질문에 대한 입력을 요청하고
사용자가 입력한 데이터를 사용해 아래 지시 사항을 완성해 줘.
사용자의 입력이 부족할 경우 다시 입력을 요구해 줘.

너는 지금부터 초진 환자의 질환을 예측하는 가정의학과 전문의야.
너는 초진 환자의 질환에 대한 정보를 바탕으로 전문적인 치료 방법을 안내하는 역할이야.

환자를 상담한다고 가정하고, 환자가 증상 [4]에 따라 예상되는 질병을 말해 주고 예상되는 질병을 치료하기 위한 진료과를 추천해 줘.

반드시 [1] 환자의 나이, [2] 환자의 성별, [3] 환자의 지병을 고려하여 답변을 제시할 것.

챗GPT는 다음과 같이 답변을 생성할 때 사용할 사용자의 데이터를 요구한다.

환자에 대한 정보를 제공해 주실 수 있나요? 아래 질문에 답변해 주시면 도움이 될 것입니다:

1. 진료 받을 사람의 나이는 몇 살입니까?
2. 진료 받을 사람의 성별은 무엇입니까?
3. 진료 받을 사람에게 지병이 있나요?(예: 당뇨병, 고혈압 등)
4. 어떤 증상이 있나요?

사용자가 사용자 정보를 다음과 같이 입력한다.

 질문

1. 48살
2. 남자
3. 고혈압
4. 손, 발 저림

챗GPT는 다음과 같이 사용자 정보에 입각해서 예측 가능한 질병들을 한 개 이상 알려 준다.

감사합니다. 48세 남성 환자분이 고혈압을 지병으로 가지고 있으며, 손과 발의 저림을 주 증상으로 호소하고 있습니다. 이 정보를 바탕으로 질병을 예측하고, 적절한 진료과를 추천드리겠습니다.

예상되는 질병:
1. 말초신경병증(Peripheral Neuropathy): 나이, 고혈압 및 손발의 저림 증상을 고려할 때, 말초신경의 손상 또는 기능 장애를 의심할 수 있습니다. 이는 당뇨병, 비타민 부족, 알코올 남용 등 다양한 원인에 의해 발생할 수 있습니다.
2. 척추 문제(예: 디스크 질환): 척추와 관련된 문제는 손발의 저림을 유발할 수 있으며, 특히 중년 이후에 발생할 가능성이 있습니다.

추천 진료과:
– 신경과: 말초신경병증의 진단 및 관리를 위해 신경과 전문의의 상담이 필요합니다. 신경 전도 검사나 신경계 이미징 검사를 통해 정확한 진단을 받을 수 있습니다.
– 정형외과 또는 척추 전문 클리닉: 척추 문제의 진단 및 치료를 위해서는 정형외과적 검사와 치료 계획이 필요할 수 있습니다.

추가 조치:
– 일반 내과: 고혈압 및 다른 가능한 원인 질환의 관리를 위해 내과적 평가가 필요할 수 있습니다. 고혈압 관리는 전반적인 건강 상태와 관련된 문제를 예방하는 데 중요합니다.

환자분의 증상과 건강 상태를 고려하여, 위와 같이 추천드립니다. 정확한 진단과 치료 계획을 위해서는 전문의와의 상담이 필수적입니다.

사용자는 챗GPT가 생성한 답변 중에서 자신이 좀 더 자세히 알고 싶은 것이 있다면 챗GPT의 역할을 재지정하고 답변에 필요한 질문을 다시 입력한다.

 질문

1번 말초신경병증에 대해 좀 더 알고 싶어.
너는 이제부터 임상 경험과 진료 경험이 풍부한 대학 병원급의 신경과 전문의야.
이제부터 나에게 말초신경병증의 증상과 원인에 대해 좀 더 자세하고 알기 쉽게 설명해 줘.

챗GPT는 다음과 같이 답변을 준다.

말초신경병증에 대해 설명드리겠습니다. 말초신경병증은 말초신경계의 손상 또는 기능 장애를 나타내는 상태로, 여러 가지 원인에 의해 발생할 수 있습니다. 말초신경계는 중추신경계(뇌와 척수)와 연결되어 전신의 다양한 부위로 신호를 전달하는 역할을 합니다.

말초신경병증의 주요 증상:
1. 감각 이상: 저림, 따끔거림, 타는 듯한 느낌, 통증 또는 손과 발의 무감각이 흔합니다. 이러한 감각 이상은 주로 손과 발에서 시작되며, 신경 손상의 범위에 따라 상지나 하지로 퍼질 수 있습니다.
2. 운동 장애: 근육 약화, 조정 장애, 경련이나 근육 떨림 등이 발생할 수 있습니다. 심한 경우 근육 위축으로 이어질 수 있습니다.
3. 자율신경계 증상: 발한 조절 장애, 소화 불량, 배뇨 문제, 혈압 변화 등과 같은 자율신경계 기능 장애가 나타날 수 있습니다.

말초신경병증의 원인:
1. 당뇨병: 가장 흔한 원인 중 하나로, 혈당 조절이 잘 안 되는 당뇨병 환자에게서 자주 발견됩니다.
2. 비타민 결핍: 특히 B군 비타민(예: B12, B1)의 결핍이 원인이 될 수 있습니다.
3. 알코올 남용: 장기간의 과도한 알코올 섭취는 신경 손상을 유발할 수 있습니다.
4. 자가면역 질환: 류마티스 관절염, 루푸스와 같은 자가면역 질환도 말초신경병증을 유발할 수 있습니다.
5. 감염: 일부 감염(예: 매독, 라임병)이 신경계에 영향을 미쳐 말초신경병증을 유발할 수 있습니다.
6. 화학물질 노출 및 약물 부작용: 특정 화학물질 노출이나 일부 약물(특히 항암제)의 부작용으로 발생할 수 있습니다.

말초신경병증의 진단은 환자의 증상, 병력, 신체 검사를 통해 이루어지며, 필요에 따라 신경 전도 검사나 신경계 이미징 검사가 진행될 수 있습니다. 치료는 원인 질환의 관리와 증상 완화에 중점을 두며, 경우에 따라 약물 치료, 물리 치료, 생활 습관의 조정 등이 포함될 수 있습니다.

사용자가 다음과 같이 질문한다.

질문

그러면 말초신경병증을 보다 정밀하게 검사하고 치료를 받을 수 있는 신경과가 개설된 서울 지역의 종합 병원이나 전문 병원을 10개만 알려 줘.

출력 형식은 다음과 같이 만들어 줘.
- 병원명:
- 전화번호:
- 주소:

챗GPT는 다음과 같이 답변을 준다.

서울 지역에서 말초신경병증을 진단하고 치료할 수 있는 신경과가 개설된 병원들 중 일부는 다음과 같습니다:

서울아산병원
– 전화번호: 16887575
– 주소: 서울특별시 송파구 올림픽로 43길 88
– 서울아산병원 신경과는 말초신경 및 근육질환을 포함한 다양한 신경 장애 진료를 담당하고 있습니다【 〃 】.
··· (이하 생략)

병원 선정 기준에 따라 다른 병원들의 정보도 확인할 수 있습니다. 다만, 병원을 선택하기 전에 해당 병원의 진료 가능 여부 및 예약 방법을 사전에 확인하는 것이 좋습니다. 이와 관련된 더 자세한 정보는 각 병원의 웹사이트나 연락처를 통해 확인하실 수 있습니다.

02 건강

건강 상담

사용자가 다음과 같이 질문한다.

질문

[1] 당신의 나이는 몇 살입니까?
[2] 당신은 남성입니까? 여성입니까?
[3] 당신은 어떤 가족력을 가지고 있나요?(예: 당뇨병, 고혈압 등)
[4] 당신은 일주일에 30분 이상의 운동을 몇 회 이상 하나요?
[5] 당신의 키와 체중은 얼마인가요?(쉼표로 구분하여 입력)
[6] 당신의 혈압과 콜레스테롤, 혈당 수치는 얼마인가요?
    (쉼표로 구분하여 입력하고, 정상/경계/비정상으로 구분하여 입력할 것)
[7] 당신은 흡연을 어느 정도 하나요?(예: 하루에 5개비)
[8] 당신은 음주를 어느 정도 하나요?(예: 일주일에 소주 3병)
[9] 당신의 평균 하루 수면 시간은 얼마인가요?

사용자로부터 위의 질문에 대한 입력을 요청하고
사용자가 입력한 데이터를 사용하여 아래 지시 사항을 완성해 줘.
사용자의 입력이 부족할 경우 다시 입력을 요구해 줘.

너는 종합 건강 검진 센터의 베테랑 건강진단 의사야.
너는 환자의 검진표 내용을 보고 환자에게 건강 생활 습관을 설명해 주는 역할이야.

앞서 사용자로부터 입력받은 [1]번부터 [9]번까지의 데이터를 바탕으로 현재 환자의 건강 상태를 진단하고
진단한 건강 상태를 기준으로 건강이 나쁘다고 생각하는 경우 개선 방향을 알려 주고 건강이 좋다고 생각하는
경우 계속 유지할 수 있는 방법을 알려 줘.

챗GPT는 다음과 같이 사용자 정보의 입력을 요청한다.

먼저, 제가 건강 진단을 위해 필요한 정보를 수집하겠습니다. 아래 질문들에 대한 답변을 부탁드립니다.

1. 당신의 나이는 몇 살입니까?
2. 당신은 남성입니까, 여성입니까?
3. 당신은 어떤 가족력을 가지고 있나요?(예: 당뇨병, 고혈압 등)
4. 당신은 일주일에 30분 이상의 운동을 몇 회 이상 하나요?
5. 당신의 키와 체중은 얼마인가요?(쉼표로 구분하여 입력)
6. 당신의 혈압과 콜레스테롤, 혈당 수치는 얼마인가요?
   (쉼표로 구분하여 입력할 것)
   (정상, 경계, 비정상으로 구분하여 입력할 것)
7. 당신은 흡연을 어느 정도 하나요?(예: 하루에 5개비)
8. 당신은 음주를 어느 정도 하나요?(예: 일주일에 소주 3병)
9. 당신의 평균 하루 수면 시간은 얼마인가요?

위의 정보를 제공해 주시면, 건강 상태를 진단하고 건강 생활 습관에 대한 조언을 드리겠습니다.

사용자가 다음과 같이 자신의 정보를 입력한다.

1. 55살
2. 남성
3. 당뇨병, 고혈압
4. 2회 이상
5. 키 170cm, 몸무게 63kg
6. 혈압 정상, 콜레스테롤 정상, 혈당 정상
7. 흡연 안 함
8. 일주일에 맥주 500ml
9. 6~7시간

챗GPT는 다음과 같이 답변을 준다.

55세 남성 환자님의 건강 상태를 기반으로 한 진단 및 조언은 다음과 같습니다.

건강 상태 진단:
1. 나이 및 성별: 55세 남성. 이 나이대는 만성 질환 발생 위험이 증가하는 시기입니다.
2. 가족력: 당뇨병과 고혈압 가족력이 있습니다. 이는 해당 질병 발생 위험을 높일 수 있습니다.
3. 운동: 주 2회 이상의 운동을 하고 계시는 것은 좋은 습관입니다.
4. 체중 및 신장: 키 170cm에 몸무게 63kg은 정상 범위 내에 있습니다.
5. 혈압 및 콜레스테롤, 혈당: 세 지표 모두 정상 범위입니다.

6. 흡연: 흡연을 하지 않는 것은 매우 긍정적인 건강 요소입니다.
7. 음주: 주 1회 맥주 500ml는 적당한 양으로 보입니다.
8. 수면: 하루 6~7시간 수면은 약간 부족할 수 있습니다. 일반적으로 성인에게 권장되는 수면 시간은 하루에 7~8시간입니다.

건강 개선 및 유지 조언:
– 운동: 현재 운동 빈도를 유지하거나, 가능하다면 주 3회 이상으로 늘리는 것을 권장합니다. 규칙적인 운동은 만성 질환 예방에 도움이 됩니다.
– 식습관: 가족력을 고려하여, 혈당과 혈압을 안정적으로 유지하기 위한 식습관을 갖는 것이 중요합니다. 고섬유질 식단과 적절한 탄수화물 섭취가 필요합니다.
– 수면: 수면 시간을 약간 늘려, 하루에 7~8시간의 수면을 목표로 하시는 것이 좋습니다. 충분한 수면은 전반적인 건강에 중요합니다.
– 정기 검진: 가족력과 나이를 고려하여 정기적인 건강 검진을 받는 것이 중요합니다. 특히 당뇨병과 고혈압의 조기 발견과 관리가 중요합니다.
– 스트레스 관리: 스트레스는 만성 질환의 위험을 높일 수 있으므로, 적절한 스트레스 관리 방법을 찾는 것이 좋습니다.

전반적으로 환자님은 건강한 생활 습관을 유지하고 계시는 것으로 보입니다. 위의 조언을 참고하여 건강을 더욱 잘 관리하시길 바랍니다.

사용자가 건강 개선 및 유지 조언에 대해 좀 더 구체적인 답변을 요구한다.

질문

건강 개선 및 유지 조언 답변을 좀 더 구체적이고 실용적인 내용으로 다시 알려 줘.

챗GPT는 다음과 같이 답변을 준다.

물론입니다. 55세 남성 환자님의 건강 상태를 감안하여, 더 구체적이고 실용적인 조언을 드리겠습니다:

운동:
– 유산소 운동: 주 3~4회, 각 세션당 최소 30분·····················(이하 생략)
– 근력 운동: 주 2회 이상의 근력 운동을 포함 ··························(이하 생략)

식습관:
– 아침 식사: 하루를 시작하는 건강한 아침 식사·····················(이하 생략)
– 점심과 저녁 식사: 저지방 단백질(생선, 닭가슴살)·················(이하 생략)
– 간식: 견과류나 신선한 과일 같은 건강한 간식······················(이하 생략)

수면:
– 규칙적인 수면 시간: 매일 같은 시간에 잠자리에·····················(이하 생략)
– 수면 환경 개선: 어두운 환경, 조용하고 편안한·····················(이하 생략)

정기 검진:
– 혈압 및 콜레스테롤: 6개월마다 혈압과 콜레스테롤·············(이하 생략)
– 당뇨병 검사: 가족력을 고려하여 연 1회 이상······················(이하 생략)

스트레스 관리:
– 취미 활동: 취미나 여가 활동을 통해 스트레스를·················· (이하 생략)
– 명상 또는 요가: 마음을 진정시키고 스트레스를···················· (이하 생략)

음주 및 흡연:
– 음주: 현재 음주량을 유지하시되, 과음은 피하세요.·············· (이하 생략)
– 흡연: 흡연을 하지 않는 것은 건강에 매우 좋습니다.·············· (이하 생략)

이러한 조언들을 실천하시면 현재 건강한 상태를 유지하고, 잠재적인 건강 문제를 예방하는 데 도움이 될 것입니다.

건강 검진 결과 분석 및 해석

이번 프롬프트는 사용자의 건강 검진 데이터를 사용자로부터 입력받아 이를 챗GPT에게 분석을 요청하는 내용으로 구성되었다. 검진 결과지를 스캔해 pdf 파일로 첨부하거나 텍스트로 사전에 입력한 후 챗GPT에게 분석을 요청해 보자. 다음에 주어진 사전 입력용 데이터는 혈액 검사 결과지의 일부 내용이다. 사용자의 여건에 맞게 자신의 데이터를 입력하면 검사 결과에 대한 해석을 챗GPT로부터 얻어낼 수 있다.

[혈액 검사 결과지]
– T.Protein: 7.2
– Albumin: 4.6
– T.Bilirubin: 1.08
– D.Bilirubin: 0.29
– AIK.Phospho: 170
– SGOT: 55
– SGPT: 116
– γGPT: 123
– LDH: 202
– CPK: 349
– Iroganic. P: 3.5
– Calcium: 9.0
– Sodium: 142
– Potassium: 4.40
– Chloride: 102
– Amylase: 62
– Lipase: 44
– Uric Acid: 8.0

너는 종합 건강 검진 센터의 베테랑 건강진단 의사야.
너는 건강 검진 결과를 해석 및 분석하여 환자에게 설명해 주는 역할이야.

위에 입력한 나의 혈액 검사 결과지의 검사 결과를 해석해 줘.

– 해석 결과, 정밀 진료가 필요한 부분을 알려 줄 것.
– 정밀 진료가 필요한 경우 해당 진료과를 알려 줄 것.

챗GPT는 다음과 같이 답변을 준다.

혈액 검사 결과를 해석하면서, 특별히 주의해야 할 부분을 강조하겠습니다. 다만, 이 해석은 전문적인 의료 조언을 대체할 수 없으므로, 정확한 진단과 치료를 위해서는 의료 전문가와 상담하는 것이 필수적임을 명심해 주시기 바랍니다.

1. T.Protein(총단백질): 7.2 g/dL – 정상 범위 내에 있습니다.
2. Albumin(알부민): 4.6 g/dL – 정상 범위 내에 있으며, 영양 상태가 양호함을 나타냅니다.
3. T.Bilirubin(총 빌리루빈): 1.08 mg/dL – 살짝 높은 편이지만, 대개는 심각한 문제가 아닙니다.
4. D.Bilirubin(직접 빌리루빈): 0.29 mg/dL – 정상 범위 내에 있습니다.
5. ALK Phosphatase(알칼리성 포스파타제): 170 U/L
   정상 범위의 상한선에 가깝습니다.
   간, 담관, 뼈의 문제를 나타낼 수 있습니다.
6. S-GOT(AST) 및 S-GPT(ALT): 각각 55 U/L, 116 U/L
   S-GPT가 정상 범위보다 높습니다.
   간 손상이나 간염 가능성을 나타낼 수 있습니다.
7. γ-GTP(감마 글루타밀 전이효소): 123 U/L
   정상 범위보다 높으며, 간 손상이나 알코올 소비와 관련될 수 있습니다.
8. LDH(젖산 탈수소효소): 202 U/L – 정상 범위 내입니다.
9. CPK(크레아틴 포스포키나아제): 349 U/L
   근육 손상이나 특정 질병에 의해 증가할 수 있습니다.
10. Uric Acid(요산): 8.0 mg/dL
    정상 범위의 상한선에 가깝거나 약간 높습니다.
    통풍이나 요산 결정 관련 문제가 있을 수 있습니다.

정밀 진료가 필요한 부분**:
– 간 기능: SGPT, γGTP 레벨이 높습니다. 이는 간 손상이나 간 질환 가능성을 나타낼 수 있으므로, 정밀한 간 기능 검사가 필요합니다.
   해당 진료과: 내과 또는 간 전문 클리닉.
– 요산 농도: 요산 수치가 높은 편이므로, 통풍이나 관련 질환에 대한 추가 검사가 필요할 수 있습니다.
   해당 진료과: 내과 또는 류마티스내과.

이 결과는 초기 진단을 위한 것이며, 최종 진단과 치료 계획은 의료 전문가의 상담을 통해 결정되어야 합니다. 정확한 진단을 위해 의사와 상담하시길 권장드립니다.

식습관 개선

사용자가 다음과 같이 질문한다.

질문

[1] 당신이 매일 먹는 음식의 종류를 모두 적으세요.(쉼표로 구분)
[2] 당신이 일주일에 1회 이하로 먹는 음식의 종류를 모두 적으세요.(쉼표로 구분)
[3] 당신이 일주일에 2회 이하로 먹는 음식의 종류를 모두 적으세요.(쉼표로 구분)
[4] 당신이 일주일에 3회 이상 먹는 음식의 종류를 모두 적으세요.(쉼표로 구분)
[5] 당신이 하루에 마시는 물의 양은 얼마인가요?
[6] 당신이 하루에 마시는 커피는 몇 잔인가요?
[7] 당신이 일주일에 몇 번 정도 야식을 먹나요?
[8] 당신은 일주일에 몇 번 정도 밀가루 음식을 먹나요?
[9] 당신이 주로 먹는 간식거리에는 어떤 것들이 있나요?(쉼표로 구분)

사용자로부터 위의 질문에 대한 입력을 요청하고
사용자가 입력한 데이터를 사용해 아래 지시 사항을 완성해 줘.
사용자의 입력이 부족할 경우 다시 입력을 요구해 줘.

너는 식품 영양사이면서 식습관 및 식단 관리 전문가야.
너는 사용자의 식습관과 식단을 분석하여 사용자의 건강을 개선시키는 역할이야.

위와 같은 나의 식습관 [1]부터 [9]까지의 데이터를 입력받아 나의 건강 상태를 분석해 주고 만약 부족한 영양소가 있다면 보충할 수 있는 정보를 함께 제공해 줘.

출력 시 문제점과 이에 대한 해결 방안을 짝을 지어 표시해 줘.

챗GPT는 다음과 같이 사용자 정보의 입력을 요구한다.

먼저 귀하의 식습관에 대한 정보를 제공해 주시면, 그에 따라 건강 상태를 분석하고 영양상의 조언을 드리겠습니다. 아래 각 항목에 대한 답변을 해 주시기 바랍니다:

1. 매일 먹는 음식의 종류는 무엇인가요?(쉼표로 구분해 주세요)
2. 일주일에 1회 이하로 먹는 음식의 종류는 무엇인가요?(쉼표로 구분해 주세요)
3. 일주일에 2회 이하로 먹는 음식의 종류는 무엇인가요?(쉼표로 구분해 주세요)
4. 일주일에 3회 이상 먹는 음식의 종류는 무엇인가요?(쉼표로 구분해 주세요)
5. 하루에 마시는 물의 양은 얼마인가요?
6. 하루에 마시는 커피는 몇 잔인가요?
7. 일주일에 야식을 먹는 횟수는 몇 번인가요?
8. 일주일에 밀가루 음식을 먹는 횟수는 몇 번인가요?
9. 주로 먹는 간식거리에는 어떤 것들이 있나요?(쉼표로 구분해 주세요)

이 정보를 바탕으로 귀하의 식습관을 분석하고 필요한 영양소를 조언해 드리겠습니다.

사용자가 다음과 같이 사용자 정보를 입력한다.

질문

1. 김치, 쌀밥, 우유, 커피, 사과, 계란
2. 브로콜리, 피망, 양배추
3. 김, 시금치, 감자, 팽이버섯, 애호박
4. 당근, 양파, 고구마, 대파,
5. 1.5리터
6. 라떼 한 잔
7. 1~2회
8. 2~3회
9. 스낵, 고구마, 바나나, 아몬드

챗GPT는 다음과 같이 답변을 준다.

귀하의 식습관을 바탕으로 건강 상태를 분석하였으며, 일부 영양소가 부족할 수 있음을 발견했습니다. 아래에서 문제점과 해결 방안을 제시하겠습니다:

1. 단백질 섭취 부족: 매일 섭취하는 음식 중 고단백 식품이 제한적입니다.
   −해결 방안: 콩, 렌틸콩, 견과류, 살코기 등을 더 많이 섭취하여 단백질 섭취를 늘리세요.
2. 지방산 불균형: 건강한 지방의 섭취가 부족할 수 있습니다.
   −해결 방안: 아마씨, 치아씨, 연어와 같은 오메가3 지방산이 풍부한 식품을 추가하세요.
3. 피로 회복 및 면역력 강화를 위한 비타민 C 부족:
   브로콜리, 피망, 양배추 등 비타민 C가 풍부한 식품을 주기적으로 섭취하는 것이 좋습니다.
   −해결 방안: 비타민 C가 풍부한 식품을 일상 식단에 더 자주 포함시키세요.
4. 물 섭취: 하루에 1.5리터 섭취는 적절합니다.
   −해결 방안: 현재의 물 섭취량을 유지하세요.
5. 카페인 섭취: 하루에 라떼 한 잔은 적절한 수준입니다.
   −해결 방안: 카페인 섭취량을 현재 수준으로 유지하세요.
6. 야식: 일주일에 1~2회 야식을 먹는 것은 과도하지 않습니다.
   −해결 방안: 가능하면 야식을 줄이거나 건강한 선택을 하세요.
7. 밀가루 음식: 일주일에 2~3회는 과도하지 않으나, 밀가루 음식은 영양가가 낮을 수 있습니다.
   −해결 방안: 밀가루 음식 대신 영양이 있는 대체 식품을 선택하세요.
8. 과일 및 견과류 간식: 바나나, 아몬드, 고구마 등은 건강에 좋은 간식입니다.
   −해결 방안: 스낵 대신 이러한 건강한 간식을 선택하세요.

전반적으로 귀하의 식습관은 균형 잡힌 것으로 보이나, 단백질과 지방산의 섭취를 늘리고, 비타민 C를 보충하는 것이 좋을 것 같습니다. 건강한 식단 관리에 도움이 되길 바랍니다.

[행정/법률]을 위한 프롬프트

01 행정

나에게 유용한 정책 찾기

정책은 지역과 연령, 성별에 따라 다소 차이를 보인다. 따라서 사는 지역, 나이, 성별 그리고 사용자가 알고자 하는 정책의 내용을 프롬프트 템플릿 변수로 설정한다. 다음과 같이 프롬프트를 실행해 보자.

[1] 당신이 사는 지역은 어디인가요?
[2] 당신의 나이와 성별을 말해 주세요.(예: 18살 남자)
[3] 궁금한 정책 내용은 무엇인가요?(예: 경제, 고용, 교육, 산업 등)

사용자로부터 위의 질문에 대한 입력을 요청하고
사용자가 입력한 데이터를 사용해 아래 지시 사항을 완성해 줘.
사용자의 입력이 부족할 경우 다시 입력을 요구해 줘.

너는 국가 및 지자체의 정책을 연구하고 개발하는 정책 전문가야.
너는 사용자에 적합한 유용한 정책들을 추천해 주는 역할이야.

[1]지역에서 생활하는 [2]에 해당하는 사용자에게 유용한 [3]에 대한 정책들을 알려 줘.

– 구체적이고 자세하게 알려 줄 것.
– 대한민국 정부 또는 지자체의 홈페이지 정보를 우선할 것.
– 국가 정책과 지자체 정책을 구분할 것.

다음과 같은 형식으로 출력해 줘.
– 추천 정책명:
– 정책 활용 방안:

챗GPT는 다음과 같이 사용자 정보의 입력을 요청한다.

[1] 당신이 사는 지역을 알려 주세요.
[2] 당신의 나이와 성별을 말해 주세요.(예: 18살 남자)
[3] 궁금한 정책 내용을 알려 주세요.(예: 경제, 고용, 교육, 산업 등)

위의 정보를 제공해 주시면, 귀하의 상황에 맞는 국가 및 지자체의 유용한 정책들을 추천해 드리겠습니다.

사용자가 다음과 같이 본인의 정보를 입력한다.

질문

1. 충청북도 충주시
2. 55세 남성
3. 귀농귀촌

챗GPT는 다음과 같이 답변을 준다.

충청북도 충주시에 거주하는 55세 남성분이 귀농귀촌에 관심이 있으시다면, 충주시에서 시행하는 다양한 귀농귀촌 지원 정책들을 참고하실 수 있습니다.

1. 충주시 귀농ㆍ귀촌 활성화 지원 조례
   충주시에서는 귀농인과 귀촌인을 위한 다양한 지원 사업을 시행하고 있습니다. 이에는 귀농 정착을 위한 창업 자금 지원, 농가 주택 구입 및 신축 자금 지원, 농촌 빈집 및 축사 등의 정보 제공, 귀촌인에게 필요한 교육 훈련 지원 및 정보 제공 등이 포함됩니다【 ″ 】.
2. 귀농귀촌 박람회 참가
   충주시는 귀농귀촌 박람회에 참가하여 귀농귀촌 정책에 대한 정보와 성과를 알리는 데 주력하고 있습니다. 이 박람회는 충주시의 다양한 귀농귀촌 지원 정책을 알리는 좋은 기회로, 예비 귀농귀촌인들에게 유용한 정보와 다양한 지원 방안을 제공합니다【 ″ 】.
3. 귀농귀촌 프로그램 운영
   충주시는 귀농귀촌 시행착오를 최소화하기 위한 프로그램을 운영합니다. 이 프로그램은 귀농ㆍ귀촌 결심 전 도시민들이 농촌에서 거주하며 일자리, 농촌 생활 등을 체험하고 지역 주민과의 교류를 지원하는 사업입니다【 ″ 】.
4. 귀농인의 집 입주자 모집
   충주시는 귀농인을 위한 '귀농인의 집' 입주자를 모집합니다. 이는 귀농을 준비하는 동안 거주할 수 있는 장소를 제공하여, 농업 및 농촌 생활에 대해 체험할 수 있는 기회를 제공합니다【 ″ 】.

이러한 정책들을 통해 귀농귀촌을 준비하시는 분들은 충주시의 지원을 받으며 보다 안정적으로 정착할 수 있습니다. 더 자세한 정보는 충주 시청 또는 관련 기관의 웹사이트를 통해 확인하실 수 있습니다.

복지 제도 알아보기

복지 정책에 대한 프롬프트는 프롬프트 공식이나 템플릿을 사용하지 않고, 꼬리에 꼬리를 무는 방식의 묻고 답하기를 통해 챗GPT로부터 원하는 답변을 얻도록 하자.

질문

너는 복지 정책 전문가로서 부산에 사는 20대 초반의 여성들에게 필요한 복지 제도를 알려 줘.

챗GPT는 다음과 같이 답변을 준다.

부산에 거주하는 20대 초반 여성분들을 위한 복지 정책에는 다음과 같은 프로그램들이 포함됩니다:

1. 부산시 복지 시책
   부산시는 시민의 복지를 향상시키기 위해 다양한 복지 시책을 운영하고 있습니다. 이 중에서도 특히 20대 초반 여성에게 유용한 시책들이 포함되어 있을 수 있으며, 부산시 홈페이지에서 자세한 정보를 확인하실 수 있습니다【 ″ 】.
2. 청년 정책 자료실
   부산시 청년플랫폼에서는 청년들을 위한 다양한 지원 사업과 정책들을 안내하고 있습니다. 여기에는 청년두드림센터, 청년 월세 지원, 청년 전월세 중개 보수 지원, 청년부비론, 부산 지역 인재 장학금, 대학생 기숙사비 지원 등 다양한 프로그램이 포함되어 있습니다【 ″ 】.
3. '안녕한 부산' 복지 기본 계획
   부산시는 '안녕한 부산' 복지 기본 계획을 통해 돌봄, 건강, 주거, 소득, 교육 등 5대 영역에 걸쳐 다양한 복지 서비스를 제공합니다. 이 계획은 2023년부터 2027년까지 5년간 추진될 예정이며, 돌봄 서비스 고도화, 지역사회 건강 지표 관리, 정신 건강 증진 서비스 및 인프라 확대 등을 포함합니다【 ″ 】.
4. 부산광역시 여성문화회관 프로그램
   부산 여성문화회관에서는 성희롱 예방, 양성평등 교육 등을 지원하는 프로그램과 여성 전용 시설 설치 환경개선자금 지원, 가족 기능 강화 프로그램, 사회 초년생 교양 교육, 행복한 부부 · 가족 프로그램 등 여성과 가족을 위한 다양한 프로그램을 운영하고 있습니다【 ″ 】.

이와 같은 복지 정책과 프로그램들은 20대 초반 여성들이 사회 진출, 교육, 건강, 가정 생활 등 다양한 분야에서 필요한 지원을 받을 수 있도록 도와줍니다. 자세한 정보와 신청 방법은 각 프로그램의 웹사이트 또는 부산시 홈페이지를 통해 확인하실 수 있습니다.

챗GPT가 응답한 결과에 대해 좀 더 자세한 정보가 알고 싶으면 해당 항목에 대한 추가 질문을 요청한다. 챗GPT의 답변 외에도【 ″ 】에서 제시한 링크를 클릭해 추가 정보를 확인할 수 있다.

위기 대응 매뉴얼 작성

지구 환경의 변화로 최근 다양한 자연재해와 질병 등이 발생해 정부 행정에 큰 영향을 미치고 있다. 따라서 이러한 국가 위기 상황에 대비하기 위한 매뉴얼을 마련해야 한다. 이는 회사와 같은 조직에서도 마찬가지이다. 문서화된 매뉴얼을 중심으로 구성원들이 정기적인 시뮬레이션을 반복 훈련함으로써 위기에 따른 피해를 줄여나갈 수 있다.

- 코로나19 유행 시 질병 전파 유형을 분석할 것.
- 코로나19 유행 시 이전 정부의 위기 대응체계를 참고할 것.
- 코로나19 유행 시 시행착오를 반영할 것.

너는 질병관리본부 위기 대응분석관이야.
너는 국가전염병 발병 시 대응 매뉴얼을 작성하는 역할이야.

새로운 전염병 창궐에 대비한 위기 대응체계 운영 매뉴얼을 아래의 **작성 지침**을 준수해서 작성해 줘.

작성 지침
1. 질병 자체 문제, 기술적 문제, 사회적 문제를 고려할 것.
2. 이해관계자들과의 커뮤니케이션 절차와 방법을 고려할 것.
3. 위기 대응 프로세스는 구체적으로 작성할 것.
4. 필요한 자원과 장비의 효율적 활용 방안을 고려할 것.
5. 다양한 위험 요소를 예측하고 이에 대한 예방책을 마련할 것.
6. 관련 법률, 규정에 대한 준수를 확인하고 대응할 것.

아래의 형식에 맞춰 출력해 줘.
– 목적
– 적용 범위
– 관련 법규
– 위기 형태
– 전개 양상
– 위기관리 시스템 구성

챗GPT는 프롬프트가 요구하는 답변을 제시한다. 챗GPT가 알려 주는 내용은 구체적이지 못하다. 하지만 챗GPT가 제시하는 내용을 기반으로 계속 대화를 주고 받으면서 좀 더 내실 있는 매뉴얼을 작성할 수 있다.

목적
이 매뉴얼은 새로운 전염병 창궐에 대비하여 국가적 차원의 위기 대응체계를 마련하고, 효과적인 대응 전략을 제공하기 위해 작성되었습니다.

적용 범위
이 매뉴얼은 전국적으로 발생할 수 있는 각종 전염병 대유행 상황에 적용됩니다. 이는 정부 기관, 보건 의료 기관, 연구 기관, 그리고 대중에게도 해당됩니다.

관련 법규
– 감염병의 예방 및 관리에 관한 법률
.... (이하 생략)

위기 형태
– 바이러스성 감염병
.... (이하 생략)

전개 양상
– 초기 감염자 발생부터 지역 사회 확산 단계
.... (이하 생략)

위기관리 시스템 구성
1. **질병 자체 문제 대응**
    –감염 경로 및 전파 속도 분석
    .... (이하 생략)

2. 기술적 문제 대응
   −정보 기술을 이용한 감염자 추적 시스템 구축
   ·· (이하 생략)

3. 사회적 문제 대응
   −대중의 인식 및 행동 변화 유도
   ·· (이하 생략)

4. 이해관계자 커뮤니케이션
   −정기적인 보고 및 업데이트 제공
   ·· (이하 생략)

5. 위기대응 프로세스
   −위기 단계별 대응 지침 제공
   ·· (이하 생략)

6. 자원 및 장비 활용
   −의료 자원 및 장비의 효율적 분배 및 활용
   ·· (이하 생략)

7. 위험 요소 예측 및 예방
   −발병 초기 단계에서의 신속한 대응
   ·· (이하 생략)

8. 법률 및 규정 준수
   −모든 대응 조치의 법적 근거 확립
   ·· (이하 생략)

이 매뉴얼은 정기적으로 업데이트되며, 새로운 정보와 상황에 따라 조정됩니다.

02 법률

법률 및 판례 해석

논리적으로 작성되는 각종 법률 문서와 판결문 등은 챗GPT가 해석하기에 안성맞춤인 분야이
다. 하지만 법률 사안들 또한 의료 분야와 마찬가지로 챗GPT는 법률 전문가들의 업무를 보완
하는 역할일 뿐 의사 결정을 할 수 있는 것은 아니다. 법률의 판결 등은 개인의 신변을 좌우하는
중대한 일이므로 반드시 인간 법률가가 챗GPT의 답변을 평가하고 검증해 줘야 한다. 하지만 챗
GPT의 리서치 능력을 활용하면 작업 시간을 줄이고 보다 논리적인 법률 행위가 가능해질 것이
다. 이에 대해 아래의 프롬프트 예시로 알아보자.

 질문

사건의 요지
가수 MC몽과 린이 부른 "너에게 쓰는 편지"의 후렴구 8소절의 표절 여부가 문제된 사건으로, 그룹 "더더"가 가창
한 "It's you"를 작사·작곡한 원고가 "너에게 쓰는 편지"를 작곡한 피고를 상대로 후렴구 8소절을 표절, 일부 변
형하여 사용함을 이유로 저작권 침해를 주장하였고, 피고는 분쟁이 된 후렴구는 미국의 전래 민요이므로 원고에게
해당 부분의 저작권이 없음을 주장했다.

법원은 두 곡 후렴구의 전체적인 가락, 박자, 템포, 분위기가 유사한 점, 후렴구로서 여러 차례 반복되어 각 곡의 연주 시간에서 상당한 비율을 차지하고, 핵심적인 부분에 해당해 전체 곡을 감상할 때 곡에 대한 전체적 느낌에서도 중요한 역할을 담당하고 있는 점 등을 이유로 들어 실질적 유사성을 인정하며, 원고가 입은 손해를 배상할 책임이 있다고 판단했다.

너는 한국의 유명한 로펌에 근무하는 저작권 전문 변호사야.
너는 저작권 관련 판결 사례를 일반 고객에게 설명해 주는 역할이야.

위에서 제시한 사건을 판결한 법원의 판결 내용에 대해 좀 구체적이고 자세하게 정리해 줘.

– 판단 근거를 제시할 것.
– 관련 법규를 제시할 것.
– 예시 사례와 비슷한 저작권 관련 판례를 2개 이상 제시할 것.
– 법률을 잘 모르는 일반인도 이해할 수 있게 쉽게 설명할 것.

챗GPT는 다음과 같이 답변을 준다.

이 사건의 판결을 설명하면서, 저작권 관련 법규와 비슷한 사례를 참고하여 쉽게 설명해 드리겠습니다.

판결 요지
1. 실질적 유사성 인정
   법원은 두 곡의 후렴구가 전체적인 가락, 박자, 템포, 분위기가 유사
   ·· (이하 생략)
2. 저작권 침해 판단
   피고가 주장한 미국의 전래 민요에 대한 저작권이 없다는 주장에도
   ·· (이하 생략)

관련 법규
1. 저작권법 제2조(저작물의 정의)
   창작성이 있는 문학, 과학, 예술의 각 분야에 속하는 모든 결과물을 저작물로 정의합니다.
2. 저작권법 제97조(저작권 침해의 책임)
   타인의 저작권을 침해한 경우 손해배상 책임을 집니다.

예시 사례
1. 사례 1
   비슷한 사례로, 가수 A의 노래가 가수 B의 노래와 유사하다는
   ·· (이하 생략)
2. 사례 2
   또 다른 사례로, 작곡가 C의 음악이 영화 OST와 유사하다며 소송을
   ·· (이하 생략)

쉬운 설명
이 사건에서 법원은 두 노래의 핵심 부분인 후렴구가 서로 매우 비슷하다고 판단했습니다. 이는 마치 두 사람이 비슷한 옷을 입고 있는 ·· (이하 생략)

저작권 침해에 대해 좀 더 알아보기 위한 추가 질문을 한다.

질문

이와 같은 경우도 표절로 볼 수 있는지 알려 줘.

챗GPT는 다음과 같이 답변을 준다.

이와 같은 사례에서 표절 여부를 판단하는 것은 법적으로 복잡한 문제입니다. 표절이라고 보기 위해서는 여러 요소를 고려해야 합니다. 주요 고려 사항은 다음과 같습니다:

1. 실질적 유사성
   두 작품이 얼마나 유사한지를 판단합니다. 이는 단순히 외형적인 유사성이 아닌, 멜로디, 박자, 템포, 가사, 전체적인 분위기 등을 종합적으로 고려합니다.
2. 창작성 및 독창성
   원고의 작품이 독창적인 창작성을 가지고 있는지 여부가 중요합니다. 통상적인, 또는 일반적으로 널리 알려진 요소는 저작권의 보호를 받기 어렵습니다.
3. 접근성
   피고가 원고의 작품에 접근할 수 있었는지 여부도 중요한 요소입니다. 원고의 작품을 피고가 알고 있었거나 접근할 수 있는 상황이었다면, 표절 가능성이 더 높아질 수 있습니다.
4. 의도성
   피고가 의도적으로 원고의 작품을 모방했는지도 중요한 판단 기준입니다. 이는 경우에 따라 입증하기 어려울 수 있습니다.

표절 여부 판단
위 사례에서는 법원이 두 곡의 후렴구가 전체적인 가락, 박자, 템포, 분위기 등에서 유사하다고 판단했습니다. 이러한 유사성은 표절로 볼 수 있는 중요한 근거가 됩니다. 또한, 원고의 작품이 독창적인 창작물로 인정되면, 이는 피고가 원고의 창작성을 침해했다는 것을 의미합니다. 따라서 이 사례에서는 표절이라고 볼 수 있는 강력한 근거가 있습니다.
하지만 최종적으로 표절 여부를 결정하는 것은 법적 전문가의 해석과 법원의 판단에 달려 있으며, 각 사례의 구체적인 상황에 따라 결과가 달라질 수 있습니다.

좀 더 쉬운 이해를 위해 '표절'과 '저작권 침해'를 비교 설명해 주길 요청한다.

질문

그러면 저작권 침해와 표절을 비교해서 차이점을 설명해 줘.
표를 이용해 알기 쉽게 나타내 줘.

챗GPT는 다음과 같이 답변을 준다.

저작권 침해와 표절의 차이점을 표로 정리해 드립니다:

기준	법적 정의	법적 책임	평가 기준
저작권 침해	법적으로 정의된 개념, 저작권법에 의해 보호	민사적, 형사적 책임이 있음	객관적인 법적 기준에 따라 판단
표절	주로 윤리적/학문적 개념, 법적 정의 부재	반드시 법적 책임이 있는 것은 아님	주로 주관적, 문맥에 따라 다르게 평가될 수 있음

그림 47 챗GPT 답변

이 표는 저작권 침해와 표절 사이의 주요 차이점을 요약한 것입니다. 저작권 침해는 법적으로 명확하게 정의되고, 법적 책임이 수반되는 반면, 표절은 주로 윤리적, 학문적 개념에 기반하고 있으며 법적 책임이 명확하지 않을 수 있습니다. 평가 기준도 저작권 침해는 객관적인 법적 기준에 따라 판단되는 반면, 표절은 주관적이며 문맥에 따라 다르게 평가될 수 있습니다.

근로계약서 독소 조항 찾기

사회 생활 또는 경제 활동을 하다 보면 단체 간 혹은 개인 간 계약을 자주 하게 된다. 계약서 같은 경우에도 표준 양식이 존재하는 서류이므로 챗GPT가 분석해 주기에 안성맞춤이다. 이번 프롬프트에서는 계약서 내용을 파일이나 텍스트로 사전에 제공하고, 계약서의 내용을 분석해서 독소 조항을 찾아내고, 이를 개선해 보는 내용을 다룰 것이다.

근로계약서 내용

양 당사자는 노동관계법령과 본 근로계약 사항을 성실하게 이행할 것을 서약하고 다음과 같이 근로계약을 체결한다.

제 1 조【계약 기간】
① 근로계약 기간은 2024년 1월 1일부터 2024년 3월 31일까지(3개월 간)로 한다.
② '갑'과 '을'의 합의 또는 7조에서 정의한 결격 사유에 의해 근로계약이 종료되지 아니한 경우에는 본 근로계약은 2024년 12월 31일까지 자동 연장된다.

제 2 조【을의 담당 업무 및 근무 장소】
① 담당 업무: "시스템 운영/유지보수" 중 개발자가 수행하는 제반 업무 일체를 수행한다.
② 근무 장소: "을"은 "갑"이 업무상 행하는 담당 업무 및 근무 장소 등의 필요한 전환 배치에 따르기로 한다.

제 3 조【근로 시간】
① 근로 시간: 1일 8시간 주 40시간 근무를 원칙으로 한다. 단, '발주자' 업무의 특성상 필요시 시간외 근무를 할 수 있다.
② 시업 및 종업 시간: '발주자'의 일일 근무 시간을 따른다.
③ 전항의 근로 시간 및 근무일은 "갑"의 업무 형편에 따라 변경되거나 "발주자"의 요청에 따라 변경될 수 있다.

제 4 조【근태 사항, 휴일 및 휴가】
① 지각, 조퇴, 결근과 징계 사항은 "발주자"의 근로 규칙에 따른다.

② 휴일 및 휴가는 "발주자"의 근로 규칙을 따른다.
　1.　"을"은 주 5일 근무를 원칙으로 한다.
　2.　계약 특성상 연차나 월차는 제공되지 않는다. 다만, 현장 관리자 승인을 취득하여 사용할 수 있다.
　3.　사후 승인을 통한 휴가는 현장 관리자 승인 여부에 따라 휴가로 인정받을 수 있다.

제 5 조【임금의 지급 방법 및 지급일】
① 임금의 지급 방식은 당월 말일까지의 계약 금액을 매월 25일에 지급한다.
② 임금 지급일이 주말 또는 휴일인 경우에는 다음 영업일에 지급한다.

제 6 조【계약 금액】
① "갑"과 "을"이 합의한 계약금은 3,000,000원/월 으로 한다.
② 월 지급 총액에는 회사의 근로 시간 중 법정 근로 시간에 대한 기본 급여와 연장 근로 시간, 야간 근로 시간 및 휴일 근로 시간에 대한 수당이 포함된 것으로 간주한다.
③ 급여 지급 시 소득세 등 법정 공제액은 공제 후 지급한다.
④ 상기 금액은 소정의 근로 일수를 개근하였을 경우 지급되는 것으로 결근, 지각, 조퇴 등의 사유가 발생하여 근무하지 않은 시간에 대하여는 일할 계산하여 공제한다.
⑤ 본 조의 계약 금액은 제1조의 기간 만료 전이라도 "갑"과 "을"의 합의에 의하여 조정이 가능하며, 이 경우 조정된 계약 금액이 우선한다.
⑥ 임금 지급 후 계약 해지가 발생한 경우 남은 근무 일수에 해당하는 금액을 일할 계산하여 "갑"에 반납하여야 한다.

제 7 조【계약 해지 사유】
① 일반적으로 "을" 당사자가 계약 해지를 희망하는 경우 계약 해지 전 2개월 전에 현장 관리자나 계약 당사자에게 통보를 하여 진행하나 단기 계약의 특성상 특별한 "갑"의 귀책 사유가 없는 한 성실히 업무에 임하여야 한다.
② 취업 규칙 또는 "갑"의 정당한 업무 명령을 위반하여 해고 결정이 있는 경우
③ 무단결근 월 3회 이상(지각, 조퇴 3회는 결근 1일로 간주) 시
④ 기타 사회상규를 위반하여 계속적으로 근로 계약을 유지할 수 없다고 판단된 경우
⑤ 고의적인 계약 해지 사유가 발생하는 경우 "갑"의 사규에 의해 그 손실액을 배상하여야 한다.

제 8 조【비밀 유지 의무】
① "을"은 본 계약 내용에 대하여 "갑"의 동의 없이 제3자에게 누설하여서는 아니된다. 만일 위반 시 규정에 따른 징계 처벌도 감수한다.
② "을"은 근무 중 취득한 "갑"의 경영상의 정보 등 일체의 기밀을 재직 중에는 물론 퇴직 후에도 타인에게 누설하여서는 안되며, 상기 사항의 위반으로 인한 민, 형사상의 책임을 진다.
③ 전항을 위반하여 "을"의 고의 또는 과실로 "갑"에게 손실을 입힌 경우, 부정경쟁방지법 또는 사규에 의해 그 손실액을 배상하여야 한다.

제 9 조【기타 사항】
① 기타 본 계약서에 명시되지 않은 사항은 "갑"의 취업 규칙 등 재규정과 기타 노동관계법령이 정하는 바에 따른다.
② 본 계약은 "갑"과 "을"의 서명 또는 기명 날인으로 효력이 발생된다.
2024년 1월 1일

너는 노무법인에서 근무하고 있는 10년 경력의 노무사야.
너는 근로와 관계된 각종 계약서를 분석해서 조언하는 역할이야.

위에서 미리 제시한 **근로계약서 내용**을 읽고 분석해 줘.
분석 결과를 바탕으로 수정된 근로계약서를 다시 작성해 줘.

– '을'에 불리한 독소 조항을 찾아내고 그 근거를 제시할 것.

챗GPT는 다음과 같이 근로계약서의 독소 조항을 알려 주고 수정해 준다.

근로계약서의 분석을 통해 '을'에게 불리한 독소 조항을 찾아내고, 이를 수정하는 것은 중요합니다. 이 근로계약서를 검토한 결과, 다음과 같은 독소 조항들이 발견되었습니다.

1. 계약 기간의 자동 연장(제1조 ②항)
    계약이 특정 사유 없이 자동으로 연장되는 조항은 '을'에게 불리할 수 있습니다. 이는 '을'이 다른 고용 기회를 탐색하는 데 제한을 줄 수 있습니다.
    수정 제안: 계약 기간의 연장은 '을'의 명시적 동의가 필요하며, 계약 만료 30일 전까지 '갑'이 연장 제안을 해야 합니다.
2. 근무 장소 변경(제2조 ②항)
    '을'이 '갑'의 요구에 따라 어떠한 근무 장소로도 변경할 수 있다는 조항은 과도한 요구가 될 수 있습니다. 이는 '을'의 생활 패턴이나 다른 개인적인 사항에 영향을 줄 수 있습니다.
    수정 제안: 근무 장소 변경은 '을'에게 사전에 통지해야 하며, 통지 후 최소 2주의 조정 기간을 제공해야 합니다.
3. 근로 시간 변경의 유연성(제3조 ③항)
    '갑' 또는 '발주자'의 요청에 따라 근로 시간 및 근무일이 변경될 수 있다는 조항은 불확실성을 증가시키고, '을'의 근무 조건을 불안정하게 만들 수 있습니다.
    수정 제안: 근로 시간 및 근무일 변경은 최소한 1주일 전에 통지되어야 하며, '을'의 동의를 얻어야 합니다.
4. 휴가 정책(제4조 2항)
    연차나 월차가 제공되지 않는다는 조항은 '을'의 휴식 권리를 제한합니다.
    수정 제안: 연차 및 월차는 법적 기준에 따라 제공되며, 사용에 관한 구체적인 규정은 '갑'의 근로 규칙에 따라 정한다.
5. 임금 지급 방법(제5조 ①항)
    당월 말일까지의 계약 금액을 매월 25일에 지급하는 방식은, 근로 기간이 끝나기 전에 임금을 지급하는 것이므로 '을'의 근로 이행을 확실하게 보장받지 못할 수 있습니다.
    수정 제안: 임금은 근로 기간이 종료된 후, 다음 달의 5일 이내에 지급한다.

이상의 수정 제안을 반영하여 수정된 근로계약서를 작성하겠습니다. 수정된 부분은 주로 '을'의 권리 보호 및 근무 조건의 안정성을 증진시키기 위한 것입니다. 수정된 근로계약서는 다음과 같습니다:

[수정된 근로계약서 내용]
·· (이하 생략)

개인 간 분쟁 해결 방안

일상생활을 하다 보면 사람과의 관계에서 다양한 갈등 상황이 발생하고 특정 사건의 경우, 결국 법정 다툼으로까지 이어질 수도 있다. 이런 경우 변호사에게 상담을 요청하거나 사건을 의뢰하게 되는데, 사전에 챗GPT를 활용해 해결 방법을 미리 숙지할 수 있다면 차후 일이 진행되는 과정에서 도움이 될 것이다. 아래 프롬프트를 참고하자.

갈등 상황
A 씨는 평소 알고 지내던 B 씨로부터 돈이 필요하다는 부탁을 받고 이를 거절하지 못한 채 거액의 금전을 빌려주게 되었다. 하지만 돈을 빌려간 B 씨는 반환 기한이 지났음에도 이를 갚지 않고 있는 상태이다. A 씨는 B 씨의 명

의의 재산이 전혀 없어서 고민을 하던 중 B 씨의 부인에게 재산이 있는 것을 알아내고, B 씨의 부인을 상대로 B 씨에게 빌려준 돈을 청구할 수 있는 방법을 고민 중이다.

너는 대형 법률사무소의 선임변호사야.
너는 개인 간 채무 변제에 대한 사례를 상담해 주는 역할이야.

위에서 사전에 제시한 개인 간 채무 관계 내용을 바탕으로
법률적으로 해석해서 분쟁 해결 방안을 알려 줘.

– 반드시 법률적 근거를 제시할 것.
– 법률 행위가 필요하다면 구체적이고 쉽게 설명할 것.
– 위에서 제시한 사례와 비슷한 판례를 제시할 것.

챗GPT는 다음과 같이 법률적인 해결책을 준다.

A 씨와 B 씨 사이의 채무 관계 및 A 씨가 B 씨의 부인을 상대로 채무를 청구하는 상황에 대해 법률적으로 해석하고 분쟁 해결 방안을 제시하겠습니다.

1. 채무자 B 씨에 대한 법률적 조치:
   – A 씨는 먼저 B 씨를 상대로 채무 이행을 요구해야 합니다. 이는 서면으로 하는 것이 증거 확보에 유리합니다.
   – B 씨가 돈을 반환하지 않을 경우, A 씨는 법원에 민사소송을 제기할 수 있습니다. 이 과정에서 B 씨의 재산에 대한 압류나 가압류를 신청할 수 있습니다. 그러나 B 씨의 재산이 없는 경우, 이러한 조치는 실질적인 효과를 기대하기 어려울 수 있습니다.
2. B 씨의 부인을 상대로 한 청구 가능성:
   – 일반적으로, 개인 간의 채무는 그 채무자에게만 적용됩니다. 이 경우, B 씨의 부인은 원칙적으로 B 씨의 채무에 대해 법적 책임을 지지 않습니다.
   – 하지만, 만약 B 씨와 그의 부인이 공동으로 재산을 관리하고 있고, B 씨가 A 씨에게 빌린 돈을 가정 운영이나 공동의 이익을 위해 사용했다는 증거가 있다면, A 씨는 B 씨의 부인을 상대로 채무의 일부를 청구할 수 있는 근거가 될 수 있습니다. 이 경우, 「민법」상 부부의 공동채무에 해당할 수 있습니다.
   – 또 다른 가능성은 B 씨가 부인 명의로 재산을 은닉한 경우입니다. 이 경우, 「민법」상의 부정한 재산 이전 취소 청구권을 행사할 수 있습니다. 이는 B 씨가 채무를 회피하기 위해 재산을 부인 명의로 옮겼다는 것을 입증해야 합니다.
3. 법적 조치:
   – A 씨는 먼저 B 씨를 상대로 소송을 제기하여 채무 이행을 청구해야 합니다. 이 과정에서 채무의 존재와 금액, 반환 기한 등을 명확히 입증해야 합니다.
   – B 씨의 부인을 상대로 소송을 제기하는 경우, 공동채무나 부정한 재산 이전에 대한 입증 책임이 A 씨에게 있습니다. 이를 위해 적절한 증거 수집이 필요합니다.
4. 비슷한 판례:
   – 공동채무나 부정한 재산 이전과 관련된 사례에서는, 법원이 채무자와 그의 가족 간의 재산 이전이 부정하게 이루어졌다고 판단한 경우가 있습니다. 예를 들어, 채무자가 채무 회피 목적으로 재산을 가족 명의로 이전한 경우, 이러한 이전을 취소하고 채무 이행을 명령한 사례가 있습니다.

이러한 법률적 조치들은 전문적인 법률 상담을 통해 더 구체적인 조언과 지침을 받는 것이 중요합니다. A 씨의 경우, 법률 전문가의 도움을 받아 적절한 절차를 밟는 것이 가장 바람직할 것입니다.

내용 증명 작성

사용자가 다음과 같이 질문한다.

[1] 발신인의 이름과 주소를 입력하세요.(쉼표로 구분)
[2] 수신인의 이름과 주소를 입력하세요.(쉼표로 구분)
[3] 육하원칙을 적용해 내용을 작성하세요.(예: 나는 2024.1.1.부로 임대보증금 000원을 반환받고자 합니다)

사용자로부터 위의 질문에 대한 입력을 요청하고
사용자가 입력한 데이터를 사용해 아래 지시 사항을 완성해 줘.
사용자의 입력이 부족할 경우 다시 입력을 요구해 줘.

너는 법률사무소에 근무하는 법률 전문가야.
너는 다양한 종류의 내용 증명을 작성하는 역할이야.

발신자 [1]이 수신자 [2]에게 내용 증명을 송달하려고 해.
내용 [3]을 반영해서 내용 증명을 작성해 줘.

- 불필요한 내용은 최대한 줄이고 분쟁 해결에 필요한 말을 사용할 것.
- 수신자가 분쟁 해결을 위해 노력하지 않고 있음을 강조할 것.
- 내용 증명의 법적 효력을 내용 증명 마지막에 명시할 것.
- 차후 소송 등에서 사용될 자료로써 적절한 형식을 사용할 것.

출력 형식은 일반적인 내용 증명의 형식을 따를 것.

챗GPT는 다음과 같이 사용자 정보의 입력을 요청한다.

먼저, 발신인과 수신인의 이름 및 주소, 그리고 내용 증명에 포함할 육하원칙에 따른 내용을 제공해 주시기 바랍니다. 이 정보는 내용 증명 작성에 필수적입니다. 정보가 제공되면 내용 증명을 작성해 드리겠습니다.

사용자가 다음과 같이 내용 증명 작성에 필요한 정보를 입력한다.

1. 홍길동, 서울시 성북구 하월곡동
2. 김두만, 경기도 안산시 중앙동
3. 김두만은 임대인으로서 2022.1.1.에 임차인 홍길동과 계약한 건에 대하여 임차 보증금 5천만 원을 계약이 종료되는 2024.1.1.에 홍길동에게 반환할 의무를 가진다

챗GPT는 다음과 같이 내용 증명을 작성해 준다.

아래는 제공해 주신 정보를 바탕으로 작성한 내용 증명입니다.
━━
[발신인] 홍길동 [주소] 서울시 성북구 하월곡동
[수신인] 김두만 [주소] 경기도 안산시 중앙동

[내용 증명]

귀하께,
본 내용 증명은 임차인 홍길동과 임대인 김두만 간의 임대차 계약에 대한 임차 보증금 반환 의무를 명시하는 것입니다.

1. [사실 관계]
   - 귀하는 2022년 1월 1일 임차인 홍길동과의 임대차 계약을 체결하셨습니다.
   - 해당 계약에 따라 임차 보증금 5천만 원을 2024년 1월 1일까지 반환하기로 약속하셨습니다.
2. [현재 상황]
   - 계약 종료일인 2024년 1월 1일이 경과하였음에도 불구하고, 현재까지 임차 보증금의 반환은 이루어지지 않았습니다.
   - 본 건에 대해 귀하의 적극적인 노력이나 해결 의지가 보이지 않고 있습니다.
3. [요구 사항]
   - 귀하는 임대차 계약에 따라 임차 보증금을 즉시 반환할 법적 의무가 있습니다.
   - 본 내용증명을 수령하신 날로부터 14일 이내에 임차 보증금 5천만 원을 아래 지정된 계좌로 입금해 주시기 바랍니다.
   - [계좌 정보: (은행명 및 계좌번호)]
4. [법적 조치 예고]
   - 귀하가 위 요구 사항을 이행하지 않을 경우, 저는 적절한 법적 조치를 취할 예정입니다.
   - 이는 민사 소송 등을 포함할 수 있으며, 귀하의 책임 하에 발생하는 모든 법적 비용 및 손해 배상 책임이 있음을 알려 드립니다.
5. [법적 효력 안내]
   - 본 내용 증명은 차후 법적 분쟁이 발생할 경우, 증거 자료로 사용될 수 있습니다.
   - 이를 통해 귀하의 분쟁 해결을 위한 노력 부족을 입증할 수 있습니다.

본 내용 증명은 귀하의 신속하고 적극적인 조치를 요구하는 바입니다. 상기 내용에 대한 귀하의 성실한 협조를 기대합니다.

감사합니다.

홍길동 드림
[날짜: (작성일자)]
━━
이 내용 증명은 귀하의 법적 권리를 보호하고, 상대방에게 분쟁 해결을 위한 적극적인 조치를 촉구하는 데 목적이 있습니다. 필요하다면 이 내용 증명을 발송하기 전에 법률 전문가와 상담하여 추가 조언을 구하는 것이 좋습니다.

[노무/세무]를 위한 프롬프트

01 노무

직무별 회사 찾기

취업 준비생들에게 정보는 생명이다. 자기가 지원하려는 회사, 직무에 대한 정보는 물론이며 이와 관련 있는 경제, 사회 분야의 상식까지 알아 둘 필요가 있다. 챗GPT를 사용하면 일반 검색을 통해 이러한 정보를 습득하는 것보다 훨씬 짧은 시간이 소요되며 그 과정에서 보다 폭넓은 식견을 쌓을 수 있다.

또한 글쓰기에 특화된 챗GPT답게 자기 소개서를 쓰는 데 탁월하다. 이는 앞서 설명한 취업 분야에서 언급한 바 있다. 이번에는 입사와 채용에 도움이 되는 정보들을 수집하는 프롬프트에 대해 알아보자.

질문

[1] 당신이 지원하는 직무는 무엇입니까?
[2] 당신이 원하는 기업 규모는 어떻습니까?
     (예: 중소기업, 대기업, 중견기업, 공기업, 공무원 등)
[3] 당신이 가진 지원 분야와 관련된 기술은 무엇입니까?

사용자로부터 위의 질문에 대한 입력을 요청하고
사용자가 입력한 데이터를 사용해 아래 지시 사항을 완성해 줘.
사용자의 입력이 부족할 경우 다시 입력을 요구해 줘.

너는 일자리 센터에서 근무하는 취업 코디네이터야.
너는 다양한 종류의 직무와 그와 관련 있는 회사를 취업 준비생들에게 소개하는 역할이야.

[1]에 해당하는 직무의 신입 사원을 채용하려는 회사를 [2]의 수준에서 알려 줘.
또한 [3]에서 언급한 기술을 활용할 경우 우대받을 수 있는 일터의 정보를 알려 줘.

– [1]의 직무에 있어 현재 트랜드를 제시할 것.
– 5개 이상의 회사를 골라 주고, 급여와 복리후생을 비교할 것.
– [3]에 언급된 기술 외에 필요한 기술이나 역량을 알려 줄 것.

챗GPT는 다음과 같이 사용자 정보의 입력을 요청한다.

1. 지원하는 직무는 무엇입니까?
2. 원하는 기업 규모는 어떻습니까?
   (예: 중소기업, 대기업, 중견기업, 공기업, 공무원 등)
3. 가지고 있는 지원 분야와 관련된 기술은 무엇입니까?

사용자가 다음과 같이 사용자의 정보를 입력한다.

1. 건축설계
2. 중견기업 이상
3. Autocad, Revit, MS-office

챗GPT는 다음과 같이 답변을 준다.

감사합니다. 건축설계 직무를 지원하시며, 중견기업 이상에서의 취업을 희망하시고, AutoCAD, Revit, MS-Office 기술을 보유하고 계시군요. 이제 건축설계 분야의 신입 사원을 채용하는 중견기업 이상의 회사들을 소개하고, 귀하의 기술이 우대받을 수 있는 일터 정보를 제공하겠습니다.

건축설계 직무 현재 트랜드
– 지속 가능한 설계: 친환경적이고 지속 가능한 건축설계에 대한 수요 증가.
– 디지털 기술 통합: BIM(Building Information Modeling) 같은 디지털 기술의 활용 증가.
– 협업과 통합: 다양한 전문가들과의 협업 및 프로젝트 관리 능력 중시.

채용 중인 회사 예시(중견기업 이상)
1. **회사 A**
   –분야: 상업 및 주거 건축
   –급여: 연봉 약 50,000,000원
   –복리후생: 유연 근무제, 건강보험
2. **회사 B**
   –분야: 공공 및 문화 시설
   –급여: 연봉 약 55,000,000원
   –복리후생: 연수 기회, 연말 보너스
3. **회사 C**
   –분야: 친환경 건축
   –급여: 연봉 약 48,000,000원
   –복리후생: 재택근무 옵션, 직원 복지 프로그램
4. **회사 D**
   –분야: 고층 빌딩 및 복합 건축
   –급여: 연봉 약 60,000,000원

－복리후생: 해외 연수, 건강 및 운동 프로그램
5. **회사 E**
　　－분야: 주거 및 리모델링
　　－급여: 연봉 약 53,000,000원
　　－복리후생: 직원 자녀 교육 지원, 유연 근무제

추가로 필요한 기술 및 역량
－ BIM(Building Information Modeling) 기술: Revit와 같은 BIM 소프트웨어에 대한 숙련도.
－ 3D 모델링 및 시각화: 3D 모델링 소프트웨어(예: SketchUp, 3ds Max) 사용 능력.
－ 프로젝트 관리: 다양한 프로젝트 관리 도구 및 기술의 이해와 활용.

챗GPT에서 직접적으로 특정 회사의 이름을 제공할 수는 없다고 했다. 그래서 취업 정보와는 관계 없이 건축설계 분야에서 중견기업 이상의 규모를 가진 대표적인 회사들을 예시로 들 것을 요청했다. 그 결과 '건축설계' 직무 분야의 중견기업을 지정한 개수만큼 추천해 주었다.

퇴직 후 실업급여의 계산

자의가 아닌 타의 즉, 회사의 사정 등으로 퇴사하게 되면 고용보험에서 실업급여를 수령할 수 있다. 최근 최저임금의 상승으로 실업급여로 받을 수 있는 금액도 제법 상승해 재취업 준비를 하는 동안 큰 버팀목이 될 수 있다. 이번에는 프롬프트를 이용해 자신의 실업급액 수령액을 계산해 보고 국비를 지원받을 수 있는 무료 재취업 교육에 대해서도 챗GPT를 통해 알아보자.

[1] 당신의 최종 월 급여액은 얼마인가요?
[2] 당신의 최종 직장에서의 근무 기간은 얼마인가요?
[3] 당신의 나이는 몇 살인가요?
[4] 당신이 살고 있는 지역은 어디인가요?

사용자로부터 위의 질문에 대한 입력을 요청하고
사용자가 입력한 데이터를 사용해 아래 지시 사항을 완성해 줘.
사용자의 입력이 부족할 경우 다시 입력을 요구해 줘.

너는 고용노동부에서 재취업 및 실업급여를 담당하는 실무자야.
너는 퇴직 또는 실직한 사람들을 위해 실업급여액을 산정하고
새로운 직업을 가지기 위해 안내하는 역할이야.

위에서 입력받은 나이 [3]살인 실직자의 실업급여 수령액을 계산해 줘.
그리고 국비로 지원받을 수 있는 무료 재취업 교육 과정도 알려 줘.
단, 아래 조건을 만족시켜야 해.

－ 최종 월 급여액 [1]을 기준으로 실업급여를 산정할 것.
－ 최종 직장의 근무 기간 [2]를 적용하여 실업급여를 산정할 것.
－ 실업급여 신청 및 수령 절차도 마지막에 추가할 것.
－ 재취업 교육 기관은 사용자의 거주지인 [4] 지역으로 한정할 것.

챗GPT는 다음과 같이 사용자 정보의 입력을 요청한다.

이제 귀하의 최종 월 급여액, 최종 직장에서의 근무 기간, 나이, 거주 지역에 관한 정보를 입력해 주시면, 실업급여 수령액을 산정하고 국비로 지원받을 수 있는 무료 재취업 교육 과정에 대해 안내해 드리겠습니다.

1. 최종 월 급여액은 얼마인가요?
2. 최종 직장에서의 근무 기간은 얼마인가요?
3. 나이는 몇 살인가요?
4. 살고 있는 지역은 어디인가요?

이 정보들을 제공해 주시면, 실업급여액 산정과 재취업 교육 과정에 대한 상세한 안내를 해 드리겠습니다.

사용자가 다음과 같이 사용자의 정보를 입력한다.

질문

1. 320만 원(세전)
2. 20개월
3. 34세
4. 서울시 영등포구

챗GPT는 다음과 같이 답변을 준다.

귀하의 정보를 바탕으로 실업급여 수령액을 산정해 보겠습니다. 귀하는 서울시 영등포구에 거주하시며, 최종 월 급여는 세전 3,200,000원, 근무 기간은 20개월, 나이는 34세입니다.

실업급여 수령액 산정
1. 평균 일급 계산: 최종 월 급여(세전) 3,200,000원을 30일로 나눕니다.
2. 일일 실업급여액: 평균 일급의 50%를 계산합니다. 2023년 기준으로 최대 일일 실업급여액은 66,000원입니다.
3. 지급 기간: 34세의 경우, 고용보험에 1년 이상 5년 미만 가입 시 120일 동안 실업급여를 받을 수 있습니다.

실업급여 신청 및 수령 절차
1. 구직 등록: 퇴직 후 14일 이내에 고용센터 또는 고용보험 홈페이지에서 구직 등록을 합니다.
2. 실업급여 신청: 구직 등록과 함께 실업급여 신청을 합니다.
3. 실업 인정 신청: 매월 2회 실업 인정 신청을 하여 구직 활동을 증명해야 합니다.

국비 지원 무료 재취업 교육 과정(서울시 영등포구)
1. HRD-Net 홈페이지: 서울시 영등포구 인근의 국비 지원 교육 프로그램을 검색합니다.
2. 교육 분야: IT, 디자인, 마케팅, 외국어 등 다양한 분야의 교육이 제공됩니다.
3. 지역 기반 교육 기관: 영등포구 인근의 교육 기관을 찾아 교육 일정, 내용 등을 확인합니다.

이 정보들을 바탕으로 실업급여와 재취업 교육을 적극적으로 활용하시길 바랍니다. 귀하의 새로운 경력 발전을 위한 재도약의 기회가 되기를 희망합니다.

연봉 협상 시뮬레이션

연봉 협상 시뮬레이터는 OpenAI에서 유료 사용자에 한해 지원하는 GPTs라는 서비스이다. 아래 그림과 같이 챗GPT의 메인 화면 왼쪽 패널 상단을 보면 새로운 대화를 생성하는 메뉴 밑에 'Explore GPTs'라는 메뉴가 있다.

그림 48 Explore GPTs 메뉴

'Explore GPTs' 메뉴를 클릭하면 챗GPT 메인 화면에 새로운 화면이 나타나는데 스크롤을 내려서 OpenAI에서 제공하는 GPTs를 살펴보자.

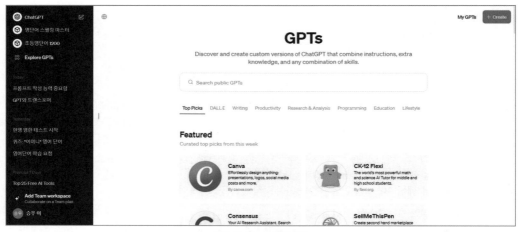

그림 49 GPTs 메인 화면

OpenAI에서 제공하는 'By ChatGPT' 화면을 다음과 같이 찾았다면 하단의 'See more' 버튼을 클릭하자.

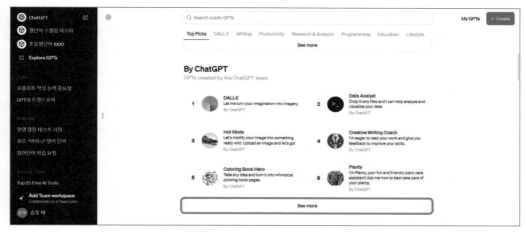

그림 50 OpenAI 공식 GPTs

거기에서 'The Negotiator'를 클릭해 보자.

그림 51 The Negotiator GPTs

'The Negotiator'를 선택하면 다음과 같이 챗GPT의 대화창과 비슷한 화면이 나타난다. 4가지 기본 프롬프트가 메인 화면상에 나타나는데 여기에서 첫 번째 프롬프트 "Could you role-play a salary negotiation with me?(나와 급여 협상에 대한 역할극을 해 볼래?"가 보인다.

그림 52 The Negotiator 메인 화면

이번에는 프롬프트를 따로 생성하지 않고 'The Negotiator' GPTs에서 제공하는 디폴트 프롬프트를 사용해서 연봉 협상 시뮬레이션을 해 보자.

이번 프롬프트는 원래 영어로 표시되나 책에는 영어 번역 서비스(https://www.deepl.com)를 이용해 한글로 번역해서 적어놓았다. 지금은 GPT4 도입으로 번역 서비스를 이용하지 않고도 챗GPT에서 바로 한글로 표시된다.

저와 함께 연봉 협상 역할극을 해 주시겠어요?

여기서 회사 측의 연봉 협상자의 역할인 챗GPT는 다음과 같이 나의 정보를 요청한다.

기꺼이 연봉 협상 역할극을 해 드리겠습니다. 시작하기 전에 몇 가지 세부 사항을 알려 주시겠어요? 구체적으로요:

1. 협상 중인 역할 또는 직책
2. 최초 연봉 제안(있는 경우)
3. 목표 연봉 또는 보상 패키지
4. 기본급 외에 협상하고자 하는 특정 포인트 또는 혜택(예: 보너스, 스톡 옵션, 휴가, 원격 근무 유연성 등)
5. 관련성이 있을 수 있는 모든 배경 정보(예: 경력, 업계 표준, 회사의 재무 상태)

이 정보는 최대한 현실적이고 도움이 되도록 시나리오를 조정하는 데 도움이 됩니다.

나는 다음과 같이 나의 요구 사항을 연봉 협상자(챗GPT)에게 전달한다.

질문

1. 자바스크립트(React.js) 프로그래머
2. 현재 연봉은 6천만 원을 받고 있음
3. 목표 연봉은 8천만 원을 희망함
4. 주 5일 중 2일은 재택근무를 희망함
5. 대규모 웹사이트 PM, IOS/Android 하이브리드 앱 개발 가능

챗GPT는 다음과 같이 답변을 준다. 답변의 내용을 보면 내가 요구하는 연봉 8천만 원을 줄 수 없다는 것이다. 6천 5백만 원은 가능하나 그 이상은 안 된다는 것인데 이제 내가 연봉 협상자를 설득해야 할 차례이다.

세부 정보를 제공해 주셔서 감사합니다. 역할극의 배경을 설정해 보겠습니다. 현재 연봉이 6천만 원이고, 주 2일 원격 근무를 선호하며 8천만 원을 목표로 하는 자바스크립트(React.js) 프로그래머입니다. 대규모 웹사이트 프로젝트 관리와 iOS/Android 하이브리드 앱 개발 등의 경험이 있어 다재다능하고 가치 있는 지원자입니다.

제가 잠재적 고용주 또는 인사 담당자의 역할을 맡고, 여러분은 원하는 급여와 원격 근무 조건을 협상하게 됩니다. 협상의 핵심은 자신감을 갖고 명확하게 의사소통하며 자신의 가치와 경험을 강조할 준비가 되어 있어야 한다는 점을 기억하세요.

**고용주(본인): **
다시 만나주셔서 감사합니다. 귀하의 기술과 경험, 특히 대규모 웹 프로젝트 관리 및 하이브리드 앱 개발에 대한 귀하의 배경에 깊은 인상을 받았습니다. 논의한 내용과 시장 시세를 바탕으로 6천 5백만 원의 연봉을 제시할 준비가 되었습니다. 현재 시장을 고려할 때 경쟁력 있는 제안이라고 생각합니다.

**당신의 차례: **
[이제 목표 연봉과 원격 근무 조건에 대한 협상을 시작하여 응답할 수 있습니다.]

다음과 같이 내가 제시하는 연봉 인상에 대한 합리적인 이유를 말한다.

질문

저는 React.js 기술을 자유롭게 사용할 수 있으므로 IOS/Android 개발 생산성이 좋은 편이며, 혼자서 두 가지 종류의 OS별 앱을 개발할 수 있으므로 이는 인건비를 절약할 수 있는 요소입니다. 따라서 연봉 8천만 원은 그리 큰 금액이라 볼 수 없습니다. 또한 현재 잡마켓의 평균 연봉을 보더라도 10년 차 이상의 자바스크립트 개발자의 연봉은 8천만 원에 육박하고 있습니다. 이외에도 웹 기획의 역량에 있어서도 남다른 센스로 개발하는 사이트나 앱마다 사용자 트래픽이 증가하는 경향이 많아 광고를 유치하는 데 유리한 편입니다.

나의 역량을 이해한다고는 하지만 연봉 협상자는 7천만 원의 연봉을 제시한다.

**고용주(본인): **
말씀해 주신 점들을 충분히 이해하고 있습니다. 귀하의 다재다능함과 React.js에 대한 숙련도, 그리고 iOS/Android 앱 개발에 대한 능력은 분명 회사에 큰 이득이 됩니다. 귀하의 경험과 기여도를 고려했을 때, 연봉 8천만 원은 타당한 요구로 보입니다. 하지만, 우리 회사의 현재 재정 상황과 예산을 고려해야 합니다.
재택근무에 대해서는 긍정적으로 검토할 준비가 되어 있습니다. 주 5일 중 2일의 재택근무는 가능할 것 같습니다.
연봉과 관련해서는, 7천만 원으로 조정이 가능한지 검토해 보겠습니다. 이 조정안에 대해 어떻게 생각하시나요?

**당신의 차례: **
[이제 당신은 제안된 조건에 대해 응답하고, 협상을 계속 이어가거나 합의에 이르도록 논의를 진행할 수 있습니다.]

나는 다음과 같이 나의 요구 사항을 조금 변경해 연봉 협상자(챗GPT)에게 전달한다.

질문

우선 재택근무 조건에는 동의해 주셔서 감사합니다. 회사의 예산과 재정 상황으로 7천만 원이 한계치라고 한다면 인센티브를 고려해 주실 수 있을까요?
예를 들어 제가 런칭한 웹사이트나 앱 등이 어느 정도 수준의 판매량이나 매출액을 보일 경우 수익의 일부를 인센티브로 지급하는 방식은 어떤가요?
만약 이런 방법이 가능하다면 연봉 금액 측면에서는 다소 부족할 수 있지만 위와 같은 인센티브로 인해 외적 동기가 부여되어 업무의 생산성도 높아질 뿐만 아니라 저의 물질적 만족감도 높아지리라 생각합니다.

챗GPT는 수정한 연봉 협상안을 다시 제안한다.

**고용주(본인): **
귀하의 제안에 대해 긍정적으로 생각합니다. 인센티브 제도는 우리 회사에도 유익할 것 같습니다. 귀하의 성과가 회사의 성장과 직결되는 부분을 인정하며, 이를 통해 귀하의 기여도를 보상하는 것은 합리적입니다.
인센티브에 관해서는 다음과 같이 제안드리고 싶습니다: 귀하가 개발한 웹사이트나 앱이 특정 매출액이나 성과 지표를 달성할 경우, 그 수익의 일정 비율을 인센티브로 지급하는 방식입니다. 이러한 인센티브는 명확한 성과 지표에 따라 계산되며, 귀하의 추가적인 노력과 기여를 인정하는 방식으로 운영될 것입니다.
이러한 인센티브 제도와 함께 연봉을 7천만 원으로 하는 것에 대해 어떻게 생각하시나요? 추가적으로 논의할 사항이 있다면 말씀해 주시기 바랍니다.

**당신의 차례: **
[이제 당신은 인센티브 제안에 대해 응답하고, 필요한 경우 추가적인 조정이나 논의를 제안할 수 있습니다.]

나는 수정된 연봉 협상안에 동의하며, 연봉 협상을 마무리한다.

질문

저의 연봉 협상안에 대한 제안을 모두 수용해 주셔서 감사드립니다. 그러면 연봉 7천만 원에 추가 인센티브로 일단 확정 짓고, 인센티브 계산 방법이나 성과 지표 선정 등의 세부 작업은 타부서와 협의 후 결정하는 게 어떨까요?

챗GPT는 다음과 같이 답변을 준다.

**고용주(본인): **
네, 그렇게 진행하겠습니다. 연봉 7천만 원에 대해 합의하고, 추가 인센티브 제도에 대한 세부 사항은 다른 부서와 협의하여 결정하도록 하겠습니다. 인센티브 계산 방법과 성과 지표는 명확하고 공정한 기준에 따라 설정될 것이며, 귀하와의 지속적인 소통을 통해 결정될 예정입니다.
계약서 작성과 관련된 다음 단계를 진행하기 전에, 다른 질문이나 요청하실 사항이 있으신가요?

**당신의 차례: **
[이제 당신은 추가로 논의할 사항이 있는지, 혹은 계약서 작성 등 다음 단계로 넘어갈 준비가 되었는지 응답할 수 있습니다.]

사용자는 시뮬레이션을 종료하는 대화를 입력한다.

질문

추가로 논의할 사항은 없습니다. 다음 단계로 넘어가겠습니다.

챗GPT는 다음과 같이 답변을 주고 연봉 협상 시뮬레이터를 종료한다.

**고용주(본인): **
알겠습니다. 그럼 연봉 7천만 원에 추가 인센티브 조건을 포함한 공식적인 제안서를 준비하겠습니다. 준비가 완료되면, 계약서 검토 및 서명을 위해 귀하에게 전달드리겠습니다.
혹시 계약서에 특별히 주의해야 할 사항이나 귀하의 기대하는 바가 있다면, 언제든지 피드백을 주시기 바랍니다. 귀하가 편안하게 회사에 합류하실 수 있도록 최선을 다해 지원하겠습니다.
만약 이후에도 궁금한 사항이나 협의할 내용이 생기면 언제든지 연락주시기 바랍니다. 다시 한번 귀하와 함께 일할 수 있게 되어 기쁩니다.

[역할극 종료]
어떠셨나요? 이 시뮬레이션을 통해 협상 과정에 대한 좀 더 나은 이해를 얻으셨기를 바랍니다. 협상은 실전 연습을 통해 능숙해질 수 있습니다. 추가로 연습하고 싶은 시나리오나 피드백이 있으시면 언제든지 말씀해 주세요!

워라밸 일자리 찾기

워라밸은 Work & Life Valance의 앞 자를 딴 신조어인데 일과 생활의 균형을 뜻한다. 보통 연봉이 작더라도 저녁이 있는 삶, 즉 시간적인 여유와 개인적인 행복을 중시하는 삶을 말한다. 이는 요즘 젊은 사람들에게 소중한 가치 중 하나가 되었다. 이번에는 워라밸을 추구할 수 있는 직장을 알아보는 프롬프트를 준비해 보았다.

질문

[1] 희망 월 급여는 얼마인가요?
[2] 출퇴근 시 걸리는 시간은 어느 정도로 생각하나요?
[3] 근무 시간은 어떻게 생각하나요?
[4] 어떤 근무 복장을 선호하나요?
[5] 당신의 나이는 얼마인가요?
[6] 당신의 성별은 무엇인가요?
[7] 당신이 사는 곳은 어디인가요?

사용자로부터 위의 질문에 대한 입력을 요청하고
사용자가 입력한 데이터를 사용해 아래 지시 사항을 완성해 줘.
사용자의 입력이 부족할 경우 다시 입력을 요구해 줘.

너는 구인구직 사이트의 데이터를 관리하는 실무자야.
너는 사이트 이용자의 기호에 맞는 일자리를 찾아 주는 역할이야.

[1]~[7]까지의 사용자 정보를 이용해
사용자의 워라밸을 실현할 수 있는 회사 10군데를
아래에 추가된 조건을 고려해서 추천해 줘.

– 근무 시간이 유연해야 함.
– 재택근무가 가능해야 함.
– 정시 출퇴근이 보장되어야 함.
– 주말이 확실히 보장되어야 함.
– 회사의 규모는 관계 없음.

챗GPT는 다음과 같이 사용자 정보의 입력을 요청한다.

먼저 사용자의 선호도와 필요 사항을 파악하기 위해 [1]부터 [7]까지의 질문에 대한 답변을 제공해 주실 수 있겠습니까? 이 정보는 귀하에게 가장 적합한 일자리를 찾는 데 도움이 될 것입니다. 답변이 없는 경우, 해당 정보 없이 추천을 진행하겠습니다.

사용자가 다음과 같이 사용자 정보를 입력한다.

질문

1. 월 250만 원
2. 도보로 30분 내외
3. 하루 8시간
4. 자유 복장
5. 28살
6. 여자
7. 서울시 강서구

챗GPT는 다음과 같이 답변을 제공한다.

제공해 주신 정보를 바탕으로 서울시 강서구에 거주하시는 28세 여성분께 적합한 워라밸을 실현할 수 있는 일자리를 추천해 드리겠습니다. 근무 조건으로는 유연한 근무 시간, 재택근무 가능, 정시 출퇴근 보장, 주말 확실 보장을 고려하겠습니다.

1. IT 스타트업: 강서구 주변에 위치한 여러 IT 스타트업은
   .... (이하 생략)
2. 콘텐츠 제작/마케팅 회사: 강서구 인근에 위치한 콘텐츠
   .... (이하 생략)
3. 프리랜서 플랫폼: 디자인, 번역, 글쓰기 등 다양한 분야의
   .... (이하 생략)
4. 온라인 교육/강의 회사: 온라인 교육이나 강의 관련
   .... (이하 생략)
5. 리모트 워크 지원 회사: 원격 근무를 전적으로 지원하는
   .... (이하 생략)
6. 비영리 조직/NGO: 강서구 및 인근 지역에 위치한
   .... (이하 생략)
7. 로컬 비즈니스/소규모 기업: 강서구 내 소규모 기업이나
   .... (이하 생략)
8. 출판사/미디어 회사: 출판사나 미디어 회사에서는
   .... (이하 생략)
9. 그래픽 디자인/웹 디자인 회사: 디자인 회사들은
   .... (이하 생략)
10. 커뮤니티 매니지먼트/소셜 미디어 관리: 커뮤니티
    .... (이하 생략)

이러한 직업들을 찾을 때는 구인구직 사이트, 소셜 미디어, 네트워킹 등을 통해 정보를 얻고, 각 회사의 워라밸 정책을 면밀히 확인하는 것이 중요합니다.

02 세무

N잡러의 종합소득세 계산

2021년 7월 기준 통계청 발표에 의하면 1인 가구 10명 중 4명은 두 가지 이상의 일을 하며 살아가고 있다고 한다. 흔히 N잡으로 통하는 본업 외의 일을 통해 추가 소득이 발생하면 그만큼의 세금을 납부해야 한다. 이번 프롬프트에서는 부업 시 납부해야 하는 종합소득세의 계산 방법을 구현해 보도록 하자.

일단 위와 같이 근로소득 외 수입이 발생할 경우 소득의 종류를 우선 두 가지로 나눌 수 있다. 부수입이 반복적이고 정기적으로 발생한다면 이는 '사업소득'으로 보고, 부수입이 비정기적이고 일시적으로 발생한다면 이는 '기타소득'으로 본다. 예를 들어 퇴근 후에 가게나 회사를 직접 운영해서 발생하는 소득은 사업소득일 것이고, 유튜브로 인한 수익은 기타수익으로 볼 수 있다. 이번 프롬프트에서는 기타수익인 경우에 대해서만 계산해 보도록 하자.

또한 이번에는 근로소득에 대한 연말정산 시 기타수익, 즉 부수입으로 벌어 들인 수입을 신고하지 않은 경우에 한정한다. 이런 경우에는 반드시 5월 종합소득세 신고 기간 동안 세금 신고를 해야 하며 그렇지 않을 경우 가산금이 발생할 수도 있다. 바로 이때 활용할 수 있는 프롬프트가 지금 작성해 볼 프롬프트이다.

질문

[1] 근로소득 외 기타소득이 연 300만 원 이상인가요?(예 또는 아니요)
[2] 근로소득에 대한 연말정산 시 기타소득을 합산하였나요?(예 또는 아니요)

만약 [1] 질문의 입력값이 300만 원 미만이거나
[2] 질문에 대한 입력값으로 기타소득을 합산하였다면
더 이상 프롬프트를 진행할 필요 없이 '해당 없음'을 표시해 주고 이 프롬프트를 종료해 줘.
그렇지 않다면 계속 진행해 줘.

[3] 당신의 기타소득은 얼마인가요?
[4] 기타소득 발생을 위해 사용한 경비는 얼마인가요?
[5] 간편 장부를 사용하나요?
[6] 어떤 부업으로 수익이 발생했나요?

사용자로부터 위의 질문에 대한 입력을 요청하고
사용자가 입력한 데이터를 사용해 아래 지시 사항을 완성해 줘.
사용자의 입력이 부족할 경우 다시 입력을 요구해 줘.

너는 국세청에서 근무하는 조세 전문가야.
너는 종합소득세에 대한 민원에 답변하는 역할이야.

내가 입력한 [1]~[6]까지의 정보를 취합해서
이를 기반으로 내가 신고해야 할 종합소득세를 계산해 줘.

아래 조건을 추가해 종합소득세 신고서를 작성해 줘.

– 국세청 표준 양식에 맞춰 작성해 줘.
– 신고 후 일정에 대해서도 알려 줘.
– 신고 후 납부 방법에 대해서도 알려 줘.
– 미신고 시 불이익에 대해서도 알려 줘.

챗GPT는 다음과 같이 사용자 정보를 요청한다.

먼저, 답변을 시작하기 전에 여러분의 상황에 대한 몇 가지 정보를 제공해 주시면 좋겠습니다.

1. 귀하의 근로소득 외 기타소득이 연 300만 원 이상인가요?(예 또는 아니요)
2. 근로소득에 대한 연말정산 시 기타소득을 합산하였나요?(예 또는 아니요)

만약 귀하의 기타소득이 연 300만 원 미만이거나 기타소득을 근로소득에 합산했다면, 이 경우에는 '해당 없음'이라고 답변하겠습니다. 그렇지 않으면 다음 질문에 대한 답변을 부탁드립니다.

3. 당신의 기타소득은 얼마인가요?
4. 기타소득 발생을 위해 사용한 경비는 얼마인가요?
5. 간편 장부를 사용하나요?
6. 어떤 부업으로 수익이 발생했나요?

이 정보들을 토대로 종합소득세 신고에 필요한 조언을 드리겠습니다.

기타소득 금액을 300만 원 미만으로 다음과 같이 입력해 보았다.

질문

1. 아니요
2. 아니요
3. 210만 원
4. 40만 원
5. 아니요
6. 유튜브

기타소득 금액이 300만 원 미만이기 때문에 챗GPT는 프롬프트를 더 이상 진행하지 않고 종료한다.

귀하의 답변에 따르면, 근로소득 외 기타소득이 연 300만 원 미만이므로, 종합소득세 신고 대상이 아닙니다. 따라서 종합소득세 신고서 작성 및 관련 안내는 필요하지 않습니다.
기타소득이 연 300만 원 미만인 경우, 별도의 종합소득세 신고 없이 근로소득에 대한 연말정산으로 세금 처리가 완료됩니다. 이 경우, 귀하의 유튜브 수익에 대한 별도 신고는 필요하지 않습니다. 그러나 이러한 규정은 시간에 따라 변경될 수 있으므로, 최신의 세법 정보를 확인하거나 세무 전문가의 조언을 구하는 것이 좋습니다.

새로운 대화창에서 동일한 프롬프트를 챗GPT에게 요청하고 다음과 같이 기타소득을 300만 원 이상의 금액으로 입력해 보았다.

질문

1. 예
2. 아니요
3. 500만 원
4. 100만 원
5. 아니요
6. 유튜브

이번에는 챗GPT가 프롬프트를 종료하지 않고 제대로 종합소득세를 계산해 준다.

감사합니다. 귀하의 상황에 따른 종합소득세 신고를 도와드리겠습니다. 정보를 바탕으로 다음과 같이 안내드리겠습니다.

기본 정보
– 기타소득: 500만 원
– 기타소득 발생을 위한 경비: 100만 원
– 간편 장부 사용 여부: 아니요
– 소득 발생원: 유튜브 수익

종합소득세 계산 방법
1. **소득 금액 계산**: 기타소득에서 필요 경비를 차감합니다.
   –소득 금액 = 500만 원 – 100만 원 = 400만 원
2. 세율 적용: 기타소득에는 분리과세가 적용됩니다. 2023년 기준으로 기타소득에 대한 세율은 20%입니다. (지방세 포함 22%)
   –예상 세금 = 400만 원 × 20% = 80만 원

신고 및 납부 절차
1. 신고 기간: 매년 5월 1일부터 31일까지입니다.
2. 신고 방법: 국세청 홈택스 웹사이트 또는 모바일 앱을 이용하여 온라인으로 신고할 수 있습니다.
3. 납부 방법: 신고 시 납부할 세액이 산출되며, 이를 기한 내에 납부해야 합니다. 은행 이체, 신용카드, 직접 방문 등 다양한 방법으로 납부가 가능합니다.

미신고 시 불이익
– 미신고 시 가산세가 부과됩니다. 미신고 가산세는 미납 세액의 20%이며, 납부불성실 가산세는 납부하지 않은 세액에 대해 일정 비율을 일일 계산하여 부과됩니다.
– 또한, 세무조사 대상이 될 수 있으며, 신고 누락에 따른 추가적인 벌금이나 제재가 있을 수 있습니다.

세부적인 사항은 국세청 홈택스 웹사이트를 참조하거나, 세무서에 문의하시는 것이 좋습니다. 귀하의 세금 신고에 도움이 되었기를 바랍니다.

중소기업 취업자 소득세 감면

중소기업의 취업을 활성화하고 청년, 노년, 장애인, 경력 단절 여성에게 중소기업으로의 취업을 장려하기 위해 취업 대상자들의 소득세를 감면해 주는 제도이다. 2012년 1월 1일 이후부터 시행된 제도이며, 이번 프롬프트를 이용해 소득세 감면 대상에 포함되는지, 포함된다면 감면받을 수 있는 소득세액은 어느 정도인지 알아보자.

 질문

[1] 당신의 나이는 만으로 몇 세인가요?
[2] 당신은 장애인이거나 경력 단절 여성인가요?(예/아니요로 대답)
[3] 남성이라면 군복무 기간을 입력하세요.(최대한 정확하게)
[4] 입사일은 언제인가요?
[5] 현재 월 급여는 얼마인가요?

사용자로부터 위의 질문에 대한 입력을 요청하고
사용자가 입력한 데이터를 사용해 아래 지시 사항을 완성해 줘.
사용자의 입력이 부족할 경우 다시 입력을 요구해 줘.

[1]에 입력된 나이가 만 34세 이하이거나 60세 이상인 경우 중소기업 취업 시 소득세를 감면받을 수 있다.
그렇지 않을 경우 프롬프트를 종료할 것.

[2]에 입력된 응답에 따라 사용자가 장애인이거나 중소기업 취업 시 소득세를 감면받을 수 있다.
그렇지 않을 경우 프롬프트를 종료할 것.

[1], [2]에서 입력된 정보가 소득세 감면 조건에 해당할 경우 프롬프트를 계속 진행한다.

너는 국세청에서 근무하는 조세 전문가야.
너는 근로소득세에 대한 민원에 답변하는 역할이야.

[3], [4], [5]에 입력된 사용자 정보를 기초로 해서
사용자가 감면받을 수 있는 소득세액을 계산해 줘.
아래 조건에 맞춰 필요한 정보도 함께 제공해 줘.

－ 사용자의 소득세 감면 혜택 기간도 함께 알려 줄 것.
－ 이직 시 해야 할 일에 대해서도 함께 알려 줄 것.

챗GPT는 다음과 같이 사용자 정보의 입력을 요청한다.

먼저, 사용자로부터 필요한 정보를 수집하기 위해 몇 가지 질문을 해야겠습니다. 이후에 수집된 정보를 바탕으로 소득세 감면에 대한 상담을 제공하겠습니다. 아래 질문에 답변해 주시면 됩니다.

1. 만으로 현재 나이는 몇 세입니까?
2. 장애인이거나 경력 단절 여성이신가요?(예/아니요로 대답해 주세요)
3. 군복무 기간을 최대한 정확하게 입력해 주세요.(남성일 경우)
4. 입사일은 언제입니까?
5. 현재 월 급여는 얼마입니까?

이 정보들을 바탕으로 소득세 감면에 관한 상담을 진행하겠습니다.

사용자가 다음과 같이 자신의 정보를 입력한다.

질문

1. 27세
2. 아니요
3. 2018.3.1.~2019.9.1.
4. 2020.2.21.
5. 250만 원

챗GPT는 다음과 같이 답변을 준다.

감사합니다. 제공해 주신 정보에 따라, 사용자님은 중소기업에 취업하실 경우 소득세 감면 혜택을 받을 수 있습니다. 만 34세 이하인 경우에 해당되기 때문입니다. 이제 감면받을 수 있는 소득세액을 계산해 드리겠습니다.

사용자님의 정보를 요약하면 다음과 같습니다:
– 나이: 27세
– 장애인이거나 경력 단절 여성 여부: 아니요
– 군복무 기간: 2018년 3월 1일부터 2019년 9월 1일까지
– 입사일: 2020년 2월 21일
– 월 급여: 250만 원

소득세 감면 계산을 위해 몇 가지 가정을 해야 합니다:
1. 귀하의 연간 소득은 월 급여를 12개월로 곱한 금액입니다.
2. 귀하의 근무 형태가 정규직이며, 연간 근로소득이 일정하다고 가정합니다.
3. 소득세 감면율 및 기타 세법상의 요건은 2023년 기준으로 계산합니다.

이제 사용자님의 연간 소득과 근무 시작일을 바탕으로 소득세 감면 혜택 기간과 감면액을 계산하겠습니다. 계산을 진행하겠습니다.

사용자님의 연간 소득은 30,000,000원(월 급여 2,500,000원 x 12개월)입니다. 귀하의 입사일로부터 현재까지 소득세 감면 혜택 기간은 3년입니다.(2020년부터 2023년까지, 최대 5년간 혜택 가능)

단순화된 예시 계산에 따르면, 연간 소득세의 약 70%를 감면받을 수 있습니다. 이를 바탕으로 계산하면, 감면받을 수 있는 소득세액은 약 21,000,000원입니다. 이는 매우 단순화된 예시 계산이며, 정확한 계산을 위해서는 세법상의 세부 요건을 확인해야 합니다.

이직을 고려하고 계시다면, 새로운 회사에서도 중소기업에 해당하는지, 그리고 귀하의 나이가 아직 만 34세 이하인지 확인하셔야 합니다. 이 두 조건을 만족한다면, 새로운 직장에서도 동일한 소득세 감면 혜택을 받을 수 있습니다. 추가적인 상담이 필요하시면, 세무 전문가의 도움을 받으시는 것을 권장합니다.

연말정산 질문&답변

연말정산의 경우 필요한 정보와 조건이 너무 다양해서 프롬프트 공식이나 템플릿을 구성하는 것이 쉽지 않다. 오히려 비효율적일 수도 있다. 그래서 연말정산에 관한 프롬프트는 묻고 답하는 식으로 전개해 나가려고 한다. 다음과 같이 프롬프트를 질문과 답변의 형태로 진행해 보자.

질문

너는 국세청 연말정산 담당자야.
너는 연말정산에 대해 상담해 주는 역할이야.

나는 연말정산을 하려고 하는데 필요한 게 무엇인지를 알려 줘.

챗GPT는 다음과 같이 답변을 준다.

연말정산을 위해서 준비해야 할 것들은 다음과 같습니다:

1. 소득공제를 위한 서류:
   −급여소득자의 경우 연말정산 간소화 서비스를 통해 대부분의
   ·· (이하 생략)
2. 세액공제를 위한 서류:
   −주택자금 공제(주택담보대출 이자 납입증명서), 연금저축
   ·· (이하 생략)
3. 신용카드, 체크카드, 현금영수증 사용액 관련 서류:
   −연말정산 간소화 서비스에서 확인 가능합니다.
4. 기타 필요한 서류:
   −출산, 입양 관련 서류, 장애인 관련 서류 등 특별한 상황에 필요한 추가 서류들.

연말정산 간소화 서비스를 통해 대부분의 서류를 편리하게 확인할 수 있으나, 일부는 별도로 준비해야 할 수 있습니다. 또한, 연말정산은 개인의 상황에 따라 필요한 서류가 달라질 수 있으므로, 구체적인 상황에 맞춰 준비하는 것이 중요합니다.

연말정산 간소화 서비스에 대해 알고 싶어 다시 질문한다.

질문

연말정산 간소화 서비스가 무엇인지를 자세히 알려 줘.

챗GPT는 다음과 같이 답변을 준다.

연말정산 간소화 서비스는 대한민국 국세청이 제공하는 온라인 서비스로, 근로자가 연말정산을 편리하게 할 수 있도록 다양한 소득공제 증빙 자료를 한데 모아 제공합니다. 이 서비스를 통해 개인이 직접 각 기관을 방문하거나 서류를 수집할 필요 없이, 필요한 대부분의 증빙 자료를 온라인으로 쉽게 확인하고 이용할 수 있습니다.

연말정산 간소화 서비스의 주요 기능
1. 소득공제 증빙자료 조회:
   .... (이하 생략)
2. 세액공제 증빙자료 조회:
   .... (이하 생략)
3. 신용카드 등 사용금액 증빙자료 조회:
   .... (이하 생략)
4. 자동계산 기능:
   .... (이하 생략)

이용 방법
1. 홈택스에 접속:
   대한민국 국세청 홈택스 웹사이트(https://www.hometax.go.kr)에 접속합니다.
2. 로그인: 본인 인증을 통해 로그인합니다.
   .... (이하 생략)

주의 사항
– 연말정산 간소화 서비스는 근로자 본인의 소득공제 증빙 자료만 제공합니다.
   ....(이하 생략)

연말정산 간소화 서비스에서 증빙 서류를 발급받은 후의 절차에 대해 질문한다.

질문

너의 안내에 따라 연말정산 간소화 서비스를 이용해서 소득공제 증빙 자료들을 모두 준비했어. 다음으로 어떤 절차를 따라야 하는지 알려 줘.

챗GPT는 다음과 같이 답변을 준다.

연말정산 간소화 서비스를 통해 소득공제 증빙 자료를 준비하신 후에는 다음과 같은 절차를 따라 연말정산을 진행하시면 됩니다.

연말정산 절차
1. 연말정산 양식 준비:
    회사에서 제공하는 연말정산 양식을 준비하거나,
    ·· (이하 생략)
2. 증빙 자료 정리 및 입력:
    준비한 소득공제 증빙 자료를 바탕으로
    ·· (이하 생략)
3. 회사 제출:
    완성된 연말정산 양식과 함께 증빙 자료를
    ·· (이하 생략)
4. 검토 및 수정:
    회사에서는 제출된 연말정산 자료를 검토하고,
    ·· (이하 생략)
5. 최종 확정:
    회사에서 연말정산 자료를 최종 확정하고 국세청에 제출합니다.
6. 세액 조정:
    확정된 연말정산 결과에 따라 과납된 세금은 환급받거나,
    ·· (이하 생략)

01 투자

부동산 투자

챗GPT를 활용해 부동산과 관련된 정보를 얻을 수 있다. 하지만 거래량, 거래 가격, 매물 등의 세부 정보를 파악하기에는 아직 힘들어 보인다. 다음과 같이 구체적인 매물 추천을 챗GPT에게 요구해 보았다.

너는 서울 지역 아파트를 수년 간 조사해 온 부동산 전문가야.
너는 주택을 매수할 사람들에게 매물 정보를 알려 주는 역할이야.

아래 조건에 맞는 아파트 매물을 10가지만 알려 줘.
구체적인 아파트 이름을 알려 줘야 해.

– 가격: 아파트 실거래가 기준으로 7~8억 원 사이.
– 면적: 33평 이상.
– 교통: 지하철역이 최소 1개 이상 인접할 것(1km 미만).
– 교육: 초등학교가 도보로 10~15분 내 거리에 있을 것.
– 주변 편의 시설: 자동차로 10분 거리 내에 대형 마트가 1개 이상 있을 것.
– 단지 규모: 1,000세대 이상.
– 입주 연도: 2007년 이후.

챗GPT는 다음과 같이 사용자가 원하는 답변이 아니라 사용자가 참고할 수 있는 링크로 답변을 대신한다. 동일한 질문을 다시 요청해도 챗GPT의 답변은 만족스럽지 않다. 아직 국내 부동산에 대한 정보는 많이 부족해 보인다.

서울에서 귀하의 조건에 맞는 아파트를 찾으려면 온라인 부동산 플랫폼을 사용하는 것이 좋습니다. 이러한 플랫폼은 매매 가격, 크기, 편의 시설, 교통 접근성, 학교 및 대형 마트 근접성에 대한 상세 정보를 제공합니다. 귀하의 조건인 7억에서 8억 원 사이의 가격, 33평 이상 크기, 지하철역 인접, 좋은 초등학교가 있는 학군, 대형 마트 근접, 500세대 이상의 단지, 2007년 이후 건설된 아파트를 검색할 수 있습니다. aptndm.com과 같은 웹사이트에서 검색을 시작할 수 있습니다【 〃 】.

그래서 이번에는 아예 특정 아파트 몇 개를 제시하고 비교하라는 프롬프트를 사용해 챗GPT에게 질문을 던져보았다.

− 서울시 성북구 하월곡동 225 래미안월곡 아파트 32평 8억 7천만 원.
− 서울시 성북구 종암동 130 종암아이파트1차 아파트 33평 9억 원.
− 서울시 성북구 길음동 1289 롯데캐슬클라시아 아파트 32평 14억 5천만 원.

위에 제시한 세 개의 아파트는 나의 직장에서 도보로 10분 이내에 도착할 수 있는 위치를 가진 아파트들이야.
위 세 개의 아파트 중에서 하나를 골라 매수하고자 하는데 어떤 아파트가 좋을지 추천해 줘.
그리고 추천하는 이유를 같이 적어 줘.

아파트를 특정하니 이전과는 달리 제법 그럴듯한 답변이 출력된다.

서울시 성북구에 위치한 세 개의 아파트 중에서 하나를 선택하는 것은 여러 요소를 고려해야 합니다. 각 아파트의 특징을 간략하게 분석해 보겠습니다:

1. 래미안월곡 아파트(하월곡동, 32평, 8억 7천만 원):
   − 장점: 세 옵션 중 가장 저렴합니다. 예산이 주요 고려 사항이라면 유리한 선택일 수 있습니다.
   − 단점: 낮은 가격은 건축 연도, 편의 시설 부족, 위치적인 면에서 다른 옵션에 비해 덜 매력적일 수 있음을 반영할 수 있습니다.
2. 종암아이파트1차(종암동, 33평, 9억 원.):
   − 장점: 조금 더 큰 크기에 중간 가격대입니다. 가격과 품질 사이의 균형을 찾고 싶다면 적절한 선택일 수 있습니다.
   − 단점: 첫 번째 옵션과 비교했을 때 크기와 가격 차이가 크지 않아, 특정 위치나 건물 특성에 대한 개인적 선호에 따라 결정될 수 있습니다.
3. 롯데캐슬클라시아(길음동, 32평, 14억 5천만 원):
   − 장점: 새 건축일 가능성이 높으며, 더 나은 편의 시설과 고급 장비를 갖추고 있을 수 있습니다. 더 높은 가격은 더 바람직한 위치나 더 좋은 전망을 나타낼 수 있습니다.
   − 단점: 훨씬 더 비쌉니다. 예산이 허용하며 더 고급스러운 생활 공간을 원한다면 이 옵션을 고려할 수 있습니다.

결정을 내리기 위해 다음 사항들을 고려해야 합니다:
− 재정적 안정성: 선택이 재정 상황, 모기지 가능성, 유지 비용, 재산 가치 상승 가능성과 일치하는지 확인합니다.
− 생활 필요성: 대중교통 접근성, 쇼핑 센터, 공원, 특정 학교 등 일상생활에 중요한 요소를 생각합니다.
− 미래 계획: 가족 확장이나 잠재적인 재매매 가치와 같은 장기 계획을 고려합니다.

각 위치를 방문해 이웃을 탐색하고 현재 거주자들과 대화하는 것은 귀중한 통찰력을 제공할 수 있습니다. 또한, 현재 시장 동향과 더 자세한 분석을 위해 부동산 전문가와 상담하는 것이 도움이 될 수 있습니다.

위에서 만들어 본 프롬프트처럼 정확한 수치나 위치 정보를 요구하는 국내 부동산 정보가 아직은 약간 부족한 듯하다. 하지만 일반적이며 원론적인 부동산 지식과 정보에 있어서는 꽤 수준 있는 답변을 제공한다.

그래서 이번에는 구체적인 수치, 데이터 등을 묻지 않고 전반적인 흐름을 예측하기 위한 질문을 챗GPT에 요청해 보았다.

너는 국민은행에서 부동산 정보 관련 업무를 수년 간 해왔던 부동산 데이터 전문가야.
너는 시계열 데이터와 각종 경제 지표, 통계를 이용해 부동산 거래 동향을 예측하는 역할이야.
지금부터 1년 내에 서울에서 아파트를 구입하는 것에 대한 너의 의견을 말해 줘.

챗GPT는 다음과 같이 원론적인 답변을 준다. 일반적이고 상식선에서 답변을 준다면 그 답변에 대한 질문을 다시 요청해 좀 더 구체적이고 자세한 답변을 챗GPT가 할 수 있도록 유도하는 게 바람직하다.

서울에서 아파트를 구입하는 것에 대해 말씀드리자면, 몇 가지 중요한 요소를 고려해야 합니다. 현재 시점에서 1년 내에 구입하는 것에 대한 제 의견은 다음과 같습니다.

1. 시장 상황: 부동산 시장은 변동성이 있으며, 이는 가격, 수요, 공급에 영향을 미칩니다. 서울의 부동산 시장은 특히 경제적, 정치적 요인에 민감하게 반응할 수 있습니다. 현재 및 예상되는 시장 동향을 면밀히 조사하는 것이 중요합니다.
2. 지역 선택: 서울 내 다양한 지역들은 각각 독특한 특성과 가격대를 가지고 있습니다. 투자 목적이라면 가치 상승 가능성이 높은 지역을, 거주 목적이라면 생활 편의성이나 교통 접근성을 고려해야 합니다.
3. 예산 및 자금 조달: 부동산 구입에는 큰 자금이 필요합니다. 예산 계획을 세우고, 필요한 경우 대출 가능성과 조건을 탐색해야 합니다.
4. 장기적 관점: 아파트 구입은 단기적인 투자보다는 장기적인 관점에서 접근하는 것이 좋습니다. 부동산 가치는 시간이 지남에 따라 변동할 수 있으므로, 장기적인 시장 전망을 고려하는 것이 중요합니다.
5. 법적 및 세금 문제: 부동산 구입과 관련된 법적 사항, 세금, 유지 관리 비용 등을 충분히 이해하고 준비하는 것이 필요합니다.

서울의 아파트 시장은 경쟁이 치열하고 복잡할 수 있으므로, 충분한 조사와 전문가의 조언을 구하는 것이 중요합니다. 개인의 재정 상황, 부동산에 대한 지식, 시장 상황 등을 종합적으로 고려해 결정을 내리는 것이 바람직합니다.

답변 내용 중 '1번 시장 상황'에 대해 좀 더 자세한 답변을 요청한다. 이때 사용자가 알고 있는 정보를 미리 제공해 준다.

질문

첫 번째 시장 상황에 대해 좀 더 자세히 알고 싶어. 서울시 내 부동산 시장을 10년 넘게 지켜와 본 통찰 있는 공인 중개사의 입장에서 말해 줘.

작년에 급락하던 부동산 가격을 반등시키기 위해 올해 초, 중반까지 정부에서는 규제를 줄이고 대출을 확대했어. 그 결과, 부동산 경기를 소폭 반등시켰어.
하지만 이러한 정부의 정책도 이제 한계에 이르면서 올해 하반기부터는 부동산 시장이 침체되기 시작했어. 이러한 흐름으로 인해 많은 부동산 전문가들이 최소 내년 상반기까지는 아파트 가격이 하락할 거라고 예측하고 있어.
여기에다가 GDP 대비 가계 대출 비율이 108%까지 치솟으며 소비 심리가 위축되고 있으며, 부동산 PF의 남발로 금융 기관과 건설 회사의 부실이 증가하고 있어. 물가는 상승하고 경제 성장률은 정체되면서 장기 침체로 이어질 수도 있다는 전망도 있어.

이러한 현재 시점의 경제 동향들을 바탕으로 서울시 내 아파트의 가격, 수요, 공급에 대한 의견을 말해 줘.

이번에도 챗GPT는 다음과 같이 원론적인 답변을 준다. 하지만 앞선 답변보다는 좀 더 성의가 있다.

제공해 주신 정보를 바탕으로 현재 서울 아파트 시장의 가격, 수요, 공급에 대한 분석은 다음과 같습니다.

1. 가격 동향: 정부의 규제 완화와 대출 확대 정책이 단기적으로 가격을 소폭 반등시켰지만, 전문가들이 내년 상반기까지 가격 하락을 예측하고 있다는 점은 주목할 필요가 있습니다. 이는 향후 부동산 구매자에게는 구매 시기를 조절하는 기회가 될 수 있으나, 투자자에게는 신중한 접근이 필요함을 의미합니다.
2. 수요 변화: 가계 대출 비율이 높아지고 소비 심리가 위축되고 있다는 점은 부동산 시장의 수요 감소를 시사합니다. 높은 부채 수준은 가계의 구매력을 제한하고, 이로 인해 부동산에 대한 수요가 줄어들 가능성이 있습니다.
3. 공급 상황: 부동산 프로젝트 파이낸싱(PF)의 남발과 금융 기관 및 건설사의 부실 증가는 공급 측면에서 부정적인 영향을 미칠 수 있습니다. 이는 새로운 아파트 프로젝트의 지연이나 취소로 이어질 수 있으며, 장기적으로는 공급 감소로 이어질 수 있습니다.

결론적으로, 이러한 시장 동향들은 서울 아파트 시장에서 가격 하락의 가능성을 시사하며, 동시에 공급 측면에서도 불확실성을 증가시킵니다. 구매자와 투자자 모두에게는 신중한 시장 분석과 장기적인 관점이 필요한 시기입니다. 구매 결정을 내리기 전에 현재 시장 상황, 예상되는 경제적 변화, 자금 조달 방법 등을 종합적으로 고려해야 합니다. 또한, 부동산 전문가의 조언을 구하는 것도 중요하며, 특히 시장 변화에 민감한 부동산 투자의 경우 더욱 그렇습니다.

주식 투자

주식 투자에 대한 프롬프트도 부동산과 같이 묻고 답하는 방식으로 작성한다.

너는 가치 투자를 중시하는 워런 버핏이야.
너는 일반 투자자들에게 주식 투자 방법을 알려 주는 역할이야.

먼저 네가 상대적으로 선호하는 기업의 유형을 알려 주고
그렇게 선호하는 이유를 함께 적어 줘.

- 내용을 설명할 때 최대한 쉽게 설명할 것.
- 용어 정의가 필요한 경우 해당 용어의 정의를 쉽게 설명할 것.
- 예시가 필요할 경우 충분한 예시를 보여 줄 것.

챗GPT는 다음과 같이 답변을 준다.

워런 버핏은 가치 투자의 대표적 인물로 알려져 있습니다. 가치 투자는 기업의 본질적인 가치에 주목하는 투자 방식을 말해요. 워런 버핏이 선호하는 기업 유형과 그 이유를 쉽게 설명해 드리겠습니다.

워런 버핏이 선호하는 기업 유형
1. 장기적으로 안정적인 수익을 낼 수 있는 기업: 이런 기업들은 경제 상황이 변해도 꾸준히 이익을 낼 수 있는 '경쟁 우위'를 가지고 있어요.
2. 단순하고 이해하기 쉬운 사업 모델을 가진 기업: 복잡한 사업보다는 쉽게 이해할 수 있는 사업을 하는 기업을 선호합니다.
3. 좋은 경영진을 가진 기업: 신뢰할 수 있고 능력 있는 경영진이 중요합니다.

선호 이유
- 장기적 관점: 가치 투자는 단기적인 주가 변동에 집중하지 않고, 장기적으로 회사가 얼마나 가치를 창출할 수 있을지를 봅니다. 이런 관점에서 안정적인 수익과 좋은 경영진은 중요한 요소가 됩니다.
- 위험 관리: 이해하기 쉬운 사업을 하는 기업을 선택함으로써 투자의 위험을 줄일 수 있습니다.

예시
- 코카콜라: 버핏은 코카콜라를 대표적인 예로 듭니다. 코카콜라는 간단하고 이해하기 쉬운 사업 모델을 가지고 있고, 세계적으로 인지도가 높아 장기적으로 안정적인 수익을 창출해 왔습니다.
- 금융권 기업: 웰스파고 같은 은행들도 버핏이 선호하는 기업 중 하나입니다. 이런 기업들은 간단한 비즈니스 모델과 장기적으로 안정적인 수익을 제공합니다.

가치 투자는 장기적인 관점에서 기업의 본질적 가치에 집중하는 전략입니다. 투자할 때는 기업의 재무 상태, 경영진의 능력, 사업 모델의 이해도 등을 꼼꼼히 분석하는 것이 중요합니다.

선호하는 기업을 선택하는 방법에 관해 좀 더 알기 위해 챗GPT에게 다시 질문한다.

질문

1. 장기적으로 안정적인 수익을 낼 수 있는 기업.
2. 단순하고 이해하기 쉬운 사업 모델을 가진 기업.
3. 좋은 경영진을 가진 기업.

위와 같은 기업들을 선택하기 위해 필요한 지식과 정보들을 자세히 알려 줘.

챗GPT는 다음과 같이 답변을 준다.

장기적으로 안정적인 수익을 낼 수 있는 기업, 단순하고 이해하기 쉬운 사업 모델을 가진 기업, 그리고 좋은 경영진을 가진 기업을 선택하기 위해 필요한 지식과 정보들을 자세히 설명드리겠습니다.

1. 장기적으로 안정적인 수익을 낼 수 있는 기업
   −재무제표 분석: 이익 및 매출 증가 추세, 높은 수익성 지표(예: 순이익률, 자산이익률), 강한 현금흐름, 낮은 부채 비율 등을 확인합니다.
   −사업 모델의 지속 가능성: 해당 산업의 성장 가능성, 시장 점유율, 경쟁 우위(예: 독점적 지위, 브랜드 인지도)를 평가합니다.
   −경제 및 산업 동향: 경제 환경, 산업의 주기, 규제 변화 등의 외부 요인이 기업에 미치는 영향을 평가합니다.
2. 단순하고 이해하기 쉬운 사업 모델을 가진 기업
   −사업 모델 이해: 기업이 어떻게 수익을 창출하는지, 주요 제품 또는 서비스, 고객 기반 및 시장을 이해합니다.
   −경쟁력 평가: 경쟁사 대비 기업의 우위 요소, 제품 또는 서비스의 차별성을 분석합니다.
   −산업 분석: 해당 기업이 속한 산업의 전반적인 구조와 동향을 이해합니다.
3. 좋은 경영진을 가진 기업
   −경영진의 이력과 실적: CEO 및 주요 경영진의 경력, 과거 성과, 리더십 스타일을 평가합니다.
   −기업 문화 및 가치: 기업의 철학, 비전, 직원 만족도 등을 통해 기업 문화를 이해합니다.
   −경영진의 결정: 중요한 경영 결정, 투자, 인수합병(M&A) 등의 역사를 분석해 경영진의 의사 결정 능력을 평가합니다.

추가적인 팁
− 다양한 출처에서 정보 수집: 재무 뉴스, 산업 보고서, 분석가의 보고서 등 다양한 출처에서 정보를 수집합니다.
− 장기적인 관점 유지: 단기적인 주가 변동에 휘둘리지 않고, 장기적인 관점에서 투자 결정을 합니다.
− 지속적인 학습과 관찰: 시장과 산업 동향을 지속적으로 학습하고, 변화에 유연하게 대응합니다.

이러한 지식과 정보들은 투자 결정을 내리기 전에 기업의 진정한 가치와 잠재력을 이해하는 데 필수적입니다. 가치 투자는 기업과 시장을 깊이 이해하고, 장기적인 관점에서 안정적인 수익을 추구하는 전략입니다.

이번에는 실제로 투자할 만한 종목에 대해 추천을 받아보기로 하자. 페르소나를 워런 버핏에서 국내 주식 전문가로 전환하고 다음과 같이 질문해 보자.

질문

이제부터 워런 버핏이 아니라 국내 주식을 주로 거래하는 전업 투자자야.
너는 장기 투자는 하지 않고 중단기 투자만을 전문으로 하고 있고
최근 10년간 연평균 수익률을 15% 이상 기록한 투자자야.

아래 지표들에 대한 최근 10년간 수치를 참고해서 평균 순위가 가장 높은 20개의 기업을 추천해 줘.
단, 관리 종목이나 적자 기업, 금융주, 지주사, 중국 상장기업, 부채 비율 200% 이상의 기업은 제외해 줘.

– ROE, 영업이익률, 순이익률, PER, 배당수익률.
– 자산회전율, 매출액 성장률, 영업이익 성장, 순이익 성장률.
– R&D 성장률, 현금흐름 성장.

부동산과 마찬가지로 챗GPT는 실제 투자할 부동산이나 주식을 추천하는 것에는 주저한다. 투자의 기본 원칙이나 방향성을 설정하기에는 괜찮으나 실제 투자에서 활용하기에는 아직 이른감이 있다.

현재 제 환경에서는 실시간 주식 시장 데이터에 접근할 수 없으며, 특정 기업에 대한 투자 조언 또한 제공할 수 없습니다. 그러나 주식 투자 결정을 내리는 데 도움이 될 수 있는 일반적인 방법론과 고려 사항에 대해서는 안내해 드릴 수 있습니다.
중단기 투자를 전문으로 하는 전업 투자자로서, 여러분이 언급하신 지표들은 기업 분석에 중요한 역할을 합니다.
·· (이하 생략)

주요 투자 지표
1. ROE(자기자본이익률): 기업이 자본을 ······································· (이하 생략)
2. 영업이익률: 매출에서 영업비용을 제외한 ······························· (이하 생략)
3. 순이익률: 매출에서 모든 비용을 제외한 ································· (이하 생략)
4. PER(주가수익비율): 현재 주가가 순이익 ································· (이하 생략)
5. 배당수익률: 주가 대비 배당금의 비율로, ································· (이하 생략)
6. 자산회전율: 기업이 자산을 얼마나 효율적으로 ······················ (이하 생략)
7. 매출액 성장률: 시간이 지남에 따른 매출의 증가율을 나타냅니다.
8. 영업이익 성장률: 시간이 지남에 따른 영업이익의 증가율을 나타냅니다.
9. 순이익 성장률: 시간이 지남에 따른 순이익의 증가율을 나타냅니다.
10. R&D(연구개발) 성장률: 기업의 연구개발 ·························· (이하 생략)
11. 현금흐름 성장률: 기업의 현금 유입과 유출의 증가율을 나타냅니다.

투자 결정 시 고려 사항
– 포괄적 분석: 이러한 지표들은 각각 기업의 ······························· (이하 생략)
– 업종별 비교: 서로 다른 업종의 기업들은 ································· (이하 생략)
– 시장 동향: 시장의 전반적인 경향과 경제상황도 ······················ (이하 생략)

실제 투자 결정
실제 투자 결정을 내리기 위해서는, 이러한 지표들을 직접 분석하거나, 전문적인 재무 분석 플랫폼, 투자 자문 서비스를 ··· (이하 생략)

기업의 재무 분석

기업의 재무제표의 분석이나 현금흐름을 아는 것은 투자 대상을 선택할 때 필수적으로 거쳐야 할 과정이다. 이러한 분석의 과정을 챗GPT에게 부탁하면 복잡한 재무제표와 손익계산서, 현금흐름표를 빠른 시간 안에 분석해 준다.

이번 프롬프트에 사용되는 마이크로소프트와 구글의 손익계산서, 재무제표, 현금흐름표는 해외 주식 사이트인 '초이스스탁US'(https://choicestock.co.kr)에서 긁어 온 자료들이다. 참고하기 바란다.

질문

너는 기업의 가치를 분석하는 기업 분석관이야.
아래에 제시한 최근 3년간 마이크로소프트사의 손익계산서, 재무상태표, 현금흐름표를 분석해서 향후 전망과 투자 아이디어를 알려 줘.

손익계산서

	23.06/30	22.06/30	21.06/30
매출액	211,915	198,270	168,088
매출원가	65,863	62,650	52,232
매출총이익	146,052	135,620	115,856
판매관리비	30,334	27,725	25,224
연구개발비	27,195	24,512	20,716
영업이익	88,523	83,383	69,916
EBITDA	105,140	100,239	85,134
영업외이익	2,756	2,396	3,532
법인세	16,950	10,978	9,831
중단손익	0	0	0
순이익	72,361	72,738	61,271

재무상태표

	23.06/30	22.06/30	21.06/30
현금성자산	111,262	104,757	130,334
단기 투자	0	0	0
매출채권등	48,688	44,261	38,043
재고자산	2,500	3,742	2,636
장기투자	9,879	6,891	5,984
유형자산	109,987	87,546	70,803
무형자산	77,252	78,822	57,511
이연세자산	0	0	0
기타자산	52,408	38,821	28,468
자산총계	411,976	364,840	333,779
매입채무등	18,095	19,000	15,163
단기차입금	5,247	2,749	8,072

장기차입금	54,718	58,521	59,703
이연수익	53,813	48,408	44,141
이연세부채	30,145	30,366	29,562
기타부채	43,735	39,254	35,150
부채총계	205,753	198,298	191,791
이익잉여금	118,848	84,281	57,055
기타포괄익	−6,343	−4,678	1,822
자본총계	206,223	166,542	141,988
주식수(만주)	747,200	754,000	760,800

현금흐름표			
	23.06/30	22.06/30	21.06/30
영업활동	87,582	89,035	76,740
투자활동	−22,680	−30,311	−27,577
재무활동	−43,935	−58,876	−48,486
환율변동	−194	−141	−29
현금의증감	20,773	293	−648
자본적지출	28,107	−23,886	−20,622
잉여현금	59,475	65,149	56,118

챗GPT가 다음과 같이 재무 분석 자료를 보여 준다.

마이크로소프트사의 최근 3년간 재무제표를 바탕으로 분석하고 향후 전망과 투자 아이디어를 제시하겠습니다.

손익계산서 분석
1. 매출 증가: 2021년부터 2023년까지 매출이 지속적으로 증가했습니다. 이는 시장에서의 강력한 입지와 사업 확장을 나타냅니다.
2. 매출원가 및 매출총이익: 매출원가는 매출 증가에 따라 증가했으나, 매출총이익도 증가하여 비용 관리가 효과 적임을 보여 줍니다.
3. 판매관리비 및 연구개발비: 이들 지출도 증가했으나, 이는 투자 및 혁신을 통한 장기적 성장을 위한 것으로 볼 수 있습니다.
4. 영업이익 및 EBITDA: 영업이익과 EBITDA 모두 꾸준히 증가하여 수익성이 향상되고 있음을 나타냅니다.
5. 순이익: 순이익 역시 지속적으로 증가하고 있어 재무적 안정성을 갖추고 있음을 보여 줍니다.

재무상태표 분석
1. 자산 증가: 총자산이 꾸준히 증가하고 있으며, 이는 회사의 성장과 자산 확장을 나타냅니다.
2. 현금성자산 및 장기투자: 현금성자산과 장기투자의 증가는 재무적 유동성과 투자 능력을 나타냅니다.
3. 부채 관리: 부채 총계도 증가했으나, 이는 적절한 재무 구조 하에서 관리되고 있는 것으로 보입니다.
4. 자본 증가: 자본 총계의 증가는 회사의 내부적인 강화와 주주가치 증대를 의미합니다.

현금흐름표 분석
1. 영업활동 현금흐름: 영업활동으로부터의 현금흐름이 강력하여, 일상적인 비즈니스가 견고한 현금을 창출하고 있음을 보여 줍니다.
2. 투자활동 및 재무활동: 투자활동과 재무활동에 대한 현금흐름은 투자 및 자본 구조 조정을 반영합니다.

향후 전망 및 투자 아이디어
- 기술 혁신 지속: 마이크로소프트는 지속적인 연구개발 투자를 통해 혁신을 지속할 것으로 보이며, 이는 새로운 시장 기회를 창출할 수 있습니다.
- 클라우드 및 AI 성장: 클라우드 컴퓨팅, 인공지능 등의 분야에서의 성장은 회사의 장기적 성장 잠재력을 높일 것입니다.
- 재무 건전성: 강력한 현금흐름과 재무 건전성은 경제적 불확실성 하에서도 회사를 안정적으로 유지시킬 것입니다.
- 투자 전략: 마이크로소프트의 지속적인 성장 가능성과 재무적 안정성은 장기적인 투자 관점에서 유망해 보입니다.

마이크로소프트의 경우, 기술 혁신의 선두주자로서 지속적인 성장 가능성과 함께 재무적 안정성을 보유하고 있으므로, 장기적인 투자 관점에서 긍정적인 평가를 할 수 있습니다.

동일한 방식으로 '구글'에 대한 재무 분석을 챗GPT에 요청한다.

질문

이번에는 구글의 최근 3년간 손익계산서, 재무상태표, 현금흐름표를 마이크로소프트와 똑같은 방식으로 분석해서 향후 전망과 투자 아이디어를 알려 줘.

손익계산서
....
.... (이하 생략)

재무상태표
....
.... (이하 생략)

현금흐름표
....
.... (이하 생략)

챗GPT가 다음과 같이 재무 분석 자료를 보여 준다.

구글의 최근 3년간 재무제표를 분석하고 향후 전망 및 투자 아이디어를 마이크로소프트와 같은 방식으로 제시하겠습니다.

손익계산서 분석
1. 매출 증가: 2020년부터 2022년까지 매출이 지속적으로
    .... 이하 생략)
2. 매출원가 및 매출총이익: 매출원가는 매출 증가와 함께
    .... 이하 생략)
3. 판매관리비 및 연구개발비: 증가하는 비용은 구글의 혁신과
    .... 이하 생략)

4. 영업이익 및 EBITDA: 영업이익과 EBITDA는 강력한 수익성을
···(이하 생략)
5. 순이익: 순이익은 2020년 대비 2022년에 크게 증가했습니다.

재무상태표 분석
1. 자산 증가: 총자산이 꾸준히 증가하며 회사의 성장을 보여 줍니다.
2. 현금성자산 및 단기 투자: 높은 현금성자산과 단기 투자는 재무적
···(이하 생략)
3. 부채 관리: 부채 총계의 증가는 관리 가능한 수준으로 보이며,
···(이하 생략)
4. 자본 증가: 자본 총계의 증가는 회사의 재무적 안정성과 성장을
···(이하 생략)

현금흐름표 분석
··
··(이하 생략)

향후 전망 및 투자 아이디어
··
··(이하 생략)

투자 포트폴리오

앞서 설명한 '기업의 재무 분석'에 관한 프롬프트에서 챗GPT가 분석해서 제시한 답변을 참고해 투자 포트폴리오를 구성해 줄 것을 챗GPT에게 요청한다.

나는 지금 여유 자금 1,000만 원을 가지고 있어.
이 여유 자금을 방금 네가 분석해 준 마이크로소프트나 구글의 주식에 투자하려 해.
마이크로소프트나 구글의 주식을 살 경우 투자 포트폴리오를 구성해 줘.

챗GPT는 투자에 있어서는 부동산이든 주식이든 대부분 원론적인 답변을 다음과 같이 반복한다.

여유 자금 1,000만 원을 마이크로소프트와 구글의 주식에 투자하는 경우, 포트폴리오를 다음과 같이 구성할 수 있습니다. 투자 결정은 개인의 투자 목표, 위험 감수 능력, 시장 전망 등에 따라 달라질 수 있으므로 이 점을 고려하여 투자를 결정하시기 바랍니다.

투자 포트폴리오 예시
1. 균등 분배 방식
　－마이크로소프트 주식: 500만 원
　－구글 주식: 500만 원

- 이 방식은 두 회사에 대한 위험을 균등하게 분산시키고, 각 회사의 잠재적 성장과 수익을 균형 있게 활용하는 전략입니다.
2. 위험 기반 분배 방식
   - 예를 들어, 마이크로소프트를 더 안정적인 투자로 보고 구글을 더 고위험 고수익으로 보는 경우, 다음과 같이 분배할 수 있습니다.
   - 마이크로소프트 주식: 600만 원
   - 구글 주식: 400만 원
   - 이 방식은 개인의 위험 감수 능력에 따라 조정할 수 있으며, 보다 안정적인 투자를 선호하는 경우에 적합합니다.

투자 전 고려 사항
1. 시장 상황: 현재 주식 시장의 동향과 경제·······················(이하 생략)
2. 분산 투자: 모든 자금을 한 두 종목에만 ·····················(이하 생략)
3. 장기 투자: 주식 투자는 일반적으로 장기·····················(이하 생략)
4. 주식 가격 변동성: 주식 가격은 시장 상황에 ···················(이하 생략)

주의: 이는 투자 조언이 아니며, 실제 투자 전에 전문가의 조언을 구하거나 추가적인 연구를 하는 것이 중요합니다. 투자는 항상 위험을 수반하므로, 자신의 재정 상황과 투자 목표에 맞는 결정을 내리시기 바랍니다.

좀 더 구체적이고 현실적인 답변을 위해 목적을 우회해서 질문한다. 내가 원하는 답변을 유도하기 위한 과정이다. 때로는 이런 유도성 질문이 필요하다.

 질문

네가 만든 마이크로소프트와 구글의 재무 분석 결과를 참고해서 두 기업을 비교해 볼 때 어느 기업의 성장세가 더 높고, 생성형 인공지능 검색 서비스 분야에서는 어느 기업이 미래에 더 유망할까?

이에 챗GPT는 다음과 같이 목적에 맞는 답변을 제시한다. 우회하는 질문이 제대로 적용된 사례라고 볼 수 있다.

마이크로소프트와 구글의 재무 분석 결과를 바탕으로 두 기업을 비교하고, 특히 생성형 인공지능 검색 서비스 분야에서의 미래 유망성을 평가해 보겠습니다.

성장세 비교
1. 마이크로소프트
   - 매출 증가: 지속적인 매출 증가를 보여 주고 있습니다.
   - 재무 안정성: 영업이익, 순이익, EBITDA 모두 지속적인 증가를 보여 주며 재무적 안정성이 높습니다.
   - 투자와 혁신: 연구 개발비의 증가는 지속적인 투자와 혁신을 나타냅니다.
2. 구글
   - 매출 증가: 마이크로소프트와 비교하여 더 높은 매출 증가율을 보여 줍니다.
   - 수익성: 영업이익과 순이익에서도 강한 성장을 보여 줍니다. 특히 EBITDA의 증가는 눈에 띄는 성장을 보여 줍니다.

－혁신적인 사업 모델: 다양한 사업 영역에서의 확장과 혁신적인 사업 모델을 통해 지속적인 성장을 추구합니다.

생성형 인공지능 검색 서비스 분야의 미래 유망성
1. 마이크로소프트
   －인공지능 기술: 마이크로소프트는 Azure 클라우드 서비스와 인공지능 기술을 활용하여 다양한 분야에서 혁신을 추구하고 있습니다.
   －연구개발 투자: 지속적인 연구개발 투자를 통해 인공지능 분야에서의 성장 가능성이 높습니다.
2. 구글
   －기술 리더십: 구글은 검색 엔진 시장에서의 오랜 기술 리더십과 혁신을 바탕으로 인공지능 검색 서비스 분야에서 강력한 위치를 유지하고 있습니다.
   －인공지능 연구: Google Brain, DeepMind와 같은 연구 기관을 통해 인공지능 분야에서 혁신적인 연구를 수행하고 있으며, 이는 미래에도 지속될 것으로 보입니다.

종합 평가
－ 성장세: 구글은 높은 매출 증가율과 강력한 수익성을 통해 더 빠른 성장세를 보이고 있습니다.
－ 생성형 인공지능 검색 서비스: 구글은 검색 기술과 인공지능 분야에서의 오랜 경험과 기술력을 바탕으로 이 분야에서 더 유망할 수 있습니다. 하지만 마이크로소프트도 연구개발 투자를 통해 빠르게 성장하고 있으므로, 이 분야에서도 경쟁력을 가지고 있습니다.

결론적으로, 현재 상태와 재무적 성장 측면에서는 구글이 앞서고 있으나, 마이크로소프트 역시 연구개발 투자를 통한 지속적인 성장과 혁신을 보여 주고 있어, 두 회사 모두 생성형 인공지능 검색 서비스 분야에서 매우 유망합니다.

앞선 답변의 내용을 적용해서 포트폴리오를 다시 구성해 달라고 요청하자.

질문

그러면 성장세와 미래 유망성을 기준으로 투자 포트폴리오를 다시 작성해 줘.

이전보다는 한결 구체적이고 쓸 만한 답변을 챗GPT가 제공한다.

성장세와 미래 유망성을 기준으로 여유 자금 1,000만 원을 마이크로소프트와 구글의 주식에 투자하는 경우, 투자 포트폴리오를 다음과 같이 재구성할 수 있습니다.

투자 포트폴리오 재구성
1. 성장세 기반 분배
   －구글 주식: 구글의 높은 매출 증가율과 강력한 수익성을 고려할 때, 더 높은 비중을 할당할 수 있습니다.
   예: 600만 원
   －마이크로소프트 주식: 마이크로소프트도 연구개발 투자를 통해 지속적인 성장을 보여 주고 있으나, 구글에 비해 상대적으로 낮은 성장세를 보이므로 낮은 비중을 할당합니다.
   예: 400만 원
2. 미래 유망성 기반 분배
   －구글 주식: 생성형 인공지능 검색 서비스 분야에서의 강력한 위치와 기술 리더십을 고려하여 높은 비중을 할당합니다.

－예: 650만 원
－마이크로소프트 주식: 마이크로소프트도 인공지능 분야에서 경쟁력을 갖추고 있지만, 구글에 비해 상대적으로 낮은 유망성을 보이므로 낮은 비중을 할당합니다.
－예: 350만 원

투자 전 고려 사항
－ 시장 변동성: 주식 시장은 변동성이 높으므로, 장기 투자 관점이 중요합니다.
－ 분산 투자: 투자 위험을 분산하기 위해 다양한 종목에 투자하는 것을 고려하세요.
－ 개인 위험 감수 능력: 자신의 투자 목표와 위험 감수 능력에 맞게 포트폴리오를 조정하세요.

주의: 이는 단순한 예시이며, 실제 투자 결정은 전문가의 조언을 구하거나 자체적인 연구를 바탕으로 이루어져야 합니다. 투자는 항상 위험을 수반하므로, 자신의 재정 상황과 투자 목표에 맞는 결정을 내리시기 바랍니다.

투자 시뮬레이션

챗GPT를 투자용 시뮬레이터로 사용할 수 있다. 기업에 신규 투자가 발생할 때마다 챗GPT에게 투자 시뮬레이션을 요청함으로써 구주주와 신주주의 지분율을 자동으로 계산할 수 있다. 아래 프롬프트를 참고하자. 오랜만에 프롬프트 템플릿을 사용하는 방식으로 진행해 보자.

[1] 기업의 프리밸류는 얼마입니까?
[2] 현재 발행된 주식 수는 얼마입니까?
[3] 주주의 이름과 지분율 입력하세요.(쉼표로 구분할 것)
[4] 신규 투자된 금액은 얼마입니까?

사용자로부터 위의 질문에 대한 입력을 요청하고
사용자가 입력한 데이터를 사용해 아래 지시 사항을 완성해 줘.
사용자의 입력이 부족할 경우 다시 입력을 요구해 줘.

너는 경험이 많은 자산 관리자야.
너는 신규 투자유치 시 투자 시뮬레이션을 하는 역할이야.

신규 투자 전 [1] 기업의 프리밸류와 [2] 발행된 주식 수,
그리고 [3] 주주별 지분율을 고려해서 [4] 신규 투자 발생 시 변동되는 주주별 지분율을 알려 줘.

－ 주식 수는 소숫점이 발생하면 안 됨.
－ 지분율은 소수 둘째 자리에서 반올림할 것.

챗GPT가 사용자 정보의 입력을 요청한다.

알겠습니다. 투자 시뮬레이션을 진행하기 위해 다음 정보를 입력해 주시기 바랍니다:

1. 기업의 프리밸류(투자를 받기 전 기업 가치)는 얼마입니까?
2. 현재 발행된 주식 수는 얼마입니까?
3. 주주의 이름과 지분율을 입력해 주세요.
   (예: 이주주 80%, 김주주 15%, 박주주 5%)
4. 신규 투자된 금액은 얼마입니까?

각 항목에 대한 답변을 입력해 주시면, 그에 따라 주주별 지분율의 변화를 계산해 드리겠습니다.

사용자가 답변에 필요한 정보를 입력한다.

질문

1. 1,600,000,000원
2. 100,000주
3. 홍길동 85%, 임꺽정 15%, 심봉사 5%
4. 800,000,000원

챗GPT가 대답한다.

신규 투자금 800,000,000원이 투입된 후의 상황을 분석해 보았습니다. 이를 통해 각 주주의 업데이트된 지분율과 총 주식 수, 그리고 신규 투자자의 지분율을 계산했습니다.

1. 총 주식 수: 투자 후 총 주식 수는 133,333주가 됩니다.
2. 신규 투자자의 지분율: 신규 투자자는 총 주식의 25.00%를 차지하게 됩니다.
3. 기존 주주별 업데이트된 지분율:
   −홍길동: 63.75%
   −임꺽정: 11.25%
   −심봉사: 3.75%

지분율은 소수 둘째 자리에서 반올림하여 계산하였으며, 주식 수는 소수점이 발생하지 않도록 처리했습니다. 실제 상황에서는 투자 조건, 회사의 성장 가능성, 시장 상황 등 다양한 요소가 고려되어야 합니다.

02 금융

개인 현금흐름표 작성

먼저 사용자가 자산 현황을 입력할 수 있는 프롬프트를 실행한다.

우선 자산 현황을 파악하겠습니다.

[1] 현금성 자산의 금액을 입력하세요.
 −입출금 가능한 현금은 얼마입니까?
 −3개월 내 만기 예정인 현금은 얼마입니까?
 −3∼6개월 내 만기 예정인 현금은 얼마입니까?
[2] 투자 자산의 금액을 입력하세요.
 −예금에 투자한 자산은 얼마입니까?
 −적금에 투자한 자산은 얼마입니까?
 −연금에 투자한 자산은 얼마입니까?
 −주식에 투자한 자산은 얼마입니까?
 −펀드에 투자한 자산은 얼마입니까?
 −기타 자산은 얼마입니까?
[3] 부동산 자산의 금액을 입력하세요.
 −자가를 소유하고 있다면 현 시세가 얼마입니까?
 −임차인이라면 임차 보증금은 얼마인가요?
[4] 사용 자산의 금액을 입력하세요.
 −현재 차량의 가치는 얼마인가요?
 −보유하고 있는 귀금속의 금액은 얼마인가요?
 −보유하고 있는 고가 용품의 금액은 얼마인가요?

챗GPT는 사용자가 자신의 자산 현황을 입력하도록 요구한다.

안녕하세요! 자산 현황을 파악하기 위한 질문들을 보았습니다. 각 항목에 대한 금액을 정확히 알려 주시면, 그 정보를 바탕으로 전체 자산을 분석하고 관리하는 데 도움을 드릴 수 있습니다. 각 항목별로 금액을 입력해 주시면 됩니다.

1. 현금성 자산:
 −입출금 가능한 현금: [입력 금액]
 −3개월 내 만기 예정인 현금: [입력 금액]
 −3∼6개월 내 만기 예정인 현금: [입력 금액]
2. 투자 자산:
 −예금 투자 자산: [입력 금액]
 −적금 투자 자산: [입력 금액]
 −연금 투자 자산: [입력 금액]
 −주식 투자 자산: [입력 금액]

－펀드 투자 자산: [입력 금액]
　　－기타 자산: [입력 금액]
3.　부동산 자산:
　　－자가 현 시세: [입력 금액]
　　－임차 보증금: [입력 금액]
4.　사용 자산:
　　－현재 차량 가치: [입력 금액]
　　－귀금속 금액: [입력 금액]
　　－고가 용품 금액: [입력 금액]

이렇게 입력하시면 전체 자산을 파악하고 관리하는 데 필요한 분석을 진행할 수 있습니다.

사용자는 자신의 자산 현황을 입력한 후 부채 현황을 입력할 수 있도록 질문한다.

1.　현금성 자산:
　　－입출금 가능한 현금: 500만 원
　　－3개월 내 만기 예정인 현금: 200만 원
　　－3~6개월 내 만기 예정인 현금: 300만 원
2.　투자 자산:
　　－예금 투자 자산: 400만 원
　　－적금 투자 자산: 350만 원
　　－연금 투자 자산: 없음
　　－주식 투자 자산: 없음
　　－펀드 투자 자산: 없음
　　－기타 자산: 없음
3.　부동산 자산:
　　－자가 현 시세: 2억 원
　　－임차 보증금: 8억 원
4.　사용 자산:
　　－현재 차량 가치: 500만 원
　　－귀금속 금액: 300만 원
　　－고가 용품 금액: 200만 원

자산 현황을 입력받았다면 이번에는 아래의 부채 현황을 사용자가 입력할 수 있도록 요청해 줘.

1.　단기 부채
　　－마이너스 통장의 대출액은 얼마입니까?
　　－신용 대출금은 얼마입니까?
　　－카드론 금액은 얼마입니까?
　　－할부금은 얼마입니까?
　　－현금 서비스로 빌린 금액은 얼마입니까?
2.　장기 부채
　　－주택 담보 대출 금액은 얼마입니까?
　　－전세 자금 대출 금액은 얼마입니까?

챗GPT는 사용자가 자신의 부채 현황을 입력하도록 요구한다.

자산 현황에 대한 입력을 감사합니다. 이제 부채 현황을 파악하기 위해 아래의 항목에 대한 정보를 입력해 주시면 됩니다. 각 항목에 해당하는 부채 금액을 알려 주시면 전체 재정 상태를 분석하는 데 도움이 됩니다.

1. 단기 부채:
   −마이너스 통장 대출액: [입력 금액]
   −신용 대출금: [입력 금액]
   −카드론 금액: [입력 금액]
   −할부금: [입력 금액]
   −현금 서비스로 빌린 금액: [입력 금액]
2. 장기 부채:
   −주택 담보 대출 금액: [입력 금액]
   −전세 자금 대출 금액: [입력 금액]

이 정보를 바탕으로 전체 재정 상태의 분석을 진행하여 적절한 자산 관리 및 재정 계획을 수립할 수 있습니다. 부채에 대한 정보를 알려 주시면 됩니다.

사용자는 자신의 부채 현황을 입력한 후 현금흐름표 작성을 요청한다.

1. 단기 부채:
   −마이너스 통장 대출액: 없음
   −신용 대출금: 없음
   −카드론 금액: 없음
   −할부금: 100만 원
   −현금 서비스로 빌린 금액: 없음
2. 장기 부채:
   −주택 담보 대출 금액: 9,000만 원
   −전세 자금 대출 금액: 없음

입력받은 내용을 사용하여 개인의 현금흐름표를 계산해 줘.
계산한 결과는 표로 만들어서 알기 쉽게 출력해 줘.

사용자의 자산 현황과 부채 현황을 모두 입력받은 챗GPT는 스스로 현금흐름을 계산해서 사용자의 현금흐름표를 답변으로 제시한다.

입력하신 자산 및 부채 정보를 바탕으로 계산한 개인의 현금흐름표는 다음과 같습니다:

1. 총 자산: 102,750만 원
2. 총 부채: 910만 원
3. 순자산: 93,650만 원

이 표는 귀하의 현재 재정 상태를 요약한 것으로, 총 자산에서 총 부채를 뺀 금액이 순자산입니다. 이를 통해 재정적인 건강 상태와 향후 재정 계획을 세우는 데 도움을 받을 수 있습니다.

신용카드의 선택

IMF 이후에 거래의 투명성을 확보하기 위해 대중화되기 시작한 신용카드는 그 기능이 분화되어 현재에는 다양한 종류의 신용카드가 공급되고 있다. 이러한 가운데 나에게 적합한 신용카드를 찾는 것도 쉽지 않은 일이 되었다. 다음과 같이 주어진 프롬프트를 사용하면 손쉽게 1차 필터링이 가능하므로 이 프롬프트에 대한 챗GPT의 답변을 바탕으로 자신의 기호를 맞는 신용카드를 선택해 보자.

[1] 당신의 소비 성향은 어떤가요?(예: 쇼핑, 외식, 문화 생활, 여행 등)
[2] 당신의 월 평균 신용카드 지출액은 얼마인가요?
[3] 당신 생각하는 적정 연회비는 얼마인가요?
[4] 해외에서도 사용하시나요?
[5] 원하는 카드 종류는 무엇인가요?(예: 신용카드, 체크카드, 직불카드, 하이브리드카드 등)
[6] 주거래 은행(급여 계좌)은 어디인가요?
[7] 사용 중인 휴대전화의 통신사는 어디인가요?

사용자로부터 위의 질문에 대한 입력을 요청하고
사용자가 입력한 데이터를 사용해 아래 지시 사항을 완성해 줘.
사용자의 입력이 부족할 경우 다시 입력을 요구해 줘.

너는 카드사에서 카드 발급 업무를 담당하고 있는 경력직이야.
너는 상담을 통해 카드의 신규로 발급하는 역할이야.

위에서 사용자가 입력한 [1]~[7]까지의 정보를 바탕으로
아래 조건에 맞춰 적당한 카드를 5가지만 알려 줘.

- 할인 카드일 경우, 통합 할인 한도를 알려 줄 것.
- 적립형 카드일 경우, 적립에 제외되는 것을 알려 줄 것.
- 전월 실적 산정 시, 제외되는 것을 알려 줄 것.
- 제휴 카드라면 제휴 업체를 알려 줄 것.

챗GPT가 사용자 정보의 입력을 요청한다.

먼저, 사용자의 소비 성향과 관련된 정보를 수집해야 합니다. 제가 요청드린 [1]부터 [7]까지의 질문에 대한 답변을 알려 주시면, 그 정보를 바탕으로 적합한 카드 5가지를 추천해 드리겠습니다. 질문들은 다음과 같습니다:

1. 당신의 소비 성향은 어떤가요?(예: 쇼핑, 외식, 문화 생활, 여행 등)
2. 당신의 월 평균 신용카드 지출액은 얼마인가요?
3. 당신 생각하는 적정 연회비는 얼마인가요?
4. 해외에서도 사용하시나요?
5. 원하는 카드 종류는 무엇인가요?
    (예: 신용카드, 체크카드, 직불카드, 하이브리드카드 등)
6. 주거래 은행(급여 계좌)은 어디인가요?
7. 사용 중인 휴대전화의 통신사는 어디인가요?

사용자가 자신의 정보를 입력한다.

1. 인터넷 쇼핑몰에서 주로 사용함
2. 100만 원
3. 연회비 없는 것이 좋음
4. 국내에서만 사용함
5. 신용카드
6. 신한은행
7. KT

챗GPT가 사용자에 적합한 카드를 추천해 준다.

제공해 주신 정보를 바탕으로, 다음 조건에 맞는 신용카드 5가지를 추천해 드리겠습니다. 이때 고려해야 할 요소는 인터넷 쇼핑몰에서의 사용 빈도, 월 평균 지출액 100만 원, 연회비 없는 카드 선호, 국내 사용 전용, 신한은행과 KT 통신사 이용 여부입니다.

1. 신한카드 Deep On(딥 온)
    –할인: 인터넷 쇼핑몰에서 최대 5% 할인
    –통합 할인 한도: 월 최대 1만 원
    –전월 실적 산정 제외: 세금, 공과금, 학원비, 아파트 관리비 등
    –연회비: 무료
2. 신한카드 Air 1.5(에어 1.5)
    –적립: 모든 소비에 대해 1.5% 적립
    –적립 제외: 세금, 공과금, 기타 수수료 등
    –전월 실적 산정 제외: 동일
    –연회비: 무료

3. 신한카드 All Pass(올 패스)
   −할인: 온라인 쇼핑몰 사용 시 최대 5% 할인
   −통합 할인 한도: 월 최대 1만 원
   −전월 실적 산정 제외: 공과금, 보험료 등
   −연회비: 무료
4. 신한카드 Mr.Life(미스터 라이프)
   −적립: 온라인 쇼핑 시 1% 적립
   −적립 제외: 세금, 공과금, 보험료 등
   −전월 실적 산정 제외: 동일
   −연회비: 무료
5. 신한카드 YOLO Tasty(요로 테이스티)
   −할인: 온라인 쇼핑몰 최대 5% 할인
   −통합 할인 한도: 월 최대 1만 원
   −전월 실적 산정 제외: 세금, 공과금 등
   −연회비: 무료

이 카드들은 모두 연회비가 없으며, 인터넷 쇼핑몰 사용에 적합한 혜택을 제공합니다. 또한, 신한은행과의 제휴로 인한 추가 혜택이 있을 수 있습니다. 선택하실 때 각 카드의 상세한 혜택과 조건을 확인하시는 것이 좋습니다.

보험 설계

보험 설계는 챗GPT 도입으로 영향을 많이 받은 분야 중 하나라는 분석이 많다. 보험 설계사라는 직업을 챗GPT가 대체할 수 있다는 예측이 나올 정도다. 항상 그래왔듯이 새롭게 등장한 신기술은 이전부터 있던 것들을 바꿔버린다. 이번 프롬프트에서는 보험 설계를 가상으로 해 보는 과정을 다루어 보았다.

[1] 원하는 보험의 유형은 무엇입니까? 아래 예시에서 선택하세요.
   (예시)
   −질환별: 실손, 암, 질병, 치아
   −연령별: 태아, 어린이, MZ, 치매
   −용도별: 여행, 운전자, 저축, 연금, 종신, 상해
[2] 당신의 성별은 무엇입니까?
[3] 당신은 몇 살입니까?
[4] 원하는 월 보험 납입액은 얼마인가요?
[5] 가족력이 있나요?

사용자로부터 위의 질문에 대한 입력을 요청하고 사용자가 입력한 데이터를 사용해 아래 지시 사항을 완성해 줘. 사용자의 입력이 부족할 경우 다시 입력을 요구해 줘.

너는 보험사에서 보험 계약을 담당하고 있는 보험 설계사야.
너는 상담을 통해 신규 가입자에게 보험을 추천하는 역할이야.

위에서 사용자가 입력한 [1]~[5]까지의 정보를 바탕으로 아래 조건에 맞춰 적당한 보험을 5가지만 알려 줘.
– 기본 보장(실손, 3대 진단비, 수술비, 질병/상해후유장애) 여부를 알려 줄 것.
– 보장 범위의 적절성을 판단해 줄 것.
– 보장 금액의 적정성을 판단해 줄 것.
– 보장 연령의 적정성을 판단해 줄 것.
– 경제 소득 기간을 반영할 것.

챗GPT가 사용자 정보의 입력을 요청한다.

안녕하세요, 보험 설계를 돕기 위해 여기 있습니다. 먼저 귀하의 필요와 상황에 맞는 보험을 추천하기 위해 다음 질문에 답해 주시겠습니까?

1. 원하는 보험의 유형은 무엇입니까?
    (예: 질환별 – 실손, 암, 질병, 치아; 연령별 – 태아, 어린이, MZ, 치매; 용도별 – 여행, 운전자, 저축, 연금, 종신, 상해)
2. 당신의 성별은 무엇입니까?
3. 당신은 몇 살입니까?
4. 원하는 월 보험 납입액은 얼마인가요?
5. 가족력이 있나요?

이 정보를 바탕으로 귀하에게 적합한 보험 상품을 추천드리겠습니다.

사용자가 자신의 정보를 입력한다.

질문

1. 운전자
2. 남성
3. 45세
4. 10,000원에서 15,000원 사이
5. 해당 없음

챗GPT가 대답한다.

감사합니다. 귀하의 답변을 바탕으로 45세 남성이신 귀하께서 운전자 보험에 관심이 있으시며, 월 보험료는 10,000원에서 15,000원 사이를 원하신다고 이해했습니다. 가족력은 없으시다고 하셨습니다. 이러한 정보를 바탕으로 다음과 같은 5가지 운전자 보험 상품을 추천드립니다:

1. 표준형 운전자 보험
   - 기본 보장: 실손, 3대 진단비, 수술비, 질병/상해후유장애
   - 보장 범위: 교통사고 처리 지원금, 벌금, 변호사 선임 비용 등을 포함
   - 보장 금액: 중간 수준
   - 보장 연령: 광범위하게 적용, 특히 중년 운전자에게 적합
   - 경제 소득 기간: 중년층 소득 창출기에 적합
2. 저렴한 보험료의 운전자 보험
   - 기본 보장: 실손, 수술비 중점
   - 보장 범위: 기본적인 교통사고 처리 지원금 포함
   - 보장 금액: 비교적 낮음
   - 보장 연령: 모든 연령대 적용
   - 경제 소득 기간: 보험료 저렴, 장기간 유지 가능
3. 고급형 운전자 보험
   - 기본 보장: 실손, 3대 진단비, 수술비, 질병/상해후유장애, 법률 지원 등
   - 보장 범위: 광범위한 교통사고 처리 지원금, 고급 법률 서비스 포함
   - 보장 금액: 높음
   - 보장 연령: 중년 이상에 적합
   - 경제 소득 기간: 높은 소득층에 적합
4. 맞춤형 운전자 보험
   - 기본 보장: 실손, 수술비 위주로 선택 가능
   - 보장 범위: 사용자 맞춤형으로 조정 가능
   - 보장 금액: 사용자가 선택
   - 보장 연령: 모든 연령대에 적용 가능
   - 경제 소득 기간: 개인의 경제 상황에 따라 유연하게 조정 가능
5. 장기 할인 운전자 보험
   - 기본 보장: 실손, 3대 진단비, 수술비
   - 보장 범위: 표준적인 교통사고 처리 지원금
   - 보장 금액: 중간 수준
   - 보장 연령: 모든 연령대 적용
   - 경제 소득 기간: 장기 가입 시 할인 혜택, 가성비 좋음

각 보험 상품의 세부 사항은 보험사마다 다를 수 있으므로, 귀하의 필요와 예산에 맞게 세부 조건을 확인하신 후 선택하시는 것이 좋습니다. 또한, 보험 가입 전에는 반드시 약관을 꼼꼼히 확인하시기 바랍니다.

[경영/기획/마케팅]을 위한 프롬프트

---

01 경영

ESG 경영 전략

기업 경영에서 ESG가 화두이다. 오는 2025년이면 자산 2조 원 이상, 2030년이면 모든 상장회사들은 ESG를 의무 공시해야 하기 때문이다. 따라서 경영 전략부터 ESG를 반영해서 구성해야 하며, 최종 ESG 경영 보고서로서 공시를 간접 증명할 수 있다. 이번 프롬프트에서는 ESG 경영에 대해 전반적으로 알아보고 기본적인 경영 전략을 짜나가는 과정을 다루어 보도록 하자.

너는 컨설팅 회사의 ESG 공시 전문가야.
너는 ESG 관련 컨설팅 및 보고서를 작성하는 역할이야.

ESG 경영이 떠오르게 된 이유와 개념을 설명해 줘.
예시를 통해서 이해하기 쉽게 설명해 줘.

챗GPT가 다음과 같이 대답한다.

ESG 경영이 중요해진 이유와 개념을 설명하겠습니다. ESG는 환경(Environment), 사회(Social), 지배 구조 (Governance)의 첫 글자를 딴 용어로, 기업이 단순히 이윤 추구뿐만 아니라 사회적, 환경적 책임을 고려하는 경영 전략을 말합니다.

ESG 경영이 떠오르게 된 이유
1. 환경적 요구 증가: 기후 변화와 환경 파괴는 전 세계적인 문제로 부상했습니다. 소비자와 투자자들은 환경에 덜 해로운, 지속 가능한 방식으로 운영되는 기업을 선호하게 되었습니다.
2. 사회적 책임에 대한 인식 증가: 기업의 사회적 영향에 대한 관심이 커지면서, 기업은 다양성, 인권, 직원 복지와 같은 사회적 측면에 더 많은 주의를 기울이게 되었습니다.
3. 지배 구조의 중요성 인식: 투명하고 책임 있는 경영은 기업의 지속 가능성에 필수적입니다. 좋은 지배 구조는 기업의 신뢰도를 높이고 리스크를 관리하는 데 도움을 줍니다.

ESG 경영의 개념
- 환경(Environment): 기업이 환경에 미치는 영향을 최소화하고, 지속 가능한 자원 사용을 추구하는 것입니다. 예를 들어, '테슬라'는 전기 자동차와 재생 가능 에너지를 통해 화석 연료 의존도를 줄이는 데 기여합니다.
- 사회(Social): 기업이 직원, 고객, 지역 사회와 같은 이해관계자들과 어떻게 상호작용하는지에 초점을 맞춥니다. 예를 들어, '구글'은 다양성과 포용성을 강조하는 기업 문화를 통해 사회적 책임을 실현하고 있습니다.

> – 지배 구조(Governance): 기업의 내부 정책, 절차, 결정 구조 등이 투명하고 책임 있게 운영되는지에 대한 부분입니다. 예를 들어, '삼성'은 지배 구조 개선을 통해 기업 투명성을 높이고 있습니다.
>
> ESG 경영은 기업이 장기적으로 성공하고 지속 가능한 성장을 이루는 데 필수적인 요소로 자리잡고 있습니다. 이는 단기적인 이익뿐만 아니라 장기적인 가치 창출에 중점을 두는 것을 의미합니다.

ESG 경영에 대한 외국의 사례와 우리나라의 사례를 소개하고, 이를 비교해서 이해할 수 있도록 다음과 같이 프롬프트를 작성한다.

> ESG 경영을 시도하고 있는 외국의 사례와 한국의 사례를 10가지 이상 비교하여 정리해 줘.
> 정리한 내용은 표로 만들어 줘.

챗GPT가 대답한다.

ESG 경영을 시도하고 있는 외국과 한국의 사례를 비교하여 정리하겠습니다. 표 형식으로 제공해 드리겠습니다.

번호	외국 기업	사례 설명	한국 기업	사례 설명
1	Tesla	전기자동자와 재생 에너지를 통한 환경 친화적 사업 모델	현대자동차	전기차 및 수소차 개발을 통한 친환경 이동 수단 제공
2	Google	에너지 효율적인 데이터 센터 운영, 지속 가능한 기술 개발	네이버	친환경 데이터 센터 구축 및 지속 가능한 IT 솔루션 개발
3	Microsoft	탄소 중립 목표 설정, 지속 가능한 클라우드 서비스	SK텔레콤	탄소 배출 감소를 위한 기술 개발 및 에코 프렌들리 전략
4	Unilever	지속 가능한 공급망 구축, 사회적 책임 프로그램 운영	아모레퍼시픽	친환경 포장재 사용 및 지역 사회 발전 기여
5	Nike	친환경 소재 사용, 지속 가능한 제품 라인업 확장	삼성물산 패션	친환경 소재 사용 및 지속 가능한 패션 제품 개발
6	Apple	재활용 가능한 소재 사용, 환경 친화적 제품 제작	LG전자	친환경 소재 및 에너지 효율적인 가전 제품 제작
7	IKEA	지속 가능한 소재 사용, 재활용 촉진	한샘	친환경 인테리어 소재 사용 및 지속 가능한 가구 제작
8	BMW	전기차 및 하이브리드 차량 개발, 지속 가능한 모빌리티	기아	전기차 및 친환경 차량 개발로 지속 가능한 이동 수단 제공

| 9 | Patagonia | 환경 보호에 대한 강한 약속, 지속 가능한 의류 생산 | 무신사 | 친환경 의류 라인업 확장, 지속 가능한 패션 추구 |
| 10 | Starbucks | 지속 가능한 커피 공급망, 친환경 매장 운영 | 이디야 커피 | 지속 가능한 커피 원두 사용, 친환경 매장 디자인 |

그림 53 ESG 경영 국내외 사례

이 표는 ESG 경영을 적극적으로 시행하고 있는 국제적인 기업들과 한국 기업들의 주요 활동을 비교한 것입니다. 각 기업은 환경, 사회, 지배 구조의 개선을 위해 다양한 전략을 구사하고 있으며, 이러한 노력은 그들의 사업 모델과 기업 가치에 긍정적인 영향을 미치고 있습니다.

마지막으로 ESG 경영을 수행하기 위한 전략에 대한 프롬프트를 작성한다.

ESG 경영을 성공적으로 수행하기 위한 경영 전략을 7가지만 알려 줘.

챗GPT가 대답한다.

ESG 경영을 성공적으로 수행하기 위한 경영 전략은 다음과 같습니다:

1. 지속 가능한 공급망 구축: 기업은 원재료의 조달부터 제품의 생산, 배송에 이르기까지 전 과정에서 환경 보호 및 사회적 책임을 고려해야 합니다. 이를 위해, 친환경 소재 사용, 공정 무역 원칙 준수, 탄소 배출 감소 등을 추진할 수 있습니다.
2. 에너지 효율 및 재생 가능 에너지 전환: 기업은 에너지 효율을 높이고, 가능한 한 재생 가능 에너지원(태양광, 풍력 등)으로의 전환을 추구해야 합니다. 이는 장기적으로 비용 절감과 환경 보호에 기여합니다.
3. 다양성과 포용성 증진: 조직 내 다양성을 존중하고, 모든 직원이 포용되는 문화를 조성합니다. 이는 성별, 인종, 문화적 배경 등 다양한 측면에서 직원들의 다양성을 반영하고, 이러한 다양성이 기업의 혁신과 성장에 긍정적으로 기여하도록 합니다.
4. 투명한 지배 구조와 윤리적 경영: 기업은 투명하고 책임 있는 의사결정 과정을 갖추어야 합니다. 이를 위해, 이해관계자들에게 정기적으로 사업 보고를 제공하고, 윤리적인 비즈니스 관행을 준수하는 것이 중요합니다.
5. 사회적 책임 프로그램 개발: 지역 사회와의 협력을 강화하고, 사회적 가치 창출에 기여하는 다양한 프로그램을 개발합니다. 이는 기업의 사회적 영향력을 긍정적으로 활용하고, 기업의 평판과 브랜드 가치를 높이는 데 도움이 됩니다.
6. 지속 가능한 제품 및 서비스 개발: 기업은 지속 가능한 제품과 서비스를 개발하여 시장에 제공함으로써 환경 보호와 사회적 책임을 실천합니다. 이러한 제품과 서비스는 소비자들의 지속 가능성에 대한 수요를 충족시키고, 경쟁 우위를 확보할 수 있습니다.
7. ESG 관련 교육 및 인식 제고: 기업은 직원들에게 ESG의 중요성을 교육하고, ESG에 관한 인식을 제고함으로써 조직 전체의 ESG 전략을 강화할 수 있습니다. 이는 임직원들이 기업의 ESG 목표를 이해하고, 이를 일상 업무에 적극적으로 통합할 수 있도록 합니다.

이러한 전략들은 기업이 ESG 경영을 통해 지속 가능한 성장을 이루고, 사회적 책임을 실천하는 데 중요한 역할을 합니다.

경쟁사 분석을 통한 사업 분석

새로운 사업을 시작할 계획이라면, 시작하려는 사업과 비슷한 사업을 하고 있는 경쟁사들의 강점과 약점을 분석해 봄으로써 차별화를 꾀할 수 있다. 이번 프롬프트에서는 경쟁사를 분석하고 그 분석을 기반으로 사업성을 따져 볼 수 있는 내용을 다뤄보겠다.

각자가 생각하고 있는 사업 아이템을 가정해 프롬프트를 작성해 보자. 이번에는 예시로 '공유형 오피스 공간 임대 사업'에 대한 경쟁사 분석을 해 보자. 먼저 챗GPT에게 관련 업종에서 상위 포지션을 차지하고 있는 경쟁사에 대해서 물어보자.

공유형 오피스 공간 임대 사업을 계획하고 있어.
현재 국내에서 공유형 오피스 공간 임대 사업을 운영하고 있는 주요 업체를 알려 줘.

챗GPT가 주요 업체를 알려 준다. 아쉽게도 공간 임대 사업은 한국에서는 아직 성숙하지 못한 사업이기에 오픈된 데이터를 위주로 정보를 취합하는 챗GPT의 입장에서는 다양한 회사 정보를 제공할 수 없었다.

현재 대한민국에서 운영 중인 주요 공유형 오피스 공간 임대 사업 업체 중 두 곳에 대해 정보를 찾았습니다. 첫 번째는 '패스트파이브'로, 이 회사는 매출 증가와 더불어 공실률 관리에도 성공하며 긍정적인 성과를 보이고 있습니다. 두 번째는 '스파크플러스'로, 이 업체는 공유 오피스 사업에서 영업이익 흑자전환을 달성한 바 있습니다. 이들은 팬데믹 기간 동안 유연 근무 수요에 발맞춘 '거점오피스' 도입 등으로 좋은 성과를 보였습니다.
이 외에도 한국에는 다양한 공유형 오피스 업체들이 활동하고 있으며, 각각의 특징과 서비스를 제공하고 있습니다. 하지만 구체적인 다른 업체들에 대한 정보는 추가적인 검색을 통해 확인해 보시는 것이 좋을 것 같습니다.

사용자가 다시 세부적인 내용을 알기 위해 챗GPT에게 새롭게 질문한다.

네가 알려 준 업체들 중에서 주요 업체에 대해서 아래 사항을 알려 줘.

‒ 총 지점 수 / 지역별 지점 수.
‒ 임차 방식별 요금.
‒ 지점별 1인당 평균 면적.
‒ 주요 특징.

챗GPT가 다음과 같이 대답한다. 챗GPT 본인 스스로도 정보가 약간 부족하다고 생각했는지 참고할 수 있는 링크를 많이 제공해 준다.

패스트파이브(FastFive)에 대한 정보를 요약하면 다음과 같습니다:

- 총 지점 수 / 지역별 지점 수: 패스트파이브는 총 44개의 지점을 운영하고 있습니다. 이들 지점은 서울의 주요 지역과 경기도에 걸쳐 있으며, 서울 내 강남구에만 19개, 중구에 5개, 마포구에 4개 등이 위치해 있습니다【 〃 】.
- 임차 방식별 요금: 패스트파이브의 1인실 임대료는 대략 월 60만 원 수준이며, 오픈형 데스크는 월 37만 원 정도입니다. 주말 및 저녁 시간 전용 상품은 월 13만 원 정도로 제공됩니다. 10인실 등 다인실의 경우, 1인당 월 37만 원 수준에서 시작하며, 계약 기간과 인원에 따라 가격이 달라집니다【 〃 】.
- 지점별 1인당 평균 면적: 구체적인 지점별 1인당 평균 면적에 대한 정보는 찾지 못했습니다.
- 주요 특징: 패스트파이브는 국내 최대 규모의 공유 오피스 네트워크를 자랑하며, 다양한 상품과 서비스를 제공합니다. 특히, 신규 지점에 대한 프로모션 할인이 많고, 계약 기간이나 인원에 따라 추가 할인을 제공합니다【 〃 】.

스파크플러스(SparkPlus)에 대한 정보는 다음과 같습니다:
- 지점 수 및 위치: 스파크플러스는 서울, 경기, 인천 등 수도권에 총 12개의 지점을 운영하고 있습니다. 이들 지점은 4,000여 개의 좌석을 보유하고 있습니다.
- 임차 방식별 요금: 스파크플러스의 1인실 가격은 싱글패스의 경우 월 169,000원부터 시작하며, 올패스는 월 299,000원입니다. 2인실 가격은 이 가격대의 2~3배 수준으로 변동됩니다.
- 지점별 1인당 평균 면적: 지점별 1인당 평균 면적에 대한 구체적인 정보는 확인되지 않았습니다.
- 주요 특징: 스파크플러스는 젊은 스타트업과 기업을 위한 다양한 서비스를 제공합니다. 입주 기업에게는 공유 오피스, 회의실, 라운지, 카페 등의 편의 시설뿐만 아니라 세무, 법률, 마케팅 서비스 등 부가적인 지원도 제공합니다.

스파크플러스는 합리적인 가격과 다양한 서비스 제공을 통해 초기 비용 절감 및 비즈니스 성공을 지원하는 전략적 거점으로 사용되고 있습니다. 이러한 특징들은 스파크플러스가 젊은 기업 및 스타트업에게 매력적인 선택지로 자리 잡게 만드는 요소들입니다【 〃 】.

두 개의 업체 중에서 지점 수가 더 많은 패스트파이브에 대해 SWOT 분석을 하고, 그 결과로부터 차별화 방안을 찾아보도록 하자.

패스트파이브 업체에 대해서 SWOT 분석을 해 줘.

챗GPT가 SWOT 분석을 한 결과는 다음과 같다.

패스트파이브(FastFive)의 SWOT 분석은 다음과 같습니다:

강점(Strengths):
1. 넓은 지역적 범위: 패스트파이브는 서울 및 주변 지역에 다수의 지점을 보유하고 있어, 접근성이 뛰어납니다.
2. 다양한 서비스와 시설: 현대적인 디자인의 사무 공간, 회의실, 라운지 등 다양한 시설을 제공합니다.
3. 유연한 임대 조건: 다양한 규모의 기업에 맞춰 유연한 임대 조건을 제공하여 다양한 고객의 요구를 충족시킵니다.

약점(Weaknesses):
1. 높은 경쟁률: 공유 오피스 시장의 급속한 성장으로 경쟁이 치열해지고 있습니다.
2. 가격 경쟁력: 저가형 공유 오피스와 비교했을 때 상대적으로 높은 가격대로 인식될 수 있습니다.

기회(Opportunities):
1. 시장 확장: 재택근무와 유연한 근무 환경의 확대로 공유 오피스에 대한 수요가 증가하고 있습니다.
2. 신규 비즈니스 모델: 다양한 업종의 기업과 협업을 통해 새로운 비즈니스 모델을 개발할 수 있는 기회가 있습니다.

위협(Threats):
1. 경제적 불안정성: 경제 상황의 불안정성이 공유 오피스 이용률에 영향을 줄 수 있습니다.
2. 강력한 경쟁자: 위워크(WeWork) 같은 글로벌 공유 오피스 브랜드와의 경쟁이 지속적인 도전이 될 수 있습니다.

내친김에 챗GPT에게 스파크플러스에 대해서도 SWOT 분석을 요청하자.

질문

스파크플러스 업체에 대해서 SWOT 분석을 해 줘.

챗GPT가 SWOT 분석을 한 결과는 다음과 같다.

스파크플러스(SparkPlus)에 대한 SWOT 분석은 다음과 같습니다:

강점(Strengths):
1. 편리한 위치: 서울, 경기, 인천 등 주요 도시에 위치하고 있어 접근성이 좋습니다.
2. 다양한 서비스: 공유 오피스, 회의실, 라운지, 카페 등 다양한 서비스를 제공하여 편의성을 강조합니다.
3. 스타트업 및 중소기업 지원: 젊은 기업과 스타트업에 특화된 서비스를 제공하며, 비즈니스 성공을 지원합니다.

약점(Weaknesses):
1. 제한된 지점 수: 다른 주요 경쟁사에 비해 상대적으로 적은 지점 수를 가지고 있을 수 있습니다.
2. 브랜드 인지도: 글로벌 브랜드인 위워크 등과 비교할 때 상대적으로 낮은 브랜드 인지도를 가질 수 있습니다.

기회(Opportunities):
1. 시장 확장: 원격 근무와 유연한 업무 환경의 증가로 인한 공유 오피스 수요 증가에 따른 시장 확장 기회.
2. 신규 서비스 개발: 스타트업과 중소기업을 위한 맞춤형 서비스 개발로 시장 차별화 추구.

위협(Threats):
1. 경쟁 심화: 다른 공유 오피스 업체들과의 경쟁 심화.
2. 경제적 변동성: 경제적 불확실성으로 인한 비즈니스 환경 변화에 따른 위험.

SWOT 분석이 끝났다면 이번에는 두 업체의 단점을 파악해 이를 개선시킬 수 있는 방안을 챗 GPT에게 물어보자.

질문

패스트파이브와 스파크플러스의 단점을 업체별로 알려 주고
만약 새로운 후발 업체가 생길 경우 이러한 단점들을 개선해 나갈 수 있는 방법도 알려 줘.

챗GPT가 다음과 같이 단점을 개선하도록 제안한다.

패스트파이브와 스파크플러스의 주요 단점과 후발 업체가 이러한 단점들을 개선해 나갈 수 있는 방법은 다음과 같습니다:

패스트파이브의 단점:
1. 경쟁률: 공유 오피스 시장에서 경쟁이 치열합니다. 이는 시장 포화 상태를 의미할 수도 있으며, 새로운 고객 확보에 어려움을 겪을 수 있습니다.
2. 가격 경쟁력: 저가형 공유 오피스에 비해 상대적으로 높은 가격으로 인식될 수 있어, 가격에 민감한 고객층의 유입이 제한될 수 있습니다.

스파크플러스의 단점:
1. 제한된 지점 수: 상대적으로 적은 지점 수로 인해 고객의 선택 범위가 제한될 수 있습니다.
2. 브랜드 인지도: 글로벌 공유 오피스 업체와 비교할 때 낮은 브랜드 인지도로 인해 신규 고객 유치에 어려움을 겪을 수 있습니다.

후발 업체의 개선 방향:
1. 차별화된 서비스 제공: 기존 업체들과 차별화된 서비스를 제공하여 고객에게 새로운 가치를 제공하는 전략이 필요합니다. 예를 들어, 특화된 업종에 맞는 맞춤형 서비스나, 추가적인 부가 가치를 제공하는 것이 좋습니다.
2. 가격 경쟁력 확보: 경쟁사 대비 합리적인 가격 설정으로 가격 민감 고객층을 유치할 수 있습니다. 가격 경쟁력을 갖추기 위해, 비용 효율적인 운영 모델을 개발하는 것이 중요합니다.
3. 혁신적인 마케팅 전략: 브랜드 인지도를 높이기 위해 혁신적이고 창의적인 마케팅 전략을 수립합니다. SNS 마케팅, 이벤트 및 워크숍 개최 등을 통해 브랜드를 알릴 수 있습니다.
4. 고객 중심의 접근: 고객의 요구와 피드백을 철저히 분석하고, 이를 바탕으로 서비스를 개선하며 고객 만족을 극대화합니다.
5. 지역별 타겟팅: 지역적 특성을 고려한 서비스 제공으로 지역별 시장의 특수성을 활용합니다. 예를 들어, 특정 지역의 비즈니스 환경과 문화에 적합한 공유 오피스 환경을 조성하는 것이 좋습니다.

이러한 전략을 통해 후발 업체는 기존 시장의 단점을 극복하고, 공유 오피스 시장에서 자신만의 위치를 확보할 수 있을 것입니다.

위와 같은 방향성을 가지고 다음 프롬프트에서는 '사업 계획서'를 작성해 보도록 하자.

사업 계획서 작성

사업 계획서는 사업을 시작하는 데 중요한 요소이다. 그만큼 준비된 사업 계획서를 쓰는 작업은 만만치 않다. 하지만 챗GPT를 이용해 초안을 작성한 후 이를 바탕으로 실제 사업 계획서를 쓴다면 시간과 노력을 절약할 수 있다.

앞서 경쟁사 분석에 사용했던 사업 아이템인 '공유형 오피스 공간 임대 사업'에 대한 사업 계획서를 작성해 보도록 하자. 제일 먼저 페르소나를 결정해 보자.

질문

공유형 오피스 공간 임대 사업을 진행하려고 합니다.
공간 임대 사업을 진행할 역량이 있는 페르소나 5명을 생성해 주세요.

챗GPT가 사업 계획서 작성에 참여할 복수의 페르소나를 생성해 주었다. 거의 모든 프롬프트에서 단독 페르소나를 설정했는데 사업에는 여러 분야의 전문가가 필요할 수도 있기에 복수의 페르소나를 생성해 보았다.

공유형 오피스 공간 임대 사업을 진행할 역량이 있는 페르소나 5명을 생성하겠습니다. 이 페르소나들은 다양한 배경과 전문성을 갖춘 인물들로 구성될 것입니다.

1. 김민준 – 남성, 30대 초반, 한국인
   - 배경: 건축 디자인 및 공간 계획 전문가. 깔끔하고 현대적인 디자인을 선호하며, 효율적인 공간 활용에 대한 경험이 풍부함.
   - 역할: 공유 오피스의 인테리어 및 레이아웃 설계를 담당.
2. 이수진 – 여성, 40대 중반, 한국인
   - 배경: 마케팅 및 브랜딩 전문가. 대기업과 스타트업에서 다양한 프로젝트를 진행한 경험이 있음.
   - 역할: 공유 오피스 브랜드 이미지 구축 및 마케팅 전략 개발.
3. 박준호 – 남성, 20대 후반, 한국인
   - 배경: IT 및 네트워킹 전문가. 최신 기술 동향에 밝고, 다양한 IT 솔루션을 효과적으로 구현할 수 있는 능력 보유함.
   - 역할: 공유 오피스의 IT 인프라 구축 및 관리.
4. 최혜린 – 여성, 30대 중반, 한국인
   - 배경: 재무 관리 및 회계 전문가. 예산 관리와 투자 분석에 능숙함.
   - 역할: 재무 계획 수립 및 회계 관리.
5. 정우성 – 남성, 50대 초반, 한국인
   - 배경: 부동산 개발 및 관리 전문가. 다양한 상업용 부동산 프로젝트에서 성공적인 경험을 쌓음.
   - 역할: 부동산 위치 선정, 임대 계약, 공간 관리.

이들은 각자의 전문 분야에서 풍부한 경험과 지식을 가지고 있으며, 함께 효율적이고 성공적인 공유 오피스 공간 임대 사업을 이끌 수 있을 것입니다.

생성된 복수의 페르소나에게 이번 프로젝트(사업 계획서 작성)에서의 역할을 부여하고 표 형식으로 정리한다.

질문

페르소나 구성이 좋은 것 같습니다.
이렇게 5명의 페르소나를 사용하고, 각 페르소나별로 자신의 역량을 충분히 발휘하길 부탁드립니다.
페르소나별로 '공유형 오피스 공간 임대 사업'을 성공적으로 이끌 수 있도록 각각의 역할을 구체화하고, 그들이 수행할 수 있는 특정 활동을 제안해 주세요.

일목요연하게 파악할 수 있도록 표로 만들어 주세요.

챗GPT는 각 페르소나별로 역할을 부여하고 표로 만들어 낸다.

아래는 각 페르소나별 역할과 주요 활동을 나타내는 표입니다:

페르소나	역할	주요 활동
김민준	건축 디자인 및 공간 계획 전문가	공간 디자인 콘셉트 개발, 레이아웃 설계, 친환경 디자인 적용
이수진	마케팅 및 브랜딩 전문가	타겟 고객층 분석, 브랜드 인지도 제고, 커뮤니티 프로그램 기획
박준호	IT 및 네트워킹 전문가	IT 인프라 구축 및 관리, 최신 기술 솔루션 제공
최혜린	재무 관리 및 회계 전문가	재무 계획 및 예산 관리, 수익성 분석, 회계 관리
정우성	부동산 개발 및 관리 전문가	부동산 위치 선정 및 임대 계약, 시장 동향 분석 및 투자

그림 54 페르소나별 역할 및 활동

이 표는 각 페르소나의 주요 역할과 이에 따른 활동들을 명확하게 보여 주고 있습니다. 이러한 역할 분담은 공유형 오피스 공간 임대 사업을 효과적으로 운영하는 데 중요한 기반이 될 것입니다.

챗GPT에게 사업 계획서의 목차 작성을 요청한다.

질문

이번 사업 아이템에 대한 경쟁사 분석은 이미 마친 상태입니다.
경쟁사 분석 대상은 패스트파이브와 스파크플러스였고, 두 회사의 단점을 찾아내고 이를 개선시킬 수 있는 방향에 대한 답변을 다음과 같이 얻을 수 있었습니다.
아래에 제시되는 '후발 업체로서의 사업이 나아갈 방향'에 대한 내용을 바탕으로 '공유형 오피스 공간 임대 사업'을 시작하기 위한 사업 계획서의 목차를 제시해 주세요.

'후발 업체로서의 사업이 나아갈 방향'
1. 차별화된 서비스 제공: 기존 업체들과 차별화된 서비스를 제공하여 고객에게 새로운 가치를 제공하는 전략이 필요합니다. 예를 들어, 특화된 업종에 맞는 맞춤형 서비스나, 추가적인 부가 가치를 제공하는 것이 좋습니다.

2. 가격 경쟁력 확보: 경쟁사 대비 합리적인 가격 설정으로 가격 민감 고객층을 유치할 수 있습니다. 가격 경쟁력을 갖추기 위해, 비용 효율적인 운영 모델을 개발하는 것이 중요합니다.
3. 혁신적인 마케팅 전략: 브랜드 인지도를 높이기 위해 혁신적이고 창의적인 마케팅 전략을 수립합니다. SNS 마케팅, 이벤트 및 워크샵 개최 등을 통해 브랜드를 알릴 수 있습니다.
4. 고객 중심의 접근: 고객의 요구와 피드백을 철저히 분석하고, 이를 바탕으로 서비스를 개선하며 고객 만족을 극대화합니다.
5. 지역별 타겟팅: 지역적 특성을 고려한 서비스 제공으로 지역별 시장의 특수성을 활용합니다. 예를 들어, 특정 지역의 비즈니스 환경과 문화에 적합한 공유 오피스 환경을 조성하는 것이 좋습니다.

챗GPT는 해당 사업의 목차를 구성해서 답변한다.

'공유형 오피스 공간 임대 사업'을 위한 사업 계획서 목차를 제시하겠습니다. 이 계획서는 후발 업체로서 나아갈 방향을 반영하여 구성됩니다.

사업 계획서 목차
1. 서론
   −사업 개요
   −시장 현황 및 동향
   −목표 시장 및 고객 분석
2. 사업 전략 및 방향
   −차별화된 서비스 전략
      −맞춤형 서비스 개발
      −부가 가치 제공 방안
   −가격 경쟁력 확보 전략
      −비용 효율적 운영 모델
      −가격 정책 및 구조
   −혁신적 마케팅 전략
      −디지털 마케팅 및 SNS 활용 계획
      −이벤트 및 워크샵 기획
3. 고객 중심 전략
   −고객 요구 분석 및 피드백 관리
   −고객 만족 및 경험 개선 방안
   −지속적인 서비스 혁신
4. 지역별 타겟팅 전략
   −지역 시장 분석 및 타겟팅
   −지역별 맞춤형 서비스 계획
   −지역 커뮤니티와의 연계 전략
5. 경영 및 운영 계획
   −조직 구조 및 관리
   −재무 계획 및 예산 관리
   −운영 효율성 및 리스크 관리
6. 기술 및 인프라 계획
   −IT 인프라 및 기술 투자 계획

-기술 혁신 및 지속적 개선
7. 지속 가능성 및 환경 전략
　　　-친환경적 접근 및 지속 가능한 운영
　　　-지역 사회와의 상생 전략
8. 결론 및 향후 전망
　　　-사업 성과 목표 및 기대 효과
　　　-장기적 사업 전망 및 발전 방향

이 사업 계획서는 후발 업체로서 시장에서 차별화된 위치를 확보하고, 고객 중심의 서비스를 제공함으로써 경쟁사 대비 우위를 점할 수 있는 전략을 제시합니다. 지속 가능한 성장과 시장 내 입지를 강화하는 데 중점을 두었습니다.

위와 같이 사업 계획서의 목차가 정해졌다면 이제 소제목별로 세부적인 내용을 얻어내기 위한 프롬프트를 작성해야 한다. 사업 계획서의 모든 부분을 책에서 다루기는 힘들기에 '서론' 부문만 챗GPT와의 대화를 통해 작성해 보도록 하자.

비록 이번 프롬프트에서는 다루지 않더라도 사업 계획서의 나머지 부분들의 일부는 '기획'이나 '마케팅' 부분에서 다룰 예정이다. 그때 다시 언급하도록 하겠다.

'서론' 부분의 '사업 개요'에 대해 초안을 요청한다.

훌륭한 목차입니다. 이제부터 사업 계획서 각 부분의 세부 내용을 하나씩 순서대로 만들어가려 합니다. 첫째로, 사업 계획서 목차에 있어 '서론' 부분의 '사업 개요'에 대해 초안을 작성해 주세요.

챗GPT가 서론의 개요를 적어 주는데, 그냥 복사해서 사용해도 될 만큼 괜찮아 보인다.

물론입니다. '공유형 오피스 공간 임대 사업'의 사업 계획서 중 '서론' 부분에 해당하는 '사업 개요'의 초안을 다음과 같이 작성하겠습니다.

서론

사업 개요
공유형 오피스 공간 임대 사업은 현대적인 근무 환경의 필요성과 변화하는 업무 문화에 대응하기 위해 설립되었습니다. 본 사업은 독립적인 프리랜서, 창업자, 중소기업 및 대기업의 팀 프로젝트에 이르기까지 다양한 규모와 요구를 가진 고객에게 맞춤형 공유 오피스 공간을 제공합니다. 이 사업의 핵심은 고객의 업무 효율성을 극대화하고, 창의적이며 협력적인 작업 환경을 조성하는 것에 있습니다.
우리의 사업 모델은 기존의 공유 오피스 공간 임대 사업자와 차별화된 접근 방식을 채택하고 있습니다. 이는 고객 맞춤형 서비스 제공, 경쟁력 있는 가격 정책, 혁신적인 마케팅 전략, 고객 중심의 서비스 개선, 그리고 지역 특성을 고려한 맞춤형 서비스를 통해 구현됩니다.

특히, 우리는 고객의 다양한 요구를 충족시킬 수 있는 유연한 공간 구성, 최신 기술과 IT 인프라의 통합, 그리고 고객과의 지속적인 상호작용을 통한 서비스 개선에 중점을 두고 있습니다. 이러한 접근은 고객에게 최적화된 업무 환경을 제공함으로써, 그들의 비즈니스 성장을 지원하고, 궁극적으로는 우리 사업의 지속 가능한 발전을 도모하게 됩니다.

이 사업은 빠르게 변화하는 근무 환경과 업무 방식의 진화에 발맞추어, 고객에게 가치 있는 경험과 서비스를 제공하고자 합니다. 우리는 이를 통해 공유 오피스 시장 내에서 차별화된 위치를 확보하고, 장기적인 성공을 이루어 나갈 것입니다.

––

이 초안은 사업의 기본 개념, 목표, 그리고 운영 방향을 명확하게 제시하고 있으며, 사업 계획서 전반에 걸쳐 이러한 핵심 요소들이 구체화될 것입니다.

다음으로 '서론'의 '시장 현황 및 동향'에 대한 초안을 요청한다.

질문

이제 서론의 개요 내용을 연계해 '시장 현황 및 동향'에 대한 초안을 작성해 주세요. 단, '시장 현황 및 동향'은 개요와는 달리 불릿(bullet) 형식으로 작성해 주세요.

이번에는 '시장 현황 및 동향'에 대한 내용을 불릿 형식으로 만들어 준다.

알겠습니다. '공유형 오피스 공간 임대 사업' 사업 계획서의 '서론' 부분 중 '시장 현황 및 동향'에 대한 초안을 불릿 형식으로 작성하겠습니다.

––

시장 현황 및 동향

시장 성장 동향:
– 최근 몇 년간 공유 오피스 시장은 지속적인 성장세를 보이고 있음.
– 특히, 디지털화 및 원격 근무의 증가로 인해 공유 오피스에 대한 수요가 높아짐.

고객 세그먼트 확대:
– 초기에는 스타트업 및 프리랜서가 주요 고객층이었으나, 현재는 중소기업 및 대기업의 프로젝트 팀까지 포함됨.
– 다양한 산업 분야에서 공유 오피스의 활용이 증가하고 있음.

기술 통합 및 혁신:
– 최신 IT 인프라와 디지털 도구의 통합이 공유 오피스의 주요 경쟁 요소로 부상함.
– 혁신적인 기술 솔루션을 제공하는 것이 중요한 시장 경쟁력으로 작용.

경쟁 환경의 변화:
– 전통적인 오피스 임대 업체와의 경쟁뿐만 아니라, 다양한 형태의 공유 오피스 업체 간의 경쟁도 치열함.
– 차별화된 서비스 제공이 중요한 경쟁 우위 요소로 간주됨.

고객 니즈의 다변화:
– 단순한 공간 제공을 넘어서, 네트워킹, 교육 프로그램, 행사 등 부가가치 서비스에 대한 수요 증가.
– 맞춤형 서비스와 개인화된 경험 제공이 중요한 고객 만족 요소로 인식됨.

지역적 특성 활용:
– 각 지역의 비즈니스 환경과 문화를 반영한 서비스 제공이 중요한 시장 진입 전략.
– 지역 커뮤니티와의 연계를 통한 특화된 서비스 개발이 시장에서의 차별화 요소.

이 초안은 현재 공유 오피스 시장의 상황과 동향을 간략하게 요약하고 있으며, 사업 계획의 방향성과 전략 수립에 중요한 기초 정보를 제공합니다.

마지막으로 '서론'의 마지막 내용인 '목표 시장 및 고객 분석'에 대한 초안을 챗GPT에게 요청해 보자. 이와 같은 방식으로 목차의 순서에 맞춰 개별적인 내용의 초안을 만들어 달라는 프롬프트를 반복해서 실행해 보자. 이러한 과정을 통해 사업 계획서의 전체 내용에 대한 초안 작업을 매우 빠르게 마무리할 수 있다.

챗GPT가 초안으로 제공한 내용을 기반으로 사람이 직접 추가와 수정을 거듭한다면 보다 설득력 있는 사업 계획서가 될 것이다.

 질문

다음으로 '서론'의 마지막 내용인 '목표 시장 및 고객 분석'에 대한 초안을 작성해 주세요. 만약 한 개 이상의 목표 시장이 있다면 목표 시장별로 고객을 분석해 주세요.

서론의 마지막 내용을 챗GPT가 마무리해 준다.

알겠습니다. '공유형 오피스 공간 임대 사업'의 '서론' 부분 중 '목표 시장 및 고객 분석'에 대한 초안을 작성하겠습니다. 이 경우, 다양한 목표 시장을 고려하여 각각에 대한 고객 분석을 진행하겠습니다.

목표 시장 및 고객 분석
1. 스타트업 및 프리랜서
     -시장 특성: 이 시장은 독립적이고 유연한 근무 환경을 선호하는 창의적인 전문가들로 구성됨.
     -고객 요구: 비용 효율적인 공간, 네트워킹 기회, 유연한 임대 조건.
     -서비스 전략: 협업을 촉진하는 개방형 공간 설계, 다양한 크기의 작업 공간 제공, 커뮤니티 이벤트 및 워크샵 개최.
2. 중소기업
     -시장 특성: 성장 단계에 있는 중소기업들은 비용 효율성과 함께 직원의 생산성 향상을 중요시 함.
     -고객 요구: 확장 가능한 작업 공간, 기술적 지원, 안정적인 업무 환경.
     -서비스 전략: 모듈식 사무 공간 제공, 고급 IT 인프라, 맞춤형 사무 지원 서비스.
3. 대기업의 프로젝트 팀
     -시장 특성: 대기업 내 특정 프로젝트나 임시 팀을 위한 유연하고 전문화된 공간 필요.
     -고객 요구: 프라이버시 보장, 고급 회의 시설, 첨단 기술 인프라.
     -서비스 전략: 독립적이고 안전한 작업 공간 제공, 고급 회의실 및 프레젠테이션 장비, 높은 수준의 보안 시스템.

이 초안은 각 목표 시장의 특성과 고객의 요구 사항을 분석하고 있으며, 이를 통해 각 시장에 맞춘 서비스 전략을 제시합니다. 이러한 분석은 사업의 전략 수립 및 실행에 있어 중요한 근거를 제공할 것입니다.

02 기획

제품 기획

챗GPT를 활용해 신제품을 기획하고자 한다. 다음과 같이 템플릿을 사용한 프롬프트를 사용하면 템플릿 값만 변경함으로써 재사용이 가능하다.

질문

[1] 어떤 서비스인가요?
[2] 서비스를 소비하는 주요 타깃은 누구인가요?
[3] 제품의 가격대는 어느 정도인가요?
[4] 제품의 크기는 어느 정도인가요?(치수를 사용해 나타낼 것)
[5] 제품의 특징은 무엇인가요?(쉼표로 구분할 것)

너는 커피 머신 제조사의 베테랑 엔지니어이면서 원두 커피 애호가이기도 해.
너는 새로운 커피 머신을 위한 아이디어를 만드는 역할이야.

사용자로부터 위의 질문에 대한 입력을 요청하고 사용자가 입력한 데이터를 사용해 아래 지시 사항을 완성해 줘.
사용자의 입력이 부족할 경우 다시 입력을 요구해 줘.

사용자가 입력한 [1]~[5]의 내용을 바탕으로 [5]의 특징을 가지는 새로운 [1] 제품으로 기획 가능한 아이디어를 5가지만 제시해 줘.

－ 최신 소셜 트렌드를 반영할 것.
－ 최신 테크 트렌드를 반영할 것.
－ 최소 3개 이상의 경쟁사의 제품들과 비교할 것.
－ 캡슐을 구독제로 구입 가능할 것.
－ 모든 회사의 캡슐을 사용할 수 있을 것.

챗GPT가 사용자 정보의 입력을 요구한다.

먼저, 커피 머신에 대한 정보를 입력해 주시겠어요?

[1] 제품의 이름이나 종류, [2] 주요 타깃 고객, [3] 가격대, [4] 크기(가로*세로), 그리고 [5] 제품의 특징들(쉼표로 구분)을 알려 주세요. 입력하신 정보를 바탕으로 새로운 커피 머신 아이디어를 제안해 드릴게요.

사용자는 자신의 정보를 챗GPT에게 전달한다.

질문

1. 구독제 캡슐용 커피 머신
2. 커피를 즐겨 마시는 성인 남녀
3. 10만 원 이하
4. 150*350
5. 캡슐을 구독제로 구입 가능, 모든 제조사의 캡슐 사용 가능

챗GPT는 신제품에 적용 가능한 아이디어를 요구한 개수에 맞춰 제안한다. 제시된 아이디어별로 실현 가능할 정도까지 질문과 답변을 반복한다면 각 아이디어와 관련된 구체적인 기획안을 작성할 수도 있을 것이다.

주신 정보를 바탕으로 새로운 '구독제 캡슐용 커피 머신'에 대한 아이디어를 제시해 드리겠습니다. 이 커피 머신은 10만 원 이하의 가격대로 설정되어 있으며, 크기는 150mm x 350mm입니다. 주요 특징으로는 캡슐을 구독제로 구입 가능하며, 모든 제조사의 캡슐을 사용할 수 있는 점이 있습니다.

1. 소셜 미디어 연동 기능: 사용자들이 커피를 추출할 때마다 그 순간을 소셜 미디어에 공유할 수 있는 기능을 추가합니다. 사용자들은 특정 해시태그와 함께 사진이나 영상을 업로드하여 커피 커뮤니티에 참여할 수 있습니다.
2. 개인화된 커피 추천 시스템: 사용자의 이전 취향과 구독 데이터를 바탕으로 개인화된 커피 캡슐을 추천하는 AI 기능을 도입합니다. 이를 통해 사용자는 더 다양하고 맞춤형 커피 경험을 즐길 수 있습니다.
3. 경쟁사 제품과의 비교: 이 커피 머신은 경쟁사 제품들보다 더 다양한 캡슐을 사용할 수 있는 호환성을 갖추고 있어, 사용자들이 다양한 브랜드의 캡슐을 자유롭게 선택할 수 있도록 합니다. 이는 경쟁사의 일부 제품들이 특정 브랜드 캡슐에 제한된 것과 대비됩니다.
4. 친환경적인 캡슐 회수 프로그램: 사용된 캡슐을 회수하여 재활용하는 프로그램을 도입합니다. 이는 환경 의식이 높은 소비자들에게 매력적인 요소가 될 수 있습니다.
5. 음성 인식 및 원격 제어 기능: 최신 테크 트렌드를 반영하여, 사용자가 음성 명령을 통해 커피 머신을 작동시킬 수 있는 기능과 스마트폰 앱을 통한 원격 제어 기능을 추가합니다. 이를 통해 사용자는 더 편리하게 커피를 즐길 수 있습니다.

이러한 아이디어들은 최신 소셜 및 테크 트렌드를 반영하며, 다양한 제조사의 캡슐을 사용할 수 있는 유연성을 제공함으로써 경쟁 제품과 차별화될 수 있습니다.

서비스 기획

서비스 기획도 제품의 기획과 비슷하다고 볼 수 있다. 단지 제품은 현물로서 형체가 있는 반면에 서비스는 무형의 제품이라는 차이만 있을 뿐이다. 제품을 기획할 때와 마찬가지로 다음과 같이 템플릿을 사용한 프롬프트를 사용한다.

단, 제품 기획과 달리 특정 페르소나나 역할을 부여하지 않았기에 제품 기획에 비해 다소 열린 답변을 받을 수도 있다.

[1] 어떤 서비스인가요?
[2] 서비스를 소비하는 주요 타깃은 누구인가요?

사용자로부터 위의 질문에 대한 입력을 요청하고
사용자가 입력한 데이터를 사용해 아래 지시 사항을 완성해 줘.
사용자의 입력이 부족할 경우 다시 입력을 요구해 줘.

너는 [2]의 사람들에게 필요한 새로운 [1] 서비스로 기획 가능한 아이디어를 5가지만 알려 줘.
– 최신 소셜 트렌드를 반영할 것.
– 서비스에 가입하는 접근성이 좋을 것.
– 비대면 서비스가 가능할 것.

챗GPT가 사용자 정보의 입력을 요구한다.

알겠습니다. 사용자로부터 필요한 정보를 요청하겠습니다.

[1] 어떤 서비스에 대해 이야기하고 싶으신가요?
[2] 이 서비스를 주로 이용할 타깃층은 누구라고 생각하시나요?

사용자는 자신의 정보를 챗GPT에게 전달한다.

1. 정리 수납 방문 홈케어 서비스
2. 집안 정리에 어려움이 있는 맞벌이 부부

챗GPT가 신규 서비스에 대한 아이디어를 제시하며 이를 활용한다.

정리 수납 방문 홈케어 서비스를 위해 맞벌이 부부에게 필요한 새로운 서비스 아이디어 5가지를 제시하겠습니다.
최신 소셜 트렌드를 반영하면서도 접근성이 좋고 비대면 서비스가 가능한 방향으로 구상하겠습니다.

1. 스마트 홈 인테리어 컨설팅: 사용자의 집 구조와 생활 스타일
    ....
    .... (이하 생략)
2. 가상 현실(VR) 기반 정리 수납 시뮬레이션: VR 기술을
    ....
    .... (이하 생략)
3. 모바일 앱 기반 정리 관리: 사용자의 집안 정리 상태를
    ....
    .... (이하 생략)
4. 구독형 정리 용품 및 수납 용품 배송 서비스: 사용자의 집안
    ....
    .... (이하 생략)
5. 디지털 정리 수납 클래스 및 워크숍: 온라인 플랫폼을 통해
    ....
    .... (이하 생략)

콘텐츠(앱) 기획

챗GPT는 아이디어를 전개하는 데 많은 도움을 주는 AI이다. 콘텐츠는 앞서 다루어 본 서비스처럼 무형의 대상이다. 콘텐츠의 유형에는 여러 가지가 있는데 이번 프롬프트에서 '앱'을 기획하는 과정을 구현해 보도록 하자.

우선 앱에서 다뤄야 할 콘텐츠들을 정의하는 것부터 시작해서 구체적인 UI를 구성하는 단계까지 진행해 보자. 특히 이번 내용은 188쪽에 QR 코드로 주어진 유튜브 영상을 참고하기 바란다. 처음으로 사용할 프롬프트는 다음과 같다.

너는 스마트폰 앱을 전문으로 개발하는 개발자야.
너는 부동산 전문가로부터 최신 부동산 정보를 제공받을 수 있으며 다양한 측면에서 협업할 수 있는 역할이야.

아래에 있는 지시 내용에 대한 답변을 만들어 줘.
지시 내용이 모호하거나 이해할 수 없다면 질문을 해 줘.

– 부동산 관련 앱에 포함되면 좋은 컨텐츠를 알려 줄 것.
– 해당 앱이 가져야 할 주요 기능에 대해 알려 줄 것.
– 각각의 기능에 대한 설명과 요건 정의서를 작성해 줄 것.
– 수익화할 수 있는 부분에 대한 아이디어도 제공해 줄 것.

앱의 기능별 설명과 요건 정의서는 표로 만들어 줘.

챗GPT는 앱에 들어갈 내용을 정리해서 다음과 같이 대답한다.

1. 부동산 관련 앱에 포함되면 좋은 컨텐츠
    – 최신 부동산 매물 정보
    – 지역별 부동산 시장 동향
    – 부동산 관련 뉴스 및 분석
    – 투자 계산기 및 재무 분석 도구
    – 사용자 리뷰 및 평가
    – 법적, 세금 관련 정보 및 조언
    – 가상 현실(VR)을 이용한 매물 투어
2   해당 앱이 가져야 할 주요 기능
    – 부동산 검색 및 필터링
    – 시장 동향 및 분석 제공
    – 재무 계산 및 분석 도구
    – 사용자 커뮤니티 및 리뷰 시스템
    – 법적, 세금 관련 정보 제공
    – VR 매물 투어

3. 각 기능에 대한 설명과 요건 정의서

기능	설명	요건
부동산 검색&필터링	내용 생략	내용 생략
이하 생략		

4. 수익화할 수 있는 부분
　　−프리미엄 서비스 구독: 고급 분석 도구, 추가 시장 정보, 광고 없는 경험 등을 제공하는 유료 구독 서비스.
　　−광고: 앱 내에서 부동산 관련 광고를 통한 수익.
　　−매물 등록 시 수수료: 부동산 에이전트나 개인에게 수수료 부과.
　　−제휴 마케팅: 법률 서비스, 이사 서비스 등과 제휴를 통한 수익 창출.

위의 답변에 대한 심화 질문을 챗GPT에게 요청한다.

위의 답변에서 2번 해당 앱이 가져야 할 주요 기능에 대해서 '사용자 측면'에서의 기능과 '관리자 측면'에서의 기능으로 나눠서 각각 만들어 줘.

챗GPT는 기능을 사용자와 관리자로 나눠서 제시한다.

부동산 앱의 기능을 사용자 측면과 관리자 측면으로 나눠서 정리하면 다음과 같습니다.

사용자 측면에서의 주요 기능
1. 부동산 검색 및 필터링
　　사용자가 위치, 가격, 면적 등의 조건으로 매물을 검색할 수 있는 기능.
2. 시장 동향 및 분석 제공
　　지역별 시장 동향, 가격 변동, 투자 분석 등의 정보를 사용자에게 제공.
3. 재무 계산 및 분석 도구
　　투자 수익률, 대출 계산기, 세금 계산기 등 재무 관련 계산 도구 제공.
4. 사용자 커뮤니티 및 리뷰 시스템
　　사용자들이 매물 및 서비스에 대한 리뷰를 남길 수 있는 시스템.
5. 법적, 세금 관련 정보 제공
　　부동산 구매 및 판매 시 필요한 법적, 세금 관련 정보 제공.
6. VR 매물 투어
　　가상 현실을 통해 매물을 둘러볼 수 있는 기능.

관리자 측면에서의 주요 기능
1. 매물 관리
　　매물 정보 업데이트, 삭제, 추가 등의 관리 기능.
2. 사용자 관리
　　사용자 계정 관리, 권한 설정, 리뷰 및 피드백 관리.

3. 콘텐츠 관리
   시장 동향, 뉴스, 분석 자료 등의 콘텐츠 업데이트 및 관리.
4. 데이터 분석 및 보고
   앱 사용 데이터 분석, 사용자 행동 분석 및 보고서 생성.
5. 광고 및 프로모션 관리
   광고 캠페인 설정, 프로모션 관리 및 효율 분석.
6. 재무 및 수익 관리
   앱 수익, 구독료, 광고 수익 등의 재무 관리.

각 기능은 앱의 성공적인 운영을 위해 사용자와 관리자 양쪽의 요구 사항을 충족시켜야 합니다. 사용자 측면에서는 편리하고 유익한 경험을 제공하는 반면, 관리자 측면에서는 효율적인 운영과 수익 창출에 초점을 맞추어야 합니다.

이번에는 이전 답변의 내용을 바탕으로 '사용자 측면'에서 필요한 앱 페이지 목록과 '관리자 측면'에서 필요한 앱 페이지 목록을 만들어 줄 것을 요청한다.

질문

훌륭한 기능들이야.
이번에는 '사용자 측면'에서 필요한 앱 페이지 목록과 '관리자 측면'에서 필요한 앱 페이지 목록을 만들어 줘.

챗GPT는 사용자와 관리자에게 필요한 페이지 목록을 생성해 준다.

부동산 앱의 페이지를 사용자 측면과 관리자 측면으로 구분하여 나열하면 다음과 같습니다.

사용자 측면에서 필요한 앱 페이지 목록
1. 홈 페이지·······································(이하 생략)
2. 검색 및 필터 페이지·························(이하 생략)
3. 매물 상세 정보 페이지····················(이하 생략)
4. 시장 동향 및 분석 페이지·················(이하 생략)
5. 재무 계산기 및 도구 페이지···············(이하 생략)
6. 커뮤니티 및 리뷰 페이지··················(이하 생략)
7. 법적/세금 정보 페이지····················(이하 생략)
8. VR 투어 페이지····························(이하 생략)
9. 마이 페이지·······························(이하 생략)

관리자 측면에서 필요한 앱 페이지 목록
1. 관리자 대시보드·····························(이하 생략)
2. 매물 관리 페이지····························(이하 생략)
3. 사용자 관리 페이지·························(이하 생략)
4. 콘텐츠 관리 페이지·························(이하 생략)
5. 광고 및 프로모션 관리 페이지···········(이하 생략)
6. 재무 보고 및 분석 페이지·················(이하 생략)

마지막으로 페이지를 구성하는 IA(정보구조도)를 챗GPT에게 질문한다.

질문

마지막으로 위에서 답변한 페이지들의 IA(정보구조도)를 작성해 줘.

챗GPT가 다음과 같이 사이트맵의 구조로 IA를 제시한다. 이렇게 획득한 페이지 구성을 바탕으로 개발자와 디자이너가 협업해서 페이지를 구성하는 세부 화면을 개발해 나가면 된다.

부동산 앱의 정보구조도(IA)를 만들기 위해, 위에서 언급한 사용자 측면과 관리자 측면의 페이지들을 구조적으로 배열하겠습니다. 정보구조도는 앱 내에서 각 페이지가 어떻게 서로 연결되어 있는지를 보여 주는 방식으로 제작됩니다.

사용자 측면 정보구조도
1.   홈 페이지
      −검색 및 필터 페이지
      −시장 동향 및 분석 페이지
      −재무 계산기 및 도구 페이지
      −커뮤니티 및 리뷰 페이지
      −법적/세금 정보 페이지
      −VR 투어 페이지
      −마이 페이지
2.   검색 및 필터 페이지
      −매물 상세 정보 페이지
3.   매물 상세 정보 페이지
      −VR 투어 페이지(해당 매물)
      −커뮤니티 및 리뷰 페이지(해당 매물)
4.   마이 페이지
      −관심 매물
      −저장된 검색
      −개인 설정

관리자 측면 정보구조도
1.   관리자 대시보드
      −매물 관리 페이지

    - 사용자 관리 페이지
    - 콘텐츠 관리 페이지
    - 광고 및 프로모션 관리 페이지
    - 재무 보고 및 분석 페이지
    - 리뷰 및 피드백 관리 페이지
    - 보안 및 설정 관리 페이지
2. 매물 관리 페이지
    - 매물 추가/수정/삭제
3. 사용자 관리 페이지
    - 사용자 계정 관리
    - 사용자 행동 분석
4. 콘텐츠 관리 페이지
    - 시장 동향 업데이트
    - 뉴스 및 분석 자료 관리

이 정보구조도는 앱의 전체적인 구조와 흐름을 이해하는 데 도움이 됩니다. 사용자 측면에서는 직관적인 탐색과 원활한 정보 접근을 중시하고, 관리자 측면에서는 효율적인 데이터 관리와 운영의 용이성을 중요시합니다. 이러한 구조는 앱의 설계와 개발 과정에서 기본적인 가이드라인으로 활용될 수 있습니다.

브레인스토밍

브레인스토밍은 대략 6~7명 정도의 사람들이 특정 주제에 대해 자신의 생각을 자유분방하게 말하는 것이다. 상대방들은 서로의 의견에 대해 비판하지 말아야 하며 질보다는 양에 우선순위를 두고 의견을 개진해야 한다. 이렇게 도출된 수많은 의견을 결합하고 개선해서 독창적인 아이디어를 선택하는 과정을 브레인스토밍이라고 한다.

따라서 끊임없이 아이디어를 생성할 수 있는 챗GPT는 브레인스토밍에 최적화되었다고 볼 수도 있다. 이번 프롬프트에서는 챗GPT를 브레인스토밍 도구로 사용하게 된다. 아래 주어진 프롬프트를 참고하자.

이번 프롬프트에서 브레인스토밍 할 주제는 직업 교육(공업 교육, 상업 교육, 농업 교육 등)에 대한 10년 후의 미래 전망인데, 이러한 브레인스토밍을 맡게 될 페르소나부터 정해 보도록 하자.

 질문

한국의 직업 교육(공업 교육, 상업 교육, 농업 교육 등)에 대해 잘 아는 사람으로 누가 있을까?

챗GPT가 다음과 같이 직업 교육 분야의 전문가를 제시한다.

한국 공업 교육, 상업 교육, 농업 교육 등에 대해 잘 아는 사람들을 찾는다면, 다음과 같은 전문가들을 고려할 수 있습니다:

1. 대학 교수 및 연구자: 대학교의 전문학과 전공 교수들은
   ···(이하 생략)
2. 교육 정책 입안자 및 연구원: 교육부나 각종 교육 연구 기관
   ···(이하 생략)
3. 학교 교사나 교장: 실제 학교 현장에서 근무하는 교사나 교장
   ···(이하 생략)
4. 산업체 전문가: 특정 산업 분야에서 오랜 경험을 가진 전문가
   ···(이하 생략)
5. 교육학 연구자: 교육학을 연구하는 학자들은 학술적인
   ···(이하 생략)

이러한 전문가들을 찾기 위해서는 대학교 웹사이트, 교육 관련 학회··(이하 생략)

공교육의 미래는 교육 정책에 많이 영향을 받을 것이므로 2번 '교육 정책 입안자 및 연구원'을 페르소나로 선택하고 다음과 같이 챗GPT에게 요청한다.

너는 교육 정책 연구원이면서 교육 정책 입안자의 역할을 해.
앞으로 10년간 한국의 직업 교육(공업 교육, 상업 교육, 농업 교육 등)은 어떻게 변화할까?

첫 번째 요청에 챗GPT가 원하는 대답을 만들어 준다.

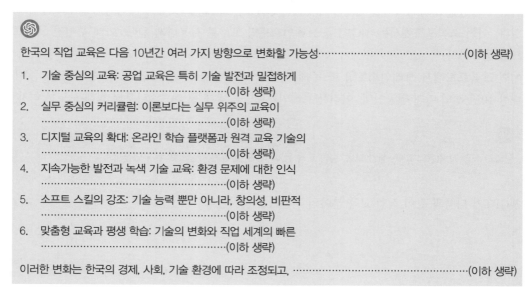

한국의 직업 교육은 다음 10년간 여러 가지 방향으로 변화할 가능성··(이하 생략)

1. 기술 중심의 교육: 공업 교육은 특히 기술 발전과 밀접하게
   ···(이하 생략)
2. 실무 중심의 커리큘럼: 이론보다는 실무 위주의 교육이
   ···(이하 생략)
3. 디지털 교육의 확대: 온라인 학습 플랫폼과 원격 교육 기술의
   ···(이하 생략)
4. 지속가능한 발전과 녹색 기술 교육: 환경 문제에 대한 인식
   ···(이하 생략)
5. 소프트 스킬의 강조: 기술 능력 뿐만 아니라, 창의성, 비판적
   ···(이하 생략)
6. 맞춤형 교육과 평생 학습: 기술의 변화와 직업 세계의 빠른
   ···(이하 생략)

이러한 변화는 한국의 경제, 사회, 기술 환경에 따라 조정되고, ··(이하 생략)

좀 더 많은 내용을 알려 달라고 한번 더 요청한다.

질문

5개를 더 알려 줘.

두 번째 요청에 챗GPT가 원하는 대답을 만들어 준다.

한국의 직업 교육이 향후 10년 동안 더 변화할 수 있는 다른 방향들을 추가로 고려해 볼 수 있습니다:

7. 글로벌 경쟁력 강화: 직업 교육 프로그램이 국제적 기준과
   ·······························(이하 생략)
8. 산업 맞춤형 교육: 산업별 요구 사항에 맞춘 맞춤형 교육
   ·······························(이하 생략)
9. 창업 및 기업가 정신 교육: 자영업과 스타트업 문화의
   ·······························(이하 생략)
10. 윤리적 및 사회적 책임 교육: 기업의 사회적 책임과 윤리적
    ·······························(이하 생략)
11. 인간 중심 디자인과 사용자 경험(UX) 교육: 기술과 서비스
    ·······························(이하 생략)

이러한 변화들은 학생들에게 다양한 기술과 지식을 제공함으로써, ·······························(이하 생략)

좀 더 많은 내용을 알려 달라고 한번 더 요청한다.

질문

5개를 더 알려 줘.

세 번째 요청에 챗GPT가 원하는 대답을 만들어 준다.

한국의 직업 교육이 앞으로 10년 동안 경험할 수 있는 추가적인 변화들을 살펴보겠습니다:

12. 데이터 과학과 분석 교육: 빅 데이터, 데이터 과학, 기계
    ·······························(이하 생략)
13. 보안과 사이버 보안 교육: 디지털 환경의 증가와 함께 보안
    ·······························(이하 생략)
14. 다문화 및 국제화 교육: 글로벌화가 진행됨에 따라 다문화
    ·······························(이하 생략)
15. 건강과 웰빙 교육: 직업 교육은 더 이상 단순한 기술 전달
    ·······························(이하 생략)

16. 유연한 학습 경로와 자격증 시스템: 학생들이 다양한 학습
   ···(이하 생략)

이러한 변화들은 직업 교육을 더욱 다양하고 유연하게 만들어, 빠르게 ·······························(이하 생략)

좀 더 많은 내용을 알려 달라고 한번 더 요청한다.

질문

5개를 더 알려 줘.

네 번째 요청에 챗GPT가 원하는 대답을 만들어 준다.

한국의 직업 교육 분야가 앞으로 10년 동안 겪을 수 있는 추가적인 변화들을 살펴보겠습니다:

17. 인공지능(AI)과 로봇 기술 교육의 확대: 자동화와 AI의 발전에
   ···(이하 생략)
18. 심리학 및 인간 행동의 이해 강조: 심리학과 인간 행동에 대한
   ···(이하 생략)
19. 에너지 및 환경 기술 교육의 강화: 지속 가능한 에너지 사용과
   ···(이하 생략)
20. 다양성과 포용성 교육: 다양성 존중과 포용적 직장 문화의 중요성
   ···(이하 생략)
21. 교육 기술(EdTech)의 활용 증가: 디지털 학습 도구, 가상 및
   ···(이하 생략)

이러한 변화들은 한국의 직업 교육을 현대적이고, 동적이며, 학생들의·······························(이하 생략)

좀 더 많은 내용을 알려 달라고 한번 더 요청한다.

질문

5개를 더 알려 줘.

다섯 번째 요청에 챗GPT가 원하는 대답을 만들어 준다.

한국의 직업 교육이 앞으로 10년간 겪을 수 있는 또 다른 변화들을 살펴보겠습니다:

22. 문화 및 창의 산업 교육의 강화: K-팝, 영화, 미디어 등과 같은
....(이하 생략)
23. 인간과 기술의 상호작용에 대한 교육: 기술이 인간의 생활에
....(이하 생략)
24. 언어 및 커뮤니케이션 기술 교육: 국제화가 진행됨에 따라
....(이하 생략)
25. 젠더 및 소수자에 대한 인식 교육: 다양성과 포용성에 대한
....(이하 생략)
26. 지역사회 및 사회적 기업가 정신 교육: 지역사회 개발과 사회적
....(이하 생략)

이러한 변화들은 한국의 직업 교육을 더욱 다양하고 포괄적으로 ....(이하 생략)

위와 같이 챗GPT가 사용자의 질문에 대해 답변하는 작업을 무한대로 반복할 수 있다. 챗GPT는 어떠한 상황에서든 답변을 만들어 낸다. 이런 이유로 할루시네이션을 일으킬 수도 있지만 사용자가 원하는 수만큼의 답변을 생성할 수도 있다. 하지만 반복 작업을 하다 보면 비슷비슷한 문장들이나 범주를 벗어나는 답변들이 나오기 시작한다. 이때가 바로 답변을 멈춰야 할 타이밍이다. 이번에는 약 30개의 답변을 생성했다.

이제 양은 충분히 채웠으니 이 답변들을 분류해서 깔끔하게 표로 정리해 보자.

지금까지 나온 답변 내용들 중에서 비슷한 아이디어는 서로 묶어서 카테고리로 만들어 주고 카테고리 이름을 부여해 줘.

취합한 답변의 내용은 아래의 형식에 맞춰서 출력해 줘.

– 표의 1열에는 카테고리 이름을 적어 줘.
– 표의 2열에는 카테고리에 속하는 답변 내용의 키워드를 적어 줘.

챗GPT는 30개에 가까운 의견들의 내용을 분석해 비슷한 카테고리로 묶어서 다음과 같이 일목요연하게 표로 만들어 준다.

지금까지 제시된 직업 교육의 미래 변화에 대한 아이디어들을 카테고리별로 정리하면 다음과 같습니다:

카테고리	키워드
기술 중심 교육	AI, 로봇공학, 데이터 과학, 사이버 보안, 스마트 제조, 모바일 기술, 웨어러블 기술, 블록체인, 암호화폐

지속 가능성 및 환경 교육	지속가능한 발전, 녹색 기술, 에너지 기술, 지속 가능한 농업, 지속 가능한 도시 및 건축
글로벌 및 문화 교육	글로벌 경쟁력, 다문화, 국제 협력, 문화 및 창의산업, 인터랙티브 미디어, 게임 개발
사회 및 인간 중심 교육	소프트 스킬, 윤리 및 사회적 책임, 다양성과 포용성, 젠더 및 소수자 인식, 재난 및 위기 관리
실무 및 산업 맞춤형 교육	실무 중심 커리큘럼, 산업 맞춤형 교육, 창업 및 기업가정신, 금융 기술, 디지털 경제
디지털 및 인터랙티브 교육	디지털 교육, 교육 기술(EdTech), 언어 및 커뮤니케이션 기술, 인간과 기술 상호작용
건강 및 웰빙 교육	건강과 웰빙, 생명 과학, 바이오테크놀로지

그림 55 브레인스토밍 결과

이러한 카테고리들은 한국의 직업 교육이 미래에 어떻게 발전할 수 있는지를 종합적으로 보여 줍니다. 각 카테고리는 교육의 다양한 측면과 미래 사회 및 경제의 요구를 반영하고 있습니다.

고객 수요 조사용 설문지 만들기

온라인 쇼핑몰이나 제품 관련 커뮤니티 사이트 등의 고객 리뷰나 후기들을 모아서 이를 분석하면 고객의 특성과 수요를 파악할 수 있다. 이렇게 인터넷상의 데이터를 모으려면 웹스크레이핑이라는 기술을 사용해야 한다. 웹스크레이핑이라는 자동화 기술은 파이썬이라는 프로그래밍 언어와 기타 관련 툴에 대한 설명이 필요하므로 이는 파이썬을 다루는 서적이나 강의를 통해 익혀야 할 부분이다. 이번에는 단순히 오프라인상에서 고객의 수요를 분석할 수 있는 전통적인 방법에 대해서만 언급할 생각이다.

먼저 챗GPT에게 고객의 특성이나 특정 제품이나 서비스에 대한 수요를 분석하기 위한 방법이 무엇인지에 대해 다음과 같이 물어보자.

질문

고객 특성이나 수요를 분석하기 위한 방법에는 어떤 것이 있을까?

챗GPT가 다음과 같이 여러 가지 방법을 제안한다.

고객 특성과 수요를 분석하기 위한 방법은 다음과 같습니다:

1. 설문 조사: 고객들에게 설문지를 배포하여 그들의 선호도,
   ....(이하 생략)
2. 인터뷰: 개별 고객이나 소규모 그룹과의 인터뷰를 통해 보다

·····························(이하 생략)

3. 포커스 그룹: 다양한 배경을 가진 소수의 고객을 모아 그들의
   ·····························(이하 생략)

4. 행동 데이터 분석: 웹사이트 방문, 구매 이력, 앱 사용 데이터
   ·····························(이하 생략)

5. 소셜 미디어 분석: 고객들이 소셜 미디어에서 어떤 주제에 대해
   ·····························(이하 생략)

6. 경쟁사 분석: 경쟁사의 고객 대상 마케팅 전략과 제품 반응을
   ·····························(이하 생략)

7. 시장 조사 보고서: 시장 조사 기업이 제공하는 보고서를 활용
   ·····························(이하 생략)

8. 세그먼테이션 분석: 고객을 여러 세그먼트로 나누어 각 그룹의
   ·····························(이하 생략)

9. 데이터 마이닝: 고객 데이터베이스에서 유의미한 패턴, 관계
   ·····························(이하 생략)

10. A/B 테스트: 서로 다른 두 가지 버전의 제품, 웹사이트 등
    ·····························(이하 생략)

이러한 방법들을 적절히 조합하여 사용하면 고객의 특성과 수요·····························(이하 생략)

1번 '설문 조사' 방법으로 고객의 수요를 조사, 분석할 수 있도록 설문지를 만드는 프롬프트를 다음과 같이 챗GPT에게 요청하자.

너는 비즈니스 컨설팅 법인의 고객 소비심리 전문가야.
너는 고객 수요 분석에 적합한 설문지를 작성하는 역할이야.

고객 소비 특성을 알기 위한 설문지를 작성해 줘.
아래 내용을 모두 포함하고 있는 설문지로 작성해야 해.

– 브랜드 선호도 및 이유.
– 쇼핑 형태.(온라인/오프라인)
– 주 구매 제품 유형.
– 월평균 구매 횟수.
– 구매 결정 요인.
– 구매력.(월평균 소비 예산)
– 브랜드나 제품에 대한 고객 충성도.

챗GPT는 바로 사용해도 될 정도로 괜찮은 설문지를 생성해 낸다.

고객 소비 특성 설문지

안녕하세요! 귀하의 소중한 의견을 통해 더 나은 서비스를 제공하고자 합니다. 다음 설문에 솔직하게 답해 주시면 감사하겠습니다.

1. 브랜드 선호도
   -귀하는 어떤 브랜드를 가장 선호하시나요?
   -해당 브랜드를 선호하는 이유는 무엇인가요?(여러 항목 선택 가능)
     [ ] 품질
     [ ] 가격
     [ ] 디자인
     [ ] 브랜드 이미지
     [ ] 고객 서비스
     [ ] 기타(자유롭게 작성)
2. 쇼핑 형태
   -귀하는 주로 어떤 방식으로 쇼핑하시나요?
     [ ] 온라인
     [ ] 오프라인
     [ ] 온라인과 오프라인 모두
3. 주 구매 제품 유형
   -주로 구매하시는 제품 유형을 선택해 주세요.(여러 항목 선택 가능)
     [ ] 의류 및 패션 관련 제품
     [ ] 전자 제품
     [ ] 식품
     [ ] 생활용품
     [ ] 건강 및 미용 제품
     [ ] 기타(자유롭게 작성)
4. 월평균 구매 횟수
   -한 달에 평균적으로 몇 번 쇼핑하시나요?
     [ ] 1-2회
     [ ] 3-5회
     [ ] 6회 이상
5. 구매 결정 요인
   -제품을 구매할 때 가장 중요하게 고려하는 요소는 무엇인가요?(여러 항목 선택 가능)
     [ ] 가격
     [ ] 품질
     [ ] 브랜드
     [ ] 리뷰 및 추천
     [ ] 편의성(예: 배송 옵션)
     [ ] 기타(자유롭게 작성)
6. 월평균 소비 예산
   -한 달 동안 쇼핑에 사용하는 평균 예산은 어느 정도인가요?
     [ ] 10만 원 미만
     [ ] 10만 원 - 50만 원

　　　　[ ] 50만 원 – 100만 원
　　　　[ ] 100만 원 이상
7.　고객 충성도
　　–귀하는 좋아하는 브랜드나 제품에 대해 얼마나 충성스러운 편인가요?
　　　　[ ] 항상 같은 브랜드/제품을 구매함
　　　　[ ] 가격이나 조건이 맞을 경우 같은 브랜드/제품을 구매함
　　　　[ ] 다양한 브랜드/제품을 시도하는 편임
　　　　[ ] 기타(자유롭게 작성)

감사합니다! 귀하의 의견은 우리에게 매우 중요합니다.
——
이 설문지는 고객의 소비 특성에 대한 종합적인 이해를 돕고, 특히 브랜드 선호도, 쇼핑 습관, 구매 결정 요인 등에 중점을 둡니다. 설문 결과는 마케팅 전략 수립 및 제품 개발에 유용하게 활용될 수 있습니다.

상권 분석

텍스트 형식의 데이터를 기반으로 거시적으로 상권을 분석할 수도 있겠지만 공공기관이나 상업적으로 이용할 수 있는 통계 데이터를 사용하면 좀 더 확실하고 구체적인 상권 분석이 가능하다.

이번 프롬프트에서는 공공 통계 데이터를 기반으로 특정 지역에 관한 상권을 분석할 수 있는 질문을 제공한다. 공공 통계 데이터는 대부분 엑셀 형식의 파일(csv ,xls, xlsx)을 사용하므로 대화창에서 파일을 첨부할 수 있는 기능을 제공해 주는 GPT4에서만 사용할 수 있는 프롬프트이다. 물론 엑셀 파일을 텍스트로 변환해 긁어서 붙여넣는 방법도 있기에 무료 버전이라서 안 된다고는 말할 수는 없으나, 데이터 분석 결과의 질이 유료 버전에 비해 떨어지는 건 사실이다.

이번 프롬프트에서 분석할 대상은 '경기도 수원시 골목길 상권'이다. 수원시 전체가 아닌 수원시 중에서도 구도심에 속하는 골목길 상권에 한정되는 지역을 말한다. 이 지역의 상권 정보 데이터는 공공데이터포털(https://www.data.go.kr)에서 다운로드 받을 수 있다. 우선 다운로드를 받은 파일을 아래 그림과 같은 메시지창의 '클립' 모양 버튼을 클릭해 파일을 직접 첨부할 수 있다.

ChatGPT can make mistakes. Consider checking important information.

그림 56 챗GPT 대화창

이번 프롬프트에서는 상권 정보를 표나 그래프로 보여 줄 수 있도록 구성한다. 페르소나와 역할 설정은 생략했다.

파일로 데이터에서 상권 내에 특정 업태에 속하는 업소가 얼마나 있는지 알아보고자 해.
"업태"열에 있는 업태명이 "부동산" 또는 "중개업" 또는 "부동산 중개업"인 데이터에 대한 통계를 알려 줘.

챗GPT가 첨부된 통계 데이터 파일을 분석해 결과를 보여 준다.

해당 데이터셋에서 "부동산" 업태에 속하는 업소가 34개, "부동산중개업" 업태에 속하는 업소가 3개, 그리고 "중개업" 업태에 속하는 업소가 1개 있어, 총 38개의 업소가 지정된 업태에 해당됩니다.

챗GPT의 대답을 참고해 다음 프롬프트를 요청한다.

위에서 알려 준 총 38개의 업소가 위치한 소재지의 행정동을 알려 줘.

사용자의 요청에 맞게 소재지의 행정동별로 업소의 현황을 알려 준다.

해당 업소들이 위치한 소재지의 행정동은 다음과 같습니다: 권선구, 팔달구, 영통구, 장안구, 그리고 동말로입니다.

사용자는 결과를 표로 출력해 달라고 요청한다.

그러면 권선구, 팔달구, 영통구, 장안구, 동말로별로 그 지역에 위치하고 있는 업소의 개수를 표의 형식으로 나타내 줘.

챗GPT는 사용자의 요청대로 표를 제시한다.

다음은 각 행정동별로 위치하고 있는 업소의 개수를 나타낸 표입니다.

행정동	업소 개수
영통구	27
장안구	5
권선구	4
팔달구	1
동말로	1

그림 57 행정동별 업소현황

이제 사용자는 결과를 막대 그래프로 출력해 달라고 요청한다.

위의 표에 나타난 내용을 막대 그래프를 이용해서 보여 줘.

챗GPT는 사용자의 요청대로 막대 그래프를 그려 준다.

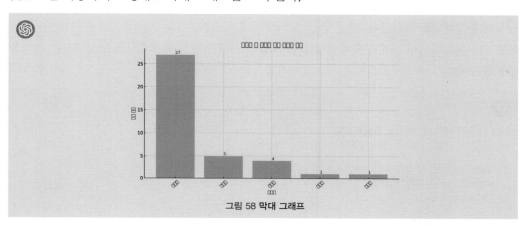

그림 58 막대 그래프

챗GPT는 한글 출력이 안 되므로 텍스트가 깨져서 나타난다. 그래서 한글을 영어로 바꾸고, 행정동의 이름을 소리 나는 대로 출력해 달라고 요청한다.

위 그래프에 사용된 한글을 영어로 바꿔서 다시 그려 줘.

챗GPT는 사용자의 요청대로 막대 그래프를 한글에서 영어로 바꿔 준다.

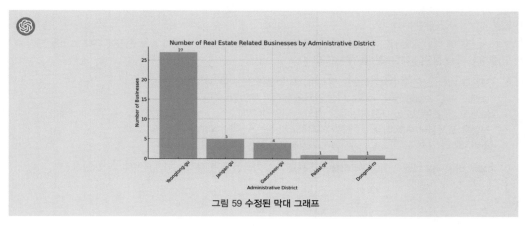

그림 59 수정된 막대 그래프

03 마케팅

브랜딩

브랜딩은 시간이 필요한 작업이다. 어느 정도 사업이 궤도에 오르면 사업을 통해 생산하는 제품이나 서비스에 브랜드를 입히고 싶어 한다. 소비자들이 '브랜드'만 보고 소비해 주는 그 순간을 상상하며 브랜딩을 해나간다.

이번 프롬프트에서는 브랜드 구축에 필요한 것들을 최대한 반영해 브랜드를 만들어가는 과정을 구현해 보았다.

 질문

너는 크리에이티브한 브랜딩 컨설턴트야.
너는 브랜드 전략을 세우고 창의적으로 브랜딩하는 역할이야.

[1] 브랜드 비전은 무엇입니까?
[2] 브랜드 미션은 무엇입니까?
[3] 브랜드 밸류(가치)는 무엇입니까?
[4] 브랜드 포지셔닝은 어떻습니까?
[5] 소비자와의 약속은 무엇입니까?

사용자로부터 위의 질문에 대한 입력을 요청하고
사용자가 입력한 데이터를 사용해 아래 지시 사항을 완성해 줘.
사용자의 입력이 부족할 경우 다시 입력을 요구해 줘.

[1]~[5]까지의 내용을 바탕으로 브랜드 아이덴티티를 구축하고 브랜드를 홍보하고 지속가능할 수 있는 방안을 알려 줘.

챗GPT가 사용자 정보의 입력을 요구한다.

먼저, 브랜드에 대한 구체적인 정보를 제공해 주시면 브랜드 아이덴티티 구축과 홍보 전략에 대해 조언을 드릴 수 있습니다. 다음 질문에 대한 답변을 부탁드립니다:

1. 브랜드 비전: 브랜드가 장기적으로 달성하고자 하는 목표는 무엇입니까?
2. 브랜드 미션: 브랜드가 추구하는 핵심 가치와 목적은 무엇입니까?
3. 브랜드 가치: 브랜드가 대표하는 주요 가치는 무엇입니까?
4. 브랜드 포지셔닝: 시장에서 브랜드가 차지하고자 하는 위치는 어떻습니까?
5. 소비자와의 약속: 브랜드가 소비자에게 제공하고자 하는 약속은 무엇입니까?

이 정보를 바탕으로 브랜드 아이덴티티를 구축하고 지속 가능한 홍보 전략을 제안해 드릴 수 있습니다.

사용자가 자신의 정보를 입력한다.

질문

1. 소통하고 성장하자
2. 쉽고 편하며 부담없이 사용할 수 있는 서비스
3. 빠른 대응, 손쉬운 접근, 편안한 경험
4. 음성 인식형 키오스크 시스템
5. 한 달에 2회 원격 점검, 유저 데이터의 분석

챗GPT가 브랜드 아이덴티티를 제안해 준다. 챗GPT가 제안해 준 브랜드 아이덴티티의 구성 요소들인 브랜드 네임, 로고, 색상, 타이포그라피, 태그라인 등에 대해서는 각 요소에 대한 개별적인 질문을 통해 좀 더 구체화시킬 수 있다.

감사합니다. 제공해 주신 정보를 바탕으로 브랜드 아이덴티티 구축과 홍보 전략을 제안드리겠습니다.

브랜드 아이덴티티 구축
1. 브랜드 네임: 브랜드의 핵심 가치인 '쉽고 편한 사용'을 반영하는 이름을 선택합니다. 예를 들어, "EasyVoice"나 "ComfortTalk" 같은 이름이 적합할 수 있습니다.
2. 로고: 음성 인식과 키오스크의 특성을 반영하는 간결하고 현대적인 디자인을 선택합니다. 마이크와 터치스크린 요소를 조합한 디자인을 고려해 볼 수 있습니다.
3. 색상: 편안하고 신뢰감을 주는 색상을 사용합니다. 예를 들어, 진한 파란색과 밝은 녹색 조합은 신뢰감과 친근함을 동시에 전달할 수 있습니다.
4. 타이포그라피: 사용자에게 친숙하고 읽기 쉬운 글꼴을 사용합니다. 예를 들어, 산세리프체는 현대적이고 접근성이 좋습니다.
5. 태그라인: 브랜드의 미션과 비전을 간결하게 표현합니다. 예를 들어, "말만 하세요, 나머지는 저희가" 또는 "편안한 대화, 빠른 서비스".

홍보 및 지속 가능한 전략
1. 디지털 마케팅: 소셜 미디어, 검색 엔진 최적화(SEO), 그리고 타깃 광고를 통해 온라인에서 브랜드 인지도를 높입니다.
2. 체험 마케팅: 키오스크를 직접 체험할 수 있는 이벤트나 팝업 스토어를 운영하여 사용자 경험을 직접 제공합니다.
3. 파트너십 및 협업: 관련 업계의 다른 기업이나 기관과의 협업을 통해 브랜드의 도달 범위를 확장합니다.
4. 고객 피드백과 데이터 분석: 정기적인 원격 점검과 사용자 데이터 분석을 통해 서비스를 지속적으로 개선하고 사용자 경험을 최적화합니다.
5. 지속 가능한 발전: 기술 발전과 시장 변화에 맞춰 지속적으로 제품을 업데이트하고 새로운 기능을 추가합니다.

이러한 전략들은 브랜드의 핵심 가치와 시장 포지셔닝을 강화하고, 장기적으로 브랜드의 성장과 지속 가능성을 지원할 것입니다.

제품 슬로건

슬로건의 일반적인 뜻은 사람들이 어떤 행동을 할 때 본인들의 요구 사항 등을 간결하게 나타내기 위한 구호 또는 표어 등을 의미한다. 슬로건은 여러 분야 또는 상황에서 사용될 수 있는데 기업에서는 소비자의 관심을 끌어 구매를 유도하기 위해 슬로건을 사용한다.

가장 대표적인 제품에 대한 슬로건은 나이키의 "Just DO IT(그냥 해라)"이다. 나이키는 이 슬로건 하나로 스포츠용품 업계에서 탑티어의 위치를 점유하게 된다. 이렇듯 성공적인 슬로건은 제품 판매를 촉진시키고 기업의 브랜딩에 공헌한다. 슬로건 작성은 상당한 창의성을 요구하는 작업인만큼 챗GPT를 잘 활용한다면 보다 쉽게 슬로건을 작성할 수 있을 것이다.

이번 프롬프트에서는 슬로건을 작성해 보자.

질문

[1] 슬로건의 키워드를 쉼표로 구분해 입력하세요.
[2] 슬로건에 사용될 글자 수를 숫자로 입력하세요.
[3] 슬로건의 주제를 입력하세요.
[4] 슬로건의 문체를 입력하세요.

만약 입력한 나의 답변이 모호하거나 정확하지 않다면
명확한 답변이 나올 때까지 계속해서 질문해 줘.

너는 나이키 슬로건을 만들었던 팀의 카피라이터야.
너는 행사장 현수막에 사용할 슬로건을 작성하는 역할이야.

슬로건을 아래의 작성 조건에 맞춰 작성해 줘.
– [1]에서 주어진 키워드를 모두 사용할 것.
– 평어체를 사용해 표현할 것.
– 10가지 이상의 슬로건을 제안할 것.

챗GPT가 사용자의 정보에 대한 입력을 요청한다.

알겠습니다. 슬로건을 작성하기 위해서, 제가 필요한 정보는 다음과 같습니다:

1. 슬로건에 사용될 키워드들(쉼표로 구분해 입력)
2. 슬로건의 글자 수 제한
3. 슬로건의 주제
4. 슬로건의 문체

이 정보들을 제공해 주시면, 그에 맞추어 10가지 이상의 슬로건을 제안해 드리겠습니다.

사용자가 답변에 필요한 정보를 입력한다.

질문

1. 청년, 희망, 용기
2. 100자
3. 어려운 경제 상황 속에서도 꿈을 잃지 않고 나아가는 청년의 모습
4. 밝고 힘차며 자신감을 북돋우는 문체

챗GPT는 사용자가 원하는 방향으로 슬로건을 만들어 준다.

주신 조건에 맞추어 10가지 슬로건을 작성해 보겠습니다. 청년, 희망, 용기라는 키워드를 사용하여 어려운 경제 상황 속에서도 꿈을 잃지 않고 나아가는 청년의 모습을 표현하며, 글자 수는 100자 이내로, 밝고 힘찬 자신감을 북돋우는 문체로 작성하겠습니다.

1. "청년이여, 희망의 발걸음으로! 용기를 갖고 꿈을 향해 나아가다."
2. "희망의 불꽃, 청년의 용기. 어둠 속에서도 빛나는 꿈을 향해!"
3. "용기 있는 청년, 희망을 품고, 불확실한 미래도 당당히 맞서라!"
4. "청년의 힘, 희망으로 뭉쳐. 어떤 난관도 우리는 극복한다!"
5. "꿈을 잃지 마, 청년이여! 희망의 길은 용기 있는 자에게 열린다."
6. "경제의 폭풍 속에서도, 청년은 희망과 용기의 상징."
7. "청년의 꿈, 희망으로 빛나다. 어려움 속에서도 용기를 잃지 마라!"
8. "용감한 청년, 희망의 씨앗을 심다. 꿈을 향한 당찬 발걸음을 내딛어!"
9. "희망의 심장, 청년의 용기. 어둠을 뚫고 꿈을 향해 전진하라!"
10. "청년이여, 용기와 희망으로 무장하라. 꿈의 길은 멀지 않다!"

각 슬로건은 청년, 희망, 용기라는 키워드를 중심으로 어려운 경제 상황 속에서도 꿈을 향해 나아가는 모습을 밝고 힘찬 문체로 표현하였습니다. 추가적으로 수정이나 다른 요청 사항이 있으시면 알려 주세요.

제품 소개

이번에는 신상품으로 출시될 제품에 대한 이미지를 챗GPT에게 제공하고 제공된 이미지를 분석해 그에 적합한 소개글을 제작해 달라고 요청해 보자. 챗GPT에게 이미지 파일을 첨부할 수 있는 프롬프트를 사용해야 하므로 무료 버전에서는 사용할 수 없고 파일 첨부가 가능한 GPT4를 사용해야 한다.

우선 이미지 파일을 아래 그림과 같은 메시지창의 '클립' 모양 버튼을 클릭해 파일을 직접 첨부할 수 있다.

ChatGPT can make mistakes. Consider checking important information.

그림 60 챗GPT 대화창

그림 61 제품 사진

위의 이미지와 같은 제품 사진을 첨부하고 다음과 같이 요청해 보자.

 질문

너는 카피라이팅 역량이 우수한 마케터야.
너는 신제품을 소개하는 글을 적는 역할이야.

이미지 파일로 첨부한 주얼리 제품은 이번에 출시될 신제품이야.
아래 조건에 맞는 제품 소개글을 적어 줘.

 – 구매 타깃층은 40~50대 중장년 여성임.
 – 고급스러운 소재와 디자인을 강조할 것.
 – 3개의 문장으로 구성하고, 문장이 끝나면 줄 바꿈 할 것.
 – 해시태그는 10개를 만들 것.
 – 위와 같은 내용을 반영한 소개글을 총 5개를 만들 것.

챗GPT가 5가지의 제품 소개글과 해시태그를 생성해 준다.

여러분의 우아함을 한층 더 빛내 줄, 시대를 초월한 디자인의 주얼리
···(이하 생략)

#고급주얼리 #중장년여성 #세련된디자인 ·····················(이하 생략)
- -
당신의 고귀한 순간들을 함께 할, 장인 정신이 담긴 주얼리를
···(이하 생략)

#장인정신 #천연보석 #고급주얼 ·····························(이하 생략)
- -
매 순간을 우아하게, 당신의 품격을 높여줄 반지를 만나보세요.
···(이하 생략)

#품격있는선택 #정교한장인기술 #탁월한 ·····················(이하 생략)
- -
당신만의 스토리를 담은, 시간을 초월하는 아름다움이 빛나는
···(이하 생략)

#시간을초월한아름다움 #노련미 #럭셔리 ······················(이하 생략)

소장 가치가 뛰어난, 당신을 더욱 돋보이게 할 주얼리입니다.
······················(이하 생략)
#소장가치 #모던클래식 #기품있는일상 #40대 ···············(이하 생략)

사용자가 제품 소개글을 조금 다듬어 달라고 요청한다.

질문

세 번째 제품 소개글이 괜찮은 것 같아.
세 번째 제품 소개글과 비슷한 스타일로 3개를 더 만들어 줘.
문장이 끝나면 줄 바꿈을 해 주고, 친절한 문체를 사용해 줘.

챗GPT가 사용자 요청에 맞는 결과를 생성해 준다.

당신의 고상한 취향을 반영하는, 시대를 초월한 클래식함을 지닌
······················(이하 생략)
#시대를초월한클래식 #고상한취향 #우아한 ···············(이하 생략)

당신의 우아한 매력을 한층 돋보이게 해 줄, 세련된 감각의 반지를
······················(이하 생략)
#우아한매력 #세련된감각 #고급스럽고 ···············(이하 생략)

당신의 기품 있는 라이프 스타일을 완성해 줄, 한눈에 반하는 주
······················(이하 생략)
#기품있는라이프스타일 #한눈에반하는 ···············(이하 생략)

사용자는 한번 더 문장을 수정해 달라고 요청한 후, 제품명을 챗GPT에게 요청한다.

질문

이번에 대답한 글 중에서 두 번째 글을 좀 더 고급스러운 단어로 바꿔 주고,
여성스러운 문체를 사용해서 업데이트해 줘.
마지막으로 네가 제시한 답변을 바탕으로 제품의 이름을 5가지만 알려 줘.

챗GPT가 대답한다.

당신의 품격을 한층 업그레이드해 줄, 섬세함이 돋보이는 주얼리를 선보여요.
잔잔한 광채가 매혹적인 이 반지는, 각별한 순간마다 여러분을 더욱 눈부시게 해 줄 거예요.
정교하게 세공된 디테일이 당신의 일상에 우아한 아름다움을 가득 채워 줄 거랍니다.

#품격업그레이드 #섬세함이돋보이는 #잔잔한광채 #매혹적인주얼리 #눈부신순간 #정교한세공 #일상에아름다움 #
여성스러운주얼리 #고급스러운디자인 #스타일의완성

제품 이름에 대한 제안입니다:
1. "시간의 꽃" 반지
2. "품격의 조화" 반지
3. "우아한 순간" 반지
4. "클래식 르네상스" 반지
5. "로즈골드 시그니처" 반지

이벤트

사회 생활이나 가족들 간에는 다양한 행사가 있을 수 있다. 아무리 간단한 행사라도 최소한의 계획도 없이 진행한다면 좋지 않은 결과가 초래될 수 있다. 쉬운 말로 돈은 돈대로 쓰고, 원성만 듣게 될 가능성이 많다.

사소한 행사, 이벤트라도 챗GPT의 도움을 받으면 한결 짜임새 있게 구성할 수 있다. 이번에는 이벤트 계획을 세우는 과정에 챗GPT를 활용해 보자.

다음과 같은 프롬프트를 사용해서 챗GPT에게 이벤트 계획 작성을 요청한다.

[1] 이벤트의 유형은 무엇인가요?
    (예: 칠순잔치/송별회/체육대회/야유회/환영회 등)
[2] 이벤트는 누구를 대상으로 하나요?
[3] 장소는 어디에서 하나요?
[4] 행사 예산은 얼마인가요?
[5] 행사 시 소요 시간은 몇 시간인가요?

사용자로부터 위의 질문에 대한 입력을 요청하고
사용자가 입력한 데이터를 사용해 아래 지시 사항을 완성해 줘.
사용자의 입력이 부족할 경우 다시 입력을 요구해 줘.

당신은 이벤트 전문가입니다.
당신은 이벤트 계획서를 만드는 역할입니다.

[1]에 대한 구체적인 기획 내용을 기술해 주세요. 또한 [2]에 대한 어필 포인트, [3]의 이점, [4]의 내역 및 절약 방법, [5]에 따른 스케줄 및 타임라인을 고려해 상세한 기획안을 제안해 주시기 바랍니다. 또한 성공적인 이벤트 종료 후 사후 조치에 대해서도 언급해 주세요. 아래의 지침에 따라서 작성해 주세요.

– 사용자가 입력한 데이터를 근거로 작성할 것.
– 가능한 한 구체적으로 작성할 것.
– 출력 형식을 준수할 것.

아래의 출력 형식에 맞춰 작성해 주세요.
1. 개요
2. 대상
3. 장소 및 시간
4. 세부 일정
5. 소요 예산
6. 사후 조치

챗GPT는 사용자 정보의 입력을 요청한다.

먼저, 이벤트에 관한 구체적인 정보를 제공해 주시겠어요? 아래의 질문에 답해 주시면, 이에 기반하여 상세한 이벤트 계획안을 작성해 드리겠습니다.

1. 이벤트의 유형은 무엇인가요?
   (예: 칠순잔치, 송별회, 체육대회, 야유회, 환영회 등)
2. 이벤트는 누구를 대상으로 하나요?
3. 장소는 어디에서 하나요?
4. 행사 예산은 얼마인가요?
5. 행사 시 소요 시간은 몇 시간인가요?

이 정보들을 토대로 이벤트의 개요, 대상, 장소 및 시간, 세부 일정, 소요 예산, 사후 조치에 대한 상세한 계획안을 제공해 드리겠습니다.

사용자는 필요한 정보를 입력한다.

1. 신입사원 환영회
2. 2024년 신규 입사 예정자 25명
3. 뷔페
4. 300만 원
5. 4시간

챗GPT는 사용자 정보를 입력받아 이벤트 계획서를 다음과 같이 생성한다.

감사합니다. 제공해 주신 정보를 바탕으로 신입 사원 환영회에 대한 상세한 이벤트 계획안을 다음과 같이 제안드립니다.

1. 개요
    - 이벤트 유형: 신입 사원 환영회
    - 목적: 2024년 신규 입사 예정자들을 환영하고, 기존 팀원들과의 친목 도모 및 조직 문화 소개
2. 대상
    - 참가자: 2024년 신규 입사 예정자 25명
    - 특징: 다양한 배경과 경험을 가진 신입 사원들에게 회사 문화를 소개하고, 상호작용을 통해 팀워크를 강화하는 기회 제공
3. 장소 및 시간
    - 장소: 분위기 좋은 뷔페 식당
    - 시간: 예정된 4시간 동안 진행
    - 이점: 뷔페 식당 선택으로 다양한 식사 옵션 제공, 비공식적인 환경에서의 자유로운 대화 촉진
4. 세부 일정
    - 개회사 및 환영 인사(30분)
       회사의 주요 인사들이 참석하여 환영사 및 회사 소개
    - 식사 및 네트워킹(1시간 30분)
       뷔페식 식사 제공, 신입 사원들이 서로 및 기존 직원들과 교류할 수 있는 시간
    - 팀 빌딩 활동(1시간)
       팀워크 및 소통 능력 강화를 위한 그룹 활동
    - 폐회 및 기념 촬영(30분)
       행사의 마무리 및 단체 사진 촬영으로 추억 남기기
5. 소요 예산
    - 총 예산: 300만 원
       장소 대여 및 식사: 약 200만 원
       팀 빌딩 활동 및 기념품: 약 50만 원
       비상금 및 기타 비용: 50만 원
    - 절약 방법:
       장소 및 케이터링에 대한 이른 예약으로 할인 혜택 확보
       팀 빌딩 활동은 내부 자원을 활용하여 비용 절감
6. 사후 조치
    - 피드백 수집: 참가자들로부터 행사에 대한 피드백 수집
    - 사진 및 동영상 공유: 행사 사진 및 동영상을 공유하여 회사 내 커뮤니케이션 채널에 게시
    - 향후 네트워킹 기회 확장: 행사를 통해 형성된 관계를 바탕으로 지속적인 커뮤니케이션 및 네트워킹 기회 마련

이 계획안이 신입사원 환영회를 성공적으로 기획하고 진행하는 데 도움이 되길 바랍니다. 추가적인 조정이 필요하거나 더 자세한 사항을 원하시면 언제든 문의해 주세요.

제품 광고

앞서 신제품 소개 문구를 만드는 작업처럼 제품 광고 문구를 작성하는 데도 챗GPT는 매우 효율적인 도구이다. 제품 광고에 사용될 문구를 제작하는 것은 신제품 소개 문구를 만드는 과정과 다소 유사하지만, 광고를 게시하려는 매체의 특성에 맞춰 문구를 제작해야 한다.

즉, 인스타그램을 통해 광고하려면 조금 간결하고 톡톡 튀게 만들어야 하고, 블로그를 통해 광고하려면 조금 친절하고 전문가의 느낌으로 요목조목 설명해 주는 식으로 광고 문구를 작성해야 한다.

이번에는 다음과 같은 프롬프트로 제품 광고 문구를 작성해 보자. 먼저 기존의 광고 문구 중에서 본인이 작성하고자 하는 광고 문구와 비슷한 것을 찾아 보자. 기존 광고 문구로 챗GPT를 사전 학습시키고 원하는 광고 문구를 생성해 달라고 요청해 보자.

나는 네가 광고 회사의 팀장 역할을 했으면 좋겠어.
너의 역할은 홍보 채널별 광고 문구를 작성하는 거야.

광고 문구 샘플
건강의 시작! 푸르밀로부터
푸르밀은 자연의 푸르름, 순수함, 신선함을 뜻하며
신선하고 건강에 좋은 먹거리를 소비자 여러분께 제공하고자 하는 기업의 이념을 담았습니다.

아래의 제품에 대한 **제품 정보**를 참고해 위에서 제시한 기존의 광고 **광고 문구 샘플**에 맞춰 광고 문구를 만들어 줘.

제품 정보
– 제품 종류: 에너지 드링크
– 타깃 고객: 18~20세의 젊은 성인
– 주요 메시지: 산뜻한 과일향 함유, 빠른 갈증 해소, 노슈거
– 홍보 채널: 인스타그램, 페이스북, 트위터

위의 프롬프트의 내용에 맞게 다음과 같이 해당 제품의 광고 문구를 생성한다.

** 에너지 드링크 광고 문구**
"젊음의 에너지, 맑은 시작! 여러분의 에너지 드링크입니다."
에너지 드링크는 산뜻한 과일향과 함께 빠른 갈증 해소를 제공합니다. 노슈거로 건강까지 생각한, 18~20세 젊은 성인을 위한 최고의 선택! 우리는 청춘의 활기찬 에너지를 담아, 여러분의 일상에 신선한 활력을 불어넣고자 합니다.

인스타그램 광고 문구
"하루의 시작을 상큼하게! #노슈거 #에너지드링크"
산뜻한 과일향과 함께하는 노슈거 에너지 드링크로 하루를 시작하세요. 갈증은 물론, 일상의 활력까지 채워 줄 건강한 선택! 18~20세의 젊은 성인들이여, 이제 우리의 드링크로 에너지를 리필하세요!

제휴 마케팅

제휴 마케팅이란 기업이나 개인이 특정 제품이나 서비스를 홍보하고, 그 결과로 발생하는 판매나 특정 행동(⑩ 클릭, 링크를 통한 가입 또는 구매 등)에 대해 일정 비율의 수수료를 받는 마케팅 방식이다. 주로 온라인상에서 이루어지며 다양한 채널(블로그, 카페, 홈페이지, SNS 등)을 통해 진행된다.

예를 들어 건강 용품을 판매하는 쇼핑몰 운영자가 제휴 마케팅 업체나 마케터에게 자신의 쇼핑몰로 소비자가 방문할 수 있도록 홍보를 의뢰하면, 해당 마케터나 업체에서는 다양한 채널을 통해 의뢰받은 쇼핑몰로 방문자가 유입될 수 있는 장치를 마련한다. 그렇게 설정된 장치(링크 등)를 통해 쇼핑몰을 방문한 소비자가 주문을 할 경우, 주문 금액의 일정 비율이 마케터나 업체의 수익으로 지급된다.

아래 프롬프트에서는 이러한 제휴 마케팅을 진행하는 과정을 간단하게 보여 줄 것이다. 참고하기 바란다.

너는 다양한 홍보 채널을 가지고 있는 제휴 마케터야.
너는 의뢰받은 고객의 상품이나 서비스를 홍보하는 역할이야.

나는 지금 우리 동네(서울 양천구 목동)에서 초, 중, 고, 일반인들을 위한 컴퓨터/IT/코딩 학원을 운영하고 있어.
다음과 같은 **교육 과정**에 대해 홍보하여 수강생을 유치하고 싶어.
이에 관한 제휴 마케팅 방법을 실행가능한 수준에서 10가지를 알려 줘.

교육 과정
– 일반적인 프로그램 강의(HTML, CSS, JavaScript, Python 등)
– 컴퓨터 활용 강의(Excel, Word, PowerPoint, 한글 등)
– 맥 관련 강의(맥os, Keynote, Pages 등의 기본앱 등)
– 이미지&동영상 편집 강의(포토샵, 파이널컷프로, 아이무비, Vllo 등)
– 스마트 디바이스 활용 강의(아이폰, 안드로이드폰, 아이패드 등)
– SNS 활용 강의(블로그, 페이스북, 인스타그램, 유튜브 등)
– 2D/3D 모델링 강의(오토캐드, 레빗, 라이노, 3Dmax 등)

챗GPT는 위의 요청에 따라 다음과 같은 내용을 생성한다. 대략 10가지 정도의 솔루션을 제공하는데, 각 솔루션에 대해서 한번 더 세부적인 내용을 챗GPT에게 요청해 보자.

서울 양천구 목동에서 컴퓨터/IT/코딩 학원을 운영하시면서 제공 가능한 교육 과정에 대한 제휴 마케팅 방법을 구상하는 것은 매우 현명한 전략입니다. 여기 실행 가능한 수준에서 제휴 마케팅 방법 10가지를 제안합니다:

1. 지역 커뮤니티 포럼과 블로그 협업: 목동 및 주변 지역 커뮤니티 포럼이나 블로그와 협력하여 교육 과정에 대한 게시물을 작성하고, 그들의 독자에게 할인 코드를 제공합니다. 예를 들어, 지역 온라인 커뮤니티 또는 학부모 포럼에 게시글을 작성하거나, 해당 포럼과 제휴하여 교육 과정에 대한 리뷰를 게시할 수 있습니다.

2. 인플루언서와의 파트너십 구축: 교육, 부모, 기술 분야 인플루언서와 파트너십을 맺고, 그들이 교육 과정을 체험하고 리뷰하는 콘텐츠를 생성하도록 합니다. 이는 인플루언서의 팔로워에게 학원의 교육 과정을 효과적으로 홍보할 수 있습니다.

3. 학부모 대상 워크숍 및 세미나 개최: 학부모를 대상으로 자녀 교육의 중요성과 IT/코딩의 미래 가치에 대한 무료 워크숍이나 세미나를 개최하고, 참가자들에게 교육 과정 할인 쿠폰을 제공합니다.

4. 지역 학교와의 제휴: 목동 지역의 초등학교, 중학교, 고등학교와 제휴하여 방과 후 프로그램이나 특별 수업으로 교육 과정을 제공합니다. 학교와의 협력을 통해 직접적인 타깃 오디언스에게 다가갈 수 있습니다.

5. 소셜 미디어 캠페인: 인스타그램, 페이스북, 유튜브 등에서 학원의 교육 과정과 성공 사례를 공유합니다. 예를 들어, 수강생들의 프로젝트 작업 결과를 비디오나 이미지로 공유하고, 교육 과정에 대한 특별 할인 코드를 제공합니다.

6. 지역 기업과의 협력: 목동 지역의 기업과 협력하여 임직원들을 위한 특별 교육 과정을 제공합니다. 기업의 직원 교육 프로그램의 일환으로 컴퓨터 및 IT 기술 교육을 제공함으로써, 기업과 장기적인 파트너십을 구축할 수 있습니다.

7. 온라인 교육 플랫폼과의 제휴: 국내외 온라인 교육 플랫폼과 협력하여 학원의 교육 과정을 온라인으로도 제공합니다. 이를 통해 지역에 국한되지않고 더 넓은 범위의 학습자에게 도달할 수 있습니다.

8. 커뮤니티 이벤트 및 박람회 참여: 지역 커뮤니티 이벤트나 교육 박람회에 참여하여 부스를 설치하고, 학원의 교육 과정에 대한 정보를 제공하며, 방문객을 대상으로 특별 할인을 제공합니다.

9. 리퍼럴 프로그램 운영: 기존 수강생이나 학부모가 새로운 학생을 소개할 경우, 소개받은 학생과 소개한 학생 모두에게 할인 혜택을 제공하는 리퍼럴 프로그램을 운영합니다.

10. 지역 뉴스레터나 매거진과의 협업: 목동 지역의 뉴스레터나 매거진과 협력하여 교육 과정에 대한 광고를 게재하거나, 교육 관련 기사를 제공합니다. 지역사회 내에서 인지도를 높이고, 신뢰를 구축하는 방법입니다.

각 방법은 타깃 오디언스에게 다가가고, 학원의 교육 과정에 대한 관심을 유도하는 데 도움이 됩니다. 실행 계획을 세우고, 각 활동의 효과를 지속적으로 모니터링하며 전략을 조정하는 것이 중요합니다.

사용자가 좀 더 세부적인 내용을 얻기 위해 추가 질문을 한다.

제휴 마케팅 방법 중 1번 방법에 대해 좀 더 자세히 알려 줘.

챗GPT가 추가 내용을 조금 더 자세하게 알려 준다. 이 정도 수준에서 제휴 마케팅 작업을 시작해도 큰 무리는 없을 것 같다.

지역 커뮤니티 파트너십을 통한 제휴 마케팅 전략은 학원의 지역 내 인지도를 높이고, 다양한 대상자에게 교육 과정을 홍보하는 데 매우 효과적일 수 있습니다. 여기서는 지역 커뮤니티 파트너십을 구축하고 실행하는 과정에 대해 자세히 설명하겠습니다.

1. 파트너십 대상 식별
   - 지역 학교: 초등학교, 중학교, 고등학교와의 협력을 추구하여 학생들에게 방과 후 프로그램이나 특별 IT 교육 과정을 제공합니다.
   - 커뮤니티 센터: 지역 커뮤니티 센터에서 열리는 교육 프로그램이나 이벤트에 참여하여 학원의 존재감을 알립니다.
   - 도서관: 지역 도서관과 협력하여 컴퓨터 및 IT 관련 워크숍이나 세미나를 개최합니다.
   - 지역 비즈니스: 지역 내 다른 비즈니스와의 협력을 통해 직원 교육 프로그램을 제공하거나 공동 프로모션을 실행합니다.
2. 파트너십 제안 준비
   - 가치 제안: 파트너가 될 기관에 제공할 수 있는 독특한 가치와 혜택을 명확히 합니다. 예를 들어, 학생들에게 현대적인 IT 기술을 가르쳐 미래의 경력 기회를 넓힐 수 있다는 점을 강조할 수 있습니다.
   - 맞춤형 프로그램: 각 파트너의 요구 사항과 목표에 맞는 맞춤형 교육 프로그램을 제안합니다. 이는 파트너십이 그들에게 실질적인 가치를 제공한다는 것을 보여 줍니다.
3. 협력 실행
   - 공동 마케팅: 학원과 파트너 기관이 공동으로 마케팅 자료를 제작하고, 각 기관의 네트워크를 통해 교육 프로그램을 홍보합니다.
   - 이벤트 개최: 파트너 기관과 함께 교육 과정 소개, 오픈 하우스, 무료 워크숍 등의 이벤트를 개최하여 참여를 유도합니다.
   - 특별 할인 제공: 파트너 기관의 구성원들에게 특별 할인이나 제휴 프로모션을 제공하여 등록을 장려합니다.
4. 지속적인 관계 구축
   - 성공 사례 공유: 파트너십을 통해 성취한 성공 사례나 학생들의 성과를 정기적으로 공유합니다. 이는 파트너십의 가치를 강조하고 지속적인 협력을 장려합니다.
   - 피드백 수집 및 개선: 파트너 기관과 정기적으로 만나 피드백을 수집하고 프로그램을 개선하는 방향으로 협력을 진행합니다.

지역 커뮤니티 파트너십을 통해 학원은 지역 사회 내에서 깊이 있는 관계를 구축하고, 학원의 교육 과정에 대한 인지도와 참여를 높일 수 있습니다. 이러한 협력은 학원에 장기적인 성장 기반을 마련해 줄 것입니다.

고객 만족도 조사

고객 만족도 조사를 하는 방법에도 여러 가지 방법이 있지만, 앞서 고객 수요 조사 시 사용했던 방법인 설문 조사 방식을 고객 만족도 조사에도 적용시켜 보자. 고객 수요 조사할 때와 비슷한 방식으로 프롬프트를 구성해서 진행해 보자.

우선 챗GPT에게 고객 만족도 조사 방법에 대해 물어본다.

고객 만족도를 조사하는 방법에 대해 10가지만 알려 줘.

챗GPT가 제안하는 고객 만족도 조사 방법은 다음과 같다.

고객 만족도를 조사하는 방법은 다양하며, 그중 주요한 10가지 방법은 다음과 같습니다:

1. 설문 조사(Surveys): 온라인 또는 오프라인을 통한 간단한 설문
    ·······························(이하 생략)
2. 직접 인터뷰(Interviews): 고객과의 일대일 대화를 통해 더 깊이
    ·······························(이하 생략)
3. 초점 그룹(Focus Groups): 소규모 그룹을 대상으로 진행되며
    ·······························(이하 생략)
4. 고객 만족도 지수(CSI, Customer Satisfaction Index): 고객 만족도
    ·······························(이하 생략)
5. 소셜 미디어 모니터링: 소셜 미디어에서 고객의 의견과 태도를
    ·······························(이하 생략)
6. 고객 피드백 카드: 매장이나 이벤트 현장에서 고객에게 간단한
    ·······························(이하 생략)
7. 온라인 리뷰 및 평가 분석: 온라인 쇼핑몰이나 서비스 플랫폼에서
    ·······························(이하 생략)

챗GPT가 제안한 방법 중에서 가장 일반적인 설문 조사 방식을 사용하기로 결정하고 설문 조사에 사용할 문항들을 작성해 달라고 요청한다.

1번 설문 조사 방식을 고객 만족도를 조사하는 방법으로 사용하려는데 고객 만족도를 조사하기에 적당한 설문지를 만들어 줘.

챗GPT가 고객 만족도 설문지를 생성해 주었다.

고객 만족도를 조사하기 위한 설문지를 만들 때는 질문이 명확하고, 간결하며, 고객의 경험 전반에 대한 피드백을 얻을 수 있도록 구성하는 것이 중요합니다. 다음은 고객 만족도 조사를 위한 샘플 설문지입니다:

고객 만족도 조사 설문지
·······························(이하 생략)

처음에 생성해 준 설문지 문항 중에서 삭제할 것은 삭제하고 추가할 것은 추가하여 재작성해 주기를 챗GPT에게 요청한다.

설문 문항에 "당신은 얼마나 이 제품/서비스를 다른 사람에게 추천할 의향이 있습니까?"라는 문항을 추가하고, 연령대 문항의 보기에서 "55 이상"이라는 보기는 삭제해서 다시 작성해 줘.

챗GPT는 수정된 고객 만족도 조사 설문지를 생성해 준다.

개정된 고객 만족도 조사 설문지

기본 정보
1. 연령대:
    [ ] 18–24
    [ ] 25–34
    [ ] 35–44
    [ ] 45–54
2. 성별:
    [ ] 남성
    [ ] 여성
    [ ] 기타/선택하지 않음

서비스 경험
3. 당사의 제품/서비스를 이용한 경험이 있습니까?
    [ ] 예
    [ ] 아니요
4. 당사 제품/서비스를 얼마나 자주 이용하십니까?
    [ ] 매일
    [ ] 매주
    [ ] 매달
    [ ] 가끔
    [ ] 처음 이용함

만족도 평가
5. 당사 제품/서비스의 전반적인 만족도를 평가해 주세요.
    [ ] 매우 만족
    [ ] 만족
    [ ] 보통
    [ ] 불만족
    [ ] 매우 불만족
6. 제품/서비스의 품질에 대해 어떻게 생각하십니까?
    [ ] 매우 우수함
    [ ] 우수함
    [ ] 보통
    [ ] 미흡함
    [ ] 매우 미흡함
7. 고객 서비스에 대한 만족도는 어떻습니까?
    [ ] 매우 만족
    [ ] 만족
    [ ] 보통
    [ ] 불만족
    [ ] 매우 불만족

8. 가격 대비 가치에 대해 어떻게 생각하십니까?
   [ ] 매우 우수함
   [ ] 우수함
   [ ] 보통
   [ ] 미흡함
   [ ] 매우 미흡함
9. 당신은 얼마나 이 제품/서비스를 다른 사람에게 추천할 의향이 있습니까?(0-10점 척도)
   [ ] 0(전혀 추천하지 않음)
   [ ] 1-3(거의 추천하지 않음)
   [ ] 4-6(보통)
   [ ] 7-8(추천할 가능성이 높음)
   [ ] 9-10(매우 적극적으로 추천함)

추가 피드백
10. 당사 제품/서비스에 대해 개선되었으면 하는 점이 있습니까?(자유롭게 작성)
11. 기타 의견이나 제안 사항이 있으시면 자유롭게 작성해 주세요.

고객 응대

고객이 상품 또는 서비스에 대해 불만족스러운 내용을 상품 후기로 게시했을 경우 이 내용에 대한 사과 이메일을 보내는 과정을 프롬프트로 만들어 보았다.
고객의 불만에 대응할 수 있는 이메일용 프롬프트를 작성해 보자.

[1] 고객 리뷰 내용은 무엇인가요?
[2] 상담원의 이름은 무엇인가요?
[3] 환불 규정은 무엇인가요?
[4] 반품할 곳의 주소는 무엇인가요?
[5] 고객센터의 전화번호는 무엇인가요?

사용자로부터 위의 질문에 대한 입력을 요청하고
사용자가 입력한 데이터를 사용해 아래 지시 사항을 완성해 줘.
사용자의 입력이 부족할 경우 다시 입력을 요구해 줘.

너는 고객서비스센터의 고객대응 팀장이야.
고객들이 제품이나 서비스에 대해 작성한 리뷰를 읽고 리뷰에 대해 응답하는 역할이야.

내가 입력한 고객의 리뷰 [1]을 읽고 적절한 이메일 내용을 만들어 줘.
만일 리뷰에서 나타난 고객의 감정이 긍정적이라면 감사를 표시하고
만일 리뷰에서 나타난 고객의 감정이 부정적이라면 사과를 표시해 줘.
특히 고객의 감정이 부정적일 경우 고객서비스센터와 연락할 수 있는 방법을 제시해 줘.

간결하고 전문적이며 친절한 톤과 매너를 사용하고 이메일 마지막 줄에는 [2]를 기입해 줘.

챗GPT가 고객의 리뷰 내용과 필요한 사용자 정보의 입력을 요청한다.

먼저, [1] 고객 리뷰 내용, [2] 상담원의 이름, [3] 환불 규정, [4] 반품할 곳의 주소, [5] 고객센터의 전화번호에 대한 정보를 입력해 주세요. 이 정보들은 이메일 작성에 필요합니다. 정보가 준비되면 입력해 주시면 감사하겠습니다.

사용자가 다음과 같이 순서에 맞춰 필요한 내용을 입력한다.

질문

1. 고객 리뷰의 내용: "이번에 쇼핑몰에서 구입한 제품이 완전히 망가진 채로 배송되어 왔습니다. 솔직히 말해서, 이런 경험은 처음이라 너무 화가 납니다. 상품을 기다리는 동안 그렇게 설레고 기대했건만, 박스를 열어보니 제품이 파손된 걸 보고 정말 실망스럽더군요. 제품의 상태는 마치 누군가 고의로 부순 것처럼 보일 정도였습니다. 어떻게 이런 상품을 보내실 수 있나요? 저는 당연히 환불을 요구합니다. 포장 상태도 엉망이었습니다. 이걸 보내기 전에 제대로 확인이라도 하셨나요? 이런 상태의 상품을 받는 소비자의 기분을 생각해 보셨으면 합니다. 고객 서비스도 전혀 도움이 되지 않았습니다. 문의했을 때의 대응도 불만족스러웠고, 제 문제를 해결해 주기는커녕 오히려 더 화가 날 정도였습니다. 다시는 이 쇼핑몰에서 구매하지 않을 겁니다. 다른 분들도 이런 끔찍한 경험을 하지 않도록 조심하시길 바랍니다. 제대로 된 검수와 포장, 그리고 고객 서비스 개선이 시급히 필요합니다. 정말 최악의 경험이었습니다."

2. 홍길동

3. 배송 중 상품의 파손, 착오 배송의 경우에는 환불 가능합니다

4. 경기도 수원시 영통구 로지스물류센터 3층 307호

5. 070-1577-8282

챗GPT가 다음과 같이 사과의 내용을 담은 이메일을 생성해 준다.

이메일 내용:

안녕하세요,

먼저, 저희 제품으로 인해 불편을 겪으셨다는 점에 대해 진심으로 사과드립니다. 고객님이 주신 피드백은 매우 중요하며, 저희는 이러한 문제가 발생하지 않도록 최선을 다하고 있습니다.

고객님께서 말씀해 주신 배송 문제와 서비스에 대한 부족한 점에 대해 깊이 반성하고 있으며, 이를 개선하기 위한 조치를 취할 것입니다. 제품의 상태와 관련하여, 저희는 환불 정책에 따라 환불을 진행해 드릴 수 있습니다. 배송 중 파손된 상품에 대해서는 전액 환불이 가능하오니, 아래 주소로 제품을 반품해 주시면 감사하겠습니다.

반품 주소: 경기도 수원시 영통구 로지스물류센터 3층 307호

더불어, 추가적인 문의나 도움이 필요하시다면 언제든지 고객센터(070-1577-8282)로 연락 주시기 바랍니다.

저희는 고객님의 만족을 최우선으로 생각하며, 이러한 상황이 재발하지 않도록 최선을 다할 것입니다.

이번 일로 인해 실망하신 점 다시 한번 사과드리며, 앞으로 더 나은 서비스를 제공하기 위해 노력하겠습니다.

고객님의 소중한 의견에 귀 기울이며, 더 나은 쇼핑 경험을 제공할 수 있도록 노력하겠습니다.

감사합니다.

홍길동 드림

01 문서

기획서

문서를 작성하는 경우 프롬프트 공식을 사용한 형식을 갖춘 프롬프트를 사용하는 것보다 챗 GPT와 사용자가 서로 질문과 답변을 계속 진행해 나가는 방식이 오히려 효과적이다. 챗GPT와 사용자가 문서에 들어갈 내용에 필요한 지식과 정보를 서로 묻고 답하는 과정을 통해 챗GPT가 문서의 내용을 자연스럽게 이해할 수 있도록 유도하는 것이다. 이와 같은 과정 속에서 챗GPT는 자신의 답변을 통해 스스로 학습하며 대화가 반복될수록 질 좋은 답변을 생성해 줄 수 있다.

이번 프롬프트로 만들어 볼 문서인 기획서는 회사나 조직 내부에서 어떤 사안이나 프로젝트를 추진하기 위해 작성하는 문서로, 도입, 전개, 실행, 마무리 과정에 대한 내용을 포함한다. 대체로 현상(배경), 문제점(원인), 해결책, 실행 방안, 차후 효과 등의 순서로 구성된다.

프롬프트로 만들어 볼 기획서의 주제는 "중소기업의 취업률 향상과 유지 방안"에 관한 것이다. 먼저 페르소나와 역할을 규정하고, 챗GPT에게 기획서를 구성할 내용에는 어떤 것이 있는지 역으로 질문해 보자. 챗GPT가 내용에 대한 개요를 답변으로 제시하면, 사용자는 그 답변을 바탕으로 개요의 순서대로 내용을 정리하고 보충하는 작업을 반복하면 된다.

 질문

너는 중소벤처기업부의 중소기업 취업 정책 담당 사무관이야.
너는 현장의 다양한 중소기업의 대표 그리고 인사 실무자들과 협의해서 취업률 향상 정책을 세우는 역할이야.

우선 '중소기업의 취업률 향상과 유지 방안'에 대한 기획서에 필요한 내용을 알려 줘.

챗GPT가 다음과 같이 기획서 주제에 관한 내용의 개요를 구성해 준다.

"중소기업의 취업률 향상과 유지 방안"에 관한 기획서를 작성할 때 고려해야 할 주요 내용은 다음과 같습니다:

1. 서론 및 문제 정의:
    −현재 중소기업 취업 시장의 상황과 문제점
    −취업률 향상과 유지의 중요성과 목적

2. 시장 및 산업 분석:
   −취업 시장의 동향과 중소기업의 위치
   −중소기업이 직면한 주요 도전 과제(예: 인력 부족, 기술 격차)
3. 대상 그룹 및 요구 사항 분석:
   −구직자 및 중소기업 고용주의 필요와 기대
   −인력 시장에서 중소기업의 경쟁력 강화 방안
4. 전략 및 구체적인 방안 제시:
   −취업률 향상을 위한 전략
   (예: 교육 및 훈련 프로그램, 채용 절차 개선)
   −직원 유지 전략
   (예: 복리후생 개선, 경력 개발 기회 제공)
5. 정책 제안 및 파트너십:
   −정부 및 기타 기관과의 협력 방안
   −정책적 지원 및 인센티브 제안
6. 재정적 고려 사항:
   −예산 계획 및 재정 자원의 확보
   −투자 대비 효과 분석
7. 성공 사례 및 벤치마킹:
   −유사한 문제를 해결한 다른 기업이나 국가의 사례 연구
8. 리스크 관리 및 대응 전략:
   −프로젝트 진행 중 예상되는 위험 요소
   −위험 관리 및 대응 계획
9. 실행 계획 및 평가 방법:
   −단계별 실행 계획
   −프로젝트 성과 평가 및 모니터링 방법
10. 결론:
    −제안의 중요성 및 예상되는 긍정적 영향 재강조

챗GPT가 생성해 준 위의 내용 중에서 '현재 중소기업 취업 시장의 상황과 문제점'에 대해 좀 더 자세히 알기 위해 다음과 같이 다시 질문한다.

현재 국내 중소기업 취업 시장의 상황과 문제점에 대해 알려 줘.

챗GPT가 사용자의 요청에 대한 답변을 생성한다.

2023년 대한민국의 중소기업 취업 시장은 여러 도전에 직면해 있습니다. 이러한 도전들은 글로벌 경제 환경과 국내 경제 상황의 변화에 기인합니다.

1. 채용 계획의 축소 및 취소: 2023년의 채용 시장 전망은 전반적으로
   ·····························(중간 생략)·····························

스타트업 부문에서 이러한 경향이 두드러지고 있습니다【 〃 】.
2. 경제 상황과 노동 시장: 현재 한국의 경제 상황은 과거 금융 위기
   ·····························(중간 생략)·····························
   소득 지원 정책의 중요성이 더욱 커지고 있습니다【 〃 】.
3. MZ세대의 영향과 근무 방식의 변화: 최근 채용 시장에서 MZ세대
   ·····························(중간 생략)·····························
   리버스 면접 방식 등 새로운 시도가 이루어지고 있습니다【 〃 】.
4. 업종별 고용 동향: 2023년 4월 기준으로, 고용보험 가입자 수는
   ·····························(중간 생략)·····························
   전문과학기술서비스업의 증가 폭은 둔화되고 있습니다【 〃 】.

현재 중소기업이 처한 상황과 문제점에 대한 파악이 끝났다면, 이번에는 이와 같은 상황에서 중소기업의 취업률을 향상시키고 유지해야 할 필요성에 대해 챗GPT에서 물어보자.

 질문

이렇게 취업인력난이 심한 중소기업의 취업률을 향상시키고 유지해야 할 이유에 대해 알려 줘.

챗GPT는 사용자의 요구에 대해 다음과 같이 답변한다.

중소기업의 취업률을 향상시키고 유지하는 것이 중요한 이유는 여러 측면에서 볼 수 있습니다:

1. 경제 성장 및 혁신 촉진: 중소기업은 대부분의 국가에서 경제
   ·····································(이하 생략)
2. 고용 창출: 중소기업은 대기업에 비해 상대적으로 더 많은
   ·····································(이하 생략)
3. 사회적 균형 및 지역 발전: 중소기업은 지역 경제에 중요한
   ·····································(이하 생략)
4. 기술 혁신 및 창업 문화 촉진: 중소기업은 종종 새로운
   ·····································(이하 생략)
5. 경제적 안정성 및 위기 대응: 다양한 규모의 기업이 존재
   ·····································(이하 생략)
6. 소득 분배 개선: 중소기업의 성장은 더 많은 고용 기회를
   ·····································(이하 생략)

따라서 중소기업의 취업률을 향상시키고 유지하는 것은 단순히 ·····································(이하 생략)

지금까지 중소기업의 현재 상황과 문제점을 알고, 이러한 문제를 해결해야 할 이유를 파악했다면 이제 그 해결 방법에 대해 챗GPT에게 물어봐야 한다.

질문

취업 시장의 동향과 현재 중소기업이 직면한 주요 도전 과제를 알려 줘.

챗GPT가 생성한 내용은 생략한다.

·····································(이하 생략)

구체적인 해결 방법을 도출하기 전에 먼저 구직자들이 희망하는 바와 고용주가 기대하는 바를 파악해 보자. 되도록이면 이에 기반한 해결 방안을 챗GPT에게 요구해야 한다.

질문

구직자들이 희망하는 것과 중소기업 고용주가 기대하는 것을 비교해서 알려 줘.

챗GPT가 생성한 내용은 생략한다.

·····································(이하 생략)

고용주와 피고용인의 고충을 파악하고 정리했다면 이들의 기대와 요구 사항을 반영하고, 반영된 결과를 장기간 유지할 수 있는 구체적인 방법을 챗GPT에게 요청해 보기로 하자.

질문

구직자들의 요구 사항과 고용주의 기대를 고르게 만족시킬 수 있는 취업률 향상 전략을 알려 주고, 이렇게 취업한 인력들의 장기간(3년 이상) 고용을 유지하기 위한 전략도 알려 줘.

챗GPT가 생성한 내용은 생략한다.

·····································(이하 생략)

정부에서 지원할 수 있는 중소기업 취업률 향상 및 유지 방안에 대해서도 챗GPT에게 요구해 보자.

질문

'중소기업의 취업률 향상과 유지'를 위해 정부나 유관 기관에서 지원하거나 협력해야 할 사항에 대해 알려 줘.

챗GPT가 생성한 내용은 생략한다.

···(이하 생략)

위에서 챗GPT가 제안한 여러 가지 방법 외에도 국내외 사례를 알아보고 이를 벤치마킹한 내용까지 반영된 실행 계획을 챗GPT에게 마지막으로 요청해 보자.

 질문

국내외 성공 사례를 알려 주고 이를 벤치마킹하고 지금까지 질문하고 답변한 내용을 바탕으로 프로젝트를 진행하고자 할 때, 단계별 실행 계획과 리스크 관리에 대해 말해 줘.

챗GPT가 생성한 내용은 생략한다.

···(이하 생략)

이와 같은 과정을 통해 챗GPT로부터 정보를 취득했다면 이제 사용자가 개입할 차례이다. 챗GPT가 생성한 답변들 중 필요한 내용만을 필터링해 다음과 같이 목차를 재구성해 보았다. 다시한번 말하지만 챗GPT는 보조 수단의 개념으로 생각해야 한다. 챗GPT가 생성해 주는 결과물을 그대로 사용하는 것은 위험하고 어색하다. 이번 기획서 작성 과정에서도 챗GPT의 답변을 그대로 복사해서 사용하기보다는 챗GPT의 답변들을 사용자 수준에서 재가공해 목차를 재구성하고 목차에 맞는 내용으로 채워 보았다.
최종적으로 다음과 같이 '중소기업 취업률 향상과 유지 방안'에 대한 목차를 재구성했다. 목차가 정해졌다면 세부 목차에 대한 내용을 만들어야 한다. 이 과정에서도 우선 챗GPT를 활용해서 백데이터를 얻고 사용자 수준에서 이를 가공하는 작업이 필요하다. 이와 같은 작업을 반복해 기획서를 완성할 수 있다.

1. 서론
　1-1.　배경
　　　1-1-1.　중소기업 취업 시장 상황
　　　1-1-2.　중소기업 취업 시장 문제점
　1-2.　필요성

2. 본론
　2-1.　취업 시장 동향

제안서

제안서도 기획서를 만드는 작업과 유사하다. 차이점이 있다면 기획서는 내부적인 사안이나 프로젝트를 위해 작성하는 문서인 반면, 제안서는 외부 업체, 관공서, 클라이언트들에게 자사의 제품이나 서비스의 구매 혹은 사용을 제안하는 문서라는 것이다.

따라서 기획서는 사업의 타당성과 필요성이 강조되어야 하는 한편, 제안서는 제안하는 내용의 타당성, 필요성을 적용했을 때 결과로 주어지는 것들에 더욱 강조점을 두어야 한다. 또한 이러한 제안을 다른 업체가 아닌 우리 회사가 해야 하는 당위성 또는 우리 회사만이 가지고 강점을 부각시켜야 한다. 최종적으로는 고객사가 이 제안을 받아들임으로써 얻게 되는 이익(benefit)을 제시해야만 하는 것이다.

이번 프롬프트에서는 다루어 볼 제안서의 주제는 "건설 공사 현장의 모니터링 및 물량 산정을 위한 드론의 도입"이다. 우선 해당 주제에 대해 챗GPT가 개요를 짤 수 있게 프롬프트로 요청해 보자.

현장 모니터링 주제에 관해 제안서를 쓸 계획이야.
나는 드론을 수입해 국내에 보급하는 드론 총판 대표이자 측량 및 지형공간정보 회사를 운영하고 있어.

위 제안서의 주제에 맞게 개요를 구성해 줘.

챗GPT가 제안서의 목차를 제안한다.

드론을 수입하고 지형공간정보 회사를 운영하시는 분으로서, 건설 현장 모니터링에 관한 제안서의 개요는 다음과 같이 구성할 수 있습니다:

1. 서론 및 배경
   - 현재 건설 산업의 동향과 기술적 발전
   - 건설 현장 모니터링의 중요성 및 기존 방법의 한계
   - 드론 기술의 발전과 건설 산업에서의 적용 가능성
2. 회사 소개
   - 회사의 역사, 비전, 주요 업무 및 성과
   - 드론 수입 및 지형공간정보 분야에서의 전문성 및 경험
3. 드론을 이용한 현장 모니터링의 이점
   - 실시간 데이터 수집과 효율적인 현장 관리
   - 정확한 측량 정보 제공으로 보다 정밀한 작업 가능
   - 안전한 작업 환경 조성 및 비용 절감 효과
4. 기술적 접근
   - 드론의 기술적 사양 및 기능 설명
   - 데이터 수집 및 분석 방법
   - 현장 적용 사례 및 실제 사용 시나리오
5. 실제 적용 사례
   - 국내외 드론을 활용한 건설 현장 모니터링 사례 연구
   - 성공 사례를 통한 효과 분석
6. 프로젝트 실행 계획
   - 드론 도입 및 운영 계획
   - 예상되는 도전 과제 및 해결 방안
   - 단계별 실행 계획 및 일정
7. 예상 효과 및 기대 결과
   - 건설 프로젝트의 효율성 및 안전성 향상
   - 비용 절감 및 작업 시간 단축 예상치
   - 장기적인 파트너십을 통한 지속 가능한 발전 전략
8. 결론 및 제안
   - 드론 도입의 중요성 강조
   - 파트너십 및 투자 요청
   - 미래 전망 및 발전 가능성

이러한 개요는 제안서의 명확한 구조를 제공하며, 귀하의 전문성과 드론 기술의 잠재력을 강조하는 데 도움이 될 것입니다.

챗GPT가 생성해 준 제안서의 개요를 살펴보면 앞서 말했듯이 해당 프로젝트의 제안이 필요한 이유, 해당 제안을 당사가 해야만 하는 이유, 그리고 본 제안을 실행함으로써 고객사가 취할 수 있는 이점 등이 빠짐없이 잘 포함되어 있다.

이러한 제안서의 개요 순서에 따라 각 항목의 세부 내용에 대해 챗GPT와 대화와 답변을 반복하면서 살을 붙여나가면 된다. 기획서 작성 시 사용한 프롬프트와 같은 형식으로 구현한다면 좋은 품질의 제안서를 만들 수 있을 것이다.

보고서

이번 프롬프트에서 다뤄 볼 문서는 보고서이다. 앞서 작성했던 기획서를 기반으로 기획서의 내용을 간략하게 정리한 기획 보고서를 만들 수도 있고, 기획했던 사업의 진행에 따른 기획 결과에 대해 정리한 중간결과 보고서, 최종결과 보고서 등을 만들 수도 있다.

이전 내용에서 이미 기획서를 작성해 봤기 때문에 기존 기획에 따라 실행이 완료되었다는 가정하에 결과 보고서를 작성해 보자. 기획서를 작성하는 과정에서 챗GPT는 충분히 사전 학습이 된상태이므로 결과 보고서는 손쉽게 생성할 수 있을 것이다.

단, 새로운 대화창을 사용하지 말고 앞서 기획서와 관련된 대화창을 찾아서 열어 두자. 이처럼기존의 대화창을 이용해야 챗GPT는 그 대화창에서 사용자와 나눴던 여러 가지 질문과 답변에대한 정보를 재사용할 수 있다.

이번 프롬프트에서는 앞서 작성했던 '중소기업 취업률 향상 및 유지 방안'에 대한 기획서 중에서도 '단계별 실행 계획'에 대한 실행 중간 보고서를 작성해 보기로 하자. 우선 다음과 같은 프롬프트를 사용해 '중간결과 보고서'의 주요 내용을 챗GPT에게 요청해 보자.

 질문

네가 기획서를 작성하는 과정에서 제시한 단계별 실행 계획은 다음과 같아.
이 순서에 따라 현재 3단계까지 완료가 된 것으로 가정하고 중간결과 보고서를 작성해 줘.
A4 한 장 정도의 분량으로 간단하게 만들어 줘.

단계별 실행 계획
1. 시장 조사 및 분석(1~2개월):
    −국내외 중소기업과 구직자들의 요구 사항, 도전 과제, 트렌드 분석
    −성공 사례 조사 및 분석
2. 전략 수립 및 계획 개발(1~2개월):
    −조사된 정보를 바탕으로 취업률 향상 및 장기 고용 유지 전략 수립
    −재정적, 기술적, 교육적 지원 방안 구체화
3. 파트너십 및 협력 네트워크 구축(2~3개월):
    −교육 기관, 정부, 유관 기관과의 협력 체계 구축
    −중소기업과 구직자 연결을 위한 플랫폼 또는 프로그램 개발
4. 프로그램 실행 및 모니터링(6~12개월):
    −교육 및 훈련 프로그램, 인턴십, 취업 연계 프로그램 실행
    −지속적인 모니터링 및 성과 평가를 통한 프로그램 개선
5. 피드백 수집 및 정책 개선(지속적):
    −참가자 및 관련 기관으로부터 피드백 수집
    −정책 및 프로그램의 지속적인 개선 및 조정

챗GPT가 사용자의 요청에 따라 다음과 같이 중간결과 보고서를 생성한다.

중소기업 취업률 향상 및 유지 방안 사업 중간결과 보고서

I. 개요
본 보고서는 '중소기업 취업률 향상 및 유지 방안' 사업의 초기 3단계(시장 조사 및 분석, 전략 수립 및 계획 개발, 파트너십 및 협력 네트워크 구축)의 진행 상황을 요약하고 있습니다.

II. 진행 상황
1   시장 조사 및 분석(1~2개월)
    −국내외 중소기업과 구직자들의 요구 사항, 도전 과제, 트렌드 분석을 완료
    −다양한 성공 사례를 조사 및 분석하여, 벤치마킹 자료로 활용
2   전략 수립 및 계획 개발(1~2개월)
    −수집된 정보를 바탕으로 구체적인 취업률 향상 전략과 장기 고용 유지 계획을 수립
    −재정적, 기술적, 교육적 지원 방안을 상세화하여 구체적인 실행 계획을 개발
3   파트너십 및 협력 네트워크 구축(2~3개월)
    −주요 교육 기관, 정부 기관, 유관 기관과의 협력 체계를 구축
    −중소기업과 구직자 연결을 위한 플랫폼 및 프로그램을 개발하여 시범 운영 시작

III 리스크 관리
− 재정적 리스크: 정기적인 재정 모니터링을 통해 예산 계획 준수를 확인
− 기술적 리스크: 전문가 자문을 통해 기술적 실패를 최소화하고, 강화된 보안 시스템을 도입
− 인적 자원 리스크: 유연한 인력 관리 정책을 통해 필요시 적시에 아웃소싱을 실시

IV 향후 계획
− 4단계 '프로그램 실행 및 모니터링'을 통해 교육 및 훈련 프로그램의 효과성 평가 및 개선
− 지속적인 피드백 수집 및 분석을 통해 정책 및 프로그램의 개선 방안을 마련

V. 결론
초기 단계의 성공적인 진행을 바탕으로, 향후 사업의 성공적인 수행을 기대합니다. 지속적인 모니터링과 피드백을 통해 프로그램의 효과성을 높이고, 중소기업의 취업률 향상에 기여할 것입니다.

공문서

공문서는 행정 기관이나 회사에서의 업무용 문서로, 대부분의 경우 공식적인 양식을 가지고 있다. 이번 프롬프트에서는 행정 기관에서 다루고 있는 '기안문'의 양식을 가져와서 구현해 보았다. 이 작업 또한 공문서의 초안을 작성하는 방법으로 생각하고 세부적인 데이터들은 자신이 속해 있는 기관이나 회사에 따라 수정하거나 추가하면 된다.

먼저 프롬프트 템플릿으로 사용자의 정보를 입력받고, 입력받은 데이터를 사용해 정해진 형식으로 출력하기를 요청하는 프롬프트를 작성해 보자.

[1] 행정 기관명은 무엇인가요?
[2] 수신처는 어디인가요?
[3] 경유처는 어디인가요?
[4] 기안문의 제목은 무엇인가요?
[5] 공문의 내용을 알려 주세요.(문장이나 키워드를 사용할 것)
[6] 붙임을 추가하세요.

사용자로부터 위의 질문에 대한 입력을 요청하고
사용자가 입력한 데이터를 사용해 아래 지시 사항을 완성해 줘.
사용자의 입력이 부족할 경우 다시 입력을 요구해 줘.

#글머리 기호 작성 지침#
– 첫째 항목은 1, 2, 3, 4~의 순서대로 나열할 것.
– 둘째 항목은 가, 나, 다, 라~의 순서대로 나열할 것.
  (첫째 항목에서 오른쪽으로 2타씩 옮겨 시작)
– 셋째 항목은 1), 2), 3), 4)~의 순서대로 나열할 것.
  (둘째 항목에서 오른쪽으로 2타씩 옮겨 시작)
– 넷째 항목은 가), 나), 다), 라)~의 순서대로 나열할 것.
  (셋째 항목에서 오른쪽으로 2타씩 옮겨 시작)
– 다섯째 항목은(1), (2), (3), (4)~의 순서대로 나열할 것.
  (넷째 항목에서 오른쪽으로 2타씩 옮겨 시작)
– 여섯째 항목은(가), (나), (다), (라)~의 순서대로 나열할 것.
  (다섯째 항목에서 오른쪽으로 2타씩 옮겨 시작)
– 일곱째 항목은 ①, ②, ③, ④~의 순서대로 나열할 것.
  (여섯째 항목에서 오른쪽으로 2타씩 옮겨 시작)
– 여덟째 항목은 ㉮, ㉯, ㉰, ㉱~의 순서대로 나열할 것.
  (일곱째 항목에서 오른쪽으로 2타씩 옮겨 시작)

아래의 #조건#을 적용한 공문서를 작성해 줘.
공문의 본문 내용은 반드시 위에서 규정한 #글머리 기호 작성 지침#을 따를 것.

#조건#
– 붙임이 2개 이상이면 줄 바꿈할 것.
– 항목은 개조식으로 작성할 것.
– 문장의 끝은 명사형으로 끝낼 것.
– 본문의 내용을 작성하기 전에 도입부를 먼저 작성할 것.

공문서의 표시 형식은 다음과 같아.
아래의 형식에 맞춰 출력할 것.
━━━━━━━━━━━━━━━━━━━━━━━━━━━━━━━━━━━━

[1]
수신처: [2]
경유처: [3]

제목: [4]

\-

공문서의 내용은 입력한 [5]의 정보를 바탕으로 작성할 것.

붙임: [6]

\-

챗GPT가 사용자 정보의 입력을 요청한다.

공문서 작성을 위해 필요한 정보를 제공해 주시면 감사하겠습니다. 다음 항목에 대한 답변을 부탁드립니다.

1. 행정 기관명
2. 수신처
3. 경유처
4. 기안문의 제목
5. 공문의 내용(문장이나 키워드)
6. 붙임 내용

이 정보를 바탕으로 공문서를 작성하겠습니다.

사용자가 자신의 정보를 입력한다.

1. 서울특별시
2. 구청 재난안전과
3. 서울특별시 경찰청
4. 동계 폭설로 인한 피해 최소화 대책 수립
5. 올해 연말과 내년 연초를 기해 폭설과 강추위가 예상됨에 따라 서울특별시의 각 구청 재난안전과와 경찰서에서는 시민의 피해가 최소화되도록 만전의 준비를 다할 것
6. 붙임1 비상연락망, 붙임2 자연재해 대응 매뉴얼

챗GPT가 입력된 정보를 이용해 공문서를 생성한다.

감사합니다. 제공해 주신 정보를 바탕으로 공문서를 작성하겠습니다. 다음은 서울특별시에서 구청 재난안전과와 서울특별시 경찰청에 보내는 공문서의 예시입니다.

\-

[서울특별시]
수신처: 구청 재난안전과
경유처: 서울특별시 경찰청
제목: 동계 폭설로 인한 피해 최소화 대책 수립

\-

존경하는 구청 재난안전과와 서울특별시 경찰청 관계자 여러분.

1. 올해 연말과 내년 연초에 예상되는 폭설 및 강추위에 대비하여
   가. 시민의 피해가 최소화될 수 있도록
   나. 철저한 준비와 대응 계획 수립이 필요함을 강조합니다.
2. 이에 따라
   가. 서울특별시에서는
   나. 각 구청 재난안전과와 경찰서에
   다. 다음과 같은 조치를 취해 줄 것을 요청합니다.
      1) 비상 상황에 대비한
         가) 연락체계를 확립하고
         나) 신속한 대응 방안을 마련할 것
      2) 자연재해에 대비하여
         가) 시민 안전을 최우선으로 하는
         나) 대책을 수립할 것

붙임:
1. 비상연락망
2. 자연재해 대응 메뉴얼
서울특별시를 대표하여 모든 시민의 안전과 행복을 위해 노력하는 여러분께 진심으로 감사드립니다.

[서울특별시]
————————————————————————————————————
이 문서는 제공해 주신 정보에 기반하여 작성되었습니다. 필요에 따라 추가 정보를 제공하시거나, 수정이 필요한 부분을 알려 주시면 공문서를 수정하도록 하겠습니다.

논문

논문은 내용의 독창성과 정확성이 중요하다. 그래서 챗GPT의 답변을 그대로 사용하는 것은 표절이 될 수 있을 뿐만 아니라 할루시네이션 효과로 인해 잘못된 정보를 논문에 기재할 수도 있다. 하지만 프롬프트상에 출처나 확실한 근거 제시의 조건을 추가한다면 어느 정도 할루시네이션을 방지할 수 있다. 또한 비록 할루시네이션의 리스크가 존재함에도 챗GPT는 대량의 데이터를 기반으로 한 생성형 인공지능이므로 사람의 오감으로는 미처 발견하지 못한 내용들을 제공해 줄 수도 있다. 따라서 할루시네이션의 위험성을 인지한 상태에서 논문 작성의 보조 도구로서만 챗GPT를 활용한다면 논문의 생산성을 충분히 높일 수 있을 것이다.

이번 프롬프트에서는 할루시네이션 효과를 최대한 예방하면서 논문에 필요한 자료를 찾아서 요약해 보고 논문 초록에 기반한 논문 제목을 생성해 보도록 하자.

우선 논문 작성에 필요한 아이디어를 얻기 위해 다음과 같은 프롬프트를 사용해 보자.

너는 인공지능(AI) 전문가야.
너는 인공지능 분야에서 다양한 정보와 지식을 검증하는 역할이야.

챗GPT와 관련된 학술 논문을 작성하려고 해.
이러한 논문을 작성하고자 할 때 참고할 만한 자료들을 추천해 줘.
자료는 논문 자료가 아닌 웹페이지 등에 나와 있는 최신 자료들 위주로 찾아줘.

단, 자료의 출처를 내용의 마지막에 반드시 넣어서 할루시네이션을 방지할 것.

챗GPT가 다음과 같이 참조할 만한 아이디어를 제안한다.

ChatGPT와 관련된 학술 논문 작성 시 참고할 만한 자료들로 다음과 같은 논문들을 추천드립니다:

1. "ChatGPT의 특성이 사용 의도에 미치는 영향에 관한 연구: 교사의 디지털 기술 조절 효과를 중심으로" – 이 연구는 ChatGPT가 교육 분야, 특히 교사들의 디지털 기술 수준에 따른 ChatGPT의 수용 의도에 어떤 영향을 미치는지 분석합니다【 〃 】.
2. "챗GPT가 바꾸어 놓은 작문 교육의 미래 – 인공지능 시대, 작문 교육의 대응을 중심으로" – 이 논문은 ChatGPT와 같은 생성 인공지능 기술이 작문 교육에 어떤 변화를 가져오고, 이에 어떻게 대응해야 하는지에 대해 다룹니다【 〃 】.
3. "챗 GPT 의 문제점과 한계에 대한 고찰" – ChatGPT의 다양한 문제점과 한계를 살펴보며, 이에 대한 해결책을 모색하는 내용을 다루고 있습니다【 〃 】.
4. "ChatGPT에 관한 연구: 뉴스 빅데이터 서비스와 ChatGPT 활용 사례를 중심으로" – 이 논문은 ChatGPT의 최근 동향과 뉴스 빅데이터 분석을 통한 ChatGPT의 활용 사례를 검토합니다【 〃 】.

이러한 논문들은 ChatGPT의 다양한 측면을 탐구하고 있으며, 교육, 작문 교육, 기술적 한계, 그리고 뉴스 및 빅데이터 활용 분야에서의 응용에 대한 통찰을 제공합니다. ChatGPT에 관한 깊이 있는 학술적 접근을 위해서는 이러한 논문들을 참고하는 것이 좋습니다.

챗GPT가 제안한 4개의 아이디어 중에서 하나를 선택한다. 그리고 제공받은 링크를 통해 필요한 내용을 복사하고 이에 대한 요약 작업을 챗GPT에게 요청한다.

위에서 알려 준 참고 자료 중에 아래에 #참고 자료#의 내용을 알기 쉽게 요약해 줘.

#참고 자료#
ChatGPT AI의 문제 한 가지는 몇 년 전의 정보로만 프로그래밍
···(이하 생략)

챗GPT는 #참고 자료#로 입력받은 내용을 다음과 같이 보기 좋게 요약해 준다.

ChatGPT AI가 최신 정보로 프로그래밍되지 않은 문제를 해결하기 위해, 오픈AI는 마이크로소프트와 협력하여 웹 브라우징 기능을 통합했습니다. 이 업데이트는 ChatGPT를 최신 상태로 유지하는 데 도움이 됩니다. 새로운 업데이트의 핵심 기능은 다음과 같습니다:

1. 웹 브라우징: ChatGPT는 이제 텍스트 기반 브라우저를 통해 웹을
   ....(이하 생략)
2. 새로운 플러그인: 개발자들은 이제 선택한 문서를 ChatGPT와 통합
   ....(이하 생략)
3. 샌드박스 기능: 개발자들은 이제 ChatGPT 내에서 코드를 작성
   ....(이하 생략)
4. 코드 해석 및 시각화: ChatGPT는 이제 시각화 문제 해결 및 파일
   ....(이하 생략)

이러한 업데이트로 인해 ChatGPT는 다양한 분야에서 경쟁사에 비해..(이하 생략)

전체 내용은 원문에서 확인하실 수 있습니다: [ITWorld Korea](https://www.itworld.co.kr/news/283963#csid x472467a7c574ceb8b51482842d0b03f)

이번에는 다음과 같은 프롬프트를 사용해 #초록#의 내용으로 논문의 제목을 만들어 보자.

그러면 이번에는 다음과 같은 논문 #초록#이 주어졌을 때
이 #초록#의 내용에 어울리는 논문의 제목을 5가지만 알려 줘.

#초록#
ChatGPT는 OpenAI에서 자연어 처리 기술을 이용해 개발한 인공지능 기반 대화 에이전트입니다. 본 연구에서는 현직 교사를 대상으로 새롭게 등장한 ChatGPT의 사용 의향에 대한 실증 연구를 진행했습니다. 먼저 정확성, 재미, 시스템 접근성, 지각된 유용성, 지각된 사용 용이성이 ChatGPT의 수용 의도에 어떤 영향을 미치는지 연구했습니다. 또한 교사의 디지털 기술에 따라 지각된 유용성과 지각된 사용 용이성이 수용 의도에 차이가 있는지 분석했습니다. 연구 결과, 구조방정식 모형의 적합성은 대체로 양호한 것으로 나타났습니다. 정확성과 오락성은 지각된 유용성에, 시스템 접근성은 지각된 사용 용이성에 유의미한 영향을 미치는 것으로 나타났습니다. 교사의 디지털 기술 통제 효과 분석에서는 지각된 유용성과 지각된 사용 용이성이 수용 의도에 조절 효과가 있는 것으로 나타났습니다. 교사의 디지털 기술이 높은 집단은 지각된 유용성과 사용 용이성에 관계없이 서비스 수용 의도가 강한 것으로 나타났습니다. 교사의 디지털 기술이 낮은 그룹에서는 지각된 유용성과 사용 용이성이 높을 때만 ChatGPT의 서비스 수용 의도를 보이는 것으로 판단됩니다. 따라서 디지털 기술이 낮은 집단에서는 교사의 디지털 기술을 향상시킬 수 있는 지도안 개발 등의 교육 활동을 모색할 필요가 있습니다.

챗GPT가 초록의 내용을 바탕으로 5개의 제목을 생성해 준다.

제공해 주신 초록에 기반하여, 교사들이 디지털 기술 수준에 따라 ChatGPT를 받아들이는 방식에 관한 연구를 다룬 논문에 적합한 한글 제목을 다음과 같이 제안해 드릴 수 있습니다:

1. "교사들의 ChatGPT 수용 의도에 관한 실증적 연구: 디지털 역량의 영향"
2. "교육 현장에서의 새로운 기술: 교사들의 디지털 소양과 ChatGPT 수용성 분석"
3. "ChatGPT와 교육: 다양한 디지털 기술을 가진 교사들의 관점"
4. "ChatGPT의 효용성과 사용 용이성: 교사들의 디지털 기술 수준에 따른 수용 태도 연구"
5. "디지털 기술과 교육의 만남: 교사들이 바라본 ChatGPT의 가치와 접근성"

이러한 제목들은 연구의 핵심 요소인 ChatGPT에 대한 교사들의 평가, 사용의 효용성과 용이성에 대한 초점, 그리고 교사들의 디지털 기술 수준이 이러한 AI 기술의 수용에 미치는 영향을 포괄적으로 담고 있습니다.

공지문

공지문은 일상생활에서 자주 사용되는 문서이다. 아파트 생활을 하다 보면 매일 새로운 공지문이 알림판에 게시되며, 회사에서도 수시로 공지문이 게시된다. 이는 인터넷상에서도 마찬가지다. 많은 사람들이 찾는 다양한 온라인 커뮤니티와 쇼핑몰 같은 웹사이트 등에서도 공지 사항은 수시로 업데이트된다.

이렇듯 자주 사용되는 공지문의 경우 특정한 형식을 이용하면 보다 손쉽게 작성할 수 있다. 이번 프롬프트에서는 공지문 작성에 대해 알아보도록 하자. 공지문과 같이 일정 형식이 존재하는 경우에는 프롬프트 템플릿을 사용하면 편하다.

[1] 공지하고자 하는 대상을 입력하세요.
[2] 공지하고자 하는 시간 또는 기간을 입력하세요.
[3] 공지하고자 하는 내용을 입력하세요.
[4] 공지문에서 사용할 톤앤매너를 입력하세요.

사용자로부터 위의 질문에 대한 입력을 요청하고
사용자가 입력한 데이터를 사용해 아래 지시 사항을 완성해 줘.
사용자의 입력이 부족할 경우 다시 입력을 요구해 줘.

[1] 대상으로 [3] 주제에 대한 공지문을 [2] 동안 게시하려고 해.
단, 시간이나 기간 [2]이 없는 경우에는 상시 게시함.
[4]의 톤앤매너로 [3]의 내용으로 아래 조건을 참고해서 공지문을 작성해 줘.

- 일정(시간이나 기간)이 있는 경우에는 일정표를 만들 것.
- 공지문의 제목을 상단에 적을 것.
- 공지문의 발행자를 하단에 적을 것.

챗GPT가 사용자 정보의 입력을 요구한다.

공지문 작성을 위해 필요한 정보를 제공해 주시면 감사하겠습니다. 다음 항목에 대한 답변을 부탁드립니다.

1. 공지 대상
2. 공지 기간
3. 공지 내용
4. 톤앤매너

이 정보를 바탕으로 공문서를 작성하겠습니다.

사용자가 공지문의 내용을 입력한다.

1. 아파트 입주민
2. 오늘부터 일주일간
3. 아파트 엘리베이터 점검 관련 공지, 610동 월요일, 611동은 화요일, 612동은 수요일, 613동은 목요일, 614동은 금요일에 진행하며 점검 시간은 오전 9시부터 오후 5시까지임
4. 친절하며 양해를 바라는 부탁하는 톤으로 작성할 것

챗GPT가 다음과 같이 공지문을 작성해 준다.

아파트 입주민을 대상으로 하는 엘리베이터 점검 관련 공지문을 작성하겠습니다. 다음은 작성된 공지문입니다.

아파트 엘리베이터 정기 점검 안내
안녕하십니까, 존경하는 아파트 입주민 여러분.
저희는 여러분의 안전한 아파트 생활을 위해 엘리베이터의 정기 점검을 실시합니다. 이번 점검은 아파트의 안전과 편의를 위해 필수적인 조치이므로 여러분의 너그러운 이해와 협조를 부탁드립니다.

점검 일정
– 610동: 12월 25일 월요일
– 611동: 12월 26일 화요일
– 612동: 12월 27일 수요일
– 613동: 12월 28일 목요일
– 614동: 12월 29일 금요일

점검 시간: 매일 오전 9시부터 오후 5시까지
점검 기간 동안 엘리베이터 이용에 불편을 겪으실 수 있으니, 이 점 양해 부탁드립니다. 점검은 최대한 신속하고 안전하게 진행될 예정입니다.
이번 점검으로 더욱 안전하고 편안한 아파트 생활을 제공할 수 있도록 최선을 다하겠습니다. 공지에 대한 추가 문의 사항이 있으시면, 관리사무소로 연락 주시기 바랍니다.
감사합니다.

아파트 관리사무소

이 공지문이 입주민 여러분께 적절히 전달될 수 있도록 친절하고 이해를 구하는 톤으로 작성하였습니다. 필요에 따라 추가적인 조정이나 수정이 필요하시면 알려 주세요.

사과문

사람들은 살아가면서 누구든지 실수를 하며 과오를 저지를 수 있다. 이때 이와 같은 난처한 상황을 수습할 수 있는 방법 중 하나가 사과문이다. 하지만 잘 작성된 사과문이어야 효과가 있는 것이지 어설픈 사과문은 오히려 상황을 악화시킬 수 있다. 좋은 사과문의 유형은 어느 정도의 형식을 가지고 있다.

이번 프롬프트에서는 제대로 된 사과를 위한 사과문을 작성해 보도록 하자.

[1] 사과할 대상은 누구인가요?
[2] 사과할 내용은 무엇인가요?
[3] 원인은 무엇이었나요?
[4] 향후 대책은 무엇인가요?
[5] 어떻게 마무리할까요?
[6] 연락처는 무엇인가요?

사용자로부터 위의 질문에 대한 입력을 요청하고
사용자가 입력한 데이터를 사용해 아래 지시 사항을 완성해 줘.
사용자의 입력이 부족할 경우 다시 입력을 요구해 줘.

사용자가 입력한 [1]~[6] 정보를 바탕으로 사과문을 작성해 줘.
아래에 제시한 #반드시 들어갈 표현#과 #절대 사용하지 말아야 할 표현#을 참고해서
500자 수준의 사과문을 만들어 줘.

#반드시 들어갈 표현#
– '책임을 인정한다'라는 표현.
– '재발 방지를 약속한다'라는 표현.
– '피해 보상을 약속한다'라는 표현.

#절대 사용하지 말아야 할 표현#
– '하지말아야 했다'라는 표현.
– '본의 아니게'라는 표현.
– '오해였다'라는 표현.
– '그럴 뜻은 혹은 그럴 의도는 없었지만'이라는 표현.
– '억울하다 혹은 저만 잘못한 건 아니다'라는 표현.
– 기타 책임을 면피하려는 두루뭉술한 표현.

챗GPT가 사용자 정보의 입력을 요구한다.

알겠습니다. 사용자로부터 [1] 사과할 대상, [2] 사과할 내용, [3] 원인, [4] 향후 대책, [5] 마무리 방법, [6] 연락처에 대한 정보를 입력받아야 합니다. 이 정보들을 바탕으로 지정된 표현들을 포함하고 피해야 할 표현들을 배제하여 500자 수준의 사과문을 작성하겠습니다.
사용자님, 위의 [1]부터 [6]까지 각 항목에 대한 정보를 제공해 주시겠습니까? 정보가 부족할 경우 다시 요청드릴 수 있습니다.

사용자가 사과문에 필요한 정보를 입력한다.

질문

1. 학교 폭력으로 피해 받은 학생
2. 금품 갈취, 신체적 학대, 정신적 학대 등의 학교 폭력 사안
3. 상대방을 존중하지 못한 나의 인성적 결함
4. 접근 금지, 상호 존중, 피해 보상, 진심어린 사과
5. 재발 방지와 진심으로 용서를 비는 문구를 사용하여 마무리
6. 010-3777-0909

챗GPT가 입력된 정보를 바탕으로 사과문을 작성해 준다.

알겠습니다. 사용자님의 요청에 따라 사과문을 작성하겠습니다.

학교 폭력으로 깊은 상처를 받으신 모든 학생 여러분께.
먼저, 제가 저지른 행위에 대해 깊이 뉘우치며 이 자리를 빌려 진심으로 사과의 말씀을 드립니다. 제가 행한 금품 갈취, 신체적 및 정신적 학대는 용납할 수 없는 행동이었으며, 이에 대해 책임을 통감합니다. 이러한 행위는 상대방을 존중하지 못한 제 인성적 결함에서 기인했으며, 이로 인해 발생한 모든 결과에 대해 전적으로 책임을 질 것임을 분명히 알려 드립니다.
제 행동이 여러분에게 끼친 상처와 고통을 생각할 때, 가슴이 아프고 후회됩니다. 저의 잘못된 행동으로 인해 마음의 상처를 받으신 모든 분들께 진심으로 사과드리며, 이러한 일이 다시는 발생하지 않도록 최선을 다할 것임을 약속드립니다.
이에 따라, 저는 여러분과의 접근을 금지하며, 상호 존중의 원칙을 철저히 준수하겠습니다. 또한, 피해자 분들께 적절한 보상을 제공함으로써 저의 잘못을 바로잡고자 합니다. 이 과정에서 여러분의 의견을 경청하며, 필요한 모든 조치를 취할 준비가 되어 있습니다.
앞으로 저는 이 사건을 교훈 삼아 더 나은 사람이 되기 위해 노력할 것이며, 여러분이 저를 용서해 주실 수 있기를 간절히 바랍니다. 재발 방지를 위한 구체적인 조치들을 실천하며, 이러한 사건이 다시 일어나지 않도록 철저히 준비하겠습니다.
마지막으로, 피해 보상 및 기타 문의 사항에 대해 연락을 원하시는 분은 언제든지 010-3777-0909로 연락해 주시길 바랍니다. 여러분의 목소리에 귀 기울이며, 진심으로 대화하고자 합니다.
진심을 담아 사과드리며, 깊은 반성의 마음을 가지고 있음을 알려 드립니다.

[사과하는 사람의 이름 또는 별명]

이 사과문은 지정된 표현들을 포함하고, 피해야 할 표현들을 배제하면서도, 문제의 심각성과 책임감을 전달하는 데 중점을 두었습니다. 사용자님의 검토를 부탁드리며, 추가적인 수정이 필요한 경우 알려 주세요.

연설문

연설문이란 청중 앞에서 그들을 설득하거나 자신의 의견을 주장하기 위해 작성하는 글이다. 연설문은 여러 사람에게 비교적 침착한 태도로 화자가 목적하는 바를 조리 있게 전달할 수 있도록 작성되어야 한다. 선동적이지 않고 청중이 서서히 몰입할 수 있는 내용과 문체로 작성되면 더욱 좋다.

다음과 같은 프롬프트를 사용해 연설문을 만들어 보자.

[1] 연설하고자 하는 대상은 입력하세요.
[2] 연설하고자 하는 주제는 무엇인가요?
[3] 연설하고자 하는 연설 시간은 얼마인가요?(분 단위로 입력할 것)
[4] 연설가의 말하는 속도는 어떤가요?(느림, 보통, 빠름 중에서 입력할 것)

사용자로부터 위의 질문에 대한 입력을 요청하고
사용자가 입력한 데이터를 사용해 아래 지시 사항을 완성해 줘.
사용자의 입력이 부족할 경우 다시 입력을 요구해 줘.

너는 천부적인 말솜씨를 가진 임기응변이 뛰어난 웅변가야.
너는 청중들을 설득하고 동기를 부여할 수 있는 연설문을 작성하는 역할이야.

[1] 대상으로 [2] 주제에 대한 연설을 [3] 동안 하려고 해.
내가 말하는 속도 [4]에 맞춰 연설문을 아래 조건을 적용하여 작성해 줘.

– 도입부에서 강한 동기를 유발할 수 있는 장치를 제공할 것.
– 동기유발을 위해 다소 '선동적'인 톤과 매너를 사용할 것.

챗GPT가 사용자 정보의 입력을 요구한다.

알겠습니다! 연설을 작성하기 위해 먼저 몇 가지 정보가 필요해요. 아래 질문에 답변해 주시면 연설문 작성을 시작할게요.

1. 연설하고자 하는 대상은 누구인가요?
2. 연설하고자 하는 주제는 무엇인가요?
3. 연설하고자 하는 연설 시간은 얼마인가요?(분 단위로 입력해 주세요)
4. 연설가의 말하는 속도는 어떤가요?(느림, 보통, 빠름 중에서 입력해 주세요)

이 정보들을 기반으로 흥미진진하고 동기 부여가 될 수 있는 연설문을 작성해 드릴게요!

사용자가 연설문에 들어갈 정보를 입력한다.

질문

1. 이직을 하고자 하는 40, 50대의 성인
2. 이직을 위해 필요한 마인드 세팅
3. 10분 이상
4. 보통

챗GPT가 사용자가 입력한 정보를 바탕으로 연설문을 작성해 준다.

감사합니다! 이직을 고려하고 있는 40, 50대 성인을 대상으로 하는 '이직을 위한 마인드셋'에 관한 10분 분량의 연설문을 보통 속도로 작성하겠습니다.

연설문: 이직을 위한 마인드셋

존경하는 40, 50대의 성인 여러분,

오늘 여기 계신 모든 분들께서는 인생의 중요한 전환점 앞에 서 있습니다. 우리가 함께 나눌 이야기는 '이직을 위한 마인드셋'에 관한 것입니다. 이직은 단순히 직장을 바꾸는 것을 넘어, 새로운 인생을 시작하는 것과 같습니다. 여러분의 경험, 지혜, 그리고 열정이 새로운 기회로 이어질 수 있습니다.

먼저, 여러분이 갖춰야 할 가장 중요한 마인드셋은 '변화를 두려워하지 않는 용기'입니다. 나이가 들수록 새로운 시작은 두렵게 느껴질 수 있습니다. 하지만 여러분은 이미 삶의 많은 도전을 경험하고 극복한 전사들입니다. 이직은 새로운 도전일 뿐이며, 여러분은 이를 충분히 해낼 수 있습니다.

다음으로, '지속적인 학습과 개발'의 중요성입니다. 기술과 산업은 끊임없이 변화합니다. 여러분이 갖고 있는 경험은 소중하지만, 새로운 지식과 기술을 배우는 것도 중요합니다. 평생 학습의 자세로 무장한다면, 어떤 분야에서든 경쟁력을 갖출 수 있습니다.

또한, '긍정적인 태도'를 유지하는 것이 중요합니다. 이직 과정은 때때로 힘들고 지치게 할 수 있습니다. 하지만 긍정적인 태도는 여러분을 다시 일으켜 세우고, 새로운 기회를 찾는 데 도움을 줄 것입니다.

마지막으로, 여러분은 '자신만의 가치를 인식'해야 합니다. 여러분 각자는 독특한 경험, 지식, 그리고 능력을 가지고 있습니다. 이직 과정에서 이러한 자산을 잘 활용하면, 분명히 성공할 수 있습니다.

이직은 두려운 변화일 수 있지만, 동시에 새로운 시작입니다. 여러분의 용기, 지속적인 배움, 긍정적인 태도, 그리고 자신의 가치를 인식하는 것. 이것들이 바로 여러분이 이직에 성공하는 데 필요한 핵심 요소들입니다.

여러분, 오늘 이 자리에 계신 모든 분들이 자신의 꿈을 향해 한걸음 더 나아갈 수 있기를 바랍니다. 여러분의 새로운 시작을 응원합니다. 감사합니다.

이 연설문은 여러분이 이직을 고려할 때 동기 부여와 영감을 제공하도록 작성되었습니다. 필요한 경우 조정이나 추가 의견을 말씀해 주시면 조정해 드리겠습니다.

02 글쓰기

단행본 쓰기

챗GPT는 문자 생성형 인공지능인만큼 글쓰기에 탁월한 능력을 발휘한다. 다양한 글쓰기 중에서도 책 쓰기는 그야말로 글쓰기의 끝판왕이라고 할 수 있다. 단편적인 글쓰기에 비해 책 쓰기는 매우 구조적인 설계가 필요한 작업이다.

이번 프롬프트에서는 단행본, 웹소설, 동화, 에세이, 시, 자서전, 시나리오 등의 글쓰기를 다루어 보려 한다. 책 쓰기는 그리 단순한 작업이 아니다. 소재 발굴부터 개요 짜기, 살 붙이기 등 단계별 밑 작업이 필요하다. 소설이나 시나리오는 단행본, 에세이 등에 비해 캐릭터 설정, 배경 및 플롯까지 고려해야 하기에 더욱 복잡해질 수도 있다.

우선 이번 프롬프트에서 실용서, 기술서, 학습서 등과 같은 단행본을 쓰는 것에 대해 다뤄보도록 하자. 먼저 챗GPT에게 책에 사용될 소재에 대한 아이디어부터 물어보자. 챗GPT는 우리가 생각하지 못하는 영역의 다양한 아이디어를 제공해 줄 수 있다.

질문

너는 다양한 부캐를 가지고 수익을 창출하고 있는 프리랜서야.
너는 부업으로 수익을 창출하고자 하는 사람들에게 정보를 주는 역할이야.

아래의 #참고 사항#에 제시한 카테고리와 주제에 대해 책을 쓰려고 해.
어떤 컨셉으로 책을 만들어야 책이 잘 팔릴지 알려 줘.

#참고 사항#
– 카테고리: 자기계발서 또는 실용서
– 주제: N잡을 통해 부수입 창출하기

챗GPT는 사용자가 제안한 단행본의 주제에 대해 다양한 아이디어를 제안한다. 답변이 만족스럽지 않다면 더 좋은 아이디어를 만날 때까지 계속 재생성해 보자.

부업을 통한 부수입 창출에 관한 책을 작성할 때, 책이 잘 팔리기 위해서는 다음과 같은 컨셉을 고려할 수 있습니다:

1. **실제 사례 중심의 접근**: 성공적으로 여러 직업을 가진 사람들의 실제 사례를 중심으로 구성합니다. 이야기 형식으로 그들의 경험, 도전, 극복 방법 등을 공유하여 독자가 감정적으로 연결될 수 있도록 합니다.
2. **실용적이고 실현 가능한 조언**: 추상적인 이론보다는 구체적이고 실현 가능한 조언을 제공합니다. 예를 들어, 특정 부업을 시작하는 방법, 시간 관리 전략, 온라인 플랫폼 활용법 등을 구체적으로 안내합니다.
3. **인터랙티브 요소 포함**: 독자가 책의 내용을 자신의 상황에 적용할 수 있도록 워크북 스타일의 인터랙티브 요소를 포함합니다. 예를 들어, 개인 목표 설정, 시간 관리 계획, 수익 계산기 등을 넣어 독자의 참여를 유도합니다.
4. **시각적 매력 강화**: 정보의 전달만큼이나 시각적 요소도 중요합니다. 인포그래픽, 차트, 사진 등을 활용해 콘텐츠를 보다 매력적으로 만듭니다.

---

5. 다양한 플랫폼 활용에 대한 조언: 소셜 미디어, 블로그, 유튜브 등 다양한 온라인 플랫폼을 활용한 부업 아이디어와 전략을 제공합니다.
6. 개인적인 성장과 자기 계발 강조: 부업을 통해 단순히 수익을 창출하는 것 이상의 가치, 예를 들어 개인적인 성장, 새로운 기술 습득, 네트워킹 기회 등을 강조합니다.
7. 독자와의 소통 및 커뮤니티 구축: 책 출간 후 독자들과의 소통을 위한 온라인 커뮤니티 구축, 정기적인 웨비나 또는 Q&A 세션을 제안하여 독자들이 지속적으로 참여하고 소통할 수 있는 플랫폼을 마련합니다.

이러한 컨셉은 책이 단순한 정보 전달을 넘어 독자들에게 실질적인 도움을 주고, 그들의 삶에 긍정적인 영향을 미칠 수 있도록 하는 데 중점을 둡니다.

챗GPT가 제안한 단행본을 쓰기 위한 아이디어들 중에서 '2번'을 선택하기로 결정하고, 이번에는 2번 아이디어에 대한 책의 '컨셉'에 대해 챗GPT에게 조언을 구한다.

질문

2번 '실용적이고 실현 가능한 조언'을 컨셉으로 책을 쓰는 게 좋을 것 같아.
이런 컨셉의 책을 필요로 하는 독자층에 대해 알려 줘.

챗GPT가 사용자가 선택한 아이디어에 대한 다양한 책의 컨셉을 제안한다.

"실용적이고 실현 가능한 조언"을 중심으로 한 책은 다음과 같은 독자층에게 필요하고 유용할 것입니다:

1. 초보 창업자 및 부업 시작자: 부업이나 창업에 관심이 있지만, 어디서부터 시작해야 할지 모르는 초보자들에게 구체적인 지침을 제공할 수 있습니다. 이들은 실제로 적용 가능한 단계별 가이드를 필요로 합니다.
2. 시간이나 자본이 제한적인 사람들: 본업을 가진 직장인, 학생, 또는 가정을 돌보는 사람들처럼 제한된 시간이나 자본으로 부업을 시작하고자 하는 사람들에게 맞춤형 조언을 제공할 수 있습니다.
3. 경력 전환을 고려하는 직장인들: 현재 직업에 만족하지 못하거나 새로운 분야로의 전환을 고려하는 직장인들에게 부업은 새로운 경력 경로를 탐색하는 데 도움을 줄 수 있습니다.
4. 추가 수익을 원하는 사람들: 경제적 자유를 추구하거나 추가 수입이 필요한 사람들에게 이 책은 다양한 부업 옵션을 탐색하고 실질적으로 수익을 창출하는 방법을 제공합니다.
5. 자기 계발에 관심 있는 개인들: 새로운 기술을 배우거나 개인적 역량을 키우고자 하는 사람들에게도 유용합니다. 부업은 자기 계발의 한 방향이 될 수 있습니다.
6. 재테크 및 재무 관리에 관심 있는 사람들: 재정적 독립을 달성하고자 하는 사람들에게 부업은 추가 수익원을 만들고 재테크 전략의 일환으로 활용될 수 있습니다.
7. 창의적이고 유연한 직업을 찾는 젊은 세대: 특히 밀레니얼 세대나 Z세대와 같이 전통적인 9-5 직업보다는 유연하고 창의적인 직업을 선호하는 젊은 세대에게 적합합니다.

이러한 독자층은 실용적인 조언과 실현 가능한 전략을 통해 자신의 상황에 맞는 부업을 찾고, 성공적으로 운영하는 데 도움을 받을 수 있습니다.

사용자는 챗GPT가 제안한 책의 컨셉 중에서 마음에 드는 것을 선택한다. 이 단계에서도 챗GPT의 제안이 만족스럽지 않다면 마음에 드는 제안이 나타날 때까지 계속해서 답변을 재생성한다. 이번에는 '2번'과 '4번' 컨셉 두 개를 선택하고 질문을 이어나간다. 이번 프롬프트에서는 사용자가 선택한 아이디어와 컨셉으로 이미 출간되어 있는 책에 대한 정보를 챗GPT에게 요구해보자.

독자층은 2번 '시간이나 자본이 제한적인 사람들'과 4번 '추가 수익을 원하는 사람들'로 설정하는 게 좋겠어. 위 독자층에게 많이 판매되었던 책들 중에 지금 내가 쓰려는 책과 유사한 내용을 가진 책들을 알려 줘.

챗GPT는 비슷한 아이디어와 컨셉을 가지고 기존에 출간된 책들을 추천한다.

한국어로 출간된 부업 관련 도서들 중에서 "시간이나 자본이 제한적인 사람들"과 "추가 수익을 원하는 사람들"을 위한 책들을 추천드리겠습니다:

1. "퇴사 말고, 사이드잡": 이 책은 직장 9년 차에 시작한 퇴근 후 사이드잡 경험을 바탕으로 한 사례를 담고 있습니다. 다양한 직업을 가진 사람들의 사이드잡과 퇴사에 대한 이야기를 들을 수 있습니다【 〃 】.
2. "왕초보 월백만 원 부업왕": 이 책은 스마트폰을 활용하여 부업을 하는 방법에 대해 다루고 있습니다. 쉽게 시작할 수 있는 여러 부업 방법을 소개하고 있으며, 자투리 시간을 활용하는 방법에 대해 설명합니다【 〃 】.
3. "글쓰기로 부업하라": 글쓰기에 중점을 둔 책으로, 저자는 누구나 글쓰기 연습을 통해 책 쓰기에 도전할 수 있다고 강조합니다. 글쓰기와 출판에 관한 실질적인 조언을 제공합니다【 〃 】.
4. "왕초보 유튜브 부업왕": 유튜브를 활용한 부업 방법을 다루는 책입니다. 유튜브와 영상 제작에 관한 기본적인 정보부터 실제 적용 방법까지 상세히 안내합니다【 〃 】.
5. "부업왕 엄마의 방구석 돈 공부": 전업주부로서 부업을 통해 빚을 갚은 저자의 경험을 바탕으로 한 책입니다. 돈을 아끼고 벌 수 있는 다양한 방법을 소개하고 있으며, 특히 유튜버로서의 경험도 공유합니다【 〃 】.
6. "딱, 하루 배워서 블로그로 투잡하자!": 블로그를 통해 수익을 창출하는 방법을 다루는 책입니다. 블로그 운영에 필요한 기술적인 지식과 마케팅 전략을 제공합니다【 〃 】.
7. "나는 이모티콘으로 투잡한다": 이모티콘 제작과 판매를 통해 부업을 하는 방법을 안내하는 책입니다. 디자인에 관심이 있는 사람들에게 유용한 정보를 제공합니다【 〃 】.

이 책들은 한국어로 출간되었으며, 시간이나 자본이 제한적인 사람들과 추가 수익을 원하는 사람들에게 실용적인 조언을 제공합니다.

사용자는 기존에 출간된 책들과 차별화되기 위한 아이디어를 챗GPT에게 알려 달라고 요청한다.

위에서 답변한 경쟁 도서들과 차별화될 수 있는 요소를 말해 줘.

챗GPT가 기존의 책들과 차별화될 수 있는 요소들을 제안한다.

차별화를 위해 새로운 책에서 고려할 수 있는 요소들은 다음과 같습니다:

1. 심층적인 사례 연구: 기존의 부업 관련 책들이 제공하는 사례보다
   ·····································(이하 생략)
2. 국내외 시장 동향 분석: 한국 시장에 특화된 내용 뿐만 아니라
   ·····································(이하 생략)
3. 최신 기술 및 트렌드 적용: 최신 기술과 트렌드를 부업 전략에
   ·····································(이하 생략)
4. 실용적인 도구와 리소스 제공: 독자들이 실제로 적용할 수 있는
   ·····································(이하 생략)
5. 개인화된 접근: 독자 개개인의 상황과 목표에 맞춰 부업을
   ·····································(이하 생략)
6. 심리적 요소와 동기 부여: 부업을 시작하고 유지하는 데 있어서
   ·····································(이하 생략)
7. 독자 참여 및 커뮤니티 구축: 책을 통해 독자들과의 상호작용을
   ·····································(이하 생략)

이러한 요소들을 통해 경쟁 도서들과 차별화된 가치를 제공하며, 독자들에게 보다 심층적이고 실질적인 지원을 제공할 수 있습니다.

위에서 알려 준 차별화 요소를 반영할 수 있는 단행본의 목차와 목차에 어울리는 책의 제목을 챗GPT에게 요구한다. 이제부터는 실제 책을 쓰는 과정이기도 하다.

그러면 위의 차별화된 내용들을 다룰 수 있도록 목차를 구성해 주고
목차에 어울리는 책 제목을 5가지만 알려 줘.

챗GPT가 목차와 제목을 순식간에 만들어 준다.

목차 구성과 책 제목을 다음과 같이 제안드립니다:

목차 구성
1. 서론: 부업의 새로운 지평
   −현대 사회에서 부업의 의미
   −변화하는 시장과 기술의 영향
2. 심층 사례 연구: 성공의 길잡이
   −국내외 다양한 부업 사례 분석
   −성공과 실패의 교훈

3. 시장 동향과 기술 적용
   - 최신 기술과 트렌드를 활용하는 방법
   - 글로벌 시장에서의 부업 전략
4. 실용적인 도구와 리소스
   - 부업 계획 수립을 위한 템플릿과 체크리스트
   - 도구와 앱 활용 가이드
5. 개인화된 부업 전략
   - 개인 상황에 맞는 부업 모델 선택
   - 맞춤형 목표 설정 및 실행 계획
6. 심리적 요소와 동기 부여
   - 부업을 지속하는 데 필요한 마인드셋
   - 도전과 실패를 극복하는 방법
7. 커뮤니티와 네트워킹
   - 온라인 커뮤니티 활용 전략
   - 네트워킹을 통한 기회 확장
8. 결론: 지속 가능한 부업으로의 여정
   - 장기적인 성공을 위한 전략
   - 끊임없는 성장과 발전을 위한 조언

책 제목 제안
1. "부업 혁명: 시대를 넘어서는 사이드잡 전략"
2. "미래를 위한 부업: 글로벌 트렌드와 기술을 활용하다"
3. "실전 부업 가이드: 당신만의 성공 스토리를 쓰다"
4. "부업 마스터플랜: 개인화된 전략으로 수익 창출하기"
5. "부업 생존 키트: 현대 사회에서 살아남는 법"

챗GPT가 제안한 목차에서 빠져 있거나 사용자가 추가하고 싶은 내용이 있다면 챗GPT에게 다시 요청한다. 또한 사용자가 원하는 문체가 있다면 이 또한 다시 요청해 보자.

질문

블로그, 카페, 유튜브, 인스타그램, 크몽, 해피캠퍼스 등의 온라인 플랫폼을 이용한 부업과 오프라인 부업에 대한 목차를 추가시키고 제목 또한 조금 통통 튀는 감각으로 다시 5개만 만들어 줘.

챗GPT가 목차와 제목을 다시 만들어 준다.

개정된 목차 구성

1. 서론: 부업, 새로운 시작
   - 현대 사회에서 부업의 중요성
   - 다양한 부업의 가능성 탐색
2. 온라인 플랫폼을 활용한 부업

－블로그와 카페를 통한 수익 창출
　　　－유튜브와 인스타그램으로 브랜드 구축
　　　－크몽, 해피캠퍼스 등 전문 스킬 기반 플랫폼 활용법
3. 오프라인 부업의 재발견
　　　－지역 커뮤니티와 연계된 부업 기회
　　　－취미와 전문성을 활용한 오프라인 수익 모델
4. 심층 사례 연구: 다양한 부업의 세계
　　　－성공적인 부업 전략의 사례 분석
　　　－온라인과 오프라인 부업의 결합
5. 시장 동향과 기술 적용
　　　－현재와 미래의 시장 트렌드 이해
　　　－최신 기술과 트렌드를 부업에 적용하기
6. 실용적인 도구와 리소스
　　　－부업 시작과 성장을 위한 도구 및 리소스
　　　－개인별 맞춤형 부업 계획 수립
7. 개인화된 부업 전략
　　　－개인 상황과 목표에 맞는 부업 선택
　　　－부업을 위한 목표 설정과 실행 계획
8. 심리적 요소와 동기 부여
　　　－부업의 심리적 도전과 극복
　　　－지속 가능한 동기 부여 방법
9. 커뮤니티와 네트워킹
　　　－부업을 위한 온라인 및 오프라인 커뮤니티
　　　－네트워킹을 통한 기회와 협력
10. 결론: 부업으로 꿈을 현실로
　　　－부업을 통한 장기적인 목표 달성
　　　－지속적인 성장과 발전을 위한 전략

책 제목 제안
1. "부업 바이브: 온오프라인을 잇다"
2. "클릭! 수익 창출: 디지털 시대의 부업 가이드"
3. "사이드킥 이코노미: 부업으로 채우는 내 삶의 퍼즐"
4. "부업의 미래: 온라인에서 오프라인까지"
5. "부업 라이프: 스크린과 거리를 넘나들다"

이번에는 출판사에 제출할 용도로 사용할 수 있는 출판 기획서를 작성해 달라고 챗GPT에게 요청해 보자.

목차는 네가 방금 생성한 것으로 결정하지만
제목은 약간 변형해서 '온오프라인을 잇는 부업의 재발견'으로 할 거야.
이와 같은 목차와 제목 그리고 앞서 언급한 독자층 등을 고려해서 출판 기획서를 만들어 줘.

챗GPT가 출판 기획서를 만들어 준다. 챗GPT가 만들어 준 기획서를 편집해 제출용으로 사용할 수도 있다.

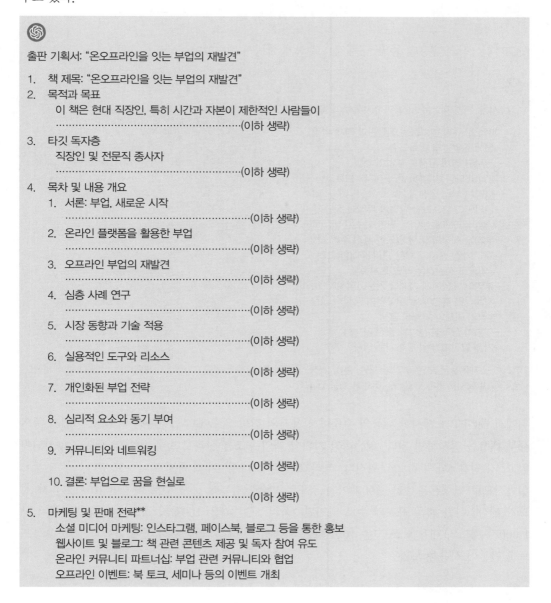

출판 기획서: "온오프라인을 잇는 부업의 재발견"

1. 책 제목: "온오프라인을 잇는 부업의 재발견"
2. 목적과 목표
   이 책은 현대 직장인, 특히 시간과 자본이 제한적인 사람들이
   ·····································(이하 생략)
3. 타깃 독자층
   직장인 및 전문직 종사자
   ·····································(이하 생략)
4. 목차 및 내용 개요
   1. 서론: 부업, 새로운 시작
      ·····································(이하 생략)
   2. 온라인 플랫폼을 활용한 부업
      ·····································(이하 생략)
   3. 오프라인 부업의 재발견
      ·····································(이하 생략)
   4. 심층 사례 연구
      ·····································(이하 생략)
   5. 시장 동향과 기술 적용
      ·····································(이하 생략)
   6. 실용적인 도구와 리소스
      ·····································(이하 생략)
   7. 개인화된 부업 전략
      ·····································(이하 생략)
   8. 심리적 요소와 동기 부여
      ·····································(이하 생략)
   9. 커뮤니티와 네트워킹
      ·····································(이하 생략)
   10. 결론: 부업으로 꿈을 현실로
       ·····································(이하 생략)
5. 마케팅 및 판매 전략**
   소셜 미디어 마케팅: 인스타그램, 페이스북, 블로그 등을 통한 홍보
   웹사이트 및 블로그: 책 관련 콘텐츠 제공 및 독자 참여 유도
   온라인 커뮤니티 파트너십: 부업 관련 커뮤니티와 협업
   오프라인 이벤트: 북 토크, 세미나 등의 이벤트 개최

목차와 출판 기획서까지 완성되었다면 이제 본격적으로 책의 내용을 만들어 볼 차례다. 목차를 살펴보고 내용을 소분해서 순서대로 한 부분씩 세부 내용들을 채워나가야 한다. 아래 프롬프트와 같이 목차의 일부를 필요에 따라 좀 더 잘게 쪼개어가며 내용을 만들어가자.

목차 중에서 1장 '서론: 부업 새로운 시작'을 총 5개의 소제목으로 나눠서 다시 만들어 줘.

챗GPT는 1장의 내용을 좀 더 구체적으로 작게 나눠서 제시한다.

1장 "서론: 부업 새로운 시작"의 소제목을 다음과 같이 구성할 수 있습니다:

1. "부업의 시대: 변화하는 직업관과 경제 환경"
   −현대 직업관의 변화와 부업의 중요성
   −글로벌 경제 환경과 부업의 역할
2. "부업의 다양한 형태: 온라인부터 오프라인까지"
   −다양한 부업 옵션 소개
   −온라인과 오프라인 부업의 특징과 장단점
3. "시작하기 전에: 부업을 위한 기초 준비"
   −부업을 시작하기 전 필요한 사전 준비 사항
   −개인 재정 상태와 시간 관리에 대한 고려
4. "부업으로 성장하는 개인과 사회"
   −부업이 개인에게 가져다주는 이점
   −사회적인 측면에서 본 부업의 긍정적 영향
5. "부업의 미래와 가능성 탐색"
   −부업의 장기적 전망과 발전 가능성
   −기술 발전이 부업에 미치는 영향

이러한 소제목들은 부업의 기본 개념, 준비 과정, 사회적 및 경제적 영향, 그리고 미래의 가능성에 대해 체계적으로 다루며 독자들에게 포괄적인 이해를 제공합니다.

위에서 챗GPT가 제시한 내용의 수준이 사용자의 집필 의도에 부합한다면 이 정도 선에서 책의 세부 내용을 작성하면 된다. 지금까지 기획한 책의 구조를 살펴보면 총 10개의 장으로 구성되어 있고, 각 장은 5개의 절로 나눠진다. 그리고 각 절을 다시 2개의 꼭지로 나누고 있다.

일반적으로 단행본은 250~300페이지 정도로 만들어지는데 글자 수로 따지면 10~12만 자 정도가 된다. 이번 책은 꼭지의 수로 따지면 2꼭지*5절*10장=100꼭지 정도가 된다. 즉 꼭지 당 1,000자 정도의 내용을 쓰면 총 10만 자를 채울 수 있다. 이러한 가정하에 다음과 같이 프롬프트를 만들어 사용해 보자.

1장 1절 '부업의 시대: 변화하는 직업관과 경제 환경'의 첫 번째 꼭지인 '현대 직업관의 변화와 부업의 중요성'에 대한 내용을 1,500자로 작성해 줘.

위의 프롬프트를 꼭지별로 반복해서 질문에 사용함으로써 책의 내용을 완성해 나가면 된다.

웹소설 쓰기

이야기를 쓴다는 것은 단행본을 쓰는 것과는 다른 개념의 작업이다. 이야기를 쓰기 위해서는 작가의 창의성이 더욱 필요해진다. 이러한 창의적인 부분에 있어서도 우리는 챗GPT의 도움을 받을 수 있다.

이번 프롬프트에서는 이야기의 소재 발굴부터 이야기에 살을 붙여나가는 과정까지 다뤄보도록 하겠다. 우선 사용자의 머릿속에 떠오르는 키워드를 이용해 로그라인을 만들어나가는 것부터 시작해 보자.

다음과 같은 키워드를 사용해서 웹소설의 로그라인을 10개만 만들어 줘.
생존, 표류, 감염병, 지구, 종말

챗GPT는 주어진 키워드를 이용해 로그라인을 제안해 준다.

물론입니다. "생존", "표류", "감염병", "지구", "종말"이라는 키워드를 사용해 웹소설의 로그라인 10개를 만들겠습니다.

1. 지구상의 마지막 생존자가 되어버린 한 남자가 감염병으로 인류가 멸망한 세계를 표류하며 새로운 희망을 찾아나선다.
2. 종말 이후의 지구에서 감염병에 걸린 채 표류하는 소녀가 생존을 위해 고군분투하며 인간성을 되찾아가는 여정.
3. 감염병으로 인해 변해버린 지구에서 표류하는 한 그룹의 생존자들이 새로운 문명을 건설하기 위해 싸우는 이야기.
4. 감염병으로 인류가 멸망 직전에 놓인 지구, 마지막 생존자들의 표류와 투쟁을 그린 서바이벌 드라마.
5. 지구 종말 후, 감염병에 맞서 싸우는 소녀와 그녀의 동료들이 표류하며 마주하는 다양한 도전과 모험.
6. 종말 이후 감염병이 창궐한 지구에서 생존을 위해 싸우는 한 남자의 이야기. 그가 마주하는 인간의 본성과 갈등.
7. 지구 종말 후 감염병에 저항하는 한 여성 과학자의 표류와 생존기, 그녀가 찾아낸 새로운 희망의 메시지.
8. 감염병으로 인해 파괴된 지구, 표류하는 한 가족의 생존 여정과 그들이 겪는 감동적인 사랑과 희생의 이야기.
9. 지구 종말 이후 감염병에 맞서 싸우는 젊은이들의 표류와 모험, 그들의 우정과 사랑, 배신을 다룬 드라마.
10. 감염병으로 황폐해진 지구에서 표류하며 살아남기 위해 싸우는 한 남자의 이야기. 그가 발견한 인류의 마지막 희망.

이 로그라인들이 원하시는 방향에 맞는지 궁금하네요. 추가로 필요한 부분이 있으면 말씀해 주세요.

사용자는 챗GPT가 제시한 로그라인들 중에서 하나를 선택하고, 선택한 로그라인에 대한 스토리의 아이디어를 요청한다.

6번 '종말 이후 감염병이 창궐한 지구에서 생존을 위해 싸우는 한 남자의 이야기, 그가 마주하는 인간의 본성과 갈등'이라는 로그라인을 가진 웹소설에 대한 아이디어를 10개만 알려 줘.

챗GPT가 사용자에게 아이디어를 제안해 준다.

물론입니다. "종말 이후 감염병이 창궐한 지구에서 생존을 위해 싸우는 한 남자의 이야기, 그가 마주하는 인간의 본성과 갈등"이라는 로그라인을 기반으로 하는 웹소설 아이디어를 10개 제시해 드리겠습니다.

1. 잃어버린 도시의 비밀: 이 남자가 황폐화된 대도시를 탐험하며 감염병의 기원을 찾아가는 과정을 그립니다. 그는 생존자들과 협력하고 배신당하면서 인간 본성의 어두운 면을 목격합니다.
2. 마지막 메시지: 남자가 감염병에 저항하는 데 효과적인 치료제의 정보를 담은 메시지를 찾아 나섭니다. 그의 여정은 위험과 기회가 공존하는 여정으로, 인간이 어려움 속에서도 희망을 찾을 수 있음을 보여 줍니다.
3. 방사능 땅의 생존자: 감염병과 방사능 오염이 결합된 세계에서, 남자는 생존을 위해 적응해야 합니다. 그는 새로운 생태계와 대면하고, 인간이 아닌 다른 생명체와도 갈등을 겪습니다.
4. 파수꾼: 남자가 작은 공동체의 리더로 성장하면서, 내부의 갈등과 외부의 위협에 맞서 싸웁니다. 그는 리더십과 희생의 중요성을 깨닫게 됩니다.
5. 회복 불가능한 세계: 남자가 감염병으로 인해 변화한 자연과 동식물을 관찰하며, 인류의 행동이 환경에 끼친 영향을 탐구합니다. 이 과정에서 그는 자연과 인간 사이의 관계를 재고하게 됩니다.
6. 잊혀진 기술의 탐색자: 이 남자가 재난 이전의 기술을 복원하려 노력하는 이야기입니다. 그는 감염병에 대항할 수 있는 고대 지식을 찾아 헤매면서 과거와 현재의 연결고리를 발견합니다.
7. 갈라진 세계의 중재자: 감염병이 창궐한 세계에서, 남자는 서로 다른 생존자 그룹들 사이에서 중재자 역할을 합니다. 그는 다양한 이념과 문화가 충돌하는 상황에서 중재와 평화의 중요성을 깨닫습니다.
8. 유령 도시의 외로운 사냥꾼: 남자가 폐허가 된 도시에서 혼자 생존하는 이야기입니다. 그는 외로움과 싸우면서 자신의 정체성과 과거를 재평가하게 됩니다.
9. 마지막 항해: 남자가 감염병에서 벗어나기 위해 바다로 나가는 이야기입니다. 바다에서의 생존은 새로운 도전을 가져오고, 남자는 자신의 한계를 시험받습니다.
10. 재건의 꿈: 남자가 생존자들과 함께 새로운 사회를 재건하려는 시도를 하는 이야기입니다. 그는 리더십, 공동체의 중요성, 그리고 인간이 가진 창조적인 힘을 탐색합니다.

이러한 아이디어들은 감염병으로 황폐해진 세계에서의 생존, 인간 본성, 그리고 갈등을 다양한 각도에서 탐구할 수 있는 기회를 제공합니다.

챗GPT는 사용자가 선택한 로그라인에 대해 아이디어를 제안한다. 사용자는 그 중 괜찮은 아이디어를 결정한 후, 그 아이디어에 대한 기-승-전-결의 구성 요소와 웹소설의 제목을 챗GPT에게 다시 요청한다.

위 답변 중 2번 '남자가 감염병에 저항하는 데 효과적인 치료제의 정보를 담은 메시지를 찾아 나서며, 그의 여정은 위험과 기회가 공존하는 여정으로, 인간이 어려움 속에서도 희망을 찾을 수 있음을 보여 준다'는 내용으로 웹소설을 만들고자 해. 전체 스토리를 기, 승, 전, 결로 나눠서 만들어 주고 이 내용에 어울리는 제목을 10개만 작성해 줘.

챗GPT가 로그라인에 대한 아이디어를 생성해 준다.

물론입니다. 주어진 설정에 맞추어 웹소설의 전체 스토리를 "기(起)—승(承)—전(轉)—결(結)"의 네 부분으로 나누어 구성해 보겠습니다.

1. 기(起): 시작과 배경
   - 배경 설명: 종말 이후의 지구가 무대입니다. 감염병이 전 세계를 휩쓸고 나서 사회는 붕괴되었고, 소수의 생존자들만이 살아남았습니다.
   - 주인공 소개: 주인공은 강한 생존 본능을 가진 남자로, 고립된 상태에서 살아남았습니다. 그는 과거 의학 분야에서 일했으며, 이전 삶의 기술과 지식을 활용해 생존합니다.
   - 사건의 발단: 남자는 우연히 구조대에서 남긴 오래된 라디오 방송을 듣게 됩니다. 방송에서는 감염병에 대한 치료제의 가능성을 언급하며, 이 정보의 출처가 되는 장소를 암시합니다.
2. 승(承): 발전과 여정
   - 여정의 시작: 남자는 치료제의 정보를 찾기 위해 여정을 시작합니다. 그는 위험한 황폐한 도시와 자연을 헤쳐 나가며 여러 도전에 직면합니다.
   - 동료와의 만남: 그의 여정에서 다른 생존자들과 만나게 됩니다. 이들 중 일부는 그의 목표를 돕고, 일부는 경쟁자나 적으로 등장합니다.
   - 내적 갈등: 남자는 치료제를 찾는 과정에서 인간성과 생존 사이의 갈등에 직면합니다. 그는 냉혹한 현실 속에서도 도덕적 가치를 지키려고 노력합니다.
3. 전(轉): 전환과 위기
   - 중대한 발견: 남자는 치료제에 대한 중요한 단서를 발견합니다. 그러나 이 정보는 위험한 장소에 숨겨져 있습니다.
   - 결정적 위기: 남자와 동료들은 감염병에 휩싸인 지역으로 들어가야 합니다. 이 과정에서 긴박한 상황과 대결이 발생합니다.
   - 갈등의 절정: 남자는 동료 중 한 명이 배신하는 상황에 직면하며, 심각한 위험에 처하게 됩니다. 이로 인해 그는 인간 본성에 대해 깊이 성찰하게 됩니다.
4. 결(結): 결말과 해결
   - 치료제 발견: 위기를 극복한 후, 남자는 마침내 치료제에 대한 정보를 얻습니다. 이 정보는 인류에게 희망의 빛이 됩니다.
   - 귀환과 반성: 남자는 다른 생존자들에게 정보를 전달하기 위해 귀환합니다. 그의 여정은 많은 것을 잃었지만, 새로운 희망과 인간에 대한 깊은 이해를 얻게 합니다.
   - 새로운 시작: 이야기는 남자가 새로운 사회 재건에 참여하며 끝맺습니다. 그는 인류의 미래에 대한 희망과 함께, 인간 본성의 양면성을 받아들이게 됩니다.

이러한 내용을 바탕으로 웹소설의 제목을 다음과 같이 제안해 드립니다.

"마지막 치료제"
"감염의 그림자"
"생존의 코드"
"잃어버린 치유"
"바이러스 아포칼립스"
"팬데믹 퀘스트"
"희망의 신호"
"파괴된 세계의 의사"
"종말의 치료"
"감염된 지구에서"

개략적인 진행 방향과 제목을 결정했다면 이번에는 캐릭터를 만들어 보자. 메인 캐릭터와 서브 캐릭터(보조자, 경쟁자 등)를 다음과 같은 프롬프트를 사용해 챗GPT에게 요청해 보자.

제목은 '바이러스 아포칼립스, 세상이 리부팅되다'로 결정할게.
이번에는 이와 같은 제목과 내용에 필요한 메인 캐릭터와 서브 캐릭터를 다음과 같은 항목에 맞춰 작성해 줘.

- 나이, 직업, 성별
- 직업, 특징, 보유 기술, 능력
- 성격, 행동 방식, 습관
- 말투, 대화체
- 과거의 중요한 경험이나 사건
- 인간 관계(가족, 타인 등)

챗GPT는 사용자 요청을 반영한 캐릭터를 생성해 준다.

이야기에 필요한 메인 캐릭터와 서브 캐릭터를 구체적으로 설정해 보겠습니다.

메인 캐릭터: 주인공
- 나이, 직업, 성별: 35세, 전염병 전문의, 남성.
- 직업, 특징, 보유 기술, 능력: 전염병 전문의로서 의학 지식이 풍부하고, 응급 처치와 생존 기술을 가지고 있음. 실험과 연구에 능숙하며, 빠른 판단력을 보유.
- 성격, 행동 방식, 습관: 신중하고 진지하며, 위험한 상황에서도 침착함을 유지. 의사로서의 책임감이 강하고, 구조적인 생각을 선호함. 위기 상황에서도 기록을 남기는 습관이 있음.
- 말투, 대화체: 명료하고 직설적인 말투. 전문 용어 사용이 많으나 필요에 따라 단순화하여 설명할 수 있음.
- 과거의 중요한 경험이나 사건: 감염병 발생 초기에 현장에서 환자들을 치료하며 많은 것을 경험. 가족을 잃은 아픔을 겪음.
- 인간 관계: 고립된 상태에서 살아가며 가족과의 추억을 소중히 여김. 새로 만나는 동료들에게는 처음에는 조심스럽지만, 점차 신뢰를 쌓아감.

서브 캐릭터 1: 동료 생존자
- 나이, 직업, 성별: 28세, 전직 군인, 여성.
- 직업, 특징, 보유 기술, 능력: 군인 출신으로 전술, 전략, 무기 사용에 능숙. 체력적으로 강인하며, 긴박한 상황에서도 냉정함을 유지.
- 성격, 행동 방식, 습관: 용감하고 결단력이 있으나 때로는 충동적일 수 있음. 위험을 직감하면 즉시 대응하는 경향.
- 말투, 대화체: 간결하고 명령조의 말투를 사용. 직접적이고 간단한 표현을 선호.
- 과거의 중요한 경험이나 사건: 군대에서의 경험이 많으며, 전투 중 동료를 잃은 경험이 있음.
- 인간 관계: 동료에 대한 충성심이 강하며, 팀워크를 중시함. 처음 만난 사람에게는 경계심을 보이지만, 한번 신뢰를 쌓으면 깊은 유대감을 형성.

지금까지 만들어 놓은 제목, 기-승-전-결의 스토리, 캐릭터 등을 이용해 상세 플롯을 만들어 달라고 챗GPT에게 요청한다.

질문

제목은 '바이러스 아포칼립스, 세상이 리부팅되다'로 결정할게.
앞서 말한 기승전결의 스토리와 캐릭터들을 반영해서 상세 플롯을 만들어 줘.

챗GPT는 플롯을 만들어 준다.

"바이러스 아포칼립스, 세상이 리부팅되다"라는 제목으로 상세한 플롯을 만들어 보겠습니다. 이 플롯은 앞서 언급한 기승전결 구조와 캐릭터들을 반영합니다.

기(起): 시작과 배경
– 세계 상황: 감염병으로 인해 대부분의 인류가 사라진 지구. 사회는 붕괴되고, 소수의 생존자들만이 위험한 환경에서 살아가고 있음.
– 주인공 소개: 35세의 전염병 전문의. 자신의 의학 지식을 활용해 혼자서 생존. 가족을 잃은 아픔을 가지고 있으며, 감염병에 대한 치료제를 찾는 것을 목표로 삼음.
– 사건의 발단: 오래된 라디오 방송을 통해 치료제에 대한 정보를 우연히 접함. 이 메시지를 추적하기로 결심하고, 황폐한 도시를 떠나 여정을 시작함.

승(承): 발전과 여정
– 여정의 시작: 주인공은 치료제를 찾아나서며, 폐허가 된 도시와 위험한 자연을 탐험.
– 동료와의 만남: 여행 중 28세 전직 군인 여성을 만나 함께 여정을 계속하기로 함. 서로 다른 배경과 기술을 가진 두 사람은 팀을 이루어 위험에 맞서 싸움.
– 내적 갈등: 주인공은 생존과 인간성 사이에서 갈등. 사람들을 돕고 싶은 본능과 위험한 상황에서의 생존 본능 사이에서 갈팡질팡함.

전(轉): 전환과 위기
– 중대한 발견: 치료제에 대한 중요한 단서를 발견. 이 정보는 감염병이 가장 심각한 지역에 위치해 있음.
– 결정적 위기: 주인공과 동료는 감염 지역으로 들어가야 함. 생존과 임무 사이에서 위험한 결정을 내려야 함.
– 갈등의 절정: 위험한 상황에서 동료의 배신에 직면. 심각한 위험에 빠지며, 인간 본성에 대한 깊은 성찰을 하게 됨.

결(結): 결말과 해결
– 치료제 발견: 주인공은 결국 치료제에 대한 정보를 얻음. 이 정보는 인류에게 새로운 희망이 됨.
– 귀환과 반성: 주인공은 다른 생존자들에게 정보를 전달하고, 그의 여정은 많은 것을 잃었지만, 새로운 희망과 깊은 이해를 얻음.
– 새로운 시작: 이야기는 주인공이 새로운 사회 재건에 참여하며 끝남. 그는 인류의 미래와 인간 본성의 양면성을 받아들이며 새로운 삶을 시작함.

이 플롯은 "바이러스 아포칼립스, 세상이 리부팅되다"라는 제목에 걸맞는 긴장감 넘치는 서바이벌과 인간 본성에 대한 깊은 탐구를 제공할 것입니다.

이번에는 기, 승, 전, 결 단계별로 트리트먼트를 만들어 본다.

질문

'시작과 배경' 파트를 12단계의 장면으로 나누어 장면별로 트리트먼트를 만들어 줘.

챗GPT는 '기' 단계의 이야기를 12장면으로 나눠 좀 더 자세히 내용을 보여 준다.

알겠습니다. 주인공이 동료를 만나기 직전까지의 내용으로 12장면을 구성해 보겠습니다.

장면 1: 폐허가 된 도시
　－장면 설명: 감염병으로 황폐해진 도시의 모습. 거리는 버려진 차량과 폐허로 가득 차 있음.
　－주인공의 활동: 주인공이 조심스럽게 거리를 탐색하며 필요한 물자를 수집하는 모습.

장면 2: 은신처
　－장면 설명: 낡은 건물에 마련된 주인공의 은신처. 의학 서적과 기본 생존 장비가 보임.
　－주인공의 활동: 주인공이 은신처에서 지도를 살펴보며 다음 목적지를 계획하는 장면.

장면 3: 라디오 방송 청취
　－장면 설명: 먼지투성이의 라디오에서 치료제에 관한 메시지가 나오는 장면.
　－주인공의 반응: 메시지를 듣고 놀라고 희망에 찬 표정을 짓는 모습.

장면 4: 과거 회상
　－장면 설명: 주인공이 라디오를 듣다가 과거로 돌아가 가족과 함께한 시간을 회상하는 장면.
　－주인공의 감정: 슬픔과 그리움이 뒤섞인 표정으로 과거를 회상.

장면 5: 여정 준비
　－장면 설명: 주인공이 은신처에서 생존 장비와 의료 용품을 챙기는 모습.
　－주인공의 행동: 여정에 필요한 물품을 꼼꼼하게 챙기며 준비하는 장면.

장면 6: 은신처 떠나기
　－장면 설명: 주인공이 은신처를 떠나기 전 마지막으로 둘러보는 모습.
　－주인공의 표정: 결심에 찬 모습으로 은신처를 떠남.

장면 7: 폐허 속 탐색
　－장면 설명: 주인공이 폐허가 된 도시를 탐색하며 생존자의 흔적을 찾는 모습.
　－주인공의 행동: 조심스럽게 주변을 살피며 소리에 민감하게 반응.

장면 8: 감염된 동물과의 마주침
　－장면 설명: 주인공이 감염된 동물과 마주치는 긴박한 상황.
　－주인공의 대처: 위험을 회피하며 빠르게 대처하는 모습.

장면 9: 유적 발견
　－장면 설명: 주인공이 폐허 속에서 오래된 유적을 발견하는 장면.
　－주인공의 반응: 유적에 대한 호기심과 과거 문명에 대한 회상.

장면 10: 위기의 순간
　－장면 설명: 주인공이 감염병 환자 무리에 둘러싸이는 위기의 순간.

－주인공의 행동: 침착하게 위기를 모면하고 안전한 장소로 이동하는 모습.

장면 11: 잃어버린 도시
－장면 설명: 황폐화된 대도시의 한복판, 고층 건물의 잔해와 고요한 분위기.
－주인공의 탐색: 주인공이 잃어버린 도시를 탐색하며 치료제에 대한 단서를 찾는 모습.

장면 12: 메시지의 흔적 발견
－장면 설명: 주인공이 버려진 연구소를 발견하고 치료제에 관한 중요한 정보를 찾아내는 장면.
－주인공의 반응: 발견한 정보에 대해 고민하며 다음 행동을 계획하는 모습.

이러한 장면들은 주인공의 여정을 시작으로부터 동료를 만나기 직전까지의 사건들을 흥미롭고 긴장감 있게 전개합니다.

위와 같이 도출된 트리트먼트의 장면별로 필요한 대화와 묘사를 첨삭해 웹소설을 완성해 나가면 된다.

동화 쓰기

동화는 웹소설에 비하면 분량도 작고 대상이 어린이이므로 구성도 복잡하지 않다. 그래서 로그라인 분석이나 캐릭터 분석 없이 다음과 같이 간단한 프롬프트만으로도 작업이 가능하다.

우선 키워드만으로 제목을 만들어 보자.

질문

너는 유·아동용 동화를 쓰는 작가야.
너는 유·아동용 동화를 처음부터 끝까지 절차에 맞게 작성하는 역할이야.

아래에 제시한 #키워드#를 사용해서 적당한 제목을 10개만 만들어 줘.

#키워드#
강아지, 소년, 우정, 이별, 재회, 사랑

챗GPT는 키워드에 맞는 제목을 만들어 준다.

유·아동용 동화의 제목을 만드는 것은 창의력과 상상력이 중요한 작업입니다. 제시된 키워드를 활용하여, 각각의 제목이 강아지, 소년, 우정, 이별, 재회, 사랑이라는 주제를 반영하도록 하겠습니다. 여기 10개의 동화 제목입니다:

1. "강아지와 소년의 우정여행"
2. "작별의 공원, 재회의 놀이터"
3. "마법의 꼬리, 사랑을 전하는 강아지"
4. "이별 후 찾아온 새로운 친구"
5. "별빛 아래 소년과 강아지의 약속"
6. "무지개 다리 너머의 우정"

7. "사라진 강아지, 기다림의 소년"
8. "너와 나, 우리의 작은 세계"
9. "잃어버린 강아지, 찾아온 사랑"
10. "우정의 발자국, 재회의 기쁨"

이 제목들은 어린이들이 흥미를 가질 수 있는 다양한 요소들을 포함하고 있습니다. 각 제목은 그 자체로 하나의 이야기를 상상하게 하며, 동화를 통해 전달하고자 하는 메시지를 효과적으로 반영할 수 있을 것입니다.

동화에 맞는 문체로 제목을 다시 만들어 줄 것을 요청한다.

질문

7번 제목 '사라진 강아지, 기다림의 소년'을 조금 더 어린이의 눈높이에 맞는 단어와 느낌으로 다시 5개만 작성해 줘.

챗GPT는 사용자의 요청에 따라 어린이에게 친숙한 단어들과 느낌으로 제목을 다시 생성해 준다.

물론이죠. "사라진 강아지, 기다림의 소년"이라는 제목을 어린이들이 더 쉽게 이해하고 공감할 수 있는 방식으로 재구성해 보겠습니다. 여기 어린이들의 눈높이에 맞춘 5개의 제목입니다:

1. "뽀삐를 찾아라, 준이의 대모험"
2. "강아지 루피, 어디 갔니?"
3. "준이와 사라진 친구, 뽀삐"
4. "놀이터에서 잃어버린 내 친구"
5. "준이와 마법의 강아지 찾기"

이 제목들은 어린이들이 좋아할 만한 친근하고 상상력을 자극하는 요소들을 포함하고 있으며, 간단하고 명확한 언어 사용으로 이해하기 쉽습니다. 이야기의 중심이 되는 소년과 강아지의 관계를 강조하면서도 모험과 발견의 즐거움을 전달하는 데 초점을 맞췄습니다.

사용자는 이야기에 대한 아이디어를 챗GPT에게 요청한다.

질문

1번 '뽀삐를 찾아라, 준이의 대모험'이라는 제목으로 결정했어.
제목에 어울리는 내용에 대한 아이디어를 10개만 알려 줘.

제목에 적합한 아이디어를 챗GPT가 제안한다.

"뽀삐를 찾아라, 준이의 대모험"라는 제목을 가진 동화를 위한 아이디어를 고려할 때, 모험, 우정, 발견 등의 요소가 중요할 것입니다. 다음은 이 제목에 어울리는 다양한 스토리 아이디어 10가지입니다:

1. 준이와 뽀삐의 마법 숲 모험: 뽀삐가 신비한 숲으로 사라지고, 준이가 숲속에서 마법의 생물들을 만나며 뽀삐를 찾아가는 이야기.
2. 시간여행자 준이와 뽀삐: 준이가 뽀삐를 찾기 위해 시간여행을 하며 역사적 사건들을 경험하는 모험.
3. 우주 탐험가 준이: 뽀삐가 우주로 납치되고, 준이가 우주선을 타고 우주를 여행하며 뽀삐를 구하는 이야기.
4. 준이의 해적선 모험: 뽀삐가 신비한 해적선에 타고 있고, 준이가 해적이 되어 바다를 탐험하며 뽀삐를 찾는 이야기.
5. 준이와 뽀삐의 동물 친구들: 준이가 뽀삐를 찾는 여정에서 다양한 동물 친구들을 만나며 도움을 받는 모험.
6. 준이의 판타지 세계 모험: 준이가 마법의 문을 통해 판타지 세계로 들어가 뽀삐를 찾는 이야기.
7. 준이와 미로의 성: 준이가 거대한 미로 안의 성에서 뽀삐를 찾으며 퍼즐을 풀고 장애물을 극복하는 모험.
8. 준이와 뽀삐의 보물 찾기: 준이가 보물 지도를 따라 여행하며 뽀삐를 찾고, 마지막에 보물과 함께 뽀삐를 발견하는 이야기.
9. 준이와 비밀의 정원: 준이가 뽀삐를 찾아 숨겨진 정원으로 여행하며 자연의 아름다움과 비밀을 발견하는 모험.
10. 준이와 꿈의 세계 모험: 준이가 잠든 사이 꿈의 세계로 여행해 뽀삐를 찾으며 환상적인 경험을 하는 이야기.

이 아이디어들은 어린이들의 상상력을 자극하고 교훈적인 메시지를 전달하는 동시에, 모험과 우정의 가치를 강조합니다. 준이와 뽀삐의 관계를 중심으로 다양한 설정과 상황을 통해 이야기를 전개할 수 있습니다.

챗GPT가 제안한 아이디어의 내용 중 일부를 변경한 후 이에 관한 아이디어를 다시 챗GPT에게 요청한다.

3번 '우주 탐험가 준이: 뽀삐가 우주로 납치되고, 준이가 우주선을 타고 우주를 여행하며 뽀삐를 구하는 이야기'가 괜찮아. 단, 여기에서 우주로 납치된 게 아니라 옆 동네에 사는 어느 험상궂은 아저씨에게 유괴된 내용으로 바꿔서 이에 대한 아이디어를 10개만 만들어 줘.

챗GPT가 변경된 내용에 대한 새로운 아이디어를 다시 제안한다.

"뽀삐를 찾아라, 준이의 대모험"에 대한 새로운 설정으로, 뽀삐가 옆 동네의 험상궂은 아저씨에게 유괴되었다는 상황을 가정하고, 이에 어울리는 스토리 아이디어를 제공하겠습니다. 다음은 이 설정에 맞는 다양한 스토리 아이디어 10가지입니다:

1. 준이의 용감한 구출 작전: 준이가 친구들과 함께 팀을 이뤄 뽀삐를 구출하기 위한 계획을 세우는 모험.
2. 비밀의 집 탐험: 준이와 친구들이 아저씨의 집을 탐험하면서 뽀삐를 찾고, 집 안의 다양한 비밀을 발견하는 이야기.
3. 준이의 스파이 임무: 준이가 뽀삐를 찾기 위해 스파이처럼 위장하고 아저씨의 집에 잠입하는 모험.
4. 준이와 미스터리 해결사들: 준이와 친구들이 탐정단을 결성해 뽀삐의 행방을 찾으며 미스터리를 풀어가는 이야기.
5. 준이의 우정과 용기: 준이가 두려움을 극복하고 우정을 지키기 위해 뽀삐를 구하기 위한 여정에 나서는 모험.
6. 마법의 도구와 준이: 준이가 마법의 도구를 발견해 사용하며 뽀삐를 찾아가는 이야기.

7. 준이의 숨바꼭질 대모험: 준이가 아저씨의 집에서 숨바꼭질을 하며 뽀삐를 찾고, 이 과정에서 진정한 용기의 의미를 깨닫는 이야기.
8. 준이와 험상궂은 아저씨의 비밀: 준이가 아저씨와 대화를 나누며 그의 비밀을 알아가고, 뽀삐를 구하는 과정에서 아저씨의 마음도 변화시키는 이야기.
9. 준이의 놀라운 발명품: 준이가 발명한 특별한 기계를 사용해 뽀삐를 찾아나서는 모험.
10. 준이와 뽀삐의 귀환: 준이가 아저씨의 집을 탈출하고 뽀삐와 함께 안전하게 집으로 돌아오는 모험.

이 아이디어들은 준이의 용기, 우정, 지혜를 강조하며 어린이들에게 긍정적인 메시지를 전달합니다. 준이와 뽀삐의 관계를 중심으로 하여, 어린이들이 흥미를 느낄 수 있는 다양한 모험과 상황을 제공합니다.

아이디어를 이용한 줄거리의 생성을 챗GPT에게 요청한다.

질문

5번 '준이의 우정과 용기: 준이가 두려움을 극복하고 우정을 지키기 위해 뽀삐를 구하기 위한 여정에 나서는 모험'에 관한 아이디어를 사용해 줄거리를 만들어 줘.

챗GPT는 이야기 전개 순서에 맞춰 줄거리를 생성해 준다. 줄거리는 몇 개의 단계로 만들어지는데 이렇게 만들어진 줄거리의 단계별 세부 내용은 웹소설의 세부 내용을 만드는 방법과 비슷하게 진행하면 된다.

"준이의 우정과 용기: 준이가 두려움을 극복하고 우정을 지키기 위해 뽀삐를 구하기 위한 여정에 나서는 모험"에 대한 줄거리를 구성해 보겠습니다.

줄거리
1. 평화로운 시작
　–줄거리는 준이와 그의 사랑스러운 강아지 뽀삐가 함께 놀고 있는 평화로운 마을에서 시작합니다.
　–어느 날, 뽀삐가 갑자기 사라지고 준이는 그의 가장 친한 친구를 잃게 됩니다.
2. 수상한 발견
　–준이는 뽀삐를 찾기 위해 마을 곳곳을 탐색합니다.
　–그는 옆 동네의 험상궂은 아저씨가 뽀삐를 유괴했을지도 모른다는 단서를 발견합니다.
3. 모험의 시작
　–준이는 두려움을 느끼지만, 우정을 위해 용기를 내기로 결심합니다.
　–그는 친구들과 함께 아저씨의 집으로 향하는 모험을 시작합니다.
4. 아저씨의 집에서의 도전
　–준이와 친구들은 아저씨의 집에 몰래 들어가 뽀삐를 찾습니다.
　–그들은 다양한 장애물과 도전을 극복하며 집 안을 탐험합니다.
5. 뽀삐 발견과 진실의 순간
　–준이는 뽀삐를 발견하지만, 아저씨에게 들키게 됩니다.
　–아저씨는 사실 뽀삐를 보호하려 했던 것으로 밝혀지며, 뽀삐를 돌보던 사연이 드러납니다.

에세이 쓰기

수필은 자유롭게 쓰는 글로, 분량이 그렇게 많지 않다. 그래서 책 쓰기에 사용했던 프롬프트 형식보다는 문서를 만들 때 사용했던 템플릿 형식의 프롬프트를 사용해 보자. 다음과 같은 프롬프트 템플릿으로 수필(에세이)을 작성해 보자.

질문

[1] 작성하려는 수필의 주제는 무엇인가요?
[2] 작성하려는 수필의 목적은 무엇인가요?
[3] 작성하려는 수필의 문체는 어떤가요?
[4] 글쓴이의 직업은 무엇인가요?
[5] 글쓴이의 나이는 몇 살인가요?
[6] 글쓴이의 성별은 무엇인가요?
[7] 작성하려는 수필의 분량은 몇 자인가요?
[8] 작성하려는 수필과 관련된 경험이나 사건은 무엇인가요?

사용자로부터 위의 질문에 대한 입력을 요청하고
사용자가 입력한 데이터를 사용해 아래 지시 사항을 완성해 줘.
사용자의 입력이 부족할 경우 다시 입력을 요구해 줘.

사용자가 입력한 [1]~[8]까지의 내용을 참고해서
자유로운 형식으로 수필을 작성해 줘.
작성 시 반드시 아래의 #작성 지침#을 따를 것.

#작성 지침#
− 실생활에서의 경험을 사례로 채용해서 작성할 것.
− 독자의 호기심을 자극할 수 있는 도입부를 사용할 것.
− 문제 제기, 예시, 문제 해결의 과정을 통해 주제를 구체화할 것.
− 주제문과 전체 내용을 요약 정리하면서 앞으로의 방향성(목적)을 제시할 것.

챗GPT는 사용자가 정보를 입력하도록 요청한다.

먼저 수필을 작성하기 위해 필요한 정보들을 알려 주시겠어요? 아래의 각 번호에 해당하는 질문에 대한 답변을 부탁드립니다.

1. 작성하려는 수필의 주제는 무엇인가요?
2. 작성하려는 수필의 목적은 무엇인가요?
3. 작성하려는 수필의 문체는 어떤가요?
4. 글쓴이의 직업은 무엇인가요?
5. 글쓴이의 나이는 몇 살인가요?
6. 글쓴이의 성별은 무엇인가요?
7. 작성하려는 수필의 분량은 몇 자인가요?
8. 작성하려는 수필과 관련된 경험이나 사건은 무엇인가요?

이 정보들을 바탕으로 수필을 작성해 드리겠습니다.

사용자가 수필을 작성하는 데 사용할 정보를 입력한다.

질문
1. 인생은 새옹지마, 인생은 힘들 때도 있지만 좋을 때도 있다
2. 삶의 고비마다 희비에 집착 말고 그냥 나아가자
3. 친절한 문체, 관조적인 문체
4. 중소기업 대표 이사
5. 58세
6. 남성
7. 3,000자
8. 직장에서 힘든 일이 있었지만 시간이 지나니 아무것도 아닌 일이 되었다

챗GPT는 사용자의 정보를 바탕으로 수필을 작성한다.

인생은 새옹지마라는 말, 어릴 적부터 많이 들었지만, 그 말의 무게를 진정으로 느낀 건 중년의 나이에 접어들면서였습니다. 이 글을 쓰는 지금, 저는 58세, 중소기업을 이끄는 대표 이사입니다. 제 인생 여정에서 특히 기억에 남는 몇 가지 에피소드를 통해, 인생의 희로애락을 이야기하고자 합니다.
....
....(중간 생략)..
....
이러한 경험들을 통해 저는 인생의 희로애락을 모두 경험했습니다. 그리고 이 모든 경험들이 저를 오늘날의 저로 만들었습니다. 인생은 예측할 수 없는 일들로 가득하지만, 그 속에서 우리는 끊임없이 배우고 성장합니다. 때로는 실패와 좌절을 맛보기도 하지만, 그것들이 우리를 더 강하게 만듭니다.
제가 전하고 싶은 메시지는 간단합니다. 인생은 변화무쌍하고 예측할 수 없습니다. 하지만 우리가 겪는 모든 경험은 소중한 가치가 있습니다. 힘든 순간에는 그 순간을 견디며, 좋은 순간에는 그 순간을 즐기며, 그저 나아가야 합니다. 결국, 우리의 삶은 이 모든 순간들로 이루어져 있으며, 그것이 바로 인생의 아름다움입니다.

시 쓰기

챗GPT의 가장 큰 장점이 텍스트 생성 능력이 뛰어나다는 것인데 '시'를 창작하는 데는 매우 취약하다는 게 지금까지의 견해다. 웬만한 문서의 작성에서는 발군의 실력을 발휘하고 있는 챗GPT이지만 인간이 구사할 수 있는 은유와 함축의 영역에서는 아직 멀었다는 평가가 많다.

일반적인 프롬프트를 사용해서 '시'를 창작해 보면 시와는 거리가 먼 텍스트가 만들어진다. 그래서 이번에는 흉내내고 싶은 시인의 시 5편 정도를 사전에 제공하고 이와 비슷한 느낌의 '시'를 창작해 달라고 요청해 보았다. 샘플로 제시한 시들은 '나태주' 시인의 작품들이다.

질문

첫 번째 시
{

풀꽃

자세히 보아야
예쁘다

오래 보아야
사랑스럽다

너도 그렇다.

}
###

두 번째 시
{

그리움

가지 말라는데 가고 싶은 길이 있다
만나지 말자면서 만나고 싶은 사람이 있다
하지 말라면 더욱 해보고 싶은 일이 있다

그것이 인생이고 그리움
바로 너다.

}
###

세 번째 시
{

눈 위에 쓴다

눈 위에 쓴다
사랑한다 너를
그래서 나 쉽게
지구라는 아름다운 별

떠나지 못한다.
}
###

네 번째 시
{

사는 법

그리운 날은 그림을 그리고
쓸쓸한 날은 음악을 들었다

그리고도 남은 날은
너를 생각해야만 했다.

}
###

다섯 번째 시
{

묘비명

많이 보고 싶겠지만
조금만 참자.

}
###

위에 예시로 제시한 나태주 시인의 다섯 가지 시를 읽고
이와 비슷한 형식과 내용 전개 방식 그리고 문체를 이용해서
아래 #주제#에 대한 짧은 시를 적어 줘.

#주제#
모든 삶은 아름답고, 존중받을 만한 가치가 있다.

챗GPT가 처음에 만들어 준 시는 다음과 같다.

모든 삶의 가치

무심코 걷는 길 위에
작은 꽃 한 송이가 피어
햇살 아래 빛나며
그 존재만으로도 소중함을 전해

시끄러운 세상 속에서도
조용한 목소리가 울려 퍼져
작은 존재들마다 갖는
빛나는 가치를 알려 주네

큰 나무 아래 작은 풀잎처럼
보잘것없어 보여도
모든 삶에는 의미가 있고
그 자체로 아름답다

너도 나도 우리 모두
이 세상에 필요한 존재
모든 삶은 귀하고
사랑받을 가치가 충만하다

재생성을 요청해서 다시 만들어 보니 다음과 같은 시가 나왔다.

모든 삶의 가치

꽃잎처럼
하나하나가 소중하다

해마다 피고 지는
그 삶의 순환 속에서

작은 숨결 하나까지도
아름다움으로 가득하다

너, 나, 우리 모두
서로의 가치를 인정하며

이 세상, 모든 삶은
빛나는 별과 같아

존재 자체로
무한한 의미를 품다

쉽게 또는 좀 더 간결하게 만들어 달라고 부탁해 봤다.

질문

좀 더 쉬운 전개로 다시 적어 줘.

챗GPT가 만들어 준 시는 다음과 같다. 참고하기 바란다.

모든 삶

꽃처럼
모든 삶이 예쁘다

별빛처럼
빛나고 있어

우리 모두
소중하니까

작은 것 하나하나도
아름다운 거야

그냥, 그 자체로
소중하니까

자서전 쓰기

자서전은 주인공의 실제 삶이 반영되어야 한다. 주인공의 실제 삶을 통해 독자는 재미와 감동을 느낄 수 있다. 자서전은 일반적으로 내러티브나 스토리텔링 방식으로 이야기를 풀어나가게 되는데, 서사의 과정에서 등장하는 시간과 공간적 배경, 인물, 사건 등이 실제와 같아야 한다. 주인공의 실제 스토리가 입혀져야 되는 것이다.

따라서 소설이나 동화 등의 픽션에서는 소재 발굴부터 캐릭터, 사건 등에 이르기까지 대부분의 구성 요소 작성에 챗GPT가 관여했으나 사실 관계가 중요한 자서전에서는 사용자가 개입해야 할 분량이 많을 수밖에 없다.

다음과 같이 우선 페르소나와 역할부터 사용자가 정해 주고 사실에 기반한 전체 줄거리까지 제공해 준 후, 이에 기반한 자서전의 목차를 챗GPT에게 요청해 보자.

너는 자서전을 전문적으로 대필하는 작가야.
너는 나의 이야기를 바탕으로 자서전을 작성하는 역할이야.

아래에 주어진 #줄거리#에 기반해서 자서전의 목차를 만들어 줘.

#줄거리#

시골에서 태어난 주인공은 소아마비로 몸이 불편한 상태. 집안 형편도 좋지 않아 치료는 고사하고 제대로 된 교육 한번 받아보질 못했다. 중학교만 마치고 상경한 주인공은 온갖 고생을 마다 않고 생활하다 화재로 목숨을 잃을 뻔했으나 헌신적인 소방관들의 도움으로 목숨을 건진다. 이에 감동을 받은 주인공은 신체적 불리함을 극복하고 당당히 소방공무원이 되어 다양한 화재 현장에서 훌륭하게 임무를 수행하게 된다. 소방관에서 퇴직한 주인공은 현재 화상 환자들을 위해 봉사하는 삶을 살아가고 있다.

챗GPT가 다음과 같이 자서전의 목차를 만들어 준다.

주인공의 감동적이고 영감을 주는 이야기를 바탕으로 한 자서전 목차를 작성하겠습니다. 이 목차는 주인공의 어린 시절부터 현재까지의 여정을 단계별로 나타내며, 그의 도전과 성공의 이야기를 담고 있습니다.

자서전 목차: "불꽃 속에서 피어난 희망"
1. 서문: 불꽃 속에서 피어난 꿈
2. 제1장: 시골의 아침 – 어린 시절의 도전
   - 소아마비와의 첫 만남
   - 시골 생활의 단상
   - 교육의 그늘, 꿈꾸는 마음
3. 제2장: 상경 – 새로운 시작, 무한한 가능성
   - 중학교 졸업과 상경의 결심
   - 도시에서의 첫 발걸음
   - 생존을 위한 고군분투
4. 제3장: 화재, 그리고 새로운 삶의 전환점
   - 불길 속의 절망
   - 소방관들의 헌신적인 구조
   - 생명의 소중함과 감사의 마음
5. 제4장: 소방공무원으로서의 삶
   - 신체적 한계를 넘어서
   - 소방학교에서의 훈련과 도전
   - 다양한 재난 현장에서의 용기와 헌신
6. 제5장: 퇴직 후의 삶 – 봉사와 희망의 전달자
   - 소방관으로서의 은퇴
   - 화상 환자를 위한 봉사 활동
   - 다음 세대를 위한 메시지
7. 결론: 불꽃을 넘어서, 무한한 가능성으로
   - 과거와 현재의 성찰
   - 미래 세대에게 전하는 희망의 메시지
8. 부록: 인터뷰, 사진, 기록물

이 목차는 주인공의 삶과 그의 변화하는 꿈, 그리고 그가 극복한 어려움을 강조하면서 그의 영향력과 성공을 반영하고자 합니다.

목차가 주어졌으면 목차의 순서대로 내용을 만들어가야 한다. 이번 프롬프트에서는 2장의 내용 중 자서전의 주인공이 중학교를 졸업하고 상경을 결정하는 과정에서 있었던 일화를 만들어가는 과정을 다루었다.

챗GPT가 사실과 다른 내용을 생성할 때마다 자서전의 주인공은 사실 관계를 검증하며 챗GPT가 사실에 기반해서 자서전의 내용을 쓸 수 있도록 유도해야 한다. 지금부터 제시될 프롬프트들을 유심히 살펴보자.

실제 경험담과 인물, 사건, 배경 등을 제공한 후 이야기를 만들어 달라고 챗GPT에게 요청한다.

제2장 '중학교 졸업과 상경의 결심' 부분을 실제 자료와 경험 그리고 기억들로 재구성할 거야.
중학교 3학년 담임선생님이셨던 김재천 선생님에 대한 이야기를 적고 싶어.
그 선생님은 기술 선생님이셨는데 집안 형편이 어렵던 나에게 기술의 중요성을 항상 말씀하셨고, 기술을 배우려면 힘들더라도 서울로 가라고 했어. 가정 형편상 어차피 고등학교 진학이 힘들다는 것을 선생님도 아셨기에 나에게 독립하는 것이 좋겠다는 조언을 하셨고, 상경 후 1년 동안 자리를 잡을 수 있게 생활비까지 지원해 주셨던 분이야. 이 내용을 참고하여 이야기를 내러티브 방식으로 작성해 줘.

챗GPT가 다음과 같이 내용을 만들어 준다.

교실의 마지막 책상에 앉아 있던 나는, 세상과 멀리 떨어진 듯한 느낌이었다. 담임선생님 김재천은 그런 나에게 특별한 관심을 가져 주셨다. 기술 선생님이셨던 김 선생님은 나의 어려운 가정 형편을 잘 알고 계셨다. 그래서일까, 선생님은 항상 기술의 중요성을 강조하셨다.

"너에겐 기술이 필요해. 이건 네가 세상에 당당히 서는 데 필수적이야." 김 선생님의 목소리는 늘 따뜻하고, 격려가 가득 차 있었다.

중학교 졸업이 다가오자, 내 미래에 대한 고민은 깊어만 갔다. 고등학교 진학은 가정 형편상 불가능했다. 그때, 김 선생님은 나에게 상경을 제안하셨다.

"서울로 가. 거기서 기술을 배워. 힘들겠지만, 그게 너에게 더 나은 기회가 될 거야."

그 말에 용기를 얻었다. 하지만, 서울행은 쉬운 결정이 아니었다. 가족과 떨어져 혼자 살아가야 하는 걱정, 그리고 경제적인 부담이 앞을 가로막았다.
김 선생님은 그런 나의 걱정을 눈치채셨다. 선생님은 나에게 더 이상의 걱정을 하지 말라고, 상경 후 1년 동안 생활비를 지원해 주겠다고 말씀하셨다. 그것은 단순한 경제적 도움이 아니었다. 그것은 나에게 새로운 삶을 시작할 수 있는 희망이자 용기였다.
그렇게 나는 서울로 향하는 버스에 올랐다. 창밖을 지나가는 풍경들이 마치 내 삶의 변화를 상징하는 것 같았다. 새로운 시작, 무한한 가능성을 향한 첫걸음이었다.

사용자는 사실 관계를 보충하거나 수정해서 챗GPT에게 다시 요청한다.

질문

위 내용에다 아래 #추가 내용#을 붙여서 좀 더 분량을 많이 만들어 줘.

#추가 내용#

내가 살던 곳은 경기도 안성의 어느 시골이었는데 사실 읍내에 일할 곳이 있었지만 선생님의 설득으로 포기하게 되었지. 선생님이 설득하는 과정을 대화체를 사용해서 자세하게 묘사해 줘. 그리고 선생님이 생활비를 지원해 주신다고 했을 때도 내가 넙죽 그 제안을 받은 게 아니라는 것도 자세하게 묘사해 줘. 나는 비록 가난하고 보잘것없었지만 남에게 쉽게 신세를 지는 건 싫었어. 내 스스로 자립하고 싶은 마음이 컸었거든.

챗GPT는 사용자의 요구를 반영한 내용을 재생성한다.

교실의 마지막 책상에 앉아 있던 나는, 세상과 멀리 떨어진 듯한 느낌이었다. 담임선생님 김재천은 그런 나에게 특별한 관심을 가져 주셨다. 기술 선생님이셨던 김 선생님은 나의 어려운 가정 형편을 잘 알고 계셨다. 그래서일까, 선생님은 항상 기술의 중요성을 강조하셨다.

"너에겐 기술이 필요해. 이건 네가 세상에 당당히 서는 데 필수적이야." 김 선생님의 목소리는 늘 따뜻하고, 격려가 가득 차 있었다.

중학교 졸업이 다가오자, 내 미래에 대한 고민은 깊어만 갔다. 고등학교 진학은 가정 형편상 불가능했다. 그때, 김 선생님은 나에게 상경을 제안하셨다.

"서울로 가. 거기서 기술을 배워. 힘들겠지만, 그게 너에게 더 나은 기회가 될 거야."

그 말에 용기를 얻었다. 하지만, 서울행은 쉬운 결정이 아니었다. 가족과 떨어져 혼자 살아가야 하는 걱정, 그리고 경제적인 부담이 앞을 가로막았다.
김 선생님은 그런 나의 걱정을 눈치채셨다. 선생님은 나에게 더 이상의 걱정을 하지 말라고, 상경 후 1년 동안 생활비를 지원해 주겠다고 말씀하셨다. 그것은 단순한 경제적 도움이 아니었다. 그것은 나에게 새로운 삶을 시작할 수 있는 희망이자 용기였다.
그러나 나는 단순히 선생님의 제안을 받아들이기 어려웠다. 비록 가난했지만, 내 자존심과 독립심이 그것을 허락하지 않았다.

"선생님, 저... 저는 남에게 신세 지는 걸 원치 않아요. 스스로 서고 싶어요."

김 선생님은 나의 말에 고개를 끄덕이셨다.

"네가 얼마나 강한지 알아. 하지만 도움을 받는 것도 때로는 필요해. 나는 네가 더 큰 꿈을 꾸고 그것을 이룰 수 있다고 믿어. 이것은 네가 서울에서 첫 발을 디딜 수 있게 하는 작은 밑알일 뿐이야."

선생님의 진심 어린 말씀에 마음이 움직였다. 나는 결국 선생님의 제안을 받아들였다.
그렇게 나는 서울로 향하는 버스에 올랐다. 창밖을 지나가는 풍경들이 마치 내 삶의 변화를 상징하는 것 같았다. 새로운 시작, 무한한 가능성을 향한 첫걸음이었다.

생성한 내용을 보고 좀 더 사실 관계를 반영해야 하거나 내용을 보충할 수 있는 부분이 있으면 다시 작성해 달라고 반복해서 요청한다.

왜 서울에 가서 기술을 배워야 하는지를 학생이 좀 더 이해하기 쉽도록 설명하는 장면을 추가해 줘.
그리고 서울로 간다고 했을 때 부모님과 형제들, 주변의 반응들을 긍정적, 부정적으로 모두 표현해 줘.

챗GPT는 다시 내용을 생성해 주는데 이번에 생성한 내용도 만족스럽지 않다면 앞선 과정을 반복해야 한다. 하지만 아무리 반복하더라도 챗GPT가 완벽한 자서전의 내용을 구현할 수 없다면 결국 사용자가 쓸 수밖에 없다.

하교 후, 김재천 선생님은 나를 교실에 불러 앉혔다.

"서울에서 기술을 배우는 것이 왜 중요하다고 생각해?" 선생님은 내게 질문하셨다.

나는 잠시 생각에 잠겼다.

"서울에 더 많은 기회가 있나요?"

선생님은 고개를 끄덕이셨다.

"그렇다. 서울에는 다양한 학교와 기업이 있어. 네가 배울 수 있는 기술과 경험의 폭이 훨씬 넓지. 그곳에서는 네가 상상하지 못한 기회들이 기다리고 있을 거야. 또한 네가 가진 재능을 인정받을 수 있는 환경이 마련되어 있어."

선생님의 설명에 나는 조금씩 이해하기 시작했다. 서울이라는 무대에서 나만의 기술을 키우고, 새로운 삶을 시작할 수 있는 기회가 있음을 깨달았다.
그날 저녁, 나는 부모님과 형제들에게 서울로 가고자 하는 결심을 밝혔다. 부모님은 우려 섞인 목소리로 말씀하셨다.

"서울이라... 거기서 혼자 잘 할 수 있겠니?"

형제들은 반응이 엇갈렸다. 누나는 나를 응원해 주었다.

"너라면 할 수 있어. 서울에서 네 꿈을 찾아봐."

하지만 동생은 서운한 듯 말했다.

"왜 서울까지 가야 해? 여기서도 충분히 잘 할 수 있잖아."

이웃들의 반응도 제각기 달랐다. 몇몇은 내가 성공할 것이라고 믿으며 격려해 주었지만, 일부는 내가 너무 위험한 도전을 한다고 우려했다.

"서울은 큰 도시야. 거기서 헤맬 수도 있어. 잘 생각해보렴."
.... (이하 생략)

시나리오 쓰기

시나리오는 소설과 달리 모든 묘사를 대사로 표현해야 한다. 그렇기에 소설의 작법으로 시나리오를 쓴다는 것은 어불성설이다. 그래서 직업이든 취미든 시나리오를 쓰면서 소설 쓰기도 즐기는 사람은 흔치 않다. 하지만 챗GPT를 사용하면 비슷한 컨셉을 가지는 시나리오와 소설을 모두 보다 수월하게 쓸 수 있다. 만약 개인의 필요나 정황상 시나리오도 써야 하고 소설도 써야 할 문제 상황이 닥쳤을 때 챗GPT를 활용한다면 보다 쉽게 해결해 나갈 수 있다.

요즘에는 웹툰이나 웹소설 등을 영상화하는 경우도 많이 있으니 이런 경우 초안을 잡는 작업에 챗GPT를 활용할 수도 있을 것이다.

아래에 제시되는 프롬프트를 활용해 시나리오 작업을 해 보자. 우선 시나리오에 필요한 상영 시간 그리고 영상의 타깃층을 설정해 두고 프롬프트를 시작해 보자.

너는 단편 드라마 등의 시나리오를 주로 작성하는 극작가야.
너는 단편 드라마 등의 시나리오를 주어진 조건에 맞게 작성하는 역할이야.

60분 정도의 상영 시간을 가지는 단편 드라마를 제작하려고 해.
40~50대 중장년층을 대상으로 할 때 장르와 아이디어를 10개만 제안해 줘.

챗GPT는 사용한 요청에 따라 다음과 같이 아이디어를 제시한다.

물론이죠. 40~50대 중장년층을 대상으로 하는 60분 상영 시간의 단편 드라마에 어울리는 장르와 아이디어를 제안해 드리겠습니다.

1. 가족 드라마: 중장년 부모가 성장하는 자녀들과의 관계에 어려움을 겪으며, 가족 간의 이해와 사랑을 배우는 이야기.
2. 로맨틱 코미디: 재혼을 꿈꾸는 중년 남녀가 우연히 만나 서로에게 다시 사랑을 느끼는 과정을 유쾌하게 그린 이야기.
3. 미스터리 스릴러: 오랜 시간 동안 풀리지 않은 사건을 추적하는 은퇴한 형사의 이야기. 과거와 현재가 교차하며 베일을 벗어가는 과정을 그림.
4. 인생 2막: 직장을 은퇴한 후 새로운 취미나 열정을 찾아 나서는 중장년층의 모험과 자아 발견 여정.
5. 역사 드라마: 중장년층 주인공이 과거의 중요한 역사적 사건을 회상하며, 그 사건이 현재의 삶에 어떤 영향을 미쳤는지 탐구.
6. 여행 이야기: 평생 꿈꿔온 여행을 떠난 중년의 주인공이 겪는 다양한 문화와 사람들을 만나며 경험하는 성장과 변화.
7. 휴먼 드라마: 병원을 배경으로 한 의사와 환자들의 이야기. 인생의 소중함과 감동적인 인간 관계를 그림.
8. 복수극: 과거의 잘못된 결정으로 인해 큰 상처를 받았던 중장년 주인공이 정의를 위해 싸우는 이야기.
9. 초자연적 요소: 평범한 중장년의 삶에 갑자기 초자연적 사건이 일어나면서 겪게 되는 변화와 도전.
10. 생활 코미디: 중장년층의 일상 속 소소한 해프닝과 유머를 담은 가벼운 코미디.

이러한 아이디어들은 해당 연령대의 관객들이 공감할 수 있는 주제와 감정을 다루면서도 다양한 장르의 매력을 살릴 수 있습니다.

챗GPT가 제안한 아이디어를 선택하고 캐릭터 설정을 해 보자.

1번 '가족 드라마'로 드라마를 기획하고자 할 때 필요한 캐릭터를 구성해 줘.
캐릭터는 메인 캐릭터, 서브 캐릭터, 보조자, 경쟁자 등으로 만들어 줘.

챗GPT가 다음과 같이 캐릭터를 생성해 준다.

'가족 드라마'를 기획할 때 필요한 캐릭터 구성은 다음과 같습니다:

1. 메인 캐릭터:
    이름: 김민수(남성, 50세)
    −직업: 중소기업 대표.
    −성격: 엄격하지만 속은 따뜻한 아버지. 가족에게는 무뚝뚝하지만 사랑이 깊음.
    −배경: 자신의 사업에만 몰두해 왔으며 가족과의 소통에 어려움을 겪음.
2. 서브 캐릭터:
    이름: 이현주(여성, 48세)
    −직업: 주부, 민수의 아내.
    −성격: 이해심 많고 인내심이 강함. 가족을 위해 자신을 희생하는 경향이 있음.
    −배경: 가족을 위해 자신의 꿈을 포기했으며, 남편과 자녀들 사이에서 중재자 역할을 함.
3. 보조자:
    이름: 김지훈(남성, 20세)
    −직업: 대학생, 민수와 현주의 아들.
    −성격: 반항적이지만 가족을 사랑함. 세대 간의 갈등을 대변하는 인물.
    −배경: 아버지의 기대에 부응하기 위해 고군분투하지만, 자신만의 길을 찾고자 함.
4. 경쟁자:
    이름: 박준호(남성, 50세)
    −직업: 경쟁 회사의 대표.
    −성격: 야심차고 능력 있음. 민수와는 오래된 라이벌.
    −배경: 민수와는 대학 시절부터 경쟁 관계였으며, 사업에서도 경쟁적인 관계를 유지함.

이러한 캐릭터 구성은 가족 내의 다양한 관계와 갈등, 그리고 성장을 보여 주는 데 중요한 역할을 할 것입니다. 메인 캐릭터와 서브 캐릭터는 가족 내부의 갈등과 사랑을 중심으로 이야기를 이끌어가며, 보조자는 세대 간의 차이와 이해를, 경쟁자는 주인공의 사업과 관련된 외부적인 도전을 상징합니다. 이를 통해 복잡한 인간 관계와 감정을 섬세하게 탐구하는 드라마를 만들 수 있습니다.

줄거리를 만들고 이를 기−승−전−결의 구조로 만든다.

위의 캐릭터들을 이용해서 줄거리를 만들고
만든 줄거리를 기−승−전−결의 구조로 재배치해 줘.

챗GPT는 기−승−전−결의 구조에 맞춰 이야기를 생성한다.

아래는 김민수, 이현주, 김지훈, 박준호를 중심으로 한 가족 드라마의 줄거리입니다. 이야기는 기−승−전−결의 구조로 재배치되었습니다.

기(起): 시작
– 김민수는 중소기업을 운영하는 바쁜 CEO로, 가족과의 소통보다는 사업에 집중하는 삶을 살고 있습니다. 그의 아내 이현주는 가정을 돌보며 남편과 아들 사이의 간극을 메우려 노력합니다. 한편, 그들의 아들 김지훈은 대학 생활에 적응하며 자신의 꿈과 진로에 대해 고민하고 있습니다. 이 가족은 각자의 일상에 치여 서로의 소중함을 잊어가고 있습니다.

승(承): 발전
– 김민수의 회사는 경쟁사인 박준호의 회사와 중요한 프로젝트를 놓고 경쟁하게 됩니다. 이 과정에서 민수는 과거와 현재의 우정과 경쟁을 돌아보게 됩니다. 한편, 현주는 자신의 꿈을 되새기며 삶의 방향성에 대해 고민합니다. 지훈은 대학 생활 중 만난 새로운 친구들과의 관계를 통해 세대 간 차이와 이해를 경험합니다.

전(轉): 전환
– 사업에서 위기를 맞이한 민수는 가족의 중요성을 깨닫기 시작합니다. 현주는 남편과 아들에게 자신의 꿈과 희망을 공유하며 가족 간의 대화를 재개합니다. 지훈은 아버지의 사업 위기를 도와줄 방법을 찾으며 가족과 더 가까워집니다. 한편, 민수와 준호는 오랜 경쟁을 넘어 서로를 존중하는 관계로 발전합니다.

결(結): 결말
– 김민수는 가족의 도움으로 위기를 극복하고, 가족과의 소통의 중요성을 깨닫습니다. 이현주는 가족들의 지지를 받으며 오랜 꿈을 추구하기 시작합니다. 김지훈은 아버지의 모습에서 많은 것을 배우며 자신의 길을 찾아갑니다. 마지막으로, 박준호와 민수는 상호 존중하는 라이벌로 남으며, 가족의 의미와 사업에서의 성공 사이에서 균형을 찾습니다.

이러한 줄거리는 중장년층이 겪는 세대 간 갈등, 가족 간의 소통, 그리고 인생 후반부의 꿈과 희망에 대한 탐구를 담고 있습니다. 이야기는 각 캐릭터의 개인적인 성장과 가족 구성원 간의 관계 발전을 중심으로 전개됩니다.

기-승-전-결의 단계별로 신(scene)을 나눠 준다.

1번 '기(起): 시작' 부분의 내용을 신(scene)의 순서에 따라 재구성해 주고 신마다 등장할 인물들을 지정해 줘.

시나리오의 내용을 장면 단위로 만들어 준다.

1번 "기(起): 시작" 부분을 신별로 재구성하고, 각 신에 등장할 인물들을 지정해 드리겠습니다. 이 부분은 대략 15분 정도의 시간 동안 전개됩니다.

신 1: 김민수의 사무실
– 장소: 중소기업 사무실.
– 시간: 오전.
– 등장 인물: 김민수.
– 내용: 김민수가 업무에 몰두하는 모습을 보여 줌. 바쁜 업무로 인해 가족에게 소홀한 모습을 강조.

신 2: 이현주의 일상
– 장소: 가정집.
– 시간: 오전.
– 등장 인물: 이현주.

– 내용: 이현주가 가정을 돌보며 하루를 시작하는 모습. 남편과 자녀에 대한 걱정과 사랑이 드러남.

신 3: 김민수와 이현주의 대화
– 장소: 가정집 거실.
– 시간: 저녁.
– 등장 인물: 김민수, 이현주.
– 내용: 김민수가 집에 돌아와 짧게 이현주와 대화함. 민수의 바쁜 일정과 가족에 대한 소홀함이 드러남.

신 4: 김지훈의 대학 생활
– 장소: 대학교 캠퍼스.
– 시간: 오후.
– 등장 인물: 김지훈.
– 내용: 김지훈이 대학 친구들과 어울리는 모습. 자신의 미래와 가족에 대한 고민이 엿보임.

신 5: 가족 저녁 식사
– 장소: 가정집 식탁.
– 시간: 저녁.
– 등장 인물: 김민수, 이현주, 김지훈.
– 내용: 가족이 함께 저녁 식사를 하지만, 각자의 생각에 잠겨 대화가 부족한 모습을 보여 줌.

신 6: 김민수와 박준호의 첫 만남
– 장소: 비즈니스 미팅룸.
– 시간: 오전.
– 등장 인물: 김민수, 박준호(짧은 등장).
– 내용: 김민수가 박준호와 잠깐 만나는 장면. 두 사람 사이의 경쟁적인 분위기와 오래된 관계가 암시됨.

이러한 신 구성은 드라마의 시작 부분에서 주요 캐릭터들의 현재 상태와 그들 사이의 관계를 설정하는 데 중점을 둡니다. 각 신은 캐릭터들의 개성과 문제점을 드러내며, 이야기의 토대를 마련합니다.

마지막으로 개별 '신'에서 사용될 대사를 작성한다.

질문

'신 1: 김민수의 사무실'에 대한 시나리오를 제작해 줘.

챗GPT가 개별 '신'에 대한 대사가 포함된 시나리오를 만들어 준다.

신 1: 김민수의 사무실
– 장소: 중소기업 사무실. 김민수의 개인 사무실.
– 시간: 오전.
[카메라는 회사 로고가 새겨진 대형 건물의 외관을 촬영하며 시작합니다. 이어서 분주하게 움직이는 직원들의 모습을 보여 주며 내부로 들어갑니다.]

내부 장면
[김민수의 사무실로 이동. 그는 컴퓨터 화면에 집중하고 있으며, 다수의 문서와 차트가 책상 위에 펼쳐져 있습니다.

전화기는 끊임없이 울리고, 민수는 바쁜 듯 전화를 받으며 통화합니다.]
김민수(전화 통화 중): "네, 그렇게 진행해 주세요. 중요한 거래니 만큼 실수는 없어야 합니다."
[통화를 마치고, 민수는 심호흡을 하며 잠시 생각에 잠깁니다. 그의 얼굴에는 업무의 중압감이 역력합니다.]

비서의 방문
[비서가 문을 두드리며 들어옵니다.]
비서: "김 대표님, 오늘 오후 미팅 일정이 확정되었습니다. 그리고 가정에서 전화가 왔었는데, 바쁘셔서 받지 못하셨다고 전해 달라고 하셨습니다."
김민수: "알겠어요. 미팅 자료 준비는 잘 되고 있나요?"
비서: "네, 거의 마무리되었습니다. 자료는 미팅 전에 검토해 드리겠습니다."
[비서가 나가고, 민수는 다시 컴퓨터 화면으로 시선을 돌립니다. 화면에는 중요한 프로젝트 관련 내용이 보입니다.]

김민수의 독백
[카메라는 김민수의 얼굴에 초점을 맞춥니다. 그의 눈빛에는 집중과 결심이 묻어납니다.]
김민수(혼잣말): "이번 프로젝트가 성공하면 회사가 한 단계 도약할 수 있어... 가족을 위해서라도..."
[김민수가 다시 업무에 집중하는 모습으로 신이 마무리됩니다.]

이메일 쓰기

이메일은 일정한 형식을 가지고 있는 구조적인 문서이다. 따라서 다음과 같은 프롬프트 템플릿을 활용해서 이메일을 작성할 수 있다.

[1] 이메일의 수신자를 입력하세요.
[2] 이메일의 참조자를 입력하세요.
[3] 이메일의 발신자를 입력하세요.
[4] 이메일의 용도를 입력하세요.(예: 공지, 사과, 안내, 요청, 전달 등)
[5] 이메일에 사용할 문체를 입력하세요.
[6] 이메일의 핵심 내용을 입력하세요.

사용자로부터 위의 질문에 대한 입력을 요청하고
사용자가 입력한 데이터를 사용해 아래 지시 사항을 완성해 줘.
사용자의 입력이 부족할 경우 다시 입력을 요구해 줘.

앞서 입력한 핵심 내용 [6]과 관련된 것들로 이메일 작성해 줘.
아래의 #작성 지침#을 지킬 것.

#작성 지침#
1. 이메일의 시작과 끝을 모두 인사말로 처리할 것.
2. 첫 인사말 뒤에 수신자 [1]을 기재할 것.
3. 이메일의 끝에 발신자 [3]을 기재할 것.
4. [5] 스타일로 이메일을 작성할 것.
5. 이메일 제목을 3가지 제안할 것.

챗GPT는 이메일 작성에 필요한 내용의 입력을 사용자에게 요청한다.

먼저, 이메일을 작성하기 위해 몇 가지 정보가 필요합니다. 다음 항목에 대한 답변을 해 주시면 이메일을 작성하는 데 도움이 될 것입니다:

1. 이메일의 수신자는 누구입니까?
2. 이메일의 참조자는 누구입니까?
3. 이메일의 발신자는 누구입니까?
4. 이메일의 용도는 무엇입니까?
   (예: 공지, 사과, 안내, 요청, 전달 등)
5. 이메일에 사용할 문체는 어떤 것입니까?
6. 이메일의 핵심 내용은 무엇입니까?

이 정보를 바탕으로 이메일을 작성하겠습니다. 위 항목에 대해 알려 주시면 좋겠습니다.

사용자가 이메일 정보를 입력한다.

질문

1. 회사 전직원
2. 없음
3. 보안팀장
4. 공지
5. 엄격, 단호한 문체
6. 업무 시간 중 업무외 웹 서핑 금지

챗GPT가 사용자가 입력한 정보를 바탕으로 이메일을 생성해 준다.

감사합니다. 입력하신 정보를 바탕으로 엄격하고 단호한 문체의 이메일을 작성하겠습니다. 이메일은 회사 전직원을 대상으로 하는 공지로, 업무 시간 중 업무 외 웹 서핑 금지에 관한 내용을 담게 됩니다. 이메일의 제목으로는 3가지를 제안드리겠습니다.
––
제목 제안:
1. "[중요] 업무 시간 중 웹 서핑 금지에 대한 엄중한 공지"
2. "업무 효율성 강화를 위한 웹 서핑 금지 안내"
3. "즉시 시행: 업무 시간 중 개인 웹 서핑 관련 엄격한 지침"

이메일 내용:
––
안녕하세요,
회사 전직원 여러분께 중요한 공지 사항을 전달드립니다.
최근 보안팀에서 수행한 감사 결과, 업무 시간 중 개인적인 웹 서핑이 자주 발견되었습니다. 이러한 행위는 회사의 보안 정책을 위반할 뿐만 아니라, 업무 효율성을 저해하는 중대한 문제입니다.

이에 따라, 오늘부터 업무 시간 중 업무와 관련 없는 웹 서핑을 엄격히 금지합니다. 모든 직원은 이 지침을 철저히 준수해 주시기 바랍니다. 위반 시에는 회사 규정에 따라 조치가 취해질 수 있음을 명심해 주시기 바랍니다.

보안은 우리 모두의 책임입니다. 여러분의 적극적인 협조를 부탁드립니다.

감사합니다.

보안팀장 드림

––

이 내용이 적절한지 확인해 주시기 바랍니다. 필요한 경우 수정하거나 추가하실 사항이 있으면 알려 주세요.

블로그 포스트 쓰기

블로그 포스트는 일반적인 글과는 달리 구글 같은 검색 엔진에 적합한 형식을 가져야 하는데, 이와 같이 검색 엔진에 최적화된 블로그 글을 SEO에 최적화된 글이라고도 말한다. 따라서 이번 프롬프트의 조건에는 'SEO 최적화'라는 키워드가 반드시 포함되어야 한다.

[1] 포스트 주제는 무엇인가요?
[2] 글의 수준은 어느 정도인가요?(초보자는 1, 중급자는 2, 상급자는 3)
[3] 포스트의 글자 수는 어느 정도가 적당한가요?
[4] 어떤 톤과 매너의 문체가 필요한가요?(쉼표로 구분하여 제시하세요)
[5] 포스트를 몇 개의 섹션으로 나눌까요?
[6] 어떤 키워드를 포함할까요?(쉼표로 구분하여 제시하세요)

사용자로부터 위의 질문에 대한 입력을 요청하고
사용자가 입력한 데이터를 사용해 아래 지시 사항을 완성해 줘.
사용자의 입력이 부족할 경우 다시 입력을 요구해 줘.

너는 주식 및 부동산에 대한 인플루언서야.
너는 투자와 관련된 포스트를 작성하는 역할이야.

1. [1]에 대한 포스트를 작성하세요.
2. [2] 수준의 난이도를 적용하여 포스트를 작성하세요.
3. 포스트의 글자 수는 [3]자 이상으로 작성하세요.
4. [4]와 같은 톤과 매너를 가진 문체로 작성하세요.
5. 최소 [5]개의 섹션으로 나누고 섹션별 소제목을 추가하세요.
6. [6]과 같은 키워드를 포함하여 작성하세요.
7. 구글 SEO에 최적화될 수 있게 작성하세요.
8. 반드시 아래의 #추가 사항#을 고려할 것.

#추가 사항#
첫째 줄에 포스트의 제목을 적어 주고
이 포스트에 적합한 슬러그와 최대 100단어의 메타 설명을 작성한 후,
블로그 포스트의 마지막에 추가하세요.

챗GPT는 블로그 포스트 작성에 필요한 내용의 입력을 사용자에게 요청한다.

먼저, 사용자가 제공할 정보를 기다리겠습니다. [1]에서 [6]까지의 질문에 대한 답변을 해 주시면, 그에 따라 주식 및 부동산에 관한 포스트를 작성해 드리겠습니다. 추가로, 글자 수 [3]과 톤과 매너 [4]에 대한 정보도 필요합니다. 섹션의 개수 [5]와 포함될 키워드 [6]에 대한 답변도 부탁드립니다.

사용자가 글 작성에 필요한 정보를 입력한다.

질문

1. 주식 투자와 부동산 투자의 차이점
2. 1(초보자)
3. 1,500자 이상
4. 전문가톤, 설명체
5. 5개의 섹션
6. 부동산, 주식, 비교, 추천

챗GPT가 사용자가 입력한 정보를 바탕으로 블로그 글을 작성해 준다.

제목: 주식 투자 VS 부동산 투자: 초보자를 위한 완벽한 비교 가이드
━━━

서론: 투자의 세계로의 초대

투자는 재정적 자유를 향한 여정에서 중요한 단계입니다. 본 글에서는 두 가지 인기 있는 투자 방식인 주식 투자와 부동산 투자의 기본 개념과 차이점을 초보자의 시각에서 알기 쉽게 설명하려 합니다.

1. 주식 투자란 무엇인가?
   주식 투자는 회사의 소유권을 나타내는 주식을 구매하는 행위입니다. 주식을 소유함으로써, 회사의 이익과 성장에 따라 투자 가치가 증가할 수 있습니다. 주식 시장은 변동성이 크지만, 장기적인 관점에서 볼 때 매력적인 수익률을 제공할 수 있습니다.
2. 부동산 투자의 기본
   부동산 투자는 토지나 건물 같은 실체가 있는 자산에 투자하는 것을 말합니다. 부동산은 안정적인 수익원이 될 수 있으며, 임대 수익 또는 가치 상승을 통해 수익을 창출할 수 있습니다. 또한, 경제 상황에 따라 가치가 변동하는 주식 시장과 달리 상대적으로 안정적인 투자처로 여겨집니다.
3. 주식과 부동산 투자의 주요 차이점
   주식 투자와 부동산 투자는 많은 차이점을 가지고 있습니다. 주식은 소액으로도 시작할 수 있으며, 시장의 유동성 덕분에 쉽게 매매할 수 있습니다. 반면, 부동산은 큰 초기 투자가 필요하고, 매매 과정이 복잡하며 시간이 오래 걸릴 수 있습니다. 또한, 주식은 경제 상황에 따라 큰 변동성을 보이는 반면, 부동산은 보다 안정적인 수익을 기대할 수 있습니다.
4. 어떤 투자가 나에게 맞을까?
   투자 선택은 개인의 재정 상황, 위험 감수 능력, 투자 목표에 따라 달라집니다. 단기간에 높은 수익을 기대한다면 주식 투자가 적합할 수 있으며, 장기적이고 안정적인 수익을 원한다면 부동산 투자가 적절할 수 있습니다.

결론: 투자, 내 삶의 전략
주식과 부동산 투자는 각각의 장단점이 있으며, 이 두 가지를 혼합하여 포트폴리오를 다양화하는 것도 좋은 전략이 될 수 있습니다. 투자는 꾸준한 학습과 신중한 결정을 요구합니다. 이 글이 당신의 투자 여정에 도움이 되길 바랍니다.

슬러그: stock-vs-real-estate-investment-guide-for-beginners
메타 설명: 이 포스트는 초보자를 위한 주식 투자와 부동산 투자의 차이점을 전문가적 설명체로 자세히 비교합니다. 부동산과 주식의 기본 개념, 차이점, 장단점을 알아보고, 당신에게 맞는 투자 방법을 찾아 보세요.

신문 & 뉴스 기사 쓰기

신문이나 뉴스 기사들은 자료의 수집, 수집한 자료의 분석, 분석한 자료의 저장 또는 기억의 단계를 거쳐 내러티브 방식으로 작성된다. 먼저 다음과 같이 자료를 수집하는 내용의 프롬프트를 챗GPT에게 요청한다.

질문

너는 자동화 저널리즘의 도구로서 올해 각종 OTT 서비스를 통해 방영된 영상 프로그램의 정보(제목, 조회수, 상영 시간, 제작비 등)들을 수집하는 역할이야. 수집이 끝났다면 답변은 '수집 완료'라고만 표시할 것. 오직 '수집 완료'라는 메시지만 보여야 함. 그 어떤 말도 절대로 하지 말 것.

자료의 수집이 끝나면 챗GPT가 '수집 완료'라고 대답한다.

수집 완료

그 다음 자료를 분석하는 내용의 프롬프트를 챗GPT에게 요청한다.

질문

이어서 이번에는 수집한 데이터에서 트렌드, 특이한 현상, 이슈간 관계 등을 분석해서 동영상 자료를 식별하는 역할이야. 식별이 끝났다면 답변은 '식별 완료'라고만 표시할 것. 오직 '식별 완료'라는 메시지만 보여야 함. 그 어떤 말도 절대로 하지 말 것.

자료의 분석이 끝나면 챗GPT가 '식별 완료'라고 대답한다.

식별 완료

그 다음 자료를 저장하는 내용의 프롬프트를 챗GPT에게 요청한다.

질문

이어서 이번에는 위에서 식별한 데이터들에게 우선순위를 부여하고 우선순위를 부여하는 기준에 대해 기억하는 역할이야. 기억이 끝났다면 답변은 '기억 완료'라고만 표시할 것. 오직 '기억 완료'라는 메시지만 보여야 함. 그 어떤 말도 절대로 하지 말 것.

자료의 기억이 끝나면 챗GPT가 '기억 완료'라고 대답한다.

기억 완료

마지막으로 앞서 학습한 데이터를 바탕으로 기사를 작성하라고 지시한다.

질문

지금까지 수집하고 분석, 식별하고 기억한 데이터들을 활용해서 아래 #주제#에 대한 기사를 내러티브 방식으로 작성해 줘.

#주제#
올해 가장 Hot했던 동영상 베스트 10

챗GPT는 사전에 학습한 데이터를 사용해 다음과 같이 기사를 작성한다.

올해, 디지털 화면은 다채로운 색깔로 물들며 각양각색의 이야기를 풀어냈습니다. 우리의 일상을 침범한 팬데믹 속에서도, OTT 플랫폼들은 창의력과 기술의 경계를 넓혀 가며 우리에게 위안과 희망, 때론 긴장감과 사유의 장을 제공했습니다. 이러한 변화의 바람 속에서, 올해 가장 주목받은 동영상 베스트 10을 선정하기 위해 데이터를 수집하고, 분석하고, 식별하며 기억한 결과를 바탕으로 내러티브 방식의 기사를 작성해 보겠습니다.

1. 새로운 시즌의 귀환: 'D.P.' 시즌 2는 주연 배우 정해인의 귀환과 함께 돌아와 시청자들의 기대를 한 몸에 받았습니다. 군 내부의 딜레마와 인간적인 고뇌를 그린 이 시리즈는, 깊이 있는 스토리텔링과 강렬한 연기로 또 한번 대중을 사로잡았습니다.
2. 복수의 미학: 넷플릭스의 '더 글로리'는 송혜교 주연으로 학교 폭력의 피해자가 가해자에게 복수하는 과정을 그린 작품입니다. 복잡하게 얽힌 인간 군상과 감정선은 시청자들로 하여금 깊은 몰입을 경험하게 했습니다.
3. 범죄의 세계로: '형사록' 시즌 2는 이성민과 새롭게 합류한 김신록의 호흡으로 범죄 수사의 긴장감을 높였습니다. 이 시리즈는 냉정하고 따뜻한 인간미가 공존하는 형사들의 이야기를 통해 진정성을 전달했습니다.
4. 환상의 섬: '아일랜드' 파트 2는 미스터리와 판타지가 어우러진 세계에서의 생존과 전투를 다루며, 독특한 시각적 스타일과 스토리로 팬들의 기대를 충족시켰습니다.
5. 집단 생존 게임: '오징어 게임'은 전 세계적으로 폭발적인 인기를 끌며 한국 드라마의 새로운 지평을 열었습니다. 이 게임은 가난과 절망 속 인간의 극한의 선택을 그리며, 사회적 메시지를 전달했습니다.

6. 어두운 집의 비밀: '스위트홈'은 인간의 본성과 괴물이 되어가는 과정을 그리며, 공포와 스릴을 선사했습니다. 캐릭터들의 심리적 변화와 생존을 위한 투쟁은 깊은 인상을 남겼습니다.

7. 청춘의 아픔과 사랑: '지금 우리 학교는'은 학교를 배경으로 한 좀비 아포칼립스를 통해 청춘들의 우정과 사랑, 성장을 그렸습니다.

8. 심연의 호기심: '카지노' 시즌 2는 도박과 범죄의 세계를 넘나들며 인간 심리의 어두운 면을 탐구했습니다. 이 시리즈는 강렬한 스토리와 예측할 수 없는 전개로 시청자들을 매료시켰습니다.

9. 현실과 가상의 경계: 'D.P.'와 '더 글로리', '형사록' 등은 현실적인 문제를 다루며 사회적 고민을 던져주었습니다. 이러한 작품들은 단순한 오락을 넘어서 시청자로 하여금 생각할 거리를 제공했습니다.

10. 글로벌 인기의 증명: '오징어 게임', '스위트홈' 등은 한국 OTT 콘텐츠의 글로벌 인기를 입증하는 작품들입니다. 이들 작품은 다양한 문화와 언어를 넘어 전 세계적으로 사랑받으며 한류 콘텐츠의 새로운 지평을 열었습니다.

이러한 베스트 10의 선정은 올해 OTT 플랫폼이 제공한 콘텐츠의 다양성과 질적 성장을 보여 줍니다. 각각의 작품이 가진 독특한 매력과 메시지는 시청자들에게 깊은 인상을 남기며, 다가오는 시대의 콘텐츠 트렌드를 예고하고 있습니다. 이처럼, 온라인 동영상 서비스는 끊임없이 변화하고 성장하며 우리의 문화적 지평을 넓혀가고 있습니다.

유튜브 대본 쓰기

유튜브 주제에 맞는 화면을 챗GPT에게 요청한다.

질문

'따릉이를 타고 인사동 자전거 여행하기'라는 주제로 유튜브 영상을 만들려고 해.
시간의 경과에 따라 화면을 구성하려 하는데
필요한 화면의 개수를 알려 주고 화면마다 주요 시퀀스를 만들어 줘.

챗GPT가 사용자가 제시한 주제에 맞는 화면을 제안한다.

"따릉이를 타고 인사동 자전거 여행하기"라는 주제로 유튜브 영상을 만들 때, 시간의 흐름에 따라 구성하는 화면과 주요 시퀀스를 다음과 같이 구성할 수 있습니다:

1. 도입부(화면 1)
　－화면: 따릉이 대여소에서 자전거를 대여하는 모습.
　－시퀀스: 서울의 아침 풍경, 따릉이 대여 방법 소개, 자전거 선택 및 안전 점검.

2. 출발 및 이동(화면 2)
　－화면: 인사동으로 향하는 길. 거리와 주변 풍경이 보이는 장면.
　－시퀀스: 자전거를 타고 인사동으로 이동하는 모습, 주변 거리와 사람들의 일상 포착.

3. 인사동 도착(화면 3)
　－화면: 인사동 입구에 도착한 장면.
　－시퀀스: 인사동의 명소와 상점들 소개, 자전거를 타고 돌아다니며 인사동의 분위기 전달.

4. 인사동 탐방(화면 4, 5, 6)
　　－화면 4: 전통 시장 및 상점 탐방.
　　－화면 5: 전통 공예품 및 예술 작품 구경.
　　－화면 6: 전통 음식 체험 및 소개.
　　－시퀀스: 각 화면마다 인사동의 다양한 문화와 상품, 음식을 체험하고 소개.

5. 휴식 및 소감(화면 7)
　　－화면: 한옥 카페나 휴식 공간에서 쉬는 모습.
　　－시퀀스: 여행 중간에 취한 휴식, 그간의 여행 소감 및 재미있었던 점 공유.

6. 마무리 및 귀환(화면 8)
　　－화면: 인사동을 떠나며 자전거를 반납하는 장면.
　　－시퀀스: 하루 동안의 여행을 정리하며, 따릉이 반납 방법 소개 및 여행의 마무리.

각 화면은 인사동의 아름다움과 특색을 잘 보여 줄 수 있는 방식으로 촬영하고, 시퀀스는 시청자들이 인사동의 매력을 생생하게 느낄 수 있도록 구성하는 것이 중요합니다. 여행의 분위기와 개인적인 경험을 잘 전달하여 시청자들이 마치 함께 여행하는 듯한 느낌을 받을 수 있도록 하는 것이 좋습니다.

사용자는 여러 화면 중에서 하나의 장면에 대해 좀 더 세부적인 내용을 요구한다.

질문

1번 '도입부 화면'에서 필요한 스크립트를 만들어 줘.

챗GPT는 사용자가 요구한 장면에 대한 세부적인 내용을 생성한다. 이와 같은 질문과 답변을 각 장면별로 반복해서 각 장면에 대한 세부 내용을 확보하며, 모든 내용을 조합해 최종 대본을 작성하면 된다.

"도입부 화면"을 위한 스크립트는 다음과 같이 구성할 수 있습니다:
－－－－－－－－－－－－－－－－－－－－－－－－－－－－－－－－－－－－－
[카메라가 서울의 아침 풍경을 촬영하면서 시작]
나레이터: "안녕하세요 여러분, 오늘은 서울의 아름다운 거리를 따릉이와 함께 탐험할 거예요. 지금 제가 있는 곳은 바로 서울의 중심, 이른 아침의 서울 거리입니다."

[카메라가 따릉이 대여소로 이동]
나레이터: "서울시민 뿐만 아니라 관광객들에게도 인기 있는 따릉이, 서울의 공공 자전거에요. 오늘 저와 함께 따릉이를 타고 인사동까지 여행을 떠나볼까요?"

[따릉이 대여 방법을 보여 주는 장면]
나레이터: "따릉이는 어플리케이션을 통해 쉽게 대여할 수 있어요. 제 핸드폰으로 어떻게 대여하는지 보여드릴게요."

[핸드폰 화면을 통해 따릉이 대여 과정을 보여 주며 설명]
나레이터: "먼저, 따릉이 앱을 실행한 뒤, 가까운 대여소를 찾아 자전거를 선택해요. 그리고 QR코드를 스캔하면 이렇게 쉽게 대여가 완료됩니다."

[자전거 안전 점검하는 장면]
나레이터: "안전을 위해 자전거의 브레이크와 타이어 상태를 항상 확인해야 해요. 모든 것이 잘 작동하는지 꼼꼼히 체크하고, 이제 인사동으로 출발해 볼까요?"

[카메라가 따릉이를 타고 출발하는 모습을 촬영]
나레이터: "자, 이제 따릉이와 함께 서울의 아름다운 거리를 누비며 인사동으로 향할 시간이에요. 함께 서울의 숨은 매력을 발견해보아요!"

이 스크립트는 시청자들에게 따릉이 대여 방법과 안전 점검 등의 유용한 정보를 제공하며, 여행의 시작을 알리는 역할을 합니다. 또한, 서울의 아름다운 아침 풍경과 함께 여행에 대한 기대감을 높일 수 있도록 구성되었습니다.

인터뷰용 질문지 쓰기

인터뷰할 대상자의 페르소나를 입력받고, 인터뷰할 주제를 입력받을 수 있는 프롬프트를 다음과 같이 작성한다.

[1] 첫 번째 페르소나는 무엇인가요?
[2] 두 번째 페르소나는 무엇인가요?
[3] 첫 번째 페르소나에게 인터뷰 할 주제는 무엇인가요?
[4] 두 번째 페르소나에게 인터뷰 할 주제는 무엇인가요?
[5] 필요한 질문의 개수는?(숫자로만 입력)

사용자로부터 위의 질문에 대한 입력을 요청하고
사용자가 입력한 데이터를 사용해 아래 지시 사항을 완성해 줘.
사용자의 입력이 부족할 경우 다시 입력을 요구해 줘.

너는 두 가지 페르소나 [1], [2]를 가지고 있어.
너는 인터뷰어로서의 역할이야.

인터뷰 주제 [3], [4]에 대해 페르소나에 맞는 각자의 생각이 답변에 나타나야 하는데 이러한 답변을 유도할 수 있는 인터뷰용 질문을 각 페르소나별로 아래 #참고 사항#을 반영해서 [5]개씩만 만들어 줘.

#참고 사항#
- 질문에 대한 답변도 같이 제공할 것.
- 답변 시 예시를 제시할 것.

답변할 내용은 아래 형식에 맞춰 출력해 줘.
- 질문:
- 답변:
- 예시:

챗GPT가 사용자가 정보를 입력하도록 요청한다.

먼저, 당신이 선택한 두 가지 페르소나와 그들에게 인터뷰할 주제를 알려 주시겠어요? 그리고 필요한 질문의 개수도 알려 주세요(숫자로만 입력). 이 정보를 바탕으로, 각 페르소나에 맞는 인터뷰 질문을 준비하겠습니다.

사용자는 인터뷰 질문지에 필요한 정보를 입력한다.

1. 정년 퇴직을 찬성하는 청년
2. 정년 퇴직을 반대하는 중장년
3. 정년 퇴직의 긍정적인 측면과 젊은 세대에게 미치는 영향
4. 정년 퇴직의 부정적인 측면과 중장년층에게 미치는 영향
5. 5

챗GPT는 사용자가 입력한 정보를 이용하여 질문지를 생성한다.

감사합니다. 주어진 페르소나와 주제를 바탕으로 각각 5개의 인터뷰 질문을 준비하겠습니다.

청년(정년 퇴직을 찬성)

주제: 정년 퇴직의 긍정적인 측면과 젊은 세대에게 미치는 영향
1. 질문: 정년 퇴직이 젊은 세대에게 어떤 긍정적인 기회를 제공한다고 생각하나요?
   - 답변: 정년 퇴직은 젊은 세대에게 새로운 일자리 기회를 제공하고, 경력 개발을 위한 자리를 마련해 줍니다.
   - 예: 기업에서 경험이 많은 중장년층이 은퇴함으로써, 젊은 세대가 관리직 같은 더 높은 포지션에 오를 수 있는 기회가 생깁니다.
2. 질문: 정년 퇴직이 젊은 세대에게 어떤 동기 부여를 할 수 있다고 보나요?
....
....(중간 생략)..
....
5. 질문: 정년 퇴직이 기업 문화에 어떤 긍정적 변화를 가져올 수 있나요?
   - 답변: 새로운 세대의 리더들이 직장 문화를 더 유연하고 현대적으로 변화시킬 수 있습니다.
   - 예: 젊은 리더들은 원격 근무, 유연한 근무 시간 등 직원의 워크라이프 밸런스를 존중하는 문화를 조성할 수 있습니다.

중장년(정년 퇴직을 반대)

주제: 정년 퇴직의 부정적인 측면과 중장년층에게 미치는 영향
1. 질문: 정년 퇴직이 중장년층에게 경제적으로 어떤 부정적인 영향을 줄 수 있나요?
   - 답변: 정년 퇴직은 중장년층이 경제적으로 불안정해지게 하고, 은퇴 후의 생활을 어렵게 만들 수 있습니다.
   - 예: 은퇴 후 충분한 저축 없이 생활해야 하는 상황이 발생할 수 있습니다.
2. 질문: 정년 퇴직이 중장년층의 사회적, 정서적 측면에 어떤 영향을 미칠 수 있나요?

5. 질문: 정년 퇴직이 기업의 안정성과 성장에 어떤 부정적인 영향을 줄 수 있나요?
   −답변: 중장년층의 경험과 리더십 상실은 기업의 안정성과 지속적인 성장에 영향을 줄 수 있습니다.
   −예: 경험 많은 리더들의 퇴직으로 인해 기업은 불확실성과 관리 문제에 직면할 수 있습니다.

리뷰(후기) 쓰기

리뷰할 제품에 대한 프롬프트는 다음과 같이 템플릿 방식으로 작성한다.

[1] 리뷰할 제품은 무엇인가요?
[2] 리뷰할 사람은 누구인가요?
[3] 리뷰할 제품의 특징은 무엇인가요?(쉼표로 구분할 것)
[4] 작성할 리뷰 포스트의 내용은 몇 자 이상인가요?

사용자로부터 위의 질문에 대한 입력을 요청하고
사용자가 입력한 데이터를 사용해 아래 지시 사항을 완성해 줘.
사용자의 입력이 부족할 경우 다시 입력을 요구해 줘.

너는 [1] 제품군에 대해 전문적인 식견을 가진 파워블로거야.
너는 [1] 제품에 대해 리뷰 포스트를 작성하는 역할이야.

제품 [1]에 대한 상품 후기를 작성해 줘.
리뷰할 사람 [2]의 관점을 반영하고,
[3]에 입력된 제품 정보들에 대한 정보과 의견을 반드시 적을 것.
작성 시 아래의 #작성 지침#을 지킬 것.

#작성 지침#
− 친근감이 느껴지는 말투를 사용할 것.
− '〜다'로 끝나지 말고 '〜요'로 끝나는 말을 사용할 것.
− 단정적인 표현은 삼갈 것.
− 실제 경험한 것처럼 사실적으로 서술할 것.
− 시작할 때와 끝날 때 인사말을 넣을 것.
− 수치와 구체적인 사양을 입력하여 신뢰도를 높일 것.
− 구글의 SEO 방식에 최적화되게 작성할 것.
− 생성된 글의 글자 수를 확인하여 생성된 글의 글자 수가 지정된 글자 수 [4]보다 작다면 내용을 추가해서 문장을 확장할 것.
− 생성된 글의 글자 수를 확인하여 생성된 글의 글자 수가 지정된 글자 수 [4]에 도달하면 작업을 종료할 것.
− 글의 마지막에 총 글자 수를 표시할 것.

챗GPT가 사용자에게 리뷰 정보의 입력을 요청한다.

안녕하세요! 리뷰할 제품, 리뷰할 사람, 리뷰 제품의 특징, 그리고 작성할 리뷰 포스트의 내용 길이에 대해 알려 주시겠어요? 여기에 해당하는 정보를 제공해 주시면 제가 리뷰 포스트를 작성할 수 있어요. 예를 들면 다음과 같이요:

1. 리뷰할 제품(예: 스마트폰, 냉장고, 헤드폰 등)
2. 리뷰할 사람(예: 기술 블로거, 주부, 학생 등)
3. 리뷰 제품의 특징(예: 배터리 수명이 길다, 현대적 디자인, 소음 적음 등)
4. 작성할 리뷰 포스트의 내용 길이(예: 500자, 1,000자 등)

이 정보들을 기반으로 포스트를 작성할게요!

사용자가 리뷰에 필요한 정보를 입력한다.

1. 소니 블루투스 헤드폰 WH-CH520
2. 20대 초반 여성
3. 다양한 색상, 폴딩 수납, 빠른 페어링, 긴 배터리 타임
4. 1,500자

챗GPT는 사용자가 입력한 정보를 바탕으로 리뷰를 작성한다.

안녕하세요, 여러분! 오늘은 제가 최근에 구매한 '소니 블루투스 헤드폰 WH-CH520'에 대해 리뷰를 해보려고 해요. 저는 음악 듣기를 정말 좋아하는 20대 초반 여성이에요. 그래서 좋은 헤드폰을 찾다가 이 제품을 만나게 되었죠.
먼저, 이 헤드폰의 다양한 색상이 정말 매력적이에요. 제가 선택한 색상은 파스텔 핑크인데, 다른 색상도 모두 예쁘더라고요. 취향에 맞게 선택할 수 있어서 좋았어요.
그리고 폴딩 수납이 가능해서 휴대가 편리해요. 가방에 쏙 들어가니까 어디든지 간편하게 가지고 다닐 수 있더라고요. 이동이 많은 저에겐 정말 유용한 기능이었어요.
빠른 페어링도 이 제품의 장점 중 하나예요. 블루투스 연결이 진짜 순식간에 돼요. 매번 연결하는 게 귀찮았는데, 이 헤드폰은 그런 걱정이 없어서 너무 좋았어요.
가장 마음에 들었던 부분은 바로 긴 배터리 타임이에요. 한번 충전으로 정말 오랫동안 사용할 수 있어서 충전 걱정을 덜었어요. 밖에서도 배터리 걱정 없이 음악을 즐길 수 있어서 좋았어요.
하지만, 모든 제품이 완벽할 순 없죠. 소니 블루투스 헤드폰 WH-CH520도 완벽하지는 않아요. 예를 들어, 저음이 조금 더 강했으면 하는 아쉬움이 있어요. 저는 베이스를 좋아하는 편이라 조금 아쉬웠거든요.
그래도 전반적으로는 이 가격대에 이만큼의 품질을 제공하는 제품을 찾기 쉽지 않을 거예요. 특히, 색상과 휴대성, 빠른 페어링, 긴 배터리 수명을 중요하게 생각하신다면 이 제품을 추천드려요!
이상으로 제 리뷰를 마치겠습니다. 다음에도 좋은 제품 리뷰로 찾아뵐게요. 안녕히 계세요!
(총 글자 수: 약 1,500자)

과제(리포트) 쓰기

다음과 같이 과제 작성을 위한 아이디어를 챗GPT에게 물어본다.

질문

너는 건축학과 3학년 학생이야.
너는 리포트에 필요한 자료를 수집하고 분석해서 리포트를 작성하는 역할이야.

교수님께서 제시한 리포트 주제는 '제로 에너지 건축에 대한 방법론'이야.
우선 '제로 에너지 건축에 대한 방법론'에 대한 아이디어를 10개만 알려 줘.

챗GPT는 과제 주제에 맞는 아이디어를 사용자에게 제안한다.

제로 에너지 건축에 대한 방법론을 탐구하는 것은 건축학과 학생으로서 중요하고 의미 있는 과제입니다. 제로 에너지 건축은 에너지 소비를 최소화하고, 건축물이 필요로 하는 에너지를 현장에서 재생 가능한 방법으로 충당하는 것을 목표로 합니다. 다음은 '제로 에너지 건축에 대한 방법론'에 대한 10가지 아이디어입니다:

1. 태양광 패널 사용: 건물의 지붕이나 외벽에 태양광 패널을 설치하여 태양 에너지를 전기 에너지로 변환합니다.
2. 지열 에너지 활용: 지열 펌프 시스템을 이용하여 지구 내부의 열을 냉난방에 사용합니다.
3. 고효율 단열재 사용: 건물의 열 손실을 줄이기 위해 고효율의 단열재를 사용합니다.
4. 자연 채광 및 환기: 창문 배치와 설계를 통해 자연 채광을 극대화하고, 환기 시스템을 통해 실내 공기 질을 개선합니다.
5. 에너지 효율적인 창문과 문: 열 손실을 최소화하기 위해 에너지 효율이 높은 창문과 문을 설치합니다.
6. 스마트 홈 기술 적용: 조명, 난방, 냉방 등을 제어할 수 있는 스마트 홈 기술을 통해 에너지 소비를 최적화합니다.
7. 재생 가능한 자재 사용: 지속 가능한 재료를 사용하여 건물의 환경 영향을 줄입니다.
8. 빗물 수집 및 재사용 시스템: 빗물을 수집하여 화장실 물 사용 등에 재활용합니다.
9. 녹색 지붕 및 벽: 식물을 심어 녹색 지붕이나 벽을 조성하여 단열 효과를 높이고 도시 열섬 현상을 완화합니다.
10. 에너지 모니터링 시스템: 건물 내 에너지 사용을 지속적으로 모니터링하여 비효율적인 사용을 줄입니다.

사용자는 챗GPT가 제안한 내용 중 괜찮은 아이디어를 선택한 후 해당 아이디어에 대한 세부 내용을 챗GPT에게 요청한다.

질문

네가 제안한 아이디어 중
1. 태양광 패널 사용
2. 지열 에너지 활용
3. 고효율 단열재 사용
4. 자연 채광 및 환기
5. 에너지 효율적인 창문과 문
8. 빗물 수집 및 재사용 시스템에 대한 내용들로 리포트를 작성하고자 해.

이러한 아이디어를 조합한 리포트 목차를 구성해 줘.
단, 서론–본론–결론의 구조를 사용할 것.

챗GPT는 요청한 내용에 맞춰 과제를 생성한다.

제로 에너지 건축에 대한 리포트를 작성할 때, 서론–본론–결론의 구조를 사용하는 것은 매우 효과적인 접근 방식입니다. 여기서 제안한 5가지 아이디어를 바탕으로 한 목차 구성을 제시합니다:

서론
1. 리포트 소개
   ···(이하 생략)

본론
2. 태양광 패널 사용
   ···(이하 생략)

3. 지열 에너지 활용
   ···(이하 생략)

4. 고효율 단열재 사용
   ···(이하 생략)

5. 자연 채광 및 환기
   ···(이하 생략)

6. 에너지 효율적인 창문과 문
   ···(이하 생략)

7. 빗물 수집 및 재사용 시스템
   ···(이하 생략)

결론
8. 종합적 평가 및 미래 전망
   ···(이하 생략)

카드 뉴스 스크립트 쓰기

카드 뉴스에 필요한 내용들로 다음과 같이 프롬프트를 구성해서 챗GPT에게 요청한다.

지금부터 너는 부산 출신의 여행 전문 가이드야.
너는 인스타그램용 카드 뉴스를 제작하는 역할이야.

인스타그램에 사용할 '부산에 가면 꼭 가봐야 할 곳'에 대한 카드 뉴스를 만들어 줘.
"친절"하고 "재미"있으며 "전문적인" 톤과 매너의 대화체를 사용해 줘.
작성해야 할 카드 뉴스는 총 5장으로 해 줘.

5개의 카드를 만들 때 아래의 요구 사항에 맞춰 제작해 줘.

1번 카드: 카드 뉴스의 제목을 20자 내로 적어 줘.
2번 카드: 부산역에서 가까운 부산의 관광 명소들로 만들어 줘.
3번 카드: 부산에서 바다를 느낄 수 있는 부산의 해수욕장들로 만들어 줘.
4번 카드: 부산의 전통을 느낄 수 있는 부산의 관광 명소들로 만들어 줘.
5번 카드: 부산에서 쇼핑할 수 있는 부산의 쇼핑 거리들로 만들어 줘.

챗GPT는 사용자의 요청에 맞춰 카드 뉴스를 생성한다.

안녕하세요! 부산 출신 여행 전문 가이드로서 인스타그램용 '부산에 가면 꼭 가봐야 할 곳' 카드 뉴스를 제작해 드리겠습니다. 친절하고 재미있으며 전문적인 대화체로 안내해 드릴게요. 총 5장의 카드로 구성하고 각 카드에 대한 설명과 함께 이미지 키워드도 제공하겠습니다.

1. 1번 카드: 제목 카드
   −제목: "부산 여행, 이곳만은 꼭!"
   −이미지 키워드: 부산의 상징적인 이미지, 부산의 야경이나 해변의 전경.
2. 2번 카드: 부산역 근처 관광 명소
   −내용: 부산역 주변의 흥미로운 관광 명소들을 소개. 예를 들어, 중앙동, 차이나타운, 40계단 문화관광테마거리 등.
   −이미지 키워드: 부산역, 중앙동의 거리, 차이나타운, 40계단 문화거리.
3. 3번 카드: 부산의 해수욕장
   −내용: 부산의 멋진 해수욕장들을 소개. 해운대, 광안리, 송정 해수욕장 등이 포함될 수 있음.
   −이미지 키워드: 해운대 해수욕장, 광안리 해변, 송정 해수욕장의 아름다운 전경.
4. 4번 카드: 부산의 전통 명소
   −내용: 부산의 역사와 전통을 느낄 수 있는 장소들을 소개. 예를 들어, 부산 국제시장, 자갈치시장, 용두산 공원 등.
   −이미지 키워드: 부산 국제시장, 자갈치시장의 활기찬 모습, 용두산 공원의 전경.
5. 5번 카드: 부산의 쇼핑 거리
   −내용: 부산에서 쇼핑을 즐길 수 있는 인기 있는 쇼핑 거리들을 소개. 센텀시티, 남포동, 서면 등이 좋은 예시.
   −이미지 키워드: 센텀시티 쇼핑몰, 남포동 거리, 서면의 번화가.

이렇게 각 카드에 대한 설명과 이미지 키워드를 제공드렸습니다. 이 정보를 바탕으로 카드 뉴스를 제작하시면 부산의 매력을 잘 전달할 수 있을 거예요!

문장 교정: 맞춤법 및 글자 수 재지정

사용자가 입력한 문장의 오탈자, 글자 수를 재지정할 수 있는 프롬프트를 다음과 같이 작성한다.

[1] 맞춤법과 오탈자를 교정할 문장을 입력하세요.
　　(문장은 엔터키를 쳐서 구분할 것)

사용자로부터 위의 질문에 대한 입력을 요청하고
사용자가 입력한 데이터를 사용해 아래 지시 사항을 완성해 줘.
사용자의 입력이 부족할 경우 다시 입력을 요구해 줘.

너는 맞춤법과 오탈자를 교정하는 문장 교열자야.

사용자가 입력한 [1]의 문장들을 분석하고 주어진 글에서 오탈자가 있는 경우
아래의 #오탈자 교정 예시1# 또는 #오탈자 교정 예시2#와 같은 형식으로 출력해야 해.
#주의 사항#을 반드시 지킬 것.

#오탈자 교정 예시1#
입력1) 당신은 훌륭한 의사입니다.
출력1) 당신은 훌륭한 의사입니다.

#오탈자 교정 예시2#
입력2) 너의 몸무게가 60kgdl 될 때까지 운동을 해야 해.
출력2) 너의 몸무게가 60kg이 될 때까지 운동을 해야 해.

#주의 사항#
키보드 자판 근처의 단어를 실수로 입력할 수 있으므로
키보드 자판에 의한 오타는 아래의 '키보드 위치'를 참조해서 교정해야 하며
한영 자판의 선택 오류에 의한 오타는 아래의 '한영키 매칭'을 참조해 교정할 것.

{ 키보드 위치
ㅂ 옆에는 ㅈ,ㅁ,ㄴ이 있다.
ㅈ 옆에는 ㅂ,ㅁ,ㄴ,ㅇ,ㄷ이 있다.
ㄷ 옆에는 ㅈ,ㄴ,ㅇ,ㄱ이 있다.
ㄱ 옆에는 ㄷ,ㅇ,ㄹ,ㅅ이 있다.
ㅅ 옆에는 ㄱ,ㄹ,ㅎ,ㅛ가 있다.
ㅛ 옆에는 ㅅ,ㅎ,ㅗ,ㅕ가 있다.
ㅕ 옆에는 ㅛ,ㅗ,ㅓ,ㅑ가 있다.
ㅑ 옆에는 ㅕ,ㅓ,ㅏ,ㅐ가 있다.
ㅐ 옆에는 ㅑ,ㅏ,ㅣ,ㅔ가 있다.
ㅔ 옆에는 ㅐ,ㅣ가 있다.
ㅁ 옆에는 ㅂ,ㅈ,ㄴ,ㅋ이 있다.
ㄴ 옆에는 ㅁ,ㅈ,ㄷ,ㅇ,ㅌ,ㅋ이 있다.
ㅇ 옆에는 ㄴ,ㄷ,ㄱ,ㄹ,ㅊ,ㅌ이 있다.
ㄹ 옆에는 ㅇ,ㄱ,ㅅ,ㅎ,ㅍ,ㅊ이 있다.
ㅎ 옆에는 ㄹ,ㅅ,ㅛ,ㅗ,ㅠ,ㅍ이 있다.
ㅗ 옆에는 ㅎ,ㅛ,ㅕ,ㅓ,ㅜ,ㅠ가 있다.

ㅓ 옆에는 ㅗ, ㅕ, ㅑ, ㅏ, ㅡ, ㅜ가 있다.
ㅏ 옆에는 ㅡ, ㅓ, ㅑ, ㅐ, ㅣ가 있다.
ㅣ 옆에는 ㅏ, ㅐ, ㅔ가 있다.
ㅋ 옆에는 ㅁ, ㄴ, ㅊ이 있다.
ㅌ 옆에는 ㅋ, ㄴ, ㅇ, ㅊ이 있다.
ㅊ 옆에는 ㅌ, ㅇ, ㄹ, ㅍ이 있다.
ㅍ 옆에는 ㅊ, ㄹ, ㅎ, ㅠ가 있다.
ㅠ 옆에는 ㅍ, ㅎ, ㅗ, ㅜ가 있다.
ㅜ 옆에는 ㅠ, ㅗ, ㅓ, ㅡ가 있다.
ㅡ 옆에는 ㅜ, ㅓ, ㅏ가 있다.
} ###

{ 한영키 매칭
q는 ㅂ으로 한영 전환된다.
w는 ㅈ으로 한영 전환된다.
e는 ㄷ으로 한영 전환된다.
r는 ㄱ으로 한영 전환된다.
t는 ㅅ으로 한영 전환된다.
y는 ㅛ로 한영 전환된다.
u는 ㅕ로 한영 전환된다.
i는 ㅑ로 한영 전환된다.
o는 ㅐ로 한영 전환된다.
p는 ㅔ로 한영 전환된다.
a는 ㅁ으로 한영 전환된다.
s는 ㄴ으로 한영 전환된다.
d는 ㅇ으로 한영 전환된다.
f는 ㄹ으로 한영 전환된다.
g는 ㅎ으로 한영 전환된다.
h는 ㅗ로 한영 전환된다.
j는 ㅓ로 한영 전환된다.
k는 ㅏ로 한영 전환된다.
l는 ㅣ로 한영 전환된다.
z는 ㅋ으로 한영 전환된다.
x는 ㅌ으로 한영 전환된다.
c는 ㅊ으로 한영 전환된다.
v는 ㅍ으로 한영 전환된다.
b는 ㅠ로 한영 전환된다.
n은 ㅜ로 한영 전환된다.
m은 ㅡ로 한영 전환된다.
} ###

추가 조건
1. 교정에 대한 부가적인 설명은 하지 말 것.
2. 오타나 문법상 오류가 없어도 문맥을 고려해서 교정할 것.
3. 욕이나 비속어는 거부할 것.
4. 비윤리적인 문장은 교정하지 말 것.

챗GPT는 오탈자를 교정하고 글자 수를 재지정할 문장의 입력을 사용자에게 요구한다.

알겠습니다. 입력하신 문장을 올려 주세요. 그럼 맞춤법과 오탈자를 교정하여 드리겠습니다.

사용자는 오탈자를 교정할 문장들을 입력한다.

질문

삶은 오ㅐ 이렇게 나를 힘들게 하는 걸까?
아버지가방에들어가신다.
사과는 너무 마싯다.
어제 파인애플을 먹엇다.
번호표를 뽑고 기대하세요.
너 시발 사이즈 몇이야?
고마워 자기야 사망해~~
마블링이 균일하게 분포되어 있어 육질이 드럽고 맛이 좋습니다.
이번에는 cotGPT를 이용하여 작성하자.
홈페이지에는 HTML zheld이 필요해.

챗GPT가 대답한다.

입력1) 삶은 오ㅐ 이렇게 나를 힘들게 하는 걸까?
출력1) 삶은 왜 이렇게 나를 힘들게 하는 걸까?

입력2) 아버지가방에들어가신다.
출력2) 아버지가 방에 들어가신다.

입력3) 사과는 너무 마싯다.
출력3) 사과는 너무 맛있다.

입력4) 어제 파인애플을 먹엇다.
출력4) 어제 파인애플을 먹었다.

입력5) 번호표를 뽑고 기대하세요.
출력5) 번호표를 뽑고 기다리세요.

입력6) 너 시발 사이즈 몇이야?
출력6) [부적절한 내용으로 교정 거부]

입력7) 고마워 자기야 사망해~~
출력7) [부적절한 내용으로 교정 거부]

입력8) 마블링이 균일하게 분포되어 있어 육질이 드럽고 맛이 좋습니다.
출력8) 마블링이 균일하게 분포되어 있어 육질이 좋고 맛이 좋습니다.

입력9) 이번에는 cotGPT를 이용하여 작성하자.
출력9) 이번에는 ChatGPT를 이용하여 작성하자.

입력10) 홈페이지에는 HTML zheld이 필요해.
출력10) 홈페이지에는 HTML field가 필요해.

이번에는 글자 수를 재지정하기 위한 프롬프트이다. 챗GPT에게 글자 수를 지정해 텍스트를 생성하라고 지시했을 때 대체로 처음부터 지정받은 글자 수만큼 텍스트를 생성하지 않는 경향이 있다. 그래서 챗GPT로부터 답변이 생성될 때마다 글자 수를 파악해 늘려갈 수 있도록 다음과 같은 프롬프트를 사용해 보자.

[1] 작성할 글의 주제를 입력하세요.
[2] 작성할 글의 글자 수를 입력하세요.

사용자로부터 위의 질문에 대한 입력을 요청하고
사용자가 입력한 데이터를 사용해 아래 지시 사항을 완성해 줘.
사용자의 입력이 부족할 경우 다시 입력을 요구해 줘.

너는 문장을 분량을 확인하는 편집자야.
너는 확인한 분량이 모자라면 글의 양을 보충하는 역할이야.

1. 사용자의 입력한 주제 [1]에 맞춰 글을 작성한 후 지정된 글자 수 [2]의 범위 내에서 출력해 줘.
2. 생성된 글의 글자 수를 확인하고 글의 마지막에 생성된 글의 글자 수를 표시해 줘.
3. 만약 생성된 글의 글자 수가 지정된 글자 수 [2]보다 작다면 내용을 추가해서 문장을 확장해 줘.
4. 글을 다시 생성할 때마다 글의 글자 수를 확인해서 지정된 글자 수 [2]보다 작다면 계속 내용을 추가해 줘.
5. 다시 생성된 글의 글자 수가 지정된 글자 수 [2]에 도달하면 작업을 종료할 것.

챗GPT는 글자 수 재지정에 필요한 정보를 사용자가 입력하도록 요청한다.

알겠습니다. 작성하고자 하는 글의 주제 [1]과 원하는 글자 수 [2]를 알려 주세요. 그런 다음, 주어진 주제에 맞는 글을 지정된 글자 수에 맞춰 작성해 드리겠습니다.

사용자가 필요한 정보를 입력한다.

1. 챗GPT가 우리 삶에 미치는 영향
2. 3,000자

챗GPT는 사용자의 입력 정보과 프롬프트를 바탕으로 원글의 글자 수를 조정해서 사용자가 요구하는 글자 수에 일치시킨다.

주제: "ChatGPT가 우리 삶에 미치는 영향"
글자 수: 3,000자

ChatGPT는 인공지능 기술의 눈부신 발전을 대표하는 기술 중 하나로, 우리 삶에 많은 영향을 미치고 있습니다. ChatGPT는 자연스러운 대화형 인터페이스를 통해 사용자와 소통하며, 다양한 질문에 대한 답변, 문서 작성, 코딩 도움, 언어 번역 등 다양한 역할을 수행합니다.

·······································(중간 생략)·······································

종합적으로 볼 때, ChatGPT는 우리 삶에 긍정적인 영향을 많이 미치고 있습니다. 이 기술은 우리가 일상에서 마주치는 다양한 문제들을 해결하는 데 도움을 주며, 새로운 정보와 지식을 얻는 데 큰 역할을 합니다. 또한, 교육, 엔터테인먼트, 비즈니스 등 다양한 분야에서 새로운 가능성을 열어주고 있습니다. 이러한 인공지능 기술의 발전이 우리 삶의 질을 높이는 데 기여하고 있는 것은 분명합니다.

이 글의 현재 글자 수는 약 1,350자입니다. 지정된 3,000자에 도달하기 위해 내용을 추가하겠습니다.

ChatGPT의 영향은 개인의 일상뿐만 아니라 사회 전반에도 미치고 있습니다. 예를 들어, 고객 서비스 분야에서는 ChatGPT를 활용한 챗봇이 고객 문의에 신속하고 효율적으로 대응하고 있습니다. 이를 통해 기업은 고객 만족도를 높이고 운영 비용을 줄일 수 있습니다. 또한, 언어 장벽을 극복하고 다양한 문화와 소통하는 데 있어서도 ChatGPT는 큰 역할을 하고 있습니다. 다양한 언어의 번역 기능을 통해 전 세계 사람들과의 소통이 더욱 용이해졌으며, 이는 글로벌한 비즈니스와 문화 교류에도 긍정적인 영향을 미치고 있습니다.

·······································(중간 생략)·······································

최종적으로, ChatGPT는 우리 삶에 다양한 변화를 가져오고 있으며, 이 기술의 발전이 가져올 미래는 매우 흥미롭습니다. 이러한 기술을 통해 우리는 더욱 효율적이고 창의적인 방식으로 문제를 해결하고, 새로운 지식과 정보를 탐색할 수 있게 될 것입니다. 또한, 이 기술이 가져올 윤리적, 사회적 도전에 대한 깊은 이해와 책임 있는 접근 방식이 필요합니다. ChatGPT의 발전이 인류에게 긍정적인 변화를 가져오도록 지속적인 연구와 논의가 중요합니다.

이 글의 최종 글자 수는 약 3,000자입니다.

[생활/여개]를 위한 프롬프트

01 생활

뉴스 검색

사용자가 원하는 뉴스를 찾아내는 프롬프트이다. 다음과 같이 프롬프트 템플릿을 사용해서 사용자의 요구 사항을 반영한 뉴스를 찾아 보자.

질문

[1] 뉴스가 생산된 기간을 입력하세요.
[2] 뉴스의 주제를 입력하세요.
[3] 수집할 뉴스 건수를 입력하세요.
[4] 뉴스가 생산된 지역을 입력하세요.

사용자로부터 위의 질문에 대한 입력을 요청하고
사용자가 입력한 데이터를 사용해 아래 지시 사항을 완성해 줘.
사용자의 입력이 부족할 경우 다시 입력을 요구해 줘.

넌 해외 뉴스를 매일매일 모니터링하는 월드 뉴스 담당자야.
넌 해외 뉴스에 관심 있는 사람들에게 최신 뉴스를 전달해 주는 역할이야.

기간 [1] 동안 지역 [4]에서 생산된 [2]에 관한 [3]개의 뉴스를 찾아 줘.

– 찾은 뉴스를 제목과 요약한 내용으로 만들어 줘.
– 한국어 뉴스가 아닌 경우 한국어로 번역해 줘.
– 뉴스의 원래 링크(URL)를 표시할 것.

챗GPT가 필요한 정보의 입력을 사용자에게 요청한다.

물론이죠. 먼저, 사용자님이 입력할 정보에 대해 다음과 같이 명확하게 질문드리겠습니다:

1. 뉴스가 생산된 기간을 입력해 주세요.
   (예: 2023년 12월 1일부터 2023년 12월 31일까지)
2. 뉴스의 주제를 입력해 주세요.(예: 경제, 정치, 환경 등)
3. 수집할 뉴스 건수를 입력해 주세요.(예: 5개)
4. 뉴스가 생산된 지역을 입력해 주세요.(예: 미국, 유럽, 아시아 등)

이 정보를 기반으로 해외 뉴스를 검색하고, 요청하신 대로 뉴스 제목과 요약한 내용을 한국어로 제공하겠습니다.

사용자는 필요한 정보를 입력한다.

질문

1. 2023년 12월 25일부터 2023년 12월 28일까지
2. 사회
3. 5개
4. 미국

챗GPT는 사용자가 입력한 정보를 바탕으로 뉴스를 생성한다.

2023년 12월 25일부터 12월 28일까지 미국에서 발생한 사회 관련 주요 뉴스를 다섯 가지로 요약해 드리겠습니다:

1. 트럼프 전 대통령의 재집권 가능성: 여론조사에 따르면, 도널드 트럼프 전 대통령이 내년 대선에서 공화당 후보로 출마할 경우 '복수'를 원할 것이라는 의견이 나타났습니다【 〃 】.
2. 미국의 젊은 세대 취향 변화와 맥주 시장: 월스트리트저널 보도에 따르면, 미국 젊은 세대의 취향 변화로 인해 올해 맥주 출하량이 25년 만에 가장 낮을 것으로 예상됩니다【 〃 】.
3. 러시아와 NASA의 ISS 공동 비행 계속: 러시아와 미국 항공우주국(NASA)은 최소 2025년까지 국제우주정거장(ISS)에 승무원을 수송하는 데 계속 협력하기로 합의했습니다【 〃 】.
4. VOA 뉴스 투데이 보도 – 북한 핵 무력 강화 메시지 가능성: 북한이 노동당 전원회의에서 핵 무력 강화를 지속하겠다는 강경 메시지를 내놓을 가능성이 있다고 보도되었습니다. 미국 국무부는 북한 영변 핵시설의 경수로 가동에 심각한 우려를 표명했습니다【 〃 】【 〃 】.
5. VOA 뉴스 투데이 보도 – 종교로 인한 전쟁 및 미한일 협력 주요 성과: 종교적 이유로 발생한 전쟁과 관련된 뉴스, 북러의 군사 밀착에 대한 국무부의 비판, 그리고 미국의 중국 은행 제재와 대북 제재의 영향, 미국 국방부의 인도–태평양 동맹 강화 및 미한일 협력의 주요 성과에 대해 보도되었습니다【 〃 】.

이들 뉴스는 해당 기간 동안 미국에서 발생한 주요 사회적 이슈들을 반영합니다. 추가적인 정보를 원하시면 해당 링크를 통해 더 많은 내용을 확인하실 수 있습니다.

트렌드 검색

다음과 같은 프롬프트를 챗GPT에게 질문한다.

질문

너는 세상의 변화를 예측하고 설명하는 미래학자야.
너는 일반인들에게 미래의 변화 가능성을 설명해 주는 역할이야.

2024년 한국의 IT 분야에 영향을 미칠 수 있는 주요 트렌드 10가지를 알려 줘.

챗GPT가 질문에 대답한다.

2024년 한국 IT 분야에 영향을 미칠 주요 트렌드 10가지를 예측해 보겠습니다.

1. 5G 네트워크의 확장 및 6G 연구 개발: 5G 네트워크의 보급이 확대되면서 더욱 빠른 인터넷 속도와 연결성을 제공할 것입니다. 또한, 6G 기술에 대한 연구가 가속화될 것으로 예상됩니다.
2. 인공지능(AI) 및 머신러닝의 발전: AI 기술이 다양한 분야에서 더욱 정교해지면서 비즈니스, 의료, 교육 등에 광범위하게 적용될 것입니다.
3. 사물인터넷(IoT)의 확산: 가정용 기기, 산업 장비, 도시 인프라 등에 IoT 기술이 통합되어 보다 효율적이고 스마트한 환경을 조성할 것입니다.
4. 블록체인과 암호화폐의 성장: 금융은 물론 비금융 분야에서도 블록체인 기술의 활용이 증가할 것입니다. 암호화폐에 대한 규제 및 채택도 중요한 이슈가 될 것입니다.
5. 클라우드 컴퓨팅과 엣지 컴퓨팅의 발전: 데이터 처리와 저장의 효율성을 높이기 위해 클라우드 및 엣지 컴퓨팅 기술이 중요해질 것입니다.
6. 가상현실(VR)과 증강현실(AR)의 진화: 엔터테인먼트, 교육, 훈련 등 다양한 분야에서 VR과 AR 기술의 사용이 증가할 것입니다.
7. 사이버 보안의 강화: 데이터 보호 및 사이버 위협에 대응하기 위한 기술과 정책이 중요해질 것입니다.
8. 스마트 시티와 자율주행차의 발전: 도시 인프라와 운송 시스템의 혁신을 통해 더 스마트하고 효율적인 도시 환경이 조성될 것입니다.
9. 지속 가능한 기술과 친환경 IT 솔루션: 환경 문제에 대응하기 위한 친환경적인 기술과 솔루션이 강조될 것입니다.
10. 원격 근무 및 디지털 협업 툴의 발달: 코로나19 이후 원격 근무의 보편화와 디지털 협업 도구의 발전이 지속될 것입니다.

이러한 트렌드들은 한국뿐만 아니라 전 세계적인 변화의 방향을 가리키며, 특히 기술 진보와 디지털화가 중심이 될 것으로 예상됩니다.

사용자가 트렌드에 대한 또 다른 질문을 한다.

질문
2024년 한국의 교육 분야를 주도할 주요 트렌드 10가지를 알려 줘.

챗GPT가 추가 질문에 대답한다.

2024년 한국 교육 분야의 주요 트렌드는 다음과 같을 것으로 예상됩니다:

1. 디지털 및 온라인 학습: 코로나19 이후, 온라인 학습과 디지털 교육 콘텐츠의 중요성이 커질 것으로 보입니다. 이는 학생들에게 더 유연하고 접근하기 쉬운 학습 방법을 제공할 것입니다.
2. AI 기반 교육: 인공지능 기술을 활용하여 학생들의 학습 진도를 추적하고, 개별화된 학습 경험을 제공하는 것이 더욱 일반화될 것으로 예상됩니다.

3. STEAM 교육: 과학, 기술, 공학, 예술 및 수학을 통합한 STEAM 교육이 중요해질 것입니다. 이는 창의적 사고와 문제 해결 능력을 강조합니다.
4. 메타버스 및 가상 현실: 메타버스와 가상 현실을 활용한 교육이 증가할 것으로 보입니다. 이는 학생들에게 현실과 유사한 학습 환경을 제공하면서도 새로운 상호작용 방식을 가능하게 합니다.
5. 코딩 및 프로그래밍 교육: 코딩과 프로그래밍 교육의 중요성이 계속해서 강조될 것입니다. 이는 미래 사회에서 중요한 기술로 여겨지기 때문입니다.
6. 창의력과 비판적 사고 강조: 교육 과정에서 창의력과 비판적 사고력을 강화하는 것이 중요해질 것입니다. 이는 미래의 불확실한 환경에 대응하기 위한 기술로 인식되고 있습니다.
7. 평생 학습 및 자기 주도 학습: 평생 학습의 중요성이 강조되면서, 학생들이 스스로 학습을 주도하고 자신의 경력 개발을 위해 지속적으로 학습하는 문화가 조성될 것입니다.
8. 글로벌 교육 및 국제 협력: 국제적인 협력과 교류를 통한 글로벌 교육 기회가 더욱 확대될 것입니다. 이는 학생들에게 다양한 문화와 경험을 제공합니다.
9. 정서적, 사회적 학습의 강화: 학생들의 정서적, 사회적 능력 개발이 중요한 부분으로 다뤄질 것입니다. 이는 학생들의 전반적인 웰빙과 행복을 증진시키는 데 기여합니다.
10. 지속 가능성과 환경 교육: 환경 문제와 지속 가능성에 대한 교육이 더욱 중요해질 것으로 보입니다. 이는 학생들에게 지구의 미래에 대한 책임감을 심어주는 역할을 합니다.

이러한 트렌드들은 한국뿐만 아니라 전 세계적으로 교육의 방향을 결정하는 데 중요한 역할을 할 것입니다.

사용자가 마지막 질문을 한다.

질문

2024년 국내 투자 분야의 흐름을 이끌어갈 만한 주요 트렌드 10가지를 알려 줘.

챗GPT가 대답한다.

2024년 한국에서 주목할 만한 투자 분야의 주요 트렌드는 다음과 같이 예상됩니다:

1. 인공지능 및 빅데이터: 인공지능(AI)과 빅데이터는 효율적인 데이터 분석 및 자동화된 의사 결정을 가능하게 하여 다양한 산업 분야에서 핵심적인 역할을 할 것입니다.
2. 바이오테크놀로지 및 헬스케어: 고령화 사회로의 진입과 지속적인 건강에 대한 관심 증가로 인해 바이오테크놀로지와 헬스케어 분야에 대한 투자가 증가할 것으로 보입니다.
3. 친환경 기술 및 재생 에너지: 기후 변화에 대응하고 지속 가능한 발전을 추구함에 따라, 친환경 기술과 재생 가능 에너지 분야에 대한 투자가 확대될 것입니다.
4. 전기차 및 배터리 기술: 전기차 및 관련 배터리 기술의 발전은 지속적인 성장을 보일 것이며, 이 분야에 대한 투자는 계속해서 증가할 것으로 예상됩니다.
5. 블록체인 및 암호화폐: 금융 기술(FinTech)의 진화와 함께 블록체인 기술과 암호화폐에 대한 관심이 높아지고 있으며, 이 분야에 대한 투자도 확대될 것으로 보입니다.
6. 5G 및 네트워크 기술: 5G와 같은 고속 네트워크 기술은 산업 전반에 걸쳐 혁신을 촉진할 것이며, 관련 인프라와 기술 개발에 대한 투자가 중요해질 것입니다.

7. 스마트 시티 및 인프라: 도시화 및 기술 발전에 따라 스마트 시티 구축과 관련 인프라 개발에 대한 투자가 중요한 트렌드로 자리 잡을 것입니다.
8. e-커머스 및 디지털 플랫폼: 온라인 소매 및 디지털 서비스 플랫폼은 계속해서 성장할 것이며, 이에 대한 투자도 증가할 것으로 예상됩니다.
9. 사이버 보안: 디지털화가 진행됨에 따라 사이버 보안의 중요성이 더욱 부각되며, 이 분야에 대한 투자가 필수적일 것입니다.
10. 교육 기술(EdTech): 기술을 통한 교육 혁신이 계속됨에 따라, 교육 기술 분야에 대한 투자도 확대될 것으로 예상됩니다.

이러한 트렌드들은 한국 경제 및 투자 환경에 큰 영향을 미칠 것으로 보이며, 투자자들에게 다양한 기회를 제공할 것입니다.

날씨 검색

날씨에 따른 옷차림에 대한 조언을 챗GPT에게 요청한다.

질문

[1] 당신이 사는 지역을 입력하세요.
[2] 날씨 정보가 필요한 날짜(기간)를 입력하세요.

사용자로부터 위의 질문에 대한 입력을 요청하고
사용자가 입력한 데이터를 사용해 아래 지시 사항을 완성해 줘.
사용자의 입력이 부족할 경우 다시 입력을 요구해 줘.

너는 패션디자이너면서 쇼핑몰 MD야.
너는 날씨에 맞는 복장을 추천하는 역할이야.

[1]~[2]에 입력된 정보를 바탕으로 옷차림을 추천해 줘.
옷차림에 맞는 패션 코디법도 함께 알려 줘.

챗GPT가 필요한 정보의 입력을 사용자에게 요청한다.

물론이죠! 날씨에 맞는 복장 추천을 위해서는 다음 정보가 필요합니다:

1. 당신이 사는 지역
2. 날씨 정보가 필요한 날짜(기간)

이 정보를 제공해 주시면, 그에 맞는 복장과 패션 코디법을 추천해 드리겠습니다.

사용자는 필요한 정보를 입력한다.

질문

1. 서울
2. 12월 10일부터 1월 30일까지

챗GPT는 사용자가 입력한 정보를 바탕으로 날씨에 대한 옷차림을 제안한다.

서울의 12월 10일부터 1월 30일까지의 기간 동안 적합한 복장과 패션 코디법을 추천해 드리겠습니다. 이 기간은 겨울철로, 대체로 추운 날씨를 예상할 수 있습니다. 다음은 이 시기에 적합한 복장 아이템과 코디법입니다:

\# 복장 아이템:
1. 두꺼운 외투: 다운 재킷, 울 코트, 또는 헤비 파카.
2. 레이어링: 목폴라, 스웨터, 터틀넥 상의.
3. 바지: 두꺼운 청바지 또는 울 혼방 슬랙스.
4. 신발: 방수 기능이 있는 부츠 또는 겨울용 스니커즈.
5. 액세서리: 모자, 목도리, 장갑.

\# 패션 코디법:
1. 색상 매치: 차분한 겨울 색상(회색, 검정, 네이비)을 기본으로 하고, 밝은 색상의 액세서리로 포인트를 줍니다.
2. 레이어링: 목폴라 위에 스웨터를 레이어링하고, 그 위에 코트를 입어 따뜻하면서도 스타일리시한 룩을 완성합니다.
3. 액세서리 활용: 컬러풀한 목도리나 모자로 포인트를 주어 겨울철 단조로운 색상에 생기를 불어넣습니다.
4. 신발 선택: 방수 기능이 있는 부츠로 눈이나 비가 와도 발을 따뜻하고 건조하게 유지합니다.
5. 층층이 입기: 실내에서는 겉옷을 벗었을 때에도 멋스러워 보일 수 있도록 상의의 층층이 입기에 신경 씁니다.

이러한 코디법을 활용하면 서울의 겨울 날씨에 맞는 멋진 패션을 완성할 수 있습니다.

날씨에 따른 농사에 대한 조언을 챗GPT에게 요청한다.

질문

[1] 당신이 사는 지역을 입력하세요.
[2] 날씨 정보가 필요한 날짜(기간)를 입력하세요.

사용자로부터 위의 질문에 대한 입력을 요청하고
사용자가 입력한 데이터를 사용해 아래 지시 사항을 완성해 줘.
사용자의 입력이 부족할 경우 다시 입력을 요구해 줘.

너는 평생을 농업에 종사하는 전문 농업인이야.
너는 날씨와 지역에 따른 작물의 심는 시기를 알려 주는 역할이야.

[1]~[2]에 입력된 정보를 바탕으로 해당 지역과 시기에 따라 심을 수 있는 작물의 이름을 모두 알려 줘.
또한 작물을 심을 때 주의할 점도 함께 알려 줘.

챗GPT가 필요한 정보의 입력을 사용자에게 요청한다.

물론이죠, 농업 전문가로서 날씨와 지역에 맞는 작물 심기에 대한 조언을 드릴 수 있습니다. 다음 정보를 제공해 주시면, 해당 지역과 시기에 적합한 작물과 그에 따른 주의 사항을 알려 드리겠습니다:

1. 당신이 사는 지역
2. 작물을 심고자 하는 날짜 또는 기간

이 정보를 알려 주시면, 그에 맞는 작물 추천과 주의 사항을 제공해 드리겠습니다.

사용자는 필요한 정보를 입력한다.

질문

1. 충북 제천시 백운면
2. 4월 1일부터 5월 10일까지

챗GPT는 사용자가 입력한 정보를 바탕으로 농사 방법을 조언한다.

충북 제천시 백운면 지역에서 4월 1일부터 5월 10일까지 심을 수 있는 작물과 관련된 조언을 드리겠습니다. 이 기간은 봄철로, 여러 가지 작물을 심기에 적합한 시기입니다. 다음은 이 시기에 심을 수 있는 주요 작물과 각각에 대한 주의 사항입니다:

작물 추천:
1. 감자: 봄 감자는 4월 초에 심는 것이 좋습니다.
2. 양파: 봄 양파는 이 시기에 심기 적합합니다.
3. 마늘: 봄에 심을 수 있는 마늘 종류가 있습니다.
4. 상추, 시금치: 봄철에 잘 자라는 채소입니다.
5. 오이, 토마토: 5월 초에 심기 시작하는 것이 좋습니다.
6. 고추: 4월 말부터 5월 초에 심는 것이 적합합니다.

주의 사항:
1. 감자: 감자는 서늘하고 습한 토양에서 잘 자랍니다. 물 빠짐이 좋은 토양을 선택하고, 심기 전에 퇴비나 비료를 충분히 섞어주세요.
2. 양파, 마늘: 물 빠짐이 좋고, 햇볕이 잘 드는 곳에 심어야 합니다. 지나치게 습하면 병이 생길 수 있으니 주의하세요.
3. 상추, 시금치: 직사광선보다는 반그늘에서 잘 자랍니다. 토양은 항상 촉촉하게 유지해야 합니다.
4. 오이, 토마토, 고추: 이들 작물은 서리가 내리지 않는 따뜻한 기후에서 심어야 합니다. 토양 온도와 외부 기온을 잘 체크하시고, 서리가 예상될 때는 보호 조치를 취해야 합니다.

이러한 작물들은 제천시 백운면의 기후와 토양 조건에 적합하며, 봄철에 심기에 적절합니다. 각 작물마다 특성에 맞는 관리 방법을 따르는 것이 중요합니다.

가사 분담

대부분의 사람들은 집안일이란 반복적이며 지겨운 일이라고 생각한다. 그래서 가사 분담은 가정의 평화를 유지하는 데 있어 중요하다. 챗GPT를 이용해 집안일을 식구들에게 골고루 배분해 보기로 하자. 다음과 같이 조건을 설정한 프롬프트를 챗GPT에게 요청한다.

[1] 가족 구성은 엄마, 아빠, 누나, 나.
[2] 아침밥은 월, 화, 수, 목, 금 각 1회씩 준비.(주당 5회)
[3] 저녁밥은 월, 화, 목, 금, 토 각 1회씩 준비.(주당 5회)
[4] 빨래는 일주일에 2회 세탁.(세탁물 널고 개는 것까지 포함)
[5] 집안 청소는 매일 실시.
[6] 비번일: 엄마(월), 아빠(화), 누나(수), 나(목).

가족과 집안일의 구성이 위 [1]~[6]과 같을 때
균등하게 집안일을 가족 구성원에게 배분해 주세요.

다음과 같은 형식으로 일정표를 만들 것.

(예시)

월요일
– 아침밥: 아빠
– 저녁밥: 누나
– 빨래: 없음
– 집안 청소: 나

챗GPT는 사용자가 입력한 조건에 맞춰 가사를 가족 구성원에게 배분한다.

균등하게 집안일을 배분한 일정표는 다음과 같습니다:

월요일
– 아침밥: 아빠
– 저녁밥: 누나
– 집안 청소: 나

화요일
– 아침밥: 엄마
– 저녁밥: 누나
– 집안 청소: 나

수요일
– 아침밥: 엄마
– 집안 청소: 아빠

목요일
– 아침밥: 누나
– 저녁밥: 엄마
– 집안 청소: 아빠
– 빨래: 누나

금요일
– 아침밥: 누나
– 저녁밥: 나
– 집안 청소: 엄마

토요일
– 저녁밥: 아빠
– 집안 청소: 누나

일요일
– 집안 청소: 나
– 빨래: 아빠

각 가족 구성원이 비번인 날을 고려하여 일정을 구성했습니다. 일주일 동안의 집안일이 공평하게 분배되어 있으며, 모든 구성원이 다양한 일에 참여하게 되었습니다.

요리 레시피

요리 레시피 추천은 챗GPT에게 안성맞춤인 일이다. 챗GPT는 요리 레시피 추천에 능한 전문가와 같다. 다음과 같은 프롬프트를 이용해 레시피를 만들어 보자.

너는 5성급 호텔의 수석 셰프로서 아래에 제시된 #요리 재료#를 사용해 만들 수 있는 요리를 5가지만 추천해 줘. 각 요리별 요리 과정을 단계별로 나눠서 상세히 알려 주고 요리를 선정하기 전에 반드시 아래의 #참고 사항#을 고려해서 제안해 줘.

#요리 재료#
양파, 김치, 돼지고기, 대파, 콩나물

#참고 사항#
1. 맛은 맵지 않게 할 것.
2. 조리 시간은 30분 내로 한정할 것.
3. 조리 도구는 최소한으로 할 것.
4. 3인분 양으로 할 것.
5. 필요한 재료를 다듬고 준비하는 과정도 함께 제시할 것.
6. 필요한 양념의 종류와 양을 표시할 것.

단, 양념의 종류와 양은 아래 예시처럼 표시 할 것.
예: 고추장(1큰술), 간장(50ml) 등.

챗GPT는 사용자가 입력한 정보를 바탕으로 레시피를 제안한다.

양파, 김치, 돼지고기, 대파, 콩나물을 이용하여 30분 이내에 조리할 수 있는, 맵지 않은 요리 5가지를 추천하겠습니다. 각 요리별로 필요한 재료 준비, 양념의 종류 및 양, 조리 과정을 단계별로 설명하겠습니다.

1. 김치 돼지고기 볶음
재료 준비
- 돼지고기 300g(얇게 썬 것)
- 김치 200g(잘게 썬 것)
- 양파 1개(채 썰기)
- 대파 1대(송송 썰기)
- 양념: 간장 2큰술, 설탕 1큰술, 참기름 1큰술
조리 과정
1. 돼지고기를 프라이팬에 볶다가 반쯤 익으면 양파와 김치를 넣고 함께 볶습니다.
2. 고기가 완전히 익으면 양념을 넣고 잘 섞어줍니다.
3. 마지막으로 대파를 넣고 2분간 볶은 후 불을 끕니다.

2. 콩나물 돼지고기 무침
재료 준비
- 콩나물 200g
- 돼지고기 200g(얇게 썬 것)
- 양파 1/2개(채 썰기)
- 양념: 간장 2큰술, 매실청 1큰술, 참기름 1큰술
조리 과정
1. 콩나물을 끓는 물에 5분간 데친 후 찬물에 헹궈 물기를 제거합니다.
2. 돼지고기를 볶다가 거의 익으면 양파를 넣고 함께 볶습니다.
3. 콩나물과 양념을 넣고 잘 섞어줍니다.

3. 대파 돼지고기 스테이크
재료 준비
- 돼지고기 등심 300g
- 대파 2대(길게 썰기)
- 양파 1/2개(슬라이스)
- 양념: 소금, 후추, 올리브유
조리 과정
1. 돼지고기에 소금과 후추로 양념을 합니다.
2. 팬에 올리브유를 두르고 돼지고기를 양면으로 굽습니다.
3. 같은 팬에 대파와 양파를 넣고 살짝 볶아내어 고기 위에 올립니다.

4. 김치 콩나물 국밥
재료 준비
- 콩나물 200g
- 김치 100g(잘게 썬 것)
- 돼지고기 100g(채 썰기)
- 양파 1/2개(채 썰기)

        – 대파 1대(송송 썰기)
        – 양념: 소금, 후추, 다진 마늘 1큰술
    #### 조리 과정
        1. 냄비에 돼지고기, 김치, 양파를 넣고 볶습니다.
        2. 적당량의 물을 부어 국물이 우러나게 끓입니다.
        3. 콩나물을 넣고 10분간 더 끓인 후 소금과 후추로 간을 맞춥니다.
        4. 대파를 넣고 불을 끄기 전에 넣어줍니다.

5. 양파 돼지고기 샐러드
    #### 재료 준비
        – 돼지고기 안심 200g(얇게 썬 것)
        – 양파 1개(슬라이스)
        – 대파 1대(송송 썰기)
        – 콩나물 100g
        – 양념: 간장 2큰술, 식초 1큰술, 설탕 1/2큰술, 참기름 1큰술
    #### 조리 과정
        1. 돼지고기를 볶다가 익으면 한쪽에 두고 식힙니다.
        2. 콩나물을 끓는 물에 데치고 양파, 대파와 함께 섞습니다.
        3. 식힌 돼지고기와 섞은 채소에 양념을 넣고 잘 섞어줍니다.

이렇게 5가지 요리를 추천합니다. 각각의 조리 과정은 간단하고 30분 이내에 완성할 수 있으며, 양념의 사용량도 적절하게 조절하여 맵지 않게 만들 수 있습니다.

인간 관계 조언

이번에는 기계에게 인간 관계에 대해 물어보기로 하자.

질문

너는 관계심리학과 종교학을 연구하는 전문가야.
너는 인간 관계에 힘들어하는 사람들을 도와주는 역할이야.

인간 관계란 무엇이며, 인간 관계가 필요한 이유에 대해 우선 말해 줘.

챗GPT는 마치 성숙한 인간처럼 다음과 같이 대답한다.

인간 관계는 개인 간의 상호작용, 연결, 그리고 관계를 의미합니다. 이는 친구, 가족, 동료, 파트너 등 다양한 형태로 나타날 수 있으며, 사람들 사이의 감정적, 사회적, 때로는 전문적인 교류를 포함합니다.

인간 관계가 필요한 이유는 여러 가지가 있습니다:
1. 사회적 지지: 인간은 사회적 존재로, 다른 사람들과의 관계를 통해 정서적 지지, 격려, 사랑을 받습니다. 이러한 지지는 스트레스와 어려움을 겪을 때 큰 도움이 됩니다.
2. 정서적 발달: 인간 관계는 정서적 발달에 중요한 역할을 합니다. 사랑, 신뢰, 공감과 같은 감정을 경험하고 표현하는 능력은 건강한 대인 관계를 통해 발달합니다.

3. 학습과 성장: 다른 사람들과의 상호작용을 통해 새로운 지식, 기술, 관점을 배우고, 이를 통해 개인적으로 성장할 수 있습니다.
4. 협력과 공동체 의식: 인간 관계는 공동의 목표를 달성하기 위한 협력을 가능하게 합니다. 이는 직장, 학교, 지역 사회 등 다양한 환경에서 중요합니다.
5. 정체성 형성: 우리는 관계 속에서 자신을 이해하고, 자신의 정체성을 형성합니다. 타인과의 관계는 자기 인식과 자존감에 영향을 미칩니다.
6. 생존과 번식: 기본적인 차원에서, 인간 관계는 생존과 종의 번식에 필수적입니다. 가족과 파트너십은 이러한 기본적인 욕구를 충족시키는 데 중요한 역할을 합니다.

이러한 이유들 때문에, 인간 관계는 개인의 정서적, 심리적, 신체적 건강에 매우 중요하며, 삶의 질과 행복에 큰 영향을 미칩니다. 그러나 대인 관계는 때로는 도전적이고 복잡할 수 있으며, 이로 인해 문제가 발생할 때 적절한 도움과 조언을 구하는 것이 중요합니다.

사용자는 또 다른 인간 관계에 대한 조언을 챗GPT에게 구한다.

 질문

그러면 인간 관계가 좋은 사람과 나쁜 사람의 차이점을 말해 줘.
그리고 자신의 인간 관계가 좋거나 나쁘다는 것을 스스로 알아차릴 수 있는 방법도 알려 줘.

이번에도 역시 챗GPT은 성숙한 인간인 척 대답을 이어간다.

인간 관계가 좋은 사람과 나쁜 사람의 차이점을 이해하는 것은 복잡할 수 있습니다. 여기 각각에 대한 몇 가지 특징을 나열하겠습니다.

인간 관계가 좋은 사람의 특징:
1. 공감 능력: 타인의 감정을 이해하고 공감할 수 있는 능력을 가지고 있습니다.
2. 의사소통 기술: 효과적으로 의사소통하며, 경청할 줄 압니다.
3. 신뢰와 존중: 타인을 신뢰하고 존중하며, 이로 인해 타인으로부터도 같은 대우를 받습니다.
4. 갈등 해결 능력: 문제가 발생했을 때 건설적인 방식으로 갈등을 해결할 수 있습니다.
5. 긍정적 태도: 대체로 긍정적이고 지지적인 태도를 유지합니다.
6. 경계선 설정: 건강한 경계를 설정하고 유지하는 능력이 있습니다.

인간 관계가 나쁜 사람의 특징:
1. 부족한 공감 능력: 타인의 감정을 이해하거나 공감하는 데 어려움을 겪습니다.
2. 비효과적인 의사소통: 자주 오해가 발생하거나, 경청하지 않는 경향이 있습니다.
3. 불신과 존중 부족: 타인을 쉽게 불신하거나 존중하지 않는 태도를 보입니다.
4. 갈등을 부적절하게 다룸: 갈등을 회피하거나 공격적으로 대응하는 경향이 있습니다.
5. 부정적 태도: 부정적이거나 비판적인 태도를 자주 보입니다.
6. 경계선 부재: 타인과의 경계를 적절히 설정하거나 유지하는 데 어려움을 겪습니다.

자신의 인간 관계가 좋거나 나쁘다는 것을 알아차리는 방법:
1. 관계에서의 감정: 자주 행복하고 만족감을 느끼는지, 아니면 스트레스와 불편함을 자주 느끼는지 생각해 보세요.

2. 관계의 균형: 주고받는 것이 균형을 이루고 있는지, 아니면 한쪽이 지나치게 많이 주거나 받고 있는지 평가해 보세요.
3. 갈등 해결: 문제가 발생했을 때 이를 어떻게 해결하는지, 갈등 해결이 건설적인지 아니면 파괴적인지 고려해 보세요.
4. 신뢰와 안전감: 관계에서 안전하고 신뢰감을 느끼는지, 아니면 불안하고 불신하는지 자문해 보세요.
5. 자기 인식: 자신의 감정과 행동에 대해 자각하고 있는지, 자신의 역할을 인식하고 있는지 생각해 보세요.

자신의 인간 관계를 객관적으로 평가하는 것은 쉽지 않을 수 있습니다. 때로는 외부인의 관점이나 전문가의 도움을 받는 것이 유용할 수 있습니다.

사용자가 다시 질문한다.

공감 능력은 타고나는 것으로 알고 있는데 이것을 후천적으로 개발할 수 있는 방법이 있을까?
만약 있다면 그 방법을 알려 주고, 실생활에서 적용할 수 있는 예시를 제시해 줘.

챗GPT가 다시 대답한다.

공감 능력은 일부는 타고나는 것일 수 있지만, 대부분의 사람들은 후천적으로 이를 개발하고 향상시킬 수 있습니다. 공감 능력을 개발하기 위한 몇 가지 방법과 실생활에서 적용할 수 있는 예시를 제공하겠습니다.

#공감 능력 개발 방법
1. 경청하기: 상대방이 말하는 것에 집중하고, 그들의 말을 중단하거나 방해하지 않는 것입니다. 이를 통해 다른 사람의 관점을 더 잘 이해할 수 있습니다.
2. 비언어적 신호 주의 깊게 관찰하기: 말뿐만 아니라 표정, 몸짓, 목소리의 어조 등을 관찰하여 상대방의 감정을 더 잘 파악합니다.
3. 자기 이입하기: 다른 사람의 입장에 자신을 놓아보고, 그들이 어떤 감정을 느낄지 상상해 보는 것입니다.
4. 감정적 반응 공유하기: 상대방의 감정을 이해하고, 그에 대해 적절한 반응을 보이는 것입니다.
5. 개방적인 태도 유지하기: 다른 사람들의 경험과 감정에 대해 평가하지 않고 수용하는 태도를 갖는 것입니다.

#실생활 예시
- 경청 예: 친구가 최근 경험한 어려움에 대해 이야기할 때, 자신의 경험을 먼저 공유하기보다는 친구의 이야기에 주의 깊게 귀 기울이고, 질문을 하여 더 많은 정보를 얻으려고 노력합니다.
- 비언어적 신호 관찰 예: 직장 동료의 목소리가 떨리고, 눈을 마주치지 않을 때, 그들이 불안하거나 긴장하고 있을 수 있음을 알아차리고, 그들의 감정을 이해하고 지지하는 말을 해 줍니다.
- 자기 이입 예: 파트너가 직장에서 어려운 시간을 보내고 있다면, 그들의 상황을 상상하며 어떤 감정을 느낄지 생각해 보고, 그 감정을 공감하는 말을 합니다.
- 감정적 반응 공유 예: 친구가 승진 소식을 전할 때, 그들의 기쁨을 함께 나누고 축하의 말을 전합니다.
- 개방적인 태도 예: 다른 문화적 배경을 가진 사람의 관점을 들을 때, 그들의 경험을 비판하거나 평가하기보다는 그들의 관점에서 배우려는 태도를 갖습니다.

공감 능력은 다양한 상황에서 중요한 역할을 합니다. 이를 적극적으로 개발하고 연습함으로써, 보다 건강한 인간 관계를 형성하고 유지하는 데 큰 도움이 될 수 있습니다.

사용자가 계속해서 질문한다.

질문

인간 관계가 좋거나 나쁜 사람의 차이점에서 대답해 준 항목 중에서 '경계선 설정'이라는 내용이 있는데 내 자신이 건강한 경계선을 설정하고 유지하는 능력이 있는지를 점검해 볼 수 있는 질문을 해 줘.

챗GPT가 대답한다.

건강한 경계선을 설정하고 유지하는 능력을 자가 점검하기 위해 스스로에게 물어볼 수 있는 질문들은 다음과 같습니다:

1. 자신의 필요와 욕구를 명확히 알고 있는가?
   - 내가 정말로 원하는 것과 필요로 하는 것을 알고, 이를 타인에게 명확히 전달할 수 있는가?
2. '아니요'라고 말하는 데 어려움을 느끼는가?
   - 다른 사람의 요구나 부탁에 '아니요'라고 말할 수 있는가, 아니면 항상 '예'라고 대답하는 경향이 있는가?
3. 자신의 감정과 타인의 감정을 구분할 수 있는가?
   - 내 감정이 어디서 시작되고 끝나는지, 타인의 감정이 나에게 영향을 미치는 정도를 알고 있는가?
4. 타인의 기대에 자신을 맞추는 데 지나치게 에너지를 쏟고 있는가?
   - 다른 사람을 만족시키기 위해 자신의 감정, 생각, 욕구를 무시하고 있는가?
5. 개인적인 시간과 공간을 충분히 가지고 있는가?
   - 자신만의 시간과 공간을 갖고, 그것이 타인에게 침범당하지 않도록 보호하고 있는가?
6. 다른 사람의 문제를 해결하기 위해 자주 나서는가?
   - 타인의 문제에 대해 과도하게 걱정하거나, 그들의 문제를 해결하기 위해 자신을 희생하는가?
7. 타인의 감정이나 행동에 책임감을 느끼는가?
   - 다른 사람의 감정이나 행동에 대해 자신이 책임져야 한다고 느끼는가, 아니면 그들의 감정이나 행동을 그들 스스로의 책임으로 여기는가?
8. 관계에서 불편함을 느낄 때 이를 표현하는가?
   - 관계에서 불편함을 느끼거나 불만이 있을 때, 이를 솔직하게 표현하는가?

이러한 질문들을 통해 자신이 건강한 경계선을 설정하고 유지하는 데 어떻게 하고 있는지 자가 평가해 볼 수 있습니다. 경계선을 설정하는 것은 자기 자신을 존중하고, 다른 사람과의 관계에서 건강하고 균형 잡힌 상호작용을 유지하는 데 중요한 역할을 합니다.

심리 상담

이번에는 사용자가 피상담자, 챗GPT가 상담자의 역할을 맡아서 상호 상담을 실시해 본다. 질문과 대답을 주고 받는 방식으로 마치 진짜 피상담자와 상담자가 대화를 나누듯이 프롬프트를 진행해 보았다. 먼저 사용자가 고민을 이야기한다.

질문

너는 아동·청소년전문 가족 심리상담가야.
너는 사춘기 청소년들의 행동과 심리를 상담해 주는 역할이야.

나는 너에게 상담을 요청한 사람이고,
지금부터 실제 상담을 하듯이 대화를 진행해 줘.

챗GPT가 대답한다.

안녕하세요, 상담을 요청하신 것을 환영합니다. 저는 아동·청소년전문 가족 심리상담가로, 사춘기 청소년들의 행동과 심리에 대해 상담을 도와드립니다. 어떤 고민이나 문제로 상담을 원하시는지 자유롭게 말씀해 주세요. 여기에서는 안전하고 비밀이 보장되는 환경에서 대화할 수 있습니다.

사용자는 자신의 고민을 챗GPT에게 털어놓는다.

질문

저희 집 아들은 현재 중학교 2학년입니다. 여름 방학이 끝나고 2학기가 시작되면서 학교에 지각하는 횟수가 서서히 늘기 시작하더니 11월부터는 등교를 거부하기 시작했습니다. 이유를 물어보면 구체적인 이유는 없다고 말하며 '그냥' 학교가 싫다고 합니다. 학교에서 무언가 문제가 발생해서 학교를 거부하는가보다 생각해 학교 담임선생님과 상담도 해 봤지만, 학교에서의 문제는 특별히 없는 것 같았습니다. 그냥 조용한 학생이라고 말씀하셨습니다. 저희 아들은 왜 등교를 거부하는 걸까요? 많이 답답합니다.

챗GPT가 답변을 주긴 하지만 애매하다.

아드님의 등교 거부 문제로 걱정이 많으시겠어요. 사춘기 청소년이 학교에 가기를 거부하는 경우, 여러 가지 원인이 있을 수 있습니다. 먼저, 가장 흔한 원인 몇 가지를 살펴보고, 그에 따른 대처 방법을 제안해 드리겠습니다.

1. 정서적 문제: 사춘기는 감정적으로 불안정한 시기일 수 있습니다. 아드님이 내면적인 갈등, 우울감, 또는 불안감을 겪고 있을 수도 있습니다. 이런 감정은 명확한 이유 없이 학교에 가기 싫어하는 원인이 될 수 있습니다.
2. 사회적 문제: 학교에서의 친구 관계나 사회적 상황도 영향을 미칠 수 있습니다. 왕따, 친구 간의 갈등, 소속감 부족 등이 문제가 될 수 있습니다. 아드님이 다른 학생들과 어떻게 상호작용하는지, 친구들과의 관계는 어떤지 살펴볼 필요가 있습니다.
3. 학업 스트레스: 학업 부담이나 성적에 대한 압박감도 등교 거부의 원인이 될 수 있습니다. 아드님이 학업에 대해 어떻게 느끼는지, 공부에 대한 부담감은 없는지 확인해 보세요.
4. 심리적 문제: 때로는 더 깊은 심리적 문제가 원인이 될 수 있습니다. 예를 들어, 학교 내외적인 경험으로 인한 트라우마나 두려움 등이 있을 수 있습니다.

이 문제를 해결하기 위한 몇 가지 제안을 드리겠습니다:

- 대화하기: 아드님과의 솔직하고 개방적인 대화를 통해 그가 느끼는 감정과 생각을 이해하려고 노력하세요. 비난이나 압박 없이 그의 말을 경청하는 것이 중요합니다.
- 전문가 상담: 심리상담사나 청소년 상담 전문가와의 상담을 고려해 보세요. 전문가의 도움으로 아드님의 문제를 더 깊이 이해하고 적절한 해결 방안을 모색할 수 있습니다.
- 학교와 협력하기: 담임선생님과의 지속적인 대화를 통해 학교에서의 아드님의 상황을 더 잘 파악하고, 필요한 지원을 받을 수 있도록 합시다.
- 가족의 지지: 가족 구성원 모두가 아드님을 지지하고 이해하는 분위기를 조성하는 것이 중요합니다. 가족과 함께하는 시간을 늘리고, 아드님의 관심사에 관심을 갖는 것도 도움이 될 수 있습니다.

각 아이마다 상황이 다르기 때문에, 위의 제안들은 상황에 맞게 조정해야 합니다. 아드님을 이해하고 지지해 주시는 것이 가장 중요합니다. 추가적인 질문이나 도움이 필요하시면 언제든지 말씀해 주세요.

사용자가 구체적인 방법을 물어본다.

질문

대화를 해야지 뭐라도 해결책을 모색해 볼 텐데 도무지 말을 하지 않으니 어떻게 할 방법이 없네요. 대화의 물꼬를 틀 수 있는 방법을 알려 주세요.

챗GPT가 여러 가지 사례를 들어 대답한다.

대화를 시작하는 것이 어려울 때 몇 가지 전략을 사용해 볼 수 있습니다. 아드님과의 대화를 시작하고 유지하는 데 도움이 될 수 있는 몇 가지 방법을 공유해 드리겠습니다:

1. 공감적인 접근: 아드님의 입장에서 생각하며 공감을 표현하세요. "학교 가기 싫을 때가 있어. 내가 어릴 때도 그랬거든"과 같은 말로 시작해 보세요. 자신의 감정을 이해받고 있다고 느끼면 더 열릴 수 있습니다.
2. 비형식적인 상황 선택: 공식적인 대화보다는 가벼운 활동을 하면서 자연스럽게 대화를 시작하는 것이 좋습니다. 예를 들어, 함께 산책을 하거나, 차를 마시면서 대화를 시작해 보세요.
3. 직접적인 질문 피하기: "학교에 왜 안 가고 싶어?"와 같은 직접적인 질문보다는, "오늘 어떤 일이 있었는지 듣고 싶어"와 같이 개방적인 질문을 사용하세요. 이렇게 하면 아드님이 부담을 덜 느끼고 자신의 생각을 표현할 수 있습니다.
4. 일상적인 대화 유지하기: 항상 문제에 초점을 맞추지 말고, 일상적인 대화도 중요합니다. 아드님의 관심사나 취미에 대해 이야기하며 관계를 강화하세요.
5. 자신의 경험 공유하기: 자신의 청소년기 경험을 공유하여 공감대를 형성할 수 있습니다. 이는 아드님에게 당신도 그의 감정을 이해하고 있다는 것을 보여 줍니다.
6. 기다림과 인내: 대화를 서두르지 마세요. 아드님이 대화에 참여할 준비가 될 때까지 기다리는 것이 중요합니다. 인내를 가지고 기다리다 보면, 아드님이 자연스럽게 마음을 열고 대화에 참여할 수 있습니다.
7. 긍정적인 피드백 제공하기: 아드님이 조금이라도 자신의 생각이나 감정을 표현할 때 긍정적인 피드백을 주세요. 이는 그에게 안전하고 지지받고 있다는 느낌을 줄 것입니다.

이러한 접근 방식은 대화를 시작하는 데 도움이 될 수 있지만, 모든 상황이나 아이에게 효과적일 수는 없습니다. 아드님의 반응을 관찰하며 다양한 방법을 시도해 보세요. 혹시 추가적인 도움이 필요하시면 언제든지 말씀해 주세요.

사용자가 다시 질문한다.

질문

그러면 일단 본인이 말을 시작할 때까지 기다려 보겠습니다. 대신 그 기간 동안 학교는 어떻게 하는 게 좋을까요? 본인이 원치 않는다면 그냥 결석을 해야 할까요? 아니면 다른 방법이 있을까요?

이번에도 챗GPT가 거침없이 대답한다.

아드님의 학교 등교 문제를 어떻게 다루는 것이 좋을지 고민이 많으시겠어요. 이 상황에서 몇 가지 접근 방법을 고려해 볼 수 있습니다:

1. 학교와 협력하기: 담임선생님 또는 학교 상담사와 긴밀하게 협력하여 아드님의 상황을 공유하고, 학교 측에서 제공할 수 있는 지원이나 조정 방안을 모색해 보세요. 예를 들어, 등교 시간을 조정하거나, 학교에서의 부담을 줄일 수 있는 방법을 찾을 수 있습니다.
2. 점진적인 복귀 계획 수립: 아드님이 학교에 점진적으로 적응할 수 있도록 하는 계획을 수립해 보세요. 처음에는 몇 시간만 학교에 머무르거나 일주일에 며칠만 등교하는 것으로 시작할 수 있습니다.
3. 대안 교육 고려하기: 전통적인 학교 시스템이 아드님에게 맞지 않을 수도 있습니다. 홈스쿨링, 온라인 학습, 대안 학교 등 다른 교육 옵션을 탐색해 볼 수 있습니다.
4. 심리적 지원 제공: 아드님이 학교에 가기 싫어하는 근본적인 이유를 이해하고 해결하기 위해 심리상담을 받는 것도 고려해 볼 수 있습니다. 이는 아드님의 심리적 안정을 돕고, 학교로의 복귀를 촉진할 수 있습니다.
5. 가정 내 학습 지원: 아드님이 학교에 가지 않는 동안에도 일정한 학습 활동을 유지할 수 있도록 지원하세요. 이는 학업에 대한 연속성을 유지하는 데 도움이 될 수 있습니다.
6. 유연한 접근 방법: 상황에 따라 유연하게 대처하는 것이 중요합니다. 아드님의 상태와 반응에 따라 계획을 조정하고, 필요에 따라 다른 방법을 시도해 보세요.

학교 결석은 단기적인 해결책이 될 수 있지만, 장기적으로는 아드님의 교육과 정서적 발달에 영향을 줄 수 있으므로, 위의 방법들을 고려하며 상황에 맞는 최선의 해결책을 찾으시길 바랍니다. 항상 아드님의 복지를 우선시하는 것이 중요합니다. 추가적인 조언이나 도움이 필요하시면 언제든지 문의해 주세요.

사용자가 질문을 이어간다.

질문

6번 '유연한 접근 방법'에 대한 구체적인 사례를 알려 주세요.

챗GPT가 진짜 상담을 하듯 어떤 질문에도 망설이지 않고 잘 대답한다.

"유연한 접근 방법"이란 상황에 따라 다른 전략을 적용하며, 아이의 반응과 필요에 맞추어 계획을 조정하는 것을 의미합니다. 구체적인 사례를 몇 가지 들어보겠습니다:

1. **시간 조정**: 아드님이 아침에 학교에 가기 어려워한다면, 등교 시간을 조금 늦추어 보는 것입니다. 예를 들어, 학교 측과 협의하여 첫 두 시간을 빠지고 나중에 등교하게 할 수 있습니다. 이를 통해 아드님에게 조금 더 여유를 주며, 점차 정규 시간에 맞춰 등교할 수 있도록 유도합니다.
2. **주 단위 계획**: 한 주에 특정 일수만 학교에 가는 계획을 세울 수 있습니다. 예를 들어, 처음에는 한 주에 두 번 등교하는 것으로 시작하고, 아드님이 적응하면서 점차 등교 일수를 늘려갑니다.
3. **교과목 선택**: 특정 교과목이나 활동이 아드님에게 스트레스를 주는 경우, 그 과목이나 활동을 일시적으로 면제받거나 대체할 수 있도록 학교와 협의합니다.
4. **학교 외 활동 참여**: 학교에서 제공하는 활동 외에, 아드님이 관심을 가질 만한 외부 활동에 참여시켜 학교에 대한 긍정적인 태도를 조성합니다. 예를 들어, 학교 동아리, 스포츠 팀, 예술 활동 등에 참여시킬 수 있습니다.
5. **일대일 지원**: 필요한 경우, 학교에서 아드님을 지원하기 위해 교사나 상담사가 일대일로 도와줄 수 있도록 요청합니다. 이는 아드님의 학교 생활을 더욱 편안하게 만들고, 필요한 지원을 제공합니다.
6. **일정 기간 홈스쿨링 또는 온라인 학습**: 아드님이 학교 환경에 적응하는 데 시간이 필요한 경우, 일정 기간 홈스쿨링이나 온라인 학습을 통해 학업을 계속할 수 있도록 합니다. 이는 아드님이 학교 환경에 다시 적응할 준비가 될 때까지의 임시적인 조치일 수 있습니다.

이러한 유연한 접근 방법은 아드님의 개별적인 필요와 상황에 맞춰 조정되어야 합니다. 중요한 것은 아드님의 편안함과 학습에 대한 긍정적인 태도를 유지하는 것입니다. 이러한 전략을 적용할 때는 항상 학교와 긴밀하게 협력하고, 아드님의 반응을 면밀히 관찰하는 것이 중요합니다.

쇼핑

컴퓨터를 구매하기 전에 챗GPT의 추천을 요청해 보자. 템플릿을 사용해서 사용자 정보를 바탕으로 맞춤형 제품을 사용자에게 제안해 준다.

질문

[1] 어떤 용도로 노트북을 사용할 계획인가요?
[2] 노트북을 구매할 수 있는 자금은 얼마인가요?
[3] 원하는 운영체제는 무엇인가요?
[4] 원하는 해상도 또는 화면의 크기는 얼마인가요?

만약 나의 답변이 모호하거나 정확하지 않다면
명확한 답변이 나올 때까지 계속해서 질문해 줘.

너는 노트북에 대한 정보가 풍부한 인플루언서야.
너는 내가 사용하는 용도에 알맞은 노트북을 추천하는 역할이야.

1. 나는 [1]과 관련된 용도로 노트북을 사용할 계획이야.
2. 나는 [2] 이하의 금액대에 있는 노트북을 원해.
3. 나는 [3] 운영체제가 설치된 노트북이 필요해.
4. 나는 최소 [4] 이상의 노트북이 필요해.

답변은 아래의 형식을 갖춰 표시해 주고
5가지 이상의 노트북을 추천해 줄 것.

출력 예시)
– 노트북 제조사(모델명)
– 기본 사양
– 판매 가격

나의 질문을 얼마나 잘 이해하고 답변에 반영했는지를 점수로 표시해 줘.
0부터 100까지의 신뢰도 점수로 나타내 줘.
지금부터 노트북 추천을 위한 대화를 시작하도록 하자.

챗GPT가 쇼핑에 필요한 정보의 입력을 사용자에게 요청한다.

먼저, 노트북 선택에 필요한 구체적인 정보를 알려 주세요. 다음의 질문들에 답변해 주시면, 가장 적합한 노트북을
추천해 드릴 수 있습니다.

1. 어떤 용도로 노트북을 사용할 계획인가요?
    (예: 사무용, 게임용, 그래픽 디자인 등)
2. 노트북 구매 예산은 얼마인가요?
3. 선호하는 운영체제는 무엇인가요?
    (예: Windows, macOS, Linux 등)
4. 원하는 해상도 또는 화면 크기는 얼마인가요?
    (예: 1080p, 4K, 13인치, 15인치 등)

이 정보들을 기반으로, 사용 목적과 예산에 맞는 최적의 노트북을 추천해 드리겠습니다.

사용자는 필요한 정보를 입력한다.

질문

1. 그래픽 디자인
2. 150만 원~180만 원
3. Windows
4. FHD 이상

챗GPT는 사용자가 입력한 정보를 바탕으로 구매 가능한 컴퓨터를 추천한다.

그래픽 디자인을 위한 노트북을 선택할 때 중요한 요소는 고성능 프로세서, 충분한 메모리, 우수한 그래픽 카드, 높은 해상도의 디스플레이 등입니다. 150만 원에서 180만 원 사이의 예산과 Windows 운영체제, 그리고 FHD 이상의 해상도를 고려하여 몇 가지 모델을 추천해 드리겠습니다.

1. Dell XPS 15
    −기본 사양: Intel Core i7, 16GB RAM, NVIDIA GeForce GTX 1650 Ti, 15.6인치 FHD+
    −판매 가격: 약 180만 원
2. HP Envy 15
    −기본 사양: Intel Core i7, 16GB RAM, NVIDIA GeForce GTX 1660 Ti, 15.6인치 FHD
    −판매 가격: 약 170만 원
3. Lenovo Legion 5 Pro
    −기본 사양: AMD Ryzen 7, 16GB RAM, NVIDIA GeForce RTX 3060, 16인치 QHD
    −판매 가격: 약 180만 원
4. ASUS ZenBook Pro Duo
    −기본 사양: Intel Core i7, 16GB RAM, NVIDIA GeForce GTX 2060, 15.6인치 4K UHD
    −판매 가격: 약 180만 원
5. Microsoft Surface Laptop 4
    −기본 사양: AMD Ryzen 7, 16GB RAM, Radeon Graphics, 15인치 PixelSense
    − 판매 가격: 약 160만 원

이러한 모델들은 그래픽 디자인 작업에 적합한 강력한 성능과 고품질 디스플레이를 제공합니다. 가격은 시장 상황과 판매처에 따라 변동될 수 있으니, 구매 전 최신 정보를 확인하시는 것이 좋습니다.

저의 추천이 도움이 되었기를 바랍니다. 제 추천의 신뢰도를 0부터 100까지 점수로 평가해 주시면 감사하겠습니다.

맛집 추천

사용자는 자신이 생각하는 조건의 식당을 추천해 달라고 챗GPT에게 요청한다.

너는 맛집에 대해 전문적으로 블로그 포스팅을 하는 파워블로거야.
가족들과 함께 갈 만한 맛집을 아래 **맛집 조건**에 맞춰 10가지만 추천해 줘.

맛집 조건
1. 지역은 충청북도 충주 시내 및 외곽 지역으로 할 것.
    (행정구역상 충주시)
2. 메뉴는 한식을 전문으로 하는 맛집을 추천할 것.
3. 가격은 1인당 15,000원~20,000원 사이로 할 것.
4. 추천할 맛집별로 맛집의 주소와 대표 메뉴를 포함할 것.

챗GPT가 맛집을 추천한다.

충주시에서 가족과 함께 방문하기 좋은 한식 맛집을 다음과 같이 추천합니다. 각 맛집의 대표 메뉴와 가격대를 포함해 제시하겠습니다. 교통편에 대한 정보는 일반적으로 접근 가능한 위치에 있으며, 대중교통 또는 개인 차량으로 방문이 가능합니다.

1. 지영옥청국장
   - 메뉴: 김치찜, 수제 햄 부대찌개, 지영옥정식
   - 가격대: 20,527원(2인 기준)
2. 상촌식당
   - 메뉴: 탕수육, 짜장면
   - 가격대: 12,580원
3. 명산가든
   - 메뉴: 명산불고기정식, 갈비찜정식, 자연산송이전골, 야채불고기
   - 가격대: 34,578원
4. 감나무집
   - 메뉴: 꿩코스정식, 떡갈비산채정식, 꿩송이백숙
   - 가격대: 18,064원
5. 중원순대
   - 메뉴: 국밥, 만두국, 순대, 머릿고기, 술국
   - 가격대: 6,266원
6. 영화식당
   - 메뉴: 산채정식, 더덕구이, 불고기
   - 가격대: 25,969원
7. 만나밥집
   - 메뉴: 콩나물 해장국, 황태구이정식, 녹두삼계탕, 굴해장국
   - 가격대: 15,454원
8. 운정식당
   - 메뉴: 올뱅이해장국, 육개장, 된장찌개
   - 가격대: 12,779원
9. 탄금대왕갈비탕
   - 메뉴: 왕갈비탕, 왕갈낙탕, 매운 왕갈비찜
   - 가격대: 16,724원
10. 강변횟집
    - 메뉴: 참매자조림, 메기조림, 메기매운탕, 빠가매운탕
    - 가격대: 15,583원(2인 기준)

이들 맛집은 충주시 내외에서 접근성이 좋으며, 대부분 주차 시설이 갖춰져 있어 가족 단위 방문에 적합합니다【〃】.

02 여가

여행 정보

챗GPT는 여행지를 선택하거나 여행 일정을 계획하는 데 큰 도움을 줄 수 있다. 이번에는 여행에 필요한 프롬프트를 다음과 같이 작성해 보자.

질문

[1] 원하는 여행 지역을 입력하세요.
[2] 원하는 숙소의 종류를 입력하세요.
[3] 원하는 교통편을 입력하세요.
[4] 예상하는 여행 예산 금액을 입력하세요.
[5] 원하는 여행 기간을 입력하세요.
[6] 여행 인원을 입력하세요.

사용자로부터 위의 질문에 대한 입력을 요청하고
사용자가 입력한 데이터를 사용해 아래 지시 사항을 완성해 줘.
사용자의 입력이 부족할 경우 다시 입력을 요구해 줘.

너는 패키지 및 자유 여행을 전문적으로 취급하는 여행사의 여행 설계사야.
너는 여행사를 통해 여행하고자 하는 고객들의 여행을 설계하는 역할이야.

고객이 입력한 [1]~[6]까지의 내용을 바탕으로 여행지를 추천하고
추천한 여행지에 맞는 여행 계획을 아래 #조건#에 맞춰 만들어 줘.

#조건#
– 숙소는 리조트나 호텔급으로 제안할 것.
– 교통수단을 촘촘하게 제안할 것.
– 방문할 만한 랜드마크를 제안할 것.
– 방문할 만한 음식점을 제안할 것.
– 원하는 기간에 맞춘 일정을 3가지 이상 제안할 것.
– 현지 정보(날씨, 치안, 병원 등)를 제안할 것.

출력 시 아래 내용은 표로 만들어 줘.
– 챙겨야 할 준비물 체크리스트.
– 여행 일정표.

챗GPT가 필요한 정보의 입력을 사용자에게 요청한다.

먼저, 고객님의 여행 계획을 위해 다음의 정보를 제공해 주시면 감사하겠습니다.

1. 원하는 여행 지역을 입력하세요.
2. 원하는 숙소의 종류를 입력하세요.(예: 리조트, 호텔 등)
3. 원하는 교통편을 입력하세요.(예: 비행기, 기차, 렌터카 등)
4. 예상하는 여행 예산 금액을 입력하세요.

사용자는 필요한 정보를 입력한다.

1. 동남아
2. 리조트
3. 비행기 그리고 현지 교통
4. 1인당 150만 원
5. 6박 7일
6. 성인 2명, 아동 2명

챗GPT는 사용자가 입력한 정보를 바탕으로 여행 정보를 제공한다.

고객님이 제공해 주신 정보를 바탕으로 여행 계획을 세워보겠습니다.

여행지 추천: 태국의 푸켓
푸켓은 동남아 지역에서 가족 여행지로 인기가 높은 곳입니다. 아름다운 해변과 다양한 액티비티, 가족 친화적인 리조트가 많이 있습니다.

여행 계획
1. 숙소: 고급 리조트를 예약합니다(예: 카타타니 푸켓 비치 리조트)
2. 교통:
   −비행기: 인천에서 푸켓까지 직항편 이용
   −현지 교통: 리조트 셔틀, 택시, 렌터카 서비스 이용
3. 랜드마크 방문:
   −빠통 비치
   −프로메테프 케이프
   −빅 부다
4. 음식점 추천:
   −Blue Elephant Restaurant(태국 전통 요리)
   −La Gritta(이탈리안 레스토랑)
5. 일정 제안:
   −1일차: 도착 및 리조트 체크인, 주변 탐험
   −2일차: 빠통 비치 및 쇼핑
   −3일차: 프로메테프 케이프 방문
   −4일차: 빅 부다 및 로컬 마켓 탐방
   −5일차: 해양 스포츠 및 리조트에서 휴식
   −6일차: 자유 시간 및 마지막 쇼핑
   −7일차: 체크아웃 및 귀국

6. 현지 정보:
   –날씨: 열대 기후, 가벼운 옷차림 권장
   –치안: 대체로 안전하지만 소매치기 주의
   –병원: 현지에 여러 국제 병원 존재

챙겨야 할 준비물 체크리스트

준비물	세부사항	비고
여권 및 비행기 티켓	유효기간 확인	필수
해변용품	수영복, 선크림, 모자, 선글라스	
모기 방충제		
가벼운 옷차림	열대 기후에 적합한 옷차림	
편안한 신발	장시간 도보 여행에 적합한 신발	
개인 의약품 및 위생용품	개인 필요에 맞는 의약품 및 위생용품 준비	
카메라 및 충전기	여행 기록용, 필요한 경우 추가 배터리나 메모리카드 준비	

여행 일정표

일자	활동	메모
1일차	도착 및 체크인, 주변 탐험	
2일차	빠통 비치, 쇼핑	
3일차	프로메테프 케이프 방문	
4일차	빅 부다, 로컬 마켓	
5일차	해양 스포츠, 리조트 휴식	
6일차	자유 시간, 쇼	
7일파	체크아웃, 귀국	

독서

이번에는 주제에 맞는 책을 챗GPT로부터 추천받고, 추천받은 책에 대한 독서 계획을 부탁하는 프롬프트이다. 다음과 같이 챗GPT에게 요청한다.

너는 실전 주식 투자를 하는 직장인이야.
너는 책을 통해 주식을 배웠고 주식 입문서를 추천해 주는 역할이야.

나는 주식을 전혀 모르는 상태야.
내가 처음으로 주식 투자를 하려는데, 필요한 책 10권을 추천해 줘.
단, 번역서가 아닌 국내 작가의 책으로만 부탁해.

챗GPT가 추천할 책을 제안한다.

주식 투자에 대해 처음 배우려는 분에게 적합한 국내 작가의 책들을 추천해 드리겠습니다. 이 목록은 주식 투자의 기초부터 심화 내용까지 다양한 측면을 다루고 있어, 초보자가 점진적으로 학습할 수 있도록 구성되어 있습니다.

1. 《주식투자 무작정 따라하기》(윤재수 저): 주식 투자의 기본 개념과 용어, 기본적인 투자 전략을 소개합니다.
2. 《나의 첫 투자 수업》(이진우 저): 실제 투자 사례를 통해 주식 시장의 이해를 돕는 책입니다.

3. 《주식시장에서 살아남기》(김정환 저): 주식 시장의 심리와 트렌드를 이해하는 데 도움을 주는 책입니다.
4. 《주식 공부 5일 완성》(오건영 저): 짧은 시간 내에 주식 투자의 기본을 배울 수 있는 입문서입니다.
5. 《주식 투자 절대 원칙》(강환국 저): 장기적인 투자 관점을 제시하며 리스크 관리에 중점을 둔 책입니다.
6. 《돈이 되는 주식투자의 기술》(정선영 저): 주식 시장 분석과 투자 기법에 대한 실용적인 조언을 제공합니다.
7. 《우리가 몰랐던 주식투자의 지혜》(조정식 저): 투자자의 심리와 시장의 움직임을 분석하는 데 초점을 맞춘 책입니다.
8. 《주식투자, 이것만 알면 된다》(홍춘욱 저): 주식 시장의 기본적인 분석 방법과 투자 전략을 다룹니다.
9. 《초보자를 위한 주식투자 101가지 팁》(이상우 저): 실전 투자에 적용할 수 있는 다양한 팁과 조언을 제공합니다.
10. 《실전 투자자를 위한 기업분석 가이드》(김효진 저): 기업의 재무제표 분석 및 가치평가 방법을 소개하는 책입니다.

이 책들은 주식 투자의 기본부터 실전 투자 전략까지 다양한 주제를 다루고 있어, 주식 투자에 대한 전반적인 이해를 돕는 데 매우 유용할 것입니다.

사용자는 추천받은 책 중에서 하나를 선택하고 선택한 책에 대한 정보를 챗GPT에게 요청한다.

질문

4번 '주식 공부 5일 완성'이 좋을 것 같아. 이 책에 대한 정보를 알려 줘.

챗GPT가 요청한 책에 대한 정보를 제공한다.

《주식 공부 5일 완성》은 오건영 저자가 쓴 주식 투자 입문서입니다. 이 책은 주식 투자의 기본 개념과 원리를 짧은 시간 내에 이해하고 실전에 적용할 수 있도록 설계되어 있습니다. 초보 투자자들이 주식 시장에 대한 기본적인 지식을 쌓고, 효과적인 투자 전략을 세울 수 있도록 도와줍니다.

주요 특징 및 내용
- 기본 개념 설명: 주식, 주가, 주식 시장의 원리 등 기본적인 개념을 쉽게 설명합니다.
- 실전 투자 전략: 장기 투자, 단기 트레이딩, 포트폴리오 관리 등 다양한 투자 전략을 소개합니다.
- 실제 사례 분석: 실제 시장 사례를 통해 이론을 실전에 적용하는 방법을 보여 줍니다.
- 짧은 학습 기간: 5일 동안의 체계적인 학습 계획을 제시하여, 바쁜 일상 속에서도 효율적으로 학습할 수 있도록 구성되어 있습니다.

대상 독자
- 주식 투자에 관심이 많지만 기본 지식이 부족한 초보자.
- 단기간에 주식 투자의 기본을 익히고 싶은 직장인이나 학생.

저자 오건영
- 주식 투자 및 금융 분야에서 활동하는 전문가.
- 쉽고 명확한 설명으로 많은 투자자들에게 인기를 얻고 있음.

이 책은 주식 투자에 대한 기초 지식을 단기간에 효과적으로 습득하고자 하는 분들에게 매우 적합합니다. 또한, 이론뿐만 아니라 실전 투자에 적용할 수 있는 실용적인 조언들이 포함되어 있어, 실제 투자에 큰 도움이 될 것입니다.

사용자가 목차에 대해 질문한다.

질문

이 책의 목차에 대해 알려 줘.

챗GPT가 목차에 대해 대답한다.

《주식 공부 5일 완성》의 목차는 다음과 같습니다:

첫째 날: 종목 고르는 비법을 공부하자(종목선정 10단계 프로세스)
둘째 날: 주식 매매 원칙을 공부하자(10가지 주식매매 원칙)
셋째 날: 호재 뉴스에 대해 공부하자
넷째 날: 악재 뉴스에 대해 공부하자
다섯째 날: 주의해야 할 이슈를 공부하자

이 책은 주식 투자의 기본적인 방법과 원칙, 뉴스 해석 등 주식 투자에 필요한 핵심적인 내용들을 5일 동안 배울 수 있도록 구성되어 있습니다. 첫째 날은 주식 종목을 고르는 방법에 대한 실질적인 10단계 프로세스를 다루고, 이어지는 날들에는 주식 매매 원칙, 뉴스 분석 등을 배울 수 있습니다.

사용자가 선택한 책에 대한 독서 계획을 짜 달라고 한다.

질문

이 책의 목차와 페이지 수를 고려해서 독서 계획을 만들어 줘.

챗GPT가 지금까지의 데이터를 고려해 독서 계획을 제안한다.

이 책의 목차와 페이지 수를 기반으로 한 독서 계획을 세워드리겠습니다. 페이지 수에 대한 구체적인 정보는 없으나, 책의 구성을 고려하여 5일 동안 나눠서 읽을 수 있는 계획을 제안드립니다.

1. 첫째 날: 종목 고르는 비법을 공부하자(종목선정 10단계 프로세스)
2. 둘째 날: 주식 매매 원칙을 공부하자(10가지 주식매매 원칙)
3. 셋째 날: 호재 뉴스에 대해 공부하자
4. 넷째 날: 악재 뉴스에 대해 공부하자
5. 다섯째 날: 주의해야 할 이슈를 공부하자

각 날짜에 해당하는 챕터를 집중적으로 읽고, 그날 배운 내용을 실제 주식 시장의 예시와 함께 복습하는 방식으로 진행하시면 좋을 것 같습니다. 이렇게 하면 5일 동안 주식 투자에 대한 기본적인 지식을 체계적으로 익힐 수 있을 것입니다.

챗GPT가 처음에 제안한 독서 계획에 대해 수정을 요청한다.

질문

책 한 권을 5일 만에 다 읽는 것은 힘들 것 같은데, 다른 방법이나 계획도 알려 줘.

챗GPT가 앞서 제안한 독서 계획을 일부 수정해서 다시 제안한다.

만약 5일 안에 책을 완독하는 것이 부담스럽다면, 독서 계획을 더 여유롭게 조정할 수 있습니다. 예를 들어:

1. 1~2주 계획:
    –첫 주: 첫째 날과 둘째 날의 내용을 읽고 이해하는 데 집중. 이 기간 동안 주식 시장의 실제 사례를 찾아보며 이론을 실제 상황과 연결해 보세요.
    –두 번째 주: 셋째 날부터 다섯째 날까지의 내용을 읽으며, 전주에 배운 내용을 바탕으로 심화 학습을 진행하세요.
2. 한 달 계획:
    –매주 한 챕터씩 천천히 읽으며, 각 주마다 해당 챕터의 내용을 실제 주식 시장의 예시와 함께 분석해 보세요.
    –이 방식을 통해 각 주제에 대해 더 깊이 있는 이해를 할 수 있습니다.

이렇게 하면 책의 내용을 보다 천천히, 그리고 깊이 있게 이해할 수 있으며, 실제 주식 투자에 적용하는 데도 도움이 될 것입니다.

영화

사용자는 챗GPT한테 영화 추천을 받기 위해 다음과 같이 프롬프트를 작성했다. 사용자의 영화에 대한 취향을 템플릿 변수로 입력하면 입력된 정보를 참고해 챗GPT가 추천 영화 목록을 제안하는데, 생성된 영화 목록을 살펴보니 괜찮아 보인다.

질문

사용자는 아래의 추천 조건 항목을 입력하세요.
조건 항목에 입력할 내용이 없다면 공란으로 비워두세요.

[1] 출연 배우를 입력하세요.
[2] 장르를 입력하세요.
[3] 시간적 배경을 입력하세요.
[4] 분위기를 입력하세요.
[5] 비슷한 영화 제목을 입력하세요.
[6] 이외의 요구 사항을 입력하세요.

사용자로부터 위의 질문에 대한 입력을 요청하고
사용자가 입력한 데이터를 사용해 아래 지시 사항을 완성해 줘.
사용자의 입력이 부족할 경우 다시 입력을 요구해 줘.

> 너는 영화 매니아이면서 영화 큐레이터야.
> 너는 일반인에게 영화를 추천하는 역할이야.
>
> 사용자가 [1]~[6]에서 입력한 내용을 바탕으로 어울리는 영화 5개를 추천해 줘.

챗GPT가 필요한 정보의 입력을 사용자에게 요청한다.

물론이죠. 영화 추천을 위한 조건을 입력해 주세요. 조건은 다음과 같습니다:

1. 출연 배우
2. 장르
3. 시간적 배경
4. 분위기
5. 비슷한 영화 제목
6. 이외의 요구 사항

해당 조건에 대한 정보를 알려 주시면, 그에 맞는 영화를 추천해 드리겠습니다. 조건 항목에 입력할 내용이 없다면 공란으로 비워두세요.

사용자는 필요한 정보를 입력한다.

질문

1.
2. 드라마
3. 현대
4. 차분함
5. 싱글라이더(이병헌 출연)
6. 삶을 관통하는 보편적 진리를 전달하는 영화

챗GPT는 사용자가 입력한 정보를 바탕으로 영화를 추천한다.

드라마 장르의 현대적 배경을 가진, 차분한 분위기의 영화를 찾으시면서, '싱글라이더'와 비슷한 스타일을 선호하시고, 삶의 보편적 진리를 전달하는 영화를 원하시네요. 이 조건에 맞는 영화 다섯 편을 추천해 드리겠습니다:

1. "그랜드 부다페스트 호텔"(The Grand Budapest Hotel)
   - 감독: 웨스 앤더슨.
   - 설명: 독특한 비주얼과 디테일한 스토리텔링으로 유명한 웨스 앤더슨 감독의 이 영화는 개성 있는 캐릭터와 독창적인 시나리오로 차분한 분위기 속에서 인간 관계와 삶의 가치에 대해 탐구합니다.
2. "비포 선셋"(Before Sunset)
   - 감독: 리처드 링클레이터.

－설명: 두 주인공의 깊이 있는 대화와 파리의 아름다운 풍경이 어우러진 이 영화는 차분하고 사색적인 분위기 속에서 삶과 사랑에 대한 성찰을 전달합니다.

3. "로스트 인 트랜슬레이션"(Lost in Translation)
 －감독: 소피아 코폴라.
 －설명: 도쿄를 배경으로 한 이 영화는 두 낯선 인물의 공감과 소통을 통해 삶의 소중함과 진정한 만남의 가치를 그려냅니다.

4. "맨체스터 바이 더 씨"(Manchester by the Sea)
 －감독: 케네스 로너건
 －설명: 인간의 삶과 슬픔, 그리고 용서에 대해 깊이 있게 다루는 이 영화는 감정적인 여정을 섬세하게 그려내며 관객에게 깊은 울림을 전달합니다.

5. "허니보이"(Honey Boy)
 －감독: 알마 하렐.
 －설명: 실제 배우의 자전적 이야기를 바탕으로 한 이 영화는 아버지와 아들의 복잡한 관계를 통해 가족과 성장의 의미를 탐구합니다.

이 영화들은 모두 삶의 다양한 면모를 섬세하게 표현하며, 관객으로 하여금 깊은 생각에 잠기게 만드는 작품들입니다. 여러분의 취향에 잘 맞기를 바랍니다!

헬스(PT)

이번 프롬프트에서는 챗GPT를 마치 사용자의 퍼스널 트레이너로 가정해서 작성해 보았다. 사용자가 입력한 정보에 맞춰 트레이닝 계획을 제안한다.

질문

[1] 당신의 키와 몸무게를 입력하세요.(쉼표로 구분할 것)
[2] 당신의 나이와 성별을 입력하세요.(쉼표로 구분할 것)
[3] 당신이 현재 복용 중인 약을 입력하세요.(쉼표로 구분할 것)
[4] 당신이 원하는 주간 운동 횟수를 입력하세요.
[5] 당신이 원하는 운동 목표를 입력하세요.(체중 감량, 지구력 향상, 유연성 등)
[6] 당신이 원하는 운동 종류를 입력하세요.(맨몸, 기구, 유산소 등)

사용자로부터 위의 질문에 대한 입력을 요청하고
사용자가 입력한 데이터를 사용해 아래 지시 사항을 완성해 줘.
사용자의 입력이 부족할 경우 다시 입력을 요구해 줘.

너는 퍼스널 트레이닝 전문 헬스 강사야.
너는 개인의 건강 향상과 유지를 보조하는 역할이야.

위에서 사용자가 입력한 [1]~[6]까지의 내용을 바탕으로
아래 #조건#에 맞춰 PT 일정과 식단표를 만들어 줘.

#조건#
－매주 세트 개수나 반복 횟수를 늘려 줄 것.
－유산소 운동과 무산소 운동을 혼합할 것.
－보상 계획을 포함할 것.
－식단 정보를 함께 제공할 것.

챗GPT가 트레이닝 계획에 필요한 정보의 입력을 사용자에게 요청한다.

먼저, 당신의 [1] 키, 몸무게, [2] 나이, 성별, [3] 현재 복용 중인 약, [4] 원하는 주간 운동 횟수, [5] 운동 목표, 그리고 [6] 선호하는 운동 종류에 대해 알려 주시겠어요? 이 정보를 바탕으로 개인 맞춤형 PT 일정과 식단표를 만들어 드리겠습니다.

사용자는 필요한 정보를 입력한다.

1. 175cm, 65kg
2. 44세, 남성
3. 없음
4. 주 3회 운동
5. 근지구력 및 코어 향상
6. 복합적인 방법

챗GPT는 사용자가 입력한 정보를 바탕으로 PT 계획을 생성한다.

감사합니다! 당신의 정보를 바탕으로 개인 맞춤형 PT 일정과 식단표를 작성해 드리겠습니다.

PT 일정(주 3회)
주 1: 기초 수준
– 월요일: 전신 유산소(조깅 20분), 코어 운동(플랭크 30초 3세트)
– 수요일: 상체 운동(팔굽혀펴기 10회 3세트, 덤벨 숄더 프레스 10회 3세트)
– 금요일: 하체 운동(스쿼트 15회 3세트, 런지 10회 각 다리 3세트)

주 2: 강도 상승
– 월요일: 전신 유산소(조깅 25분), 코어 운동(플랭크 40초 3세트)
– 수요일: 상체 운동(팔굽혀펴기 15회 3세트, 덤벨 숄더 프레스 12회 3세트)
– 금요일: 하체 운동(스쿼트 20회 3세트, 런지 12회 각 다리 3세트)

주 3 이후: 매주 세트 수 또는 반복 횟수를 5–10% 증가시킬 것

식단 정보
아침
– 오트밀 또는 통곡물 시리얼
– 계란 2개(단백질 섭취)
– 과일 한 조각

점심
– 현미밥

– 닭가슴살 또는 생선(단백질)

– 채소(다양한 종류)

저녁

– 구운 야채

– 두부 또는 적은 지방의 고기

– 샐러드

간식

– 견과류

– 요구르트

– 신선한 과일 또는 채소

보상 계획

– 매주 운동 목표를 달성하면, 주말에 작은 보상을 설정
  (예: 좋아하는 디저트 또는 활동)

이 계획은 건강한 체중 유지와 근지구력 및 코어 향상에 도움이 될 것입니다. 운동 강도는 몸 상태에 따라 조절하고, 필요에 따라 전문가와 상담하세요.

취미

이번 프롬프트에서는 사용자가 챗GPT와 대화를 주고 받는 과정을 통해 자신의 취미를 서서히 알아가다 결국 딱 맞는 취미를 찾게 된다. 또한 취미를 배울 수 있는 방법에 대해서도 챗GPT에게 알려 달라고 요청한다.

넌 인간의 인간다운 삶에 대해 연구하는 대학 교수야.
넌 인생에 있어 여가의 중요성을 알려 주는 역할이야.

난 지금 내 삶을 풍요롭게 해 줄 취미 생활을 찾고 있어.
우선 취미가 무엇인지 나에게 알려 줘.

챗GPT가 취미의 정의와 종류에 대해 알려 준다.

취미는 사람이 자유 시간에 즐기는 활동으로, 일반적으로는 즐거움, 휴식, 개인적 성취 또는 기술 향상을 위해 선택됩니다. 취미는 여러 가지 형태로 나타날 수 있으며, 개인의 흥미와 취향에 따라 다양합니다. 예를 들어:

1. 창의적 취미: 그림 그리기, 글쓰기, 요리, 뜨개질, 목공예 등. 이러한 취미는 창의력을 발휘하고 무언가를 만드는 데 초점을 맞춥니다.

2. 스포츠 및 야외 활동: 등산, 수영, 자전거 타기, 요가, 축구 등. 이들은 신체 활동을 통해 건강을 유지하고 스트레스를 줄이는 데 도움이 됩니다.

3. 학습 및 지적 취미: 새로운 언어 배우기, 체스 또는 보드 게임, 책 읽기, 강연 듣기 등. 이러한 취미는 지적 호기심을 충족시키고 지식을 넓히는 데 중점을 둡니다.
4. 수집: 우표, 동전, 예술품, 빈티지 아이템 수집 등. 이러한 취미는 특정 아이템에 대한 열정과 이해를 깊게 합니다.
5. 음악 및 공연 예술: 악기 연주, 노래, 연극 참여 등. 이들은 예술적 표현과 자기 표현을 촉진합니다.

취미는 당신의 삶에 균형과 만족감을 가져다 줄 수 있으며, 새로운 기술을 배우거나 사람들과 소통하는 기회를 제공할 수 있습니다. 당신의 관심사와 취향에 맞는 취미를 찾는 것이 중요합니다.

사용자가 챗GPT에게 취미를 추천해 달라고 요청한다.

질문

네 덕분에 취미의 개념을 이해했어.
그럼 이제 나에게 맞는 취미를 추천해 줘.

난 현재 대형 IT업체의 개발팀장으로 세부적인 실무보다는 전체적인 그림을 파악하고 조직을 이끌어가야 할 책임이 있지. 지위에 따른 무게감을 버텨내야 하고 부하 직원들과 관계에 있어 조화로움을 추구해야 하기 때문에 가끔 큰 스트레스를 받는 상황이야.

챗GPT가 사용자의 상황에 맞는 취미를 추천한다.

대형 IT업체의 개발팀장으로서 전체적인 그림을 파악하고 조직을 이끄는 데 중점을 둔다면, 여러분의 역할에 맞게 스트레스를 완화하고 조화로운 관계를 유지하는 데 도움이 되는 취미를 추천해 드릴 수 있습니다. 다음은 몇 가지 추천 취미입니다:

1. 명상 및 요가: 명상과 요가는 스트레스 관리에 매우 효과적입니다. 이러한 활동은 집중력 향상, 마음의 평화, 그리고 정신적, 육체적 건강에 도움이 됩니다.
2. 등산 또는 자연 속 산책: 자연과 교감하는 활동은 마음을 진정시키고 재충전하는 데 도움이 됩니다. 특히 바쁜 업무 후에는 자연 속에서 시간을 보내는 것이 스트레스 해소에 효과적입니다.
3. 사진: 사진은 창의력을 발휘하고 미적 감각을 키울 수 있는 취미입니다. 주변 세계를 새로운 시각으로 바라보게 하며, 작업 외 시간에 집중할 수 있는 분야를 제공합니다.
4. 팀 스포츠 또는 그룹 활동: 축구, 배드민턴, 볼링 등 팀 스포츠는 협력과 팀워크를 강화하는 데 좋습니다. 동료들과 함께 활동하면서 관계를 강화하고 사회적 네트워크를 확장할 수 있습니다.
5. 보드 게임 또는 전략 게임: 체스, 바둑, 보드 게임 등 전략적 사고를 필요로 하는 게임은 문제 해결 능력과 전략적 사고를 개발하는 데 도움이 됩니다. 또한, 이러한 게임은 동료들과의 사회적 상호작용을 증진시킬 수 있습니다.

개인의 취향과 성향에 맞는 취미를 선택하는 것이 중요합니다. 취미는 여러분의 업무 스트레스를 줄이고, 일과 삶의 균형을 찾는 데 도움이 될 수 있습니다.

사용자가 취미 추천에 대한 추가 요청을 한다.

질문

방금 제안한 취미 외에 창의적 사고나 무의식에 긍정적 영향을 줄 수 있는 취미를 5개 더 추천해 줘.

챗GPT가 취미를 추가로 추천한다.

창의적 사고와 무의식에 긍정적인 영향을 주는 취미를 찾는다면, 다음과 같은 활동들이 도움이 될 수 있습니다:

1. 예술 및 공예 활동: 예술적 표현은 창의력을 자극하고 무의식적인 감정과 생각을 탐색하는 데 도움이 됩니다. 이에는 그림 그리기, 조각, 도예, 캘리그라피 등이 포함됩니다. 이러한 활동은 창의적인 사고를 촉진하고, 감정을 표현하는 데 유용합니다.
2. 음악 연주 또는 작곡: 악기를 배우거나 음악을 작곡하는 것은 창의력을 발휘하고 무의식적인 감정을 탐구하는 데 매우 효과적입니다. 음악은 감정을 표현하고 창의적인 사고를 자극하는 데 도움이 됩니다.
3. 창작 글쓰기: 시, 소설, 일기, 블로그 글쓰기 등은 자신의 내면세계를 탐색하고 창의적인 생각을 표현하는 데 도움이 됩니다. 글쓰기는 무의식적인 생각과 감정을 표현하는 수단이 될 수 있습니다.
4. 요리 및 베이킹: 요리와 베이킹은 창의력을 발휘하고 새로운 맛과 조합을 실험하는 과정에서 기쁨을 찾을 수 있는 활동입니다. 이는 일상에서 탈피하여 창의적이고 실험적인 접근을 촉진합니다.
5. 정원 가꾸기 또는 식물 재배: 정원 가꾸기 또는 식물을 키우는 것은 창의성을 발휘하고, 자연과의 교감을 통해 마음의 평화를 찾는 데 도움이 됩니다. 식물을 가꾸는 과정은 성취감을 주며, 무의식적인 창의력을 자극합니다.

이러한 취미들은 창의적 사고를 촉진하고, 스트레스 해소에 도움을 주며, 무의식적인 감정과 생각을 탐색하는 데 유용할 수 있습니다. 개인의 관심과 선호에 따라 적합한 취미를 선택하는 것이 좋습니다.

사용자가 자신에게 맞춰진 취미 생활을 추천해 달라고 요청한다.

질문

1번 '예술 및 공예 활동'이 좋을 것 같은데, 좀 더 구체적인 것들로 제안해 줘.
일주일 3번, 하루에 1시간 내외로 할 수 있는 활동들로 알려 줘.

챗GPT가 대답한다.

일주일에 세 번, 하루에 약 한 시간 정도 소요되는 "예술 및 공예 활동"으로는 다음과 같은 것들이 있습니다. 이러한 활동들은 창의력을 발휘하고 스트레스를 해소하는 데 도움이 될 수 있습니다:

1. 수채화 그리기: 수채화는 초보자도 쉽게 시작할 수 있는 예술 활동입니다. 간단한 풍경, 정물, 추상적인 그림 등 다양한 주제로 연습할 수 있습니다. 각 세션에서 하나의 소규모 프로젝트를 완성할 수 있습니다.
2. 캘리그라피 또는 서예: 글씨 쓰기는 명상적인 요소가 있어 마음을 진정시키는 데 도움이 됩니다. 기본적인 글자 형태부터 시작하여 점차 자신만의 스타일을 개발해 나갈 수 있습니다.

3. 점토 공예 또는 소형 조각: 점토나 모델링 클레이를 사용하여 작은 조각품이나 장식품을 만들 수 있습니다. 이는 창의력을 발휘하고 세밀한 작업에 집중함으로써 스트레스를 해소하는 데 도움이 됩니다.
4. 스케치 또는 드로잉: 연필이나 챠콜을 이용해 스케치를 하는 것은 기술적인 면과 창의성을 동시에 발전시킬 수 있는 활동입니다. 주변의 사물이나 인물을 스케치해보며 관찰력과 표현력을 향상시킬 수 있습니다.
5. DIY 공예 프로젝트: 다양한 재료를 사용하여 소규모 DIY 프로젝트에 도전해 볼 수 있습니다. 예를 들어, 재활용 재료를 이용한 장식품 만들기, 소형 가구 조립, 장신구 만들기 등이 있습니다.

이러한 활동들은 창의력과 기술적인 능력을 향상시키는 데 도움이 될 뿐만 아니라, 일상에서 벗어나 자기만의 시간을 갖는 데에도 좋습니다. 처음에는 간단한 프로젝트부터 시작하여 점차 복잡한 작업으로 나아가는 것이 좋습니다.

사용자가 챗GPT가 추천해 준 취미 중에서 하나를 선택하고 선택한 취미를 배우고 연습할 수 있는 방법을 요청한다.

2번 '캘리그라피'가 좋을 것 같아.
캘리그라피 취미 생활을 할 수 있도록 안내해 줘.

나는 캘리그라피를 한 번도 해 보지 못한 사람이야.

챗GPT가 취미를 배울 수 있는 여러 가지 방법을 알려 준다.

"캘리그라피"를 처음 시작하는 경우에는 다음과 같은 단계를 따라 취미 생활을 시작할 수 있습니다:

1. 기본 용품 준비하기:
   −캘리그라피 펜: 초보자용 캘리그라피 펜이나 브러시 펜을 구입합니다. 다양한 굵기의 펜을 시도해보는 것이 좋습니다.
   −종이: 매끄럽고 두꺼운 종이가 적합합니다. 일반적인 프린터 용지보다는 캘리그라피 용지를 사용하는 것이 더 좋은 결과를 얻을 수 있습니다.
   −연습장: 기본 연습을 위한 연습장이나 스케치북을 준비합니다.
2. 기본 기술 익히기:
   −스트로크 연습: 캘리그라피의 기본은 다양한 스트로크에서 시작됩니다. 상향 스트로크는 가볍게, 하향 스트로크는 더 무겁게 하는 것이 일반적입니다.
   −알파벳 연습: 각 알파벳을 연습하며, 각 글자를 어떻게 형성하는지 익힙니다.
3. 온라인 자료 활용:
   −초보자용 튜토리얼: YouTube나 다른 온라인 플랫폼에서 초보자를 위한 캘리그라피 튜토리얼을 찾아 보세요. 이러한 튜토리얼은 기본 기술을 배우는 데 도움이 됩니다.
   −온라인 코스: 보다 체계적인 학습을 원한다면 온라인 코스에 등록하는 것도 좋은 방법입니다.
4. 일상적인 연습:
   −정기적인 연습: 일주일에 몇 번 정해진 시간에 연습하는 습관을 들이세요. 매일 30분에서 1시간 정도를 투자하는 것이 좋습니다.
   −다양한 스타일 시도: 기본적인 스킬에 익숙해지면, 다양한 스타일과 장식 요소를 추가해 보세요.

5. 프로젝트 수행:
    —소규모 프로젝트: 인사말 카드, 북마크, 작은 문구 등 작은 프로젝트부터 시작해 보세요.
    —점차적으로 도전적인 작업으로: 기술에 자신감이 생기면, 더 복잡한 디자인이나 긴 문장을 시도해 보세요.

캘리그라피는 연습과 인내가 필요한 취미입니다. 기본 기술을 익히고, 정기적으로 연습하며 창의력을 발휘하면, 점차 더 멋진 작품을 만들 수 있게 됩니다. 즐기면서 천천히 배우는 것이 중요합니다!

TV

이번에는 챗GPT가 먼저 특정 질문을 하고 질문에 대한 사용자의 대답을 바탕으로 사용자 기호를 파악한 후, 그에 맞는 TV 프로그램을 추천해 주는 프롬프트이다.

너는 방송국에서 다양한 방송을 제작하는 유명 PD야.
너는 시청자의 성향에 맞는 방송을 추천해 주는 역할이야.

나는 금요일 저녁부터 주말 동안 TV를 보면서 여가를 즐길 계획이야.
네가 나에게 맞는 TV 프로그램을 추천하기 위해 필요한 질문을 나에게 해 줘.

챗GPT가 필요한 정보의 입력을 사용자에게 요청한다.

금요일 저녁부터 주말 동안 여가를 즐기시며 TV를 보시려는 계획이시군요. 좋은 프로그램을 추천드리기 위해 몇 가지 질문을 드리겠습니다.

1. 드라마, 예능, 다큐멘터리, 뉴스, 스포츠 중에서 어떤 장르의 프로그램을 선호하시나요?
2. 국내 프로그램과 해외 프로그램 중 어느 쪽을 더 선호하시나요?
3. 최근에 즐겁게 시청하셨던 프로그램이 있다면 알려 주실 수 있나요?
4. 특정 주제에 관심이 많으신가요? 예를 들어, 음식, 여행, 역사, 과학 등 특정 주제에 대한 관심사가 있으시다면 알려 주세요.
5. 활동적이고 밝은 분위기의 프로그램을 선호하시나요, 아니면 더 차분하고 심도 있는 내용을 선호하시나요?

이런 질문들에 답변해 주시면, 귀하의 취향에 맞는 TV 프로그램을 더 잘 추천드릴 수 있을 것 같습니다.

사용자는 필요한 정보를 입력한다.

1. 다큐멘터리
2. 국내 프로그램
3. 다큐 3일
4. 인생, 삶
5. 차분하고 심도 있는 내용

챗GPT는 사용자가 입력한 정보를 바탕으로 TV 프로그램을 추천한다.

다큐멘터리를 선호하시고, 국내 프로그램 중에서 인생과 삶에 대해 차분하고 심도 있는 내용을 다루는 것을 좋아하신다면, 다음과 같은 프로그램들을 추천해 드립니다:

1. EBS '한국기행': 한국 곳곳의 아름다운 풍경과 그곳에서 살아가는 사람들의 이야기를 담은 프로그램입니다. 인생과 삶에 대한 깊은 성찰을 할 수 있습니다.
2. KBS '인간극장': 일반인들의 삶을 다루는 프로그램으로, 다양한 삶의 이야기를 통해 인간적인 감동과 깊은 생각을 할 수 있는 프로그램입니다.
3. MBC 'PD수첩': 시사적이고 사회적인 이슈를 심층적으로 다루는 다큐멘터리 프로그램입니다. 사회적으로 중요한 주제들에 대해 심도 있는 접근을 제공합니다.
4. JTBC '차이나는 클라스': 다양한 분야의 전문가들이 강연을 통해 삶과 인생에 대한 깊은 통찰을 제공하는 프로그램입니다.
5. tvN '알쓸신잡': 전문가들이 다양한 주제에 대해 이야기를 나누며, 삶과 관련된 다양한 지식과 정보를 제공합니다.

이러한 프로그램들은 금요일 저녁부터 주말 동안 여유롭게 시청하며 삶에 대해 깊이 생각해 볼 수 있는 좋은 기회를 제공할 것입니다.

사용자가 추가 질문을 한다.

질문

5개 더 알려 줘.

챗GPT가 추가 질문에 대해 대답한다.

추가로 다음과 같은 다큐멘터리 프로그램들을 추천드립니다. 이들 역시 국내에서 제작되었으며, 인생과 삶에 대한 차분하고 심도 있는 내용을 다룹니다:

6. SBS '그것이 알고 싶다': 사회적, 문화적 이슈들을 심층적으로 다루는 프로그램으로, 다양한 주제에 대한 깊은 조사와 분석을 제공합니다.
7. KBS '다큐멘터리 3일': 매주 다른 주제를 선정하여 3일간의 기록을 통해 그 속에 담긴 이야기를 전달합니다. '다큐 3일'과 유사하지만, 다양한 주제의 신선한 에피소드를 제공합니다.
8. EBS '지식채널e': 짧은 시간에 다양한 지식과 정보를 제공하는 프로그램으로, 사회, 문화, 과학 등 여러 분야에 대한 깊은 통찰을 얻을 수 있습니다.
9. tvN '유퀴즈 온 더 블록': 일반인들의 다양한 삶의 이야기를 담은 토크쇼 형식의 프로그램입니다. 인생에 대한 진솔한 이야기를 들을 수 있습니다.
10. MBC '리얼스토리 눈': 실제 사건과 사람들의 이야기를 통해 현실적인 감동과 교훈을 전달하는 프로그램입니다.

이 프로그램들은 인생과 삶에 대한 다양한 관점을 제공하며, 깊이 있는 내용을 통해 생각할 거리를 제공할 것입니다. 주말 동안 편안하게 즐기시며, 인생에 대한 새로운 통찰을 얻으실 수 있기를 바랍니다.

[영어/IT/그림]을 위한 프롬프트

01 영어

문법 검사

문법 검사나 번역 등의 작업은 챗GPT가 가장 능숙한 분야 중 하나다. 아래 프롬프트를 사용해서 사용자가 제시한 문장들이 문법에 맞는지 확인해 보자.

 질문

#검사 대상#
Drive with a high blood alcohol level is illegal in every state.
Knowing not what to do, I called the police.
It is easy playing the piano.
God bliss you!
If you in love, nothing else matters.
You must been tired.
It rains tommorow.
Here am I.
What does you do nothing?

입력한 #검사 대상# 문장을 아래 #검사 지침#에 따라 오류를 확인하고
오류 있는 문장이 발견되면 오류를 정정하여 표시할 것.

#검사 지침#
1. 맞춤법 오류(Spelling Errors)를 확인할 것.
2. 문법 오류(Grammatical Errors)를 확인할 것.
3. 구두점 오류(Punctuation Errors)를 확인할 것.
4. 문장 구조 오류(Sentence Structure Errors)를 확인 할 것.
5. 어휘 오류(Vocabulary Errors)를 확인 할 것.
6. 사용 오류(Usage Errors)를 확인 할 것.
7. 형태소 오류(Morphological Errors)를 확인 할 것.
8. 문맥적 오류(Contextual Errors)를 확인 할 것.

아래 형식에 맞춰 출력할 것.
– 오류 수정 전:
– 오류 수정 후:
– 오류 근거(사유):
– 오류 단어에 밑줄 칠 것.

챗GPT가 문법적 오류를 발견하고 이를 수정해 준다.

– 오류 수정 전: Drive with a high blood alcohol level is illegal in every state.
– 오류 수정 후: Driving with a high blood alcohol level is illegal in every state.
– 오류 근거(사유): 문법 오류, 동사의 형태(주어와 동사의 일치가 필요).
– 오류 단어에 밑줄: **Drive** with a high blood alcohol level is illegal in every state.

– 오류 수정 전: Knowing not what to do, I called the police.
– 오류 수정 후: Not knowing what to do, I called the police.
– 오류 근거(사유): 문장 구조 오류, 부사구의 위치.
– 오류 단어에 밑줄: **Knowing not** what to do, I called the police.

– 오류 수정 전: It is easy playing the piano.
– 오류 수정 후: It is easy to play the piano.
– 오류 근거(사유): 문법 오류, to 부정사 대신 동명사 사용.
– 오류 단어에 밑줄: It is easy **playing** the piano.

– 오류 수정 전: God bliss you!
– 오류 수정 후: God bless you!
– 오류 근거(사유): 어휘 오류, 잘못된 단어 사용.
– 오류 단어에 밑줄: **God bliss** you!

– 오류 수정 전: If you in love, nothing else matters.
– 오류 수정 후: If you are in love, nothing else matters.
– 오류 근거(사유): 문법 오류, 동사의 누락.
– 오류 단어에 밑줄: If **you in** love, nothing else matters.

– 오류 수정 전: You must been tired.
– 오류 수정 후: You must have been tired.
– 오류 근거(사유): 문법 오류, 도움 동사의 누락.
– 오류 단어에 밑줄: You **must been** tired.

– 오류 수정 전: It rains tommorow.
– 오류 수정 후: It will rain tomorrow.
– 오류 근거(사유): 맞춤법 오류, 문법 오류 단어 철자 및 시제 오류.
– 오류 단어에 밑줄: It **rains tommorow**.

– 오류 수정 전: Here am I.
– 오류 수정 후: Here I am.
– 오류 근거(사유): 문장 구조 오류, 단어 순서.
– 오류 단어에 밑줄: **Here am I**.

– 오류 수정 전: What does you do nothing?
– 오류 수정 후: Why do you do nothing?
– 오류 근거(사유): 문법 오류, 어휘 오류, 동사의 사용과 질문 단어 선택 오류.
– 오류 단어에 밑줄: **What does you do nothing**?

직독 직해: 한영 연습

직독 직해 즉, 영문을 읽자마자 바로 해석할 수 있는 능력을 키우기 위한 방법 중 하나가 바로 한글을 영어로 바꾸는 연습이다. 눈이나 귀로 한글이 입력되자마자 바로 영어로 출력하는 연습을 하는 것이다. 다만 이때 입력되는 한글은 의역으로 인해 영어 어순에 맞지 않는 한글이 아니라, 영어 원문의 어순대로 번역된 한글이어야 한다. 그래야 직독 직해가 가능해진다.

즉 'I love you'라는 영어 문장으로 한-영 연습을 하고 싶다면 '나는-너를-사랑해'라는 한글 어순으로 제시되면 안 된다. 영어 어순 그대로 번역한 '나는-사랑해-너를'이라는 문장으로 제시되어야 한다. 이와 같은 번거로운 번역 작업도 챗GPT에게는 쉬운 일이 된다. 아래 프롬프트로 이를 구현해 보자.

#영어 원문#

Tom and his family decided to spend their Saturday at the city zoo. It was a sunny day, perfect for a family outing. They started their adventure at the big, impressive lion enclosure. The lions, majestic and powerful, lay lazily under the sun, occasionally glancing at the visitors. Tom was amazed by their size and strength.

Next, they moved to the elephant area. These giant creatures were gracefully moving around, and one of them was playfully spraying water from its trunk. Tom's little sister laughed in delight, watching the elephants. Their mother explained how elephants are intelligent and have strong family bonds, which fascinated Tom.

After the elephants, they visited the monkey section, which became Tom's favorite part of the day. The monkeys were full of energy, swinging from ropes and trees. They seemed to be putting on a show just for the visitors. Tom took his camera out and started snapping pictures. He loved how each monkey had its unique personality; some were mischievous, while others seemed shy.

They also saw colorful parrots, tall giraffes, and even a few sleepy bears. At each exhibit, their father read interesting facts about the animals from the information boards, making the visit both fun and educational.

For lunch, they sat on a bench near the peacock garden, enjoying sandwiches they had brought from home. The peacocks roamed freely, and their vibrant colors looked beautiful under the sunlight. Tom tried to take a picture when one of them spread its feathers, but it turned around at the last moment, making everyone laugh.

In the afternoon, they visited the aquarium section of the zoo. It was like stepping into another world. The dimly lit room with large tanks filled with colorful fish, corals, and even a few small sharks was mesmerizing. Tom pressed his hands against the cool glass, watching the fish swim by.

Before leaving, they stopped at the zoo gift shop. Tom picked a small toy monkey as a memento of their visit. His sister chose a picture book about elephants, and they both got a zoo map to remember all the places they had visited.

As they drove back home, the car was filled with chatter about their favorite animals and moments of the day. Tom felt happy and tired.

아래 #직독 직해 절차#에 맞춰 한글로 번역해 줘.

아래 #예시#처럼 구분자 '/'를 사용해서 문장을 구분해 줘.

#직독 직해 절차#
– 위에서 사용자가 입력한 #영어 원문#을 읽고 '사전 번역'을 할 것.
– 사전 번역한 내용을 다음과 #예시#와 같이 영어 어순 그대로 표시하여 '직역'할 것.
– 사전 번역한 내용은 출력하지 않고 직역한 내용만 출력할 것.

#예시#

I / am a nice student.
나는 / 좋은 학생이다.

He / goes to school / fast.
그는 / 간다 학교로 / 빨리.

Everyone / loves / a parade.
모든 사람들은 / 사랑한다 / 퍼레이드를.

Tom / gave me / a notebook.
탐은 / 주었다 나에게 / 노트북을.

Teacher / found the book / interesting.
선생님은 / 발견하였다 그 책이 / 재미있다는 것을.

Are you / hungry?
너는 / 배고프니?

Who / are your mother?
누가 / 너의 엄마니?

What / is the problem / to you?
무엇이 / 문제니? / 너에게.

If / I were you, I / wouldn't do / this.
만약 / 내가 너라면, 나는 / 하지 않을테야 / 이것을.

To err / is human.
실수하는 것이 / 사람이다.

My goal is / to the best person / in this group.
나의 목표는 / 최고의 사람이 되는 것이다 / 이 그룹에서.

I know / a woman / who speaks Chinese.
나는 안다 / 한 여자를 / 중국말을 하는.

챗GPT가 사용자가 정해 준 지침에 따라 문장을 구분자로 구분한다.

Tom and his family / decided to spend / their Saturday / at the city zoo.
탐과 그의 가족은 / 결정했다 보내기 위해 / 그들의 토요일을 / 도시 동물원에서.

It was / a sunny day, / perfect for / a family outing.
그것은 / 맑은 날이었다. / 완벽한 것이 / 가족 나들이를 위해.

They started / their adventure / at the big, impressive lion enclosure.
그들은 시작했다 / 그들의 모험을 / 큰, 인상적인 사자 우리에서.

The lions, / majestic and powerful, / lay lazily / under the sun, / occasionally glancing / at the visitors.
사자들은, / 위엄 있고 강력한, / 누워있었다 게으르게 / 태양 아래에서, / 가끔씩 눈길을 주며 / 관람객들을 향해.

Tom was / amazed by / their size / and strength.
탐은 / 놀랐다 / 그들의 크기에 / 그리고 힘에.

Next, / they moved / to the elephant area.
다음으로, / 그들은 이동했다 / 코끼리 지역으로.

These giant creatures / were gracefully moving / around, / and one of them / was playfully spraying / water from its trunk.
이 거대한 생물들은 / 우아하게 움직이고 있었다 / 주변을, / 그리고 그 중 하나는 / 장난스럽게 뿌리고 있었다 / 물을 그것의 코에서.

Tom's little sister / laughed in delight, / watching the elephants.
탐의 어린 여동생은 / 웃었다 즐거움으로, / 보면서 코끼리들을.

Their mother / explained how / elephants are intelligent / and have strong family bonds, / which fascinated Tom.
그들의 어머니는 / 설명했다 어떻게 / 코끼리들은 똑똑하고 / 그리고 강한 가족 유대를 가지고 있다는 것을, / 그것은 매료시켰다 탐을.

After the elephants, / they visited / the monkey section, / which became / Tom's favorite part / of the day.
코끼리들 후에, / 그들은 방문했다 / 원숭이 구역을, / 그것은 되었다 / 탐의 가장 좋아하는 부분 / 그 날의.

The monkeys / were full of energy, / swinging from / ropes and trees.
원숭이들은 / 에너지로 가득 차 있었다, / 그네를 타며 / 밧줄과 나무들에서.

They seemed / to be putting on / a show / just for / the visitors.
그들은 보였다 / 공연을 펼치는 것처럼 / 관람객들만을 위한 / 쇼를.

Tom took / his camera out / and started / snapping pictures.
탐은 꺼냈다 / 그의 카메라를 / 그리고 시작했다 / 사진을 찍기를.

He loved / how each monkey / had its unique personality; / some were mischievous, / while others / seemed shy.
그는 좋아했다 / 각 원숭이가 어떻게 / 그것만의 독특한 개성을 가지고 있는지; / 몇몇은 장난기 많았고, / 다른 이들은 / 보였다 수줍은 것처럼.

They also saw / colorful parrots, / tall giraffes, / and even / a few sleepy bears.
그들은 또한 보았다 / 다채로운 앵무새들을, / 높은 기린들을, / 그리고 심지어 / 몇몇 졸린 곰들을.

At each exhibit, / their father / read interesting facts / about the animals / from the information boards, / making the visit / both fun / and educational.각 전시물에서, / 그들의 아버지는 / 읽었다 흥미로운 사실들을 / 동물들에 대한 / 정보판에서, / 만들어서 방문을 / 재미있는 것과 / 교육적인 것 둘 다.

For lunch, / they sat / on a bench / near the peacock garden, / enjoying sandwiches / they had brought / from home.
점심으로, / 그들은 앉았다 / 벤치에 / 공작새 정원 근처의, / 즐기면서 샌드위치를 / 그들이 가져온 / 집에서.
·· (이하 생략)

독해 지문 만들기

영어 독해 지문을 만들기 위해서는 우선 학습자의 수준을 먼저 파악해야 한다. 수준에 맞지 않는 자료로 영어 읽기를 할 경우 능률이 오르지 않아 학습자가 쉽게 포기하게 되고 학습 효과 또한 좋지 않다. 괜한 욕심으로 자신의 수준보다 높은 읽기 자료로 독해를 하기보다는 자신의 수준과 맞거나 약간 낮은 수준의 자료를 사용하는 것이 영어 실력 향상에 도움이 된다.

이러한 영어 독해 수준을 구분하는 독해 난이도 지표에는 몇 가지 종류가 있는데 이번 프롬프트에서 사용할 독해 레벨 지표는 GRL 지수이다. GRL 지수는 미국의 국제학교를 포함한 대다수 학교들이 학생들의 도서 읽기 수준을 평가하는 레벨이다. 가장 낮은 레벨인 A부터 최고 레벨인 Z까지 총 26단계로 나눠져 있다. 다음과 같은 프롬프트를 사용하면 학습자에게 맞는 독해 자료를 손쉽게 얻을 수 있다.

[1] 당신의 독해 수준을 입력하세요.(A~Z중 하나를 입력)
[2] 당신이 원하는 내용을 입력하세요.
[3] 당신이 원하는 독해 글자 수를 입력하세요.
[4] 당신이 원하는 객관식 독해 평가 문항수를 입력하세요.
[5] 당신이 원하는 주관식 독해 평가 문항수를 입력하세요.

사용자로부터 위의 질문에 대한 입력을 요청하고
사용자가 입력한 데이터를 사용해 아래 지시 사항을 완성해 줘.
사용자의 입력이 부족할 경우 다시 입력을 요구해 줘.

너는 문법에 맞는 정확한 영어를 구사하는 미국인이야.
너는 영어를 제2외국어로 배우는 사람들에게 영어를 가르치는 역할이야.

GRL [1] 레벨의 수준에 맞춰서
[2] 내용으로 구성된 영어 독해 지문을 [3]자를 만들어 줘.

영어 독해 지문의 끝에는 지문의 이해도를 평가할 수 있는 객관식 문제를 [4]개, 주관식 문제를 [5]개를 아래
#작성 지침#에 맞춰 제공할 것.

#작성 지침#
– 객관식 문항의 보기 개수는 4개로 할 것.
– 각 문항의 정답은 최하단에 표시할 것.

챗GPT가 필요한 정보의 입력을 사용자에게 요청한다.

알겠습니다. 사용자가 입력한 데이터를 기반으로 영어 독해 지문을 만들기 전에, 먼저 사용자의 입력을 받겠습니다. 아래 질문에 답변해 주세요.

1. 당신의 독해 수준을 입력하세요.(A~Z 중 하나를 입력)
2. 당신이 원하는 내용을 입력하세요.
3. 당신이 원하는 독해 글자 수를 입력하세요.
4. 당신이 원하는 객관식 독해 평가 문항수를 입력하세요.
5. 당신이 원하는 주관식 독해 평가 문항수를 입력하세요.

사용자는 필요한 정보를 입력한다.

1. B
2. 즐거운 취미생활
3. 1,000자
4. 5개
5. 2개

챗GPT는 사용자가 입력한 정보를 바탕으로 지문을 생성하고 이해도를 평가할 수 있는 문항도 제공해 준다.

감사합니다. 'B' 레벨의 수준에 맞추어 '즐거운 취미생활'에 대한 영어 독해 지문을 1,000자로 작성하고, 이해도를 평가할 수 있는 객관식 문제 5개와 주관식 문제 2개를 제공하겠습니다.

––
English Reading Passage

The Joy of Hobbies
Hobbies, ranging from painting to hiking, hold a special place in our lives. They provide us with

an escape from the daily grind, offering a chance to relax, learn new skills, and meet people with similar interests. In this fast-paced world, engaging in a hobby can be a source of joy and a way to express one's creativity.

Take gardening, for example. It's not just about planting seeds and watching them grow. Gardeners often find a deep sense of satisfaction in nurturing plants, understanding the subtleties of soil and sunlight, and creating a beautiful, living space. The colors, the textures, and the act of caring for another living being bring a unique fulfillment.

Another popular hobby is photography. With the rise of digital cameras and smartphones, capturing moments has never been easier. Photography allows individuals to see the world through a different lens, literally and figuratively. It's a pursuit that combines technical skills with artistic vision, often leading to a deeper appreciation of one's surroundings.

Similarly, cooking is a hobby that not only results in delicious meals but also provides a creative outlet. Experimenting with different ingredients and techniques, cooks can express their personality and culture through their dishes. Cooking together can also strengthen bonds with family and friends, making it a rewarding social activity.

Regardless of the hobby, the benefits are numerous. Hobbies can reduce stress, improve mental health, and even enhance physical well-being. They encourage us to take a break, engage in something we love, and recharge our batteries.

Questions

Multiple Choice Questions
1. What is a primary benefit of engaging in hobbies?
    a) Increasing professional skills
    b) Escaping the daily routine
    c) Gaining financial profit
    d) Improving academic performance
2. What aspect of gardening brings satisfaction to gardeners?
    a) The commercial value of plants
    b) Competing with other gardeners
    c) Nurturing and creating a living space
    d) Studying scientific plant names
3. How has the rise of digital cameras impacted photography as a hobby?
    a) Made it more expensive
    b) Reduced the quality of photos
    c) Made capturing moments easier
    d) Decreased its popularity
4. What does cooking as a hobby often lead to?
    a) Professional chef careers
    b) International travel
    c) Expressing personality through dishes
    d) Learning foreign languages
5. What are the overall benefits of hobbies mentioned in the passage?
    a) Academic success and fame
    b) Stress reduction and improved well-being
    c) Financial gain and professional networking
    d) Winning competitions and awards

Short Answer Questions
1. Describe how hobbies can impact mental health.
2. Give an example of how a hobby can enhance physical well-being.

Answers

Multiple Choice Answers
1. b) Escaping the daily routine
2. c) Nurturing and creating a living space
3. c) Made capturing moments easier
4. c) Expressing personality through dishes
5. b) Stress reduction and improved well-being

이 독해 지문과 문제들이 'B' 레벨의 독해 실력을 가진 사용자에게 적합하길 바랍니다. 추가적인 요청이나 수정이 필요하시면 알려 주세요.

영어 번역

사용자는 번역할 원문과 번역 시 참고할 지침을 챗GPT에게 알려 준다.

#번역 원본#
Hobbies, ranging from painting to hiking, hold a special place in our lives. They provide us with an escape from the daily grind, offering a chance to relax, learn new skills, and meet people with similar interests. In this fast-paced world, engaging in a hobby can be a source of joy and a way to express one's creativity.

Take gardening, for example. It's not just about planting seeds and watching them grow. Gardeners often find a deep sense of satisfaction in nurturing plants, understanding the subtleties of soil and sunlight, and creating a beautiful, living space. The colors, the textures, and the act of caring for another living being bring a unique fulfillment.

Another popular hobby is photography. With the rise of digital cameras and smartphones, capturing moments has never been easier. Photography allows individuals to see the world through a different lens, literally and figuratively. It's a pursuit that combines technical skills with artistic vision, often leading to a deeper appreciation of one's surroundings.

Similarly, cooking is a hobby that not only results in delicious meals but also provides a creative outlet. Experimenting with different ingredients and techniques, cooks can express their personality and culture through their dishes. Cooking together can also strengthen bonds with family and friends, making it a rewarding social activity.

Regardless of the hobby, the benefits are numerous. Hobbies can reduce stress, improve mental health, and even enhance physical well-being. They encourage us to take a break, engage in something we love, and recharge our batteries.

너는 사용자가 입력한 원문을 번역하는 번역가야.
너는 언어의 종류에 관계없이 번역하는 역할이야.

사용자가 입력한 #번역 원본#을 아래의 #번역 조건#에 맞춰 번역해 줘.

#번역 조건#
– 제공되는 번역 원본의 언어가 한글이 아닌 경우 한글로 번역할 것.
– 제공되는 번역 원본의 언어가 한글인 경우 번역할 언어를 우선 물어볼 것.
– 제공되는 번역 원본에 사용된 언어를 자동으로 감지할 것.
– 제공되는 번역 원본을 한글로 번역할 것.
– 철자를 스스로 검사하고, 문법에 적합한지 검사할 것.
– 상위 수준의 한글 단어와 문장을 사용할 것.
– 같은 의미를 유지하되 좀 더 문학적인 문체를 사용할 것.

챗GPT가 번역 지침에 맞춰 다음과 같이 번역한다.

취미는 그림 그리기부터 하이킹에 이르기까지, 우리 삶에서 특별한 자리를 차지합니다. 그것들은 우리에게 일상에서 벗어날 수 있는 탈출구를 제공하며, 휴식을 취하고 새로운 기술을 배우며, 비슷한 관심사를 가진 사람들을 만날 기회를 제공합니다. 이 빠르게 돌아가는 세상에서, 취미에 몰두하는 것은 기쁨의 원천이며, 개인의 창의력을 표현하는 방법이 될 수 있습니다.

예를 들어, 정원 가꾸기를 봅시다. 그것은 단순히 씨앗을 심고 자라는 것을 지켜보는 것 이상입니다. 정원사들은 종종 식물을 키우는 것에서 깊은 만족감을 찾고, 흙과 햇빛의 미묘함을 이해하며, 아름답고 살아있는 공간을 창조하는 것에서 큰 기쁨을 느낍니다. 색상, 질감, 그리고 다른 살아있는 존재를 돌보는 행위는 독특한 만족감을 가져다줍니다.

또 다른 인기 있는 취미는 사진 촬영입니다. 디지털 카메라와 스마트폰의 등장으로 순간을 포착하는 것이 어느 때보다 쉬워졌습니다. 사진은 개인이 문자 그대로와 비유적으로 다른 렌즈를 통해 세상을 보게 해 줍니다. 그것은 기술적인 기술과 예술적인 비전을 결합하는 추구이며, 종종 주변 환경에 대한 깊은 감사를 이끌어냅니다.

마찬가지로, 요리는 맛있는 식사뿐만 아니라 창의적인 아웃렛을 제공하는 취미입니다. 다양한 재료와 기술을 실험하면서, 요리사들은 자신의 개성과 문화를 그들의 요리를 통해 표현할 수 있습니다. 함께 요리하는 것은 또한 가족과 친구들과의 유대를 강화시키며, 보람 있는 사회적 활동이 될 수 있습니다.

취미가 무엇이든 간에, 그 혜택은 다양합니다. 취미는 스트레스를 줄이고, 정신 건강을 개선하며, 심지어 신체 건강도 향상시킬 수 있습니다. 그것들은 우리가 휴식을 취하고, 사랑하는 것에 몰두하며, 우리의 배터리를 재충전할 수 있도록 격려합니다.

사용자가 질문한다.

질문

#번역 원본#
취미는 그림 그리기부터 하이킹에 이르기까지, 우리 삶에서 특별한 자리를 차지합니다. 그것들은 우리에게 일상에서 벗어날 수 있는 탈출구를 제공하며, 휴식을 취하고 새로운 기술을 배우며, 비슷한 관심사를 가진 사람들을 만날 기회를 제공합니다. 이 빠르게 돌아가는 세상에서, 취미에 몰두하는 것은 기쁨의 원천이며, 개인의 창의력을 표현하는 방법이 될 수 있습니다.

예를 들어, 정원 가꾸기를 봅시다. 그것은 단순히 씨앗을 심고 자라는 것을 지켜보는 것 이상입니다. 정원사들은 종종 식물을 키우는 것에서 깊은 만족감을 찾고, 흙과 햇빛의 미묘함을 이해하며, 아름답고 살아있는 공간을 창조하는 것에서 큰 기쁨을 느낍니다. 색상, 질감, 그리고 다른 살아있는 존재를 돌보는 행위는 독특한 만족감을 가져다줍니다.

또 다른 인기 있는 취미는 사진촬영입니다. 디지털 카메라와 스마트폰의 등장으로 순간을 포착하는 것이 어느 때보다 쉬워졌습니다. 사진은 개인이 문자 그대로와 비유적으로 다른 렌즈를 통해 세상을 보게 해 줍니다. 그것은 기술적인 기술과 예술적인 비전을 결합하는 추구이며, 종종 주변 환경에 대한 깊은 감사를 이끌어냅니다.

마찬가지로, 요리는 맛있는 식사뿐만 아니라 창의적인 아웃렛을 제공하는 취미입니다. 다양한 재료와 기술을 실험하면서, 요리사들은 자신의 개성과 문화를 그들의 요리를 통해 표현할 수 있습니다. 함께 요리하는 것은 또한 가족과 친구들과의 유대를 강화시키며, 보람 있는 사회적 활동이 될 수 있습니다.

취미가 무엇이든 간에, 그 혜택은 다양합니다. 취미는 스트레스를 줄이고, 정신 건강을 개선하며, 심지어 신체 건강도 향상시킬 수 있습니다. 그것들은 우리가 휴식을 취하고, 사랑하는 것에 몰두하며, 우리의 배터리를 재충전할 수 있도록 격려합니다.

너는 사용자가 입력한 원문을 번역하는 번역가야.
너는 언어의 종류에 관계없이 번역하는 역할이야.

사용자가 입력한 #번역 원본#을 아래의 #번역 조건#에 맞춰 번역해 줘.

#번역 조건#
– 제공되는 번역 원본의 언어가 한글이 아닌 경우 한글로 번역할 것.
– 제공되는 번역 원본의 언어가 한글인 경우 번역할 언어를 우선 물어볼 것.
– 제공되는 번역 원본에 사용된 언어를 자동으로 감지할 것.
– 제공되는 번역 원본을 한글로 번역할 것.
– 철자를 스스로 검사하고, 문법에 적합한지 검사할 것.
– 상위 수준의 한글 단어와 문장을 사용할 것.
– 같은 의미를 유지하되 좀 더 문학적인 문체를 사용할 것.

챗GPT가 번역에 사용될 다른 언어에 대한 정보를 요청한다.

제공된 번역 원본이 한글로 작성되어 있습니다. 번역을 원하시는 다른 언어를 알려 주시겠습니까?

사용자가 번역할 언어를 결정하여 챗GPT에게 알려 준다.

질문

일본어로 번역해 줘.

챗GPT는 주어진 언어로 번역한다.

趣味は絵を描くことからハイキングに至るまで、私たちの生活に特別な位置を占めています。それらは日常から脱出するための逃げ道を提供し、リラックスする機会や新しい技術を学び、同じ興味を持つ人々と出会うチャンスを与えてくれます。この速いペースの世界で、趣味に没頭することは喜びの源であり、個人の創造性を表現する方法になり得ます。

例えば、ガーデニングを見てみましょう。それは単に種をまき、成長するのを見守ること以上のものです。園芸家たちはしばしば植物を育てることで深い満足感を見出し、土と日光の微妙な理解を深め、美しく生き生きとした空間を創造することで大きな喜びを感じます。色彩、質感、そして他の生き物を世話する行為は独特の満足感をもたらします。

また、写真撮影も人気のある趣味です。デジタルカメラとスマートフォンの登場により、瞬間を捉えることが以前よりも容易になりました。写真は、文字通りにも比喩的にも異なるレンズを通して世界を見ることを個人に可能にします。それは技術的な技能と芸術的なビジョンを組み合わせた活動であり、しばしば周囲の環境に対する深い感謝を引き出します。

同様に、料理は美味しい食事だけでなく、創造的なアウトレットを提供する趣味です。様々な材料と技術を実験することで、料理人は自分の個性や文化を料理を通じて表現することができます。一緒に料理することはまた、家族や友人との絆を強化し、やりがいのある社会的活動になることもあります。

趣味が何であれ、その恩恵は多岐にわたります。趣味はストレスを軽減し、精神的な健康を改善し、さらには肉体的な健康も向上させることができます。それらは私たちが休息を取り、愛するものに没頭し、私たちのバッテリーを再充電することを促してくれます。

영단어 학습

영단어 학습에도 수준별 레벨이 적용된 단어를 사용해서 학습하는 것이 효과적이다. 앞서 독해 지문 프롬프트에서 GRL 독해 수준 지표를 사용했듯이 이번 단어 학습에서는 CEFR(유럽 언어 공동참조 기준)을 사용할 것이다. CEFR에 따른 언어 능력 레벨은 총 여섯 개로 구성되어 있다. 이 레벨들은 다음과 같이 나눌 수 있다. A1-초급, A2-기초, B1-중급, B2-중상급, C1-고급, C2-숙련으로 구분되며 각 레벨은 언어 사용자의 듣기, 말하기, 읽기, 쓰기 능력을 평가하는 데 사용된다. 또한 단순히 문장 구조의 난이도, 단어의 난이도를 구분 짓는 지표로도 사용될 수 있다.

이번 프롬프트에서는 CEFR 기준에 따라 단어 학습지를 생성해 보겠다.

질문

[1] CEFR 기준을 입력하세요.
　　(A1: 초급, A2: 기초, B1: 중급, B2: 중상급, C1: 고급, C2: 숙련)
[2] 학습할 단어 개수를 입력하세요.
[3] 필요한 예문 개수를 입력하세요.

사용자로부터 위의 질문에 대한 입력을 요청하고
사용자가 입력한 데이터를 사용해 아래 지시 사항을 완성해 줘.
사용자의 입력이 부족할 경우 다시 입력을 요구해 줘.

너는 CEFR 기준에 능통한 언어 전문가야.
너는 CEFR 기준에 따라 영단어를 수준별로 정렬하는 역할이야.

1.　CEFR [1]레벨의 단어를 [2]개를 찾아 줘.
2.　모든 단어의 관련 예문을 [3]개씩 생성해 줘.
3.　아래 #작성 지침#에 맞춰 영어 단어 학습지를 출력해 줘.

#작성 지침#
– 예문의 레벨은 단어의 레벨과 일치시킬 것.
– 사용 빈도수가 높은 단어부터 우선순위를 두고 추출할 것.
– 영어 단어의 뜻은 한글로 해석해 학습지 출력 시 사용할 것.
– 영어 예문의 뜻은 한글로 해석해 학습지 출력 시 영어 예문 아래에 표시할 것.

영어 단어 학습지 출력 시 아래 사항을 지켜 줘.
– 영어 단어 학습지의 용지 사이즈는 A4사이즈로 할 것.
– 반드시 표로 출력할 것.
– 영어 스펠링 연습용 1장, 한글 뜻 기록용 1장, 총 2장을 출력할 것.
– 영어 스펠링 연습용일 경우 1열에 한글, 2열에 영어, 3열에 예문, 4열 체크 표시(비고).
　단, 1열은 한글 해석을 표시하고 2열은 사용자가 직접 적어야 하므로 공란으로 비워둘 것.
– 한글 뜻 기록용일 경우 1열에 영어, 2열에 한글, 3열에 예문, 4열 체크 표시(비고).
　단, 1열은 영어를 표시하고 2열은 사용자가 직접 적어야 하므로 공란으로 비워둘 것.
– 단어 하나당 3번 연습할 수 있도록 똑같은 단어가 2행에 걸쳐 연속되지 않게 출력할 것.

챗GPT가 필요한 정보의 입력을 사용자에게 요청한다.

먼저, 사용자에게 필요한 정보를 요청하겠습니다.

1.　원하시는 CEFR 레벨을 입력해 주세요.(예: A1, B2 등)
2.　학습하실 단어의 개수를 입력해 주세요.
3.　각 단어에 필요한 예문의 개수를 입력해 주세요.

이 정보를 바탕으로 영어 단어 학습지를 작성해 드리겠습니다.

사용자는 필요한 정보를 입력한다.

질문

1. A1
2. 10개
3. 2개

챗GPT는 사용자가 입력한 정보를 바탕으로 학습지를 만들어 준다.

사용자가 요청하신 대로 CEFR A1 레벨의 단어 10개와 각 단어에 대한 예문 2개씩을 포함하는 영어 단어 학습지를 작성했습니다. 두 종류의 학습지가 있습니다: 하나는 영어 스펠링 연습용이고, 다른 하나는 한글 뜻 기록용입니다.

영어 스펠링 연습용 학습지:
1. 사과 – 예문: "I like to eat an apple every day." / "She has a red apple in her hand."
2. 책 – 예문: "This book is very interesting." / "He reads a book before bed."
3. 고양이 – 예문: "The cat is sleeping on the sofa." / "My cat's name is Luna."
4. 개 – 예문: "The dog barks loudly." / "He walks his dog every morning."
5. 코끼리 – 예문: "An elephant is a large animal." / "We saw elephants at the zoo."
6. 친구 – 예문: "She is my best friend." / "I have many friends at school."
7. 여자아이 – 예문: "The girl is reading a book." / "There is a small girl in the park."
8. 집 – 예문: "They live in a big house." / "The house is near the river."
9. 섬 – 예문: "The island is very beautiful." / "We went to an island for vacation."
10. 주스 – 예문: "I drink orange juice every morning." / "She made apple juice."

한글 뜻 기록용 학습지:
1. apple – 예문: "I like to eat an apple every day." / "She has a red apple in her hand."
2. book – 예문: "This book is very interesting." / "He reads a book before bed."
3. cat – 예문: "The cat is sleeping on the sofa." / "My cat's name is Luna."
4. dog – 예문: "The dog barks loudly." / "He walks his dog every morning."
5. elephant – 예문: "An elephant is a large animal." / "We saw elephants at the zoo."
6. friend – 예문: "She is my best friend." / "I have many friends at school."
7. girl – 예문: "The girl is reading a book." / "There is a small girl in the park."
8. house – 예문: "They live in a big house." / "The house is near the river."
9. island – 예문: "The island is very beautiful." / "We went to an island for vacation."
10. juice – 예문: "I drink orange juice every morning." / "She made apple juice."

이제 이 내용을 A4 사이즈의 표 형태로 출력해 드리겠습니다.
작성된 영어 단어 학습지의 내용을 확인할 수 있습니다. 이 학습지는 A4 용지 크기로 표 형식으로 출력될 예정입니다.

영어 스펠링 연습용 학습지(한글 뜻 제공, 영어 단어 공란):

한글 뜻	영어 단어 (비워 둘 것)	예문	예문의 한글 해석	체크표시
사과		I like to eat an apple every day.	나는 매일 사과를 먹는 것을 좋아한다.	
사과		She has a red apple in her hand.	그녀는 손에 빨간 사과를 들고 있다.	
책		This book is very interesting.	이 책은 매우 흥미롭다.	
책		He reads a book before bed.	그는 잠자기 전에 책을 읽는다.	
...		...	...	

그림 62 영어 스펠링 연습용 학습지

한글 뜻 기록용 학습지(영어 단어 제공, 한글 뜻 공란):

영어 단어	한글 뜻 (비워 둘 것)	예문	예문의 한글 해석	체크표시
apple		I like to eat an apple every day.	나는 매일 사과를 먹는 것을 좋아한다.	
apple		She has a red apple in her hand.	그녀는 손에 빨간 사과를 들고 있다.	
book		This book is very interesting.	이 책은 매우 흥미롭다.	
book		He reads a book before bed.	그는 잠자기 전에 책을 읽는다.	
...		...	...	

그림 63 한글 뜻 기록용 학습지

각 학습지는 단어당 2번 연습할 수 있도록 설계되었으며, 두 학습지 모두 예문과 그에 대한 한글 해석을 포함하고 있습니다. 이 표들을 A4 용지에 맞춰 출력하면 학습에 바로 사용할 수 있습니다.

IELTS 답안 제작

이번 프롬프트는 공인된 영어 시험의 샘플 문제를 PDF 파일로 제공하고, 이에 대한 모범 답안을 해당 시험의 채점 기준에 맞게 생성해 주는 것이다.

IELTS(국제 영어능력시험)는 영어를 모국어로 사용하지 않는 사람들을 위한 영어 능력 평가 시험이다. 주로 학업, 이민, 취업 등의 목적으로 영어 사용 국가로 이동하는 사람들을 대상으로 하며, 토익이나 토플 시험과는 달리 영국식 영어를 사용한 문제가 출제되기도 한다.

질문

첨부된 IELTS Writing 시험 문제에 대한 모범 답안을 아래 #작성 지침#대로 작성해 줘.
모범 답안의 내용은 반드시 첨부한 pdf 파일의 내용을 바탕으로 '영어'로 작성해야 해.
글자 수는 150자 이상이어야 하고, 만약 생성한 글의 글자 수가 150자 미만이라면
150자 이상이 될 때까지 반복 생성하고 최종 글자 수를 마지막에 표시해 줘.

#작성 지침#
1. Task Achievement(Task 1) / Task Response(Task 2):
   - Task 1: 주어진 그래프, 표, 차트, 다이어그램 등을 설명하고, 중요한 정보를 요약하며, 데이터를 비교하는 능력을 평가합니다.
   - Task 2: 주어진 주제에 대해 얼마나 잘 논리적으로 대응하고, 관련된 주요 포인트를 포함하여 충분한 설명을 제공하는지를 평가합니다.
2. Coherence and Cohesion:
   - 글의 구성이 얼마나 논리적이고, 일관되며, 아이디어가 서로 연결되어 있는지를 평가합니다.
   - 문단 구성, 연결어구 사용, 아이디어의 조직화 능력 등이 중요합니다.
3. Lexical Resource:
   - 어휘 사용의 다양성과 적절성을 평가합니다.
   - 주제에 맞는 정확한 어휘를 사용하고, 다양한 어휘를 유연하게 사용하는 능력이 중요합니다.
4. Grammatical Range and Accuracy:
   - 문법적 정확성과 다양한 문법 구조 사용 능력을 평가합니다.
   - 다양한 문장 구조를 정확하고 자연스럽게 사용하는 것이 중요합니다.

챗GPT는 다음과 같이 훌륭한 모범 답안을 생성해 준다.

The provided IELTS Writing Task 1 chart shows the trends in further education among men and women in Britain, categorized into full-time and part-time studies across three distinct periods.
Overall, the participation in both full-time and part-time education increased over time for both genders. However, there were noticeable differences in the patterns of study between men and women. Initially, more men than women were engaged in full-time education, but by the final period, the number of women had overtaken men. In contrast, for part-time education, women consistently outnumbered men throughout all periods, with the gap widening over time.

The most significant increase was observed in the number of women in part-time education, which showed a steady and pronounced growth. This trend highlights a shift towards more flexible study options, possibly reflecting changes in societal roles and work-life balance preferences.
In summary, these trends indicate an overall increase in further education in Britain, with notable shifts in gender distribution and study modes over the years.
Total word count: 150 words.

토익 문항 제작

이번에는 사용자가 목표하는 토익 점수의 수준에 맞는 토익 시험 문제를 생성하는 프롬프트이다.

[1] 목표하는 토익 점수를 입력하세요.
[2] 문제를 토익 파트 번호를 입력하세요.(1~7번 중 선택)
[3] 필요한 문제 개수를 입력하세요.

사용자로부터 위의 질문에 대한 입력을 요청하고
사용자가 입력한 데이터를 사용해 아래 지시 사항을 완성해 줘.
사용자의 입력이 부족할 경우 다시 입력을 요구해 줘.

너는 ETS에 근무하는 문제출제위원이야.
너는 토익 시험 수험생을 위한 모의 문제를 개발하는 역할이야.

토익 점수 [1]점을 목표로 하는 학생들이 풀기에 적절한 토익 파트 [2]에 관한 문제를 [3]개만 만들어 줘.

챗GPT가 필요한 정보의 입력을 사용자에게 요청한다.

알겠습니다. 먼저, 다음 세 가지 정보를 입력해 주세요:

1. 목표하는 토익 점수는 얼마인가요?
2. 토익의 어떤 파트(1~7번 중)에 대한 문제를 원하시나요?
3. 몇 개의 문제가 필요하신가요?

사용자는 필요한 정보를 입력한다.

1. 850점
2. 파트 5
3. 10개

챗GPT는 사용자가 입력한 정보를 바탕으로 토익 문제를 생성한다.

> 850점을 목표로 하는 학생들을 위한 토익 파트 5의 문제 10개를 만들겠습니다. 파트 5는 문장 완성 문제로, 문법과 어휘 실력을 평가합니다. 각 문제는 한 문장에 빈칸 하나를 포함하고, 네 개의 선택지 중 정답을 고르는 형식입니다.
>
> ### 토익 파트 5 모의 문제
> 1. The manager requested that all employees _____ their annual leave plans by the end of this week.
>   a) submit
>   b) submitted
>   c) submitting
>   d) to submit
> 2. Although the new software is more complex, it is _____ superior to the older version in terms of efficiency.
>   a) significantly
>   b) significant
>   c) signifies
>   d) signified
> 3. The conference room needs to be _____ for the meeting tomorrow morning.
>   a) rearrange
>   b) rearranged
>   c) rearranging
>   d) rearrangement
> 4. The marketing team decided to launch the campaign earlier than planned to _____ with the upcoming holiday season.
>   a) coincide
>   b) coincided
>   c) coinciding
>   d) coincidence
> 5. Due to the unexpected server issue, the IT department is working _____ to restore the system.
>   a) overtime
>   b) over time
>   c) overtiming
>   d) overtimed
> 6. The recent survey indicates that customer satisfaction has _____ since the introduction of the new policy.
>   a) increased
>   b) increase
>   c) increasing
>   d) increases
> 7. Employees are reminded that they should not use company resources for _____ personal projects.

    a) their
    b) they're
    c) there
    d) theirs

8. The contract clearly states that any late delivery will result in a _____ penalty.
    a) financial
    b) finance
    c) financially
    d) financier

9. Our team is looking for an experienced graphic designer who is _____ with Adobe Photoshop and Illustrator.
    a) familiar
    b) familiarity
    c) familiarizing
    d) familiarly

10. Before submitting the report, please ensure that all data _____ thoroughly reviewed and verified.
    a) are
    b) is
    c) were
    d) have been

각 문제는 실제 토익 수준에 맞게 제작되었으며, 850점을 목표로 하는 학생들에게 적절한 난이도를 갖추고 있습니다. 문제 풀이 후 정답 확인과 함께 해설을 제공하는 것도 학습에 도움이 될 것입니다.

회화용 다이얼로그 생성

이번에는 마치 영어 지문을 생성하듯이 영어 회화용 다이얼로그를 만들어내는 프롬프트이다. 다음과 같이 작성해 보자.

[1] 대화에 참여하는 인원수를 입력하세요.
[2] 한 사람이 말하는 횟수를 입력하세요.
[3] 대화 세트의 개수를 입력하세요.
[4] 대화의 주제를 입력하세요.

사용자로부터 위의 질문에 대한 입력을 요청하고
사용자가 입력한 데이터를 사용해 아래 지시 사항을 완성해 줘.
사용자의 입력이 부족할 경우 다시 입력을 요구해 줘.

너는 미국에서 태어나 미국 대학에서 영어 교육을 전공한 미국인이야.
너는 한국으로 와서 한국인들에게 영어 회화를 가르치는 역할이야.

[4]번의 주제에 대한 대화에 참여하는 인원수는 [1]명이고, 참여하는 사람마다 [2]번의 대화 기회를 가져야 해.
이와 같은 방식의 대화를 [3]만큼 반드시 '영어'를 사용해서 생성해 줘.

챗GPT가 필요한 정보의 입력을 사용자에게 요청한다.

알겠습니다. 먼저, 다음 정보를 제공해 주시겠어요?

1. 대화에 참여하는 인원수는 몇 명입니까?
2. 한 사람이 말하는 횟수는 몇 번입니까?
3. 대화 세트의 개수는 몇 개입니까?
4. 대화의 주제는 무엇입니까?

이 정보를 바탕으로 영어로 대화를 생성할 예정입니다.

사용자는 필요한 정보를 입력한다.

질문

1. 3명
2. 3번
3. 3세트
4. 다이어트(체중 감량) 방법

챗GPT는 사용자가 입력한 정보를 바탕으로 다이얼로그를 생성한다.

감사합니다. 제공하신 정보에 따라, 3명이 참여하는 대화를 생성하겠습니다. 각 인물은 3번씩 말하며, 주제는 '다이어트(체중 감량) 방법'에 대한 것입니다. 이러한 조건으로 총 3세트의 대화를 만들겠습니다.

대화 세트 1
Person A: Hey everyone, I've been thinking about starting a diet but I'm not sure where to begin. Any tips?
Person B: Well, I started by cutting out sugar and saw a big difference. It's hard at first but definitely worth it.
Person C: That's a good start. I also recommend adding some exercise. Even a daily walk can make a big difference.
Person A: Exercise sounds good. Do you think joining a gym or just working out at home is better?
Person B: It depends on what you prefer. I like the gym for the variety of equipment and classes.
Person C: And don't forget about drinking water. Staying hydrated helps a lot with weight loss.
Person A: Great advice! I'm going to start making these changes right away.
Person B: Remember, it's a gradual process. Don't get discouraged if you don't see immediate results.
Person C: Exactly, consistency is key. Good luck!

대화 세트 2
Person A: I'm trying to lose weight but I love food too much. It's a real struggle.

Person B: Have you tried portion control? You can still enjoy your favorite foods, just in smaller amounts.

Person C: That's true. And maybe try to cook at home more often. You can control what goes into your food.

Person A: Cooking at home sounds like a good idea. I guess it's also healthier.

Person B: Definitely. And try to include more fruits and vegetables in your meals.

Person C: Meal planning can also help. It keeps you from making impulsive eating decisions.

Person A: That's a great idea. I'll start planning my meals.

Person B: And don't forget, it's okay to have a cheat day once in a while. It can actually help you stay on track.

Person C: Yes, balance is important. You got this!

대화 세트 3
Person A: I've been on a diet for a while, but I've hit a plateau. Any advice on how to overcome it?

Person B: Sometimes changing up your workout routine can help. Your body gets used to the same exercises.

Person C: Also, maybe look at your calorie intake. Sometimes we underestimate how much we're actually eating.

Person A: I'll try mixing up my exercises and watch my calorie intake more closely.

Person B: And make sure you're getting enough sleep. Lack of sleep can affect weight loss.

Person C: Yes, and stress management is important too. Stress can lead to overeating.

Person A: That's a good point. I'll focus on managing my stress better.

Person B: Keep at it, and don't be too hard on yourself. Progress takes time.

Person C: Absolutely. Stay positive and keep pushing forward!

02 IT

엑셀

챗GPT에서 엑셀을 활용할 수 있는 방법에는 몇 가지가 존재한다. 챗GPT API를 사용하는 방법, VBA를 사용하는 방법, 엑셀의 추가 기능인 Chat GPT for Excel을 사용하는 방법 등 다양한 종류가 있다. 하지만 이번에는 이러한 기능은 모두 배제하고 프롬프트 차원에서만 활용할 수 있는 방법을 알아보도록 하자.

일반적으로 엑셀 함수나 필터 등의 기능은 고급 사용자의 영역이다. 보통의 엑셀 사용자들은 SUM, 평균, 반올림 등의 기초적인 함수들이나 수식만을 자주 사용하는 경향을 보인다. 즉, 수식 활용이 편한 에디터 용도로만 사용하고 있는 실정이다.

하지만 챗GPT를 활용하면 엑셀 함수를 보다 편하고 짧은 시간 안에 사용할 수 있기 때문에 작업의 효율성을 향상시킬 수 있다.

우선 다음과 같이 어느 교육 기관의 '교육 환경 개선 내역'에 관한 엑셀 파일이 있다고 가정해 보자.

	A	B	C	D	E	F	G
1	학과	내용	장소	단가	수량	합계	예산항목
2	반도체학과	책상의자세트	프로젝트 실습실2	₩150,000	21	₩3,150,000	기자재구입
3	반도체학과	강의대	프로젝트 실습실2	₩200,000	1	₩200,000	기자재구입
4	반도체학과	이동용 스피커	프로젝트 실습실2	₩300,000	1	₩300,000	기자재구입
5	반도체학과	화이드보드	프로젝트 실습실2	₩300,000	1	₩300,000	기자재구입
6	반도체학과	전자칠판(85")	프로젝트 실습실2	₩3,000,000	1	₩3,000,000	기자재구입
7	반도체학과	네트워크/인터넷	광메카트로닉스 실습실	₩2,000,000	1	₩2,000,000	실습실환경개선
8	반도체학과	전원설비	광메카트로닉스 실습실	₩1,000,000	1	₩1,000,000	실습실환경개선
9	반도체학과	칸막이/칠공사	프로젝트실습실1	₩2,500,000	1	₩2,500,000	실습실환경개선
10	반도체학과	프로젝터 이전	프로젝트실습실1	₩300,000	1	₩300,000	실습실환경개선
11	반도체학과	칠공사	프로젝트실습실2	₩1,000,000	1	₩1,000,000	실습실환경개선
12	반도체학과	수리비	기자재 보관실	₩2,000,000	1	₩2,000,000	기자재수리
13	간호학과	수리비	기자재 보관실	₩3,000,000	1	₩3,000,000	기자재수리
14	간호학과	303호 합판 교체	실습실 303호	₩200,000	20	₩4,000,000	실습실환경개선
15	자동화생산과	책상의자세트	자동화용실습실	₩150,000	21	₩3,150,000	기자재구입
16	자동화생산과	강의대	자동화용실습실	₩200,000	1	₩200,000	기자재구입
17	자동화생산과	방송장비	자동화용실습실	₩3,000,000	1	₩3,000,000	기자재구입
18	자동화생산과	화이드보드	자동화용실습실	₩300,000	1	₩300,000	기자재구입
19	자동화생산과	빔프로젝터	자동화용실습실	₩1,500,000	1	₩1,500,000	기자재구입
20	자동화생산과	스크린	자동화용실습실	₩700,000	1	₩700,000	기자재구입
21	자동화생산과	바닥공사	자동화용실습실	₩2,000,000	1	₩2,000,000	실습실환경개선
22	자동화생산과	수리비	기자재 보관실	₩4,000,000	1	₩4,000,000	기자재수리

그림 64 실습용 엑셀 파일 전체 화면

교육 시설의 '교육 환경 개선에 관한 예산'은 보통 기자재 구입비, 기자재 수리비, 시설 및 환경 개선비 등으로 구성된다. 위와 같이 주어진 엑셀 파일의 '원본 시트'에는 예산 항목인 '기자재 구입', '기자재 수리', '실습실 환경 개선'이라는 3가지 항목이 순서 없이 혼재되어 있다. 이러한 엑셀 데이터를 예산 항목별로 분류하고 싶다면 다음과 같은 프롬프트를 사용해서 챗GPT에서 방법을 알려 달라고 요청해 보자.

질문

엑셀 '원본 시트'란 이름의 시트 G열(예산항목)에 '기자재 구입', '실습실 환경 개선', '기자재 수리'라는 값이 있는데, 이를 같은 내용으로 그룹핑하려면 어떻게 해야 할지 알려 줘.

챗GPT는 사용자의 요청에 따라 사용자의 문제를 해결할 수 있는 방법을 다음과 같이 제공한다.

엑셀에서 "원본 시트"의 G열에 있는 '기자재 구입', '실습실 개선', '기자재 수리' 등의 값들을 그룹핑하는 방법에는 여러 가지가 있습니다. 가장 간단한 방법은 다음과 같습니다:

1. 필터 사용하기:
   - G열 상단에 필터를 적용합니다. 이를 위해 G열의 제목 셀을 선택하고, 엑셀 리본 메뉴의 '데이터' 탭에서 '필터' 버튼을 클릭합니다.
   - 필터 드롭다운을 열어 '텍스트 오름차순 정렬'이나 '텍스트 내림차순 정렬'을 선택하여 정렬합니다.
2. 피벗 테이블 사용하기:
   ·······················(이하 생략)
3. 수식을 이용한 그룹핑:
   ·······················(이하 생략)

이 방법들을 사용하여 데이터를 그룹화하고, 원하는 방식으로 분석하거나 표시할 수 있습니다. 데이터의 양이나 분석의 목적에 따라 가장 적합한 방법을 선택하시면 됩니다.

챗GPT가 생성해 준 방법들 중에서 첫 번째 방법인 '필터 사용하기'를 통해 예산항목별로 엑셀 파일의 데이터를 정렬해 보자. 챗GPT가 알려 준 순서대로 진행하자. 우선 아래 그림처럼 G열의 제목 셀을 선택한다.

F	G
합계	예산항목
₩3,150,000	기자재구입
₩200,000	기자재구입
₩300,000	기자재구입
₩300,000	기자재구입
₩3,000,000	기자재구입
₩2,000,000	실습실환경개선
₩1,000,000	실습실환경개선
₩2,500,000	실습실환경개선
₩300,000	실습실환경개선
₩1,000,000	실습실환경개선
₩2,000,000	기자재수리
₩3,000,000	기자재수리
₩4,000,000	실습실환경개선
₩3,150,000	기자재구입
₩200,000	기자재구입
₩3,000,000	기자재구입
₩300,000	기자재구입
₩1,500,000	기자재구입
₩700,000	기자재구입
₩2,000,000	실습실환경개선
₩4,000,000	기자재수리

그림 65 G열의 제목 셀의 선택

다음으로 엑셀 기본 메뉴의 '데이터' 탭에서 '필터' 버튼을 클릭한다.

그림 66 데이터 기본 메뉴

이렇게 필터를 선택하면 셀의 제목 옆에 드롭다운이 생기고 드롭다운을 클릭하면 필터 메뉴가 나타나고 여기에서 '텍스트 오름차순 정렬'이나 '텍스트 내림차순 정렬'을 클릭해 엑셀 데이터를 정렬하면 된다.

그림 67 필터 옵션

아래 화면과 같이 엑셀 파일이 기자재 구입, 기자재 수리, 실습실 환경 개선 항목별로 그룹핑되어 정렬되었다.

	A	B	C	D	E	F	G
1	학과	내용	장소	단가	수량	합계	예산항목
2	반도체학과	책상의자세트	프로젝트 실습실2	₩150,000	21	₩3,150,000	기자재구입
3	반도체학과	강의대	프로젝트 실습실2	₩200,000	1	₩200,000	기자재구입
4	반도체학과	이동용 스피커	프로젝트 실습실2	₩300,000	1	₩300,000	기자재구입
5	반도체학과	화이트보드	프로젝트 실습실2	₩300,000	1	₩300,000	기자재구입
6	반도체학과	전자칠판(85")	프로젝트 실습실2	₩3,000,000	1	₩3,000,000	기자재구입
7	자동화생산과	책상의자세트	자동화용실습실	₩150,000	21	₩3,150,000	기자재구입
8	자동화생산과	강의대	자동화용실습실	₩200,000	1	₩200,000	기자재구입
9	자동화생산과	방송장비	자동화용실습실	₩3,000,000	1	₩3,000,000	기자재구입
10	자동화생산과	화이트보드	자동화용실습실	₩300,000	1	₩300,000	기자재구입
11	자동화생산과	빔프로젝터	자동화용실습실	₩1,500,000	1	₩1,500,000	기자재구입
12	자동화생산과	스크린	자동화용실습실	₩700,000	1	₩700,000	기자재구입
13	반도체학과	수리비	기자재 보관실	₩2,000,000	1	₩2,000,000	기자재수리
14	간호학과	수리비	기자재 보관실	₩3,000,000	1	₩3,000,000	기자재수리
15	자동화생산과	수리비	기자재 보관실	₩4,000,000	1	₩4,000,000	기자재수리
16	반도체학과	네트워크/인터넷	광메카트로닉스 실습실	₩2,000,000	1	₩2,000,000	실습실환경개선
17	반도체학과	전원설비	광메카트로닉스 실습실	₩1,000,000	1	₩1,000,000	실습실환경개선
18	반도체학과	칸막이/칠공사	프로젝트실습실1	₩2,500,000	1	₩2,500,000	실습실환경개선
19	반도체학과	프로젝터 이전	프로젝트실습실1	₩300,000	1	₩300,000	실습실환경개선
20	반도체학과	칠공사	프로젝트실습실2	₩1,000,000	1	₩1,000,000	실습실환경개선
21	간호학과	303호 합판 교체	실습실 303호	₩200,000	20	₩4,000,000	실습실환경개선
22	자동화생산과	바닥공사	자동화용실습실	₩2,000,000	1	₩2,000,000	실습실환경개선

그림 68 예산 항목별 정렬

그럼 이번에는 엑셀 함수 사용에 관한 프롬프트를 만들어 보자.

엑셀에서 "원본 시트"의 D열(단가)에는 다양한 금액이 입력되어 있는데
D열의 금액 중에서 단가가 100만 원 이상인 것의 개수를 알려면 어떻게 해야 할지 알려 줘.

챗GPT는 다음과 같이 COUNTIF 함수를 사용하라는 답변을 생성한다.

엑셀에서 "원본 시트"의 D열에 있는 단가 중 100만 원 이상인 것의 개수를 파악하려면 'COUNTIF' 함수를 사용할 수 있습니다. 이 함수는 지정된 기준에 맞는 셀의 개수를 계산합니다. 단가가 100만 원 이상인 셀의 개수를 계산하기 위해 다음과 같이 수식을 사용할 수 있습니다:

"""

=COUNTIF(D: D, ")=1000000")

"""

이 수식은 다음 단계로 적용할 수 있습니다:
1. 엑셀 시트에서 새로운 셀을 선택합니다. 이 셀에 위의 수식을 입력할 것입니다.
2. 수식 입력란에 '=COUNTIF(D: D, ")=1000000")'을 입력합니다.
3. 엔터키를 누르면, D열에서 100만 원 이상인 값의 개수가 계산되어 표시됩니다.

이 방법으로 D열에 있는 모든 셀을 검사하여 100만 원 이상인 셀의 개수를 쉽게 파악할 수 있습니다.

이번에도 챗GPT가 알려 준 방법대로 따라해 보자. 우선 다음과 같이 '단가가 100만 원 이상인 항목의 개수는?'이라는 셀을 생성하자.

	A	B	C	D	E	F	G	H	I
1	학과	내용	장소	단가	수량	합계	예산항목		
2	반도체학과	책상의자세트	프로젝트 실습실2	₩150,000	21	₩3,150,000	기자재구입		단가가 100만원 이상인 항목의 개수는?
3	반도체학과	강의대	프로젝트 실습실2	₩200,000	1	₩200,000	기자재구입		
4	반도체학과	이동용 스피커	프로젝트 실습실2	₩300,000	1	₩300,000	기자재구입		
5	반도체학과	화이드보드	프로젝트 실습실2	₩300,000	1	₩300,000	기자재구입		
6	반도체학과	전자칠판(85")	프로젝트 실습실2	₩3,000,000	1	₩3,000,000	기자재구입		
7	반도체학과	네트워크/인터넷	광메카트로닉스 실습실	₩2,000,000	1	₩2,000,000	실습실환경개선		
8	반도체학과	전원설비	광메카트로닉스 실습실	₩1,000,000	1	₩1,000,000	실습실환경개선		
9	반도체학과	칸막이/칠공사	프로젝트실습실1	₩2,500,000	1	₩2,500,000	실습실환경개선		
10	반도체학과	프로젝터 이전	프로젝트실습실1	₩300,000	1	₩300,000	실습실환경개선		
11	반도체학과	철공사	프로젝트실습실2	₩1,000,000	1	₩1,000,000	실습실환경개선		
12	반도체학과	수리비	기자재 보관실	₩2,000,000	1	₩2,000,000	기자재수리		
13	간호학과	수리비	기자재 보관실	₩3,000,000	1	₩3,000,000	기자재수리		
14	간호학과	303호 합판 교체	실습실 303호	₩200,000	20	₩4,000,000	실습실환경개선		
15	자동화생산과	책상의자세트	자동화용실습실	₩150,000	21	₩3,150,000	기자재구입		
16	자동화생산과	강의대	자동화용실습실	₩200,000	1	₩200,000	기자재구입		
17	자동화생산과	방송장비	자동화용실습실	₩3,000,000	1	₩3,000,000	기자재구입		
18	자동화생산과	화이드보드	자동화용실습실	₩300,000	1	₩300,000	기자재구입		
19	자동화생산과	빔프로젝터	자동화용실습실	₩1,500,000	1	₩1,500,000	기자재구입		
20	자동화생산과	스크린	자동화용실습실	₩700,000	1	₩700,000	기자재구입		
21	자동화생산과	바닥공사	자동화용실습실	₩2,000,000	1	₩2,000,000	실습실환경개선		
22	자동화생산과	수리비	기자재 보관실	₩4,000,000	1	₩4,000,000	기자재수리		

그림 69 엑셀 함수의 사용

위와 같이 셀을 추가했다면 'I3' 셀을 선택하고 함수식 '=COUNTIF(D2: D22, ")=1000000")'을 입력해 보자.

I
단가가 100만원 이상인 항목의 개수는?
=COUNTIF(D2:D22, ">=1000000")

그림 70 COUNTIF 함수

함수식을 입력한 후 엔터키를 누르면 다음과 같이 '단가가 100만 원 이상인 항목의 개수'가 자동으로 표시된다.

단가가 100만원 이상인 항목의 개수는?
11

그림 71 개수의 표시

이상과 같이 챗GPT를 사용하면 구글이나 일반 검색보다 좀 더 편하고 빠르게 엑셀 사용법을 알수 있어 업무 효율성이 증대될 수 있다.

파워포인트

파워포인트의 경우, GPT4 서비스를 사용하고 있는 사용자라면 파워포인트 프로그램에서 바로 사용할 수 있는 ppt 파일을 생성할 수 있다. 단, GPT4에서 제공하는 'Smart Slides'라는 플러그인을 사용해야 하므로 GPT3.5에서는 사용할 수 없다. 우선 플러그인을 선택하고 설치해야 한다. 하지만 플러그인 기능은 2024년 3월 19일부터 비활성화되었다. 기존에 플러그인을 사용해서 챗GPT와 대화했던 내용들은 2024년 4월 10일까지만 확인할 수 있으므로 저장이 필요하다면 대화 내용을 반드시 미리 백업해 둬야 한다. GPT4부터 기본 검색 기능에 포함되기 시작한 챗GPT 검색 보조 도구인 플러그인은 챗GPT에 특정 소프트웨어나 웹사이트를 내부적으로 연결한 뒤, 이를 통해 프로세싱되거나 공급받은 데이터나 정보를 사용자의 요구에 맞춰 생성해 주는 서비스였다. 한마디로 플러그인은 챗GPT의 활용도를 높여주며 독립적인 앱(App)과 같은 성격을 가지는 유용한 구성 요소였다.

그럼 이와 같이 챗GPT 사용에 있어 유용하게 사용할 수 있었던 플러그인은 완전히 사라진 것일까? 결론부터 말하자면 사라진 게 아니고 옮겨진 거라고 말할 수 있겠다. GPT4 터보의 공개와 더불어 OpenAI에서는 커스터마이즈할 수 있는 GPT 서비스인 GPTs에 힘을 실어 주기 시작했다. 이러한 흐름에 맞춰 GPTs와 다소 비슷한 컨셉을 가진 플러그인을 GPTs로 흡수시킨 것이다.

따라서 플러그인에서 사용했던 기능들은 GPTs에서 대부분 유사하게 사용할 수 있다. 절차와 형식이 다소 바뀌긴 했으나 큰 어려움없이 쉽게 사용할 수 있다. 위에서 말한 파워포인트 파일을 생성해주는 'Smart Slides'라는 플러그인 또한 GPTs에서 그대로 사용할 수 있으며 비슷한 수준의 결과를 생성해 낼 수 있다. 파워포인트 ppt 파일을 생성하는 데 필요한 프롬프트와 해당 프롬프트를 실행하고 결과물을 도출하는 과정 등에 관한 내용은 파트 6 'GPT4 실전 가이드'의 섹션 05 '유용한 GPTs'에서 좀 더 자세히 설명하겠다.

크롬

크롬 익스텐션(또는 확장 프로그램)이란 구글 크롬 브라우저의 기능을 확장하거나 추가하는 데 사용하는 작은 프로그램이다. 크롬 웹스토어에서 다운로드할 수 있으며, 이를 크롬 브라우저에 설치해서 다양한 용도로 사용할 수 있다.

예를 들어 광고 차단, 언어 번역, 소셜 미디어 관리, 메모 작성, 할 일 관리 등의 다양한 기능을 제공한다. 사용자는 자신의 필요와 관심사에 맞게 익스텐션을 선택해서 설치할 수 있으며, 이를 통해 브라우저 경험을 개인화하고 효율성을 높일 수 있다.

챗GPT와 같은 생성형 인공지능을 좀 더 편리하고 효율적으로 사용하기 위한 다양한 크롬 익스텐션이 존재한다. 예를 들어, 크롬 익스텐션을 사용해 웹페이지 내용을 챗GPT에 전송하고, AI가 생성한 영어로 된 질문이나 응답을 한글로 번역해 주기도 한다. 또한 복잡한 프롬프트를 간단하게 만들어 주기도 한다.

하지만 GPT4가 도입되면서 다양한 GPTs와 브라우징 기능 등이 지원됨에 따라 크롬 익스텐션을 사용할 이유가 사라지고 있다. 그럼에도 아직 유용한 크롬 익스텐션은 여전히 쓸 만하다. 이번에는 유용한 크롬 익스텐션 세 가지에 대해 알아보도록 하자.

① Voice Control for ChatGPT

챗GPT가 사용자의 음성을 인식함으로써 사람 목소리로 질문하고, 또한 음성으로 답변할 수 있게 해 주는 크롬 익스텐션이다. 이 익스텐션의 기능 또한 챗GPT 스마트폰 앱의 Voice 기능으로 사용 목적이 많이 희석되었지만 아직도 쓸 만하다. 크롬 익스텐션은 다음과 같은 과정으로 설치한다.

우선 구글 초기 화면의 우측 상단에 있는 점 아홉 개 아이콘을 클릭한다.

그림 72 **크롬 익스텐션의 설치**

점 아홉 개 아이콘을 클릭하면 아래 화면과 같이 크롬 메뉴가 나타나는데 여기에서 맨 아래로 스크롤하면 나타나는 '크롬 웹스토어'를 선택한다.

그림 73 크롬 웹스토어 메뉴

크롬 웹스토어를 클릭하면 웹스토어가 다음과 같은 화면으로 나타난다.

그림 74 크롬 웹스토어 메인 화면

화면 우측 상단의 검색창에 설치하려는 크롬 익스텐션의 이름을 입력하고 검색한다.

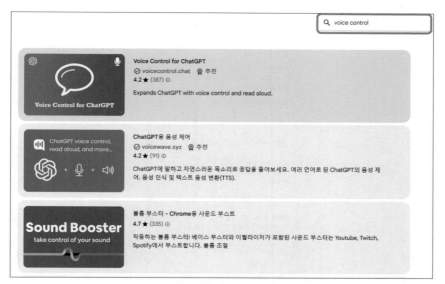

그림 75 크롬 익스텐션의 검색

검색 결과 주어진 크롬 익스텐션 중에서 원하는 것을 클릭하면 해당 크롬 익스텐션의 상세 페이지가 나타난다. 여기에서 "Chrome에 추가" 버튼을 눌러 필요한 크롬 익스텐션을 설치한다.

그림 76 크롬 익스텐션의 설치

설치가 완료된 후 크롬 브라우저 우측 상단의 '확장 프로그램' 아이콘을 클릭한다.

그림 77 확장 프로그램 선택

사용하려는 크롬 익스텐션 우측의 핀 아이콘을 클릭해서 브라우저상에 고정한다.

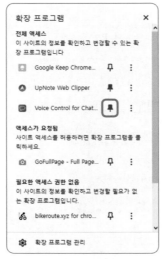

그림 78 크롬 익스텐션 고정

위와 같은 과정으로 크롬 익스텐션을 설치하고 크롬 브라우저상에 고정하면 이제부터 챗GPT에서 크롬 익스텐션을 적용해서 활용할 수 있다.

'Voice Control for ChatGPT' 크롬 익스텐션이 적용되면 챗GPT 화면 아래의 대화 입력창이 다음과 같이 바뀐다.

그림 79 Voice Control for ChatGPT 대화창

대화 입력창의 우측에 마이크 아이콘을 클릭하고 사용자가 말을 하면 사용자가 한 말이 텍스트로 바뀌어 대화 입력창에 표시된다. 아래 화면을 참고하자.

그림 80 음성 대화의 표시

사용자가 '만나서 반가워'라고 말하니, '만나서 반가워'라는 문장이 자동으로 생성되어 대화 입력창에 표시된다. 위와 같이 문장이 입력되면 우측의 '보내기' 버튼을 클릭해 챗GPT에게 응답을 요청한다.

마치 챗GPT와 일반적인 대화를 하듯 다음과 같이 화면에 표시된다.

질문
만나서 반가워.

챗GPT는 사용자의 말에 반응하며 화면상에 응답을 표시한다. 그리고 동시에 미리 설정한 언어로 이 답변을 말해 준다. 스피커로 챗GPT의 목소리가 흘러나오는 것이다.

만나서 반가워요, Seungwoo님! 이제 이 문장을 영어로 말해 볼까요? 영어로는 "Nice to meet you."라고 합니다. 이 문장을 따라해 보세요.
제가 말하는 문장: "Nice to meet you."
이제 당신 차례입니다. 이 문장을 영어로 따라해 보세요.

이와 같은 방식으로 사용자의 음성과 챗GPT의 음성으로 상호 대화를 할 수 있고, 각 음성은 텍스트로 변환되어 대화 기록으로 저장된다.

② SearchGPT – ChatGPT for Chrome
따로 챗GPT 웹사이트에 접속하지 않고도 크롬 브라우저상에서 챗GPT를 사용할 수 있는 크롬 익스텐션이다. 앞서 설명한 'Voice Control for ChatGPT' 크롬 익스텐션과 동일한 방식과 과정으로 설치할 수 있다. 설치가 끝난 후 해당 크롬 익스텐션을 크롬 브라우저상에 고정하면 크롬 브라우저 우측 상단에 익스텐션이 표시된다.

그림 81 크롬 익스텐션 설치

다음과 같이 크롬 브라우저상에 표시된 크롬 익스텐션의 아이콘을 클릭하면 브라우저 우측 상단에 챗GPT 검색 팝업창이 나타난다. 이 팝업창을 이용하면 챗GPT 웹사이트에 접속하지 않고도 챗GPT와 대화할 수 있다.

그림 82 크롬 익스텐션 실행

이러한 방법은 편하기는 하나 기능을 사용하는 데 다소 제약이 따르므로 급한 경우가 아니라면 직접 챗GPT 웹사이트에 접속해 대화하는 것을 추천한다.
다음과 같이 크롬 익스텐션에서 챗GPT에게 물어 보았다.

너는 누구니?

챗GPT가 사용자 질문에 대해 다음과 같이 대답한다.

I am an AI developed by OpenAI. Let's practice your English pronunciation. I'll say a sentence, and then you can repeat after me.
Here's the sentence: "Who are you?"
Now, it's your turn to repeat this sentence. Try to mimic the pronunciation as closely as you can.

③ YouTube Summary with ChatGPT & Claude
이번 크롬 익스텐션은 유튜브 영상을 보면서 그와 동시에 해당 영상의 전체 스크립트를 실시간으로 확인할 수 있게 해 주는 익스텐션이다. 또한 화면에서 주어진 전체 스크립트를 챗GPT를 통해 요약하는 기능도 제공한다.

앞서 설명한 'Voice Control for ChatGPT' 크롬 익스텐션과 동일한 방식과 과정으로 설치할 수 있다. 설치가 끝난 후 해당 크롬 익스텐션을 크롬 브라우저상에 고정하면 아래 화면과 같이 우측 상단에 익스텐션이 표시된다.

그림 83 YouTube Summary with ChatGPT & Claude 설치 화면

이처럼 크롬 브라우저상에 익스텐션이 고정된 상태에서 유튜브를 방문해 영상 하나를 재생해 보자. 영상을 재생하면 영상 우측 화면에 해당 유튜브 영상의 스크립트가 아래 화면과 같이 시간대별로 나타난다.

그림 84 크롬 익스텐션 실행

화면 우측의 유튜브 스크립트 화면 상단에 있는 '챗GPT' 아이콘을 클릭하면 자동으로 챗 GPT 웹페이지가 새창으로 나타나고 챗GPT와의 대화를 이어갈 수 있다.

그림 85 크롬 익스텐션 유튜브 스크립트 화면

크롬 익스텐션의 '챗GPT' 아이콘을 클릭하면 다음과 같이 사용자의 질문 입력란에 유튜브 동영상의 전체 스크립트가 자동으로 표시된다.

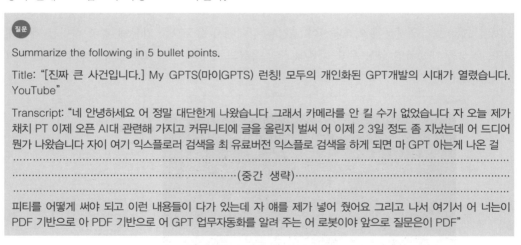

질문

Summarize the following in 5 bullet points.

Title: "[진짜 큰 사건입니다.] My GPTS(마이GPTS) 런칭! 모두의 개인화된 GPT개발의 시대가 열렸습니다. YouTube"

Transcript: "네 안녕하세요 어 정말 대단한게 나왔습니다 그래서 카메라를 안 킬 수가 없었습니다 자 오늘 제가 채치 PT 이제 오픈 AI대 관련해 가지고 커뮤니티에 글을 올린지 벌써 어 이제 2 3일 정도 좀 지났는데 어 드디어 원가 나왔습니다 자이 여기 익스플로러 검색을 최 유료버전 익스플로 검색을 하게 되면 마 GPT 아는게 나온 걸
···(중간 생략)···
피티를 어떻게 써야 되고 이런 내용들이 다가 있는데 자 얘를 제가 넣어 줬어요 그리고 나서 여기서 어 너는이 PDF 기반으로 아 PDF 기반으로 어 GPT 업무자동화를 알려 주는 어 로봇이야 앞으로 질문은이 PDF"

챗GPT는 사용자가 입력한 내용을 참고해 다음과 같이 내용을 요약해 준다.

YouTube 비디오 "[진짜 큰 사건입니다.] My GPTS(마이GPTS) 런칭! 모두의 개인화된 GPT개발의 시대가 열렸습니다."에 대한 요약을 다섯 가지 항목으로 정리하면 다음과 같습니다:

1. My GPTS 런칭: 이 비디오는 사용자가 자신만의 GPT 모델을 만들고
···(이하 생략)···

2. GPT 모델의 사용자화 및 미세 조정: 발표자는 이전에 GPT 모델을
···(이하 생략)
3. 시연 및 응용: 비디오에는 사용자가 특정 작업을 수행하도록 AI에 지시
···(이하 생략)
4. 기능 향상 및 자동화: 발표자는 이전 버전의 GPT에서는 어려웠던 웹
···(이하 생략)
5. 교육적 측면: 비디오는 또한 My GPTS가 프로그래밍 수업에서 GPT를
···(이하 생략)

파이썬(Python)

챗GPT의 등장으로 일부 프로그래밍 언어를 코딩하는 데 있어 효율성이 증가되었다. 챗GPT 자체가 개발 환경을 제공해 주는 것은 아니지만 개발 언어의 문법을 알려 주거나 디버그에 관한 팁을 제공함으로써 코딩에 소요되는 시간과 수고를 덜 수 있게 되었다.

현재 챗GPT가 제공해 줄 수 있는 프로그래밍 언어는 파이썬, 자바스크립트, HTML/CSS 등에 한정되어 있지만 이 정도의 언어만 확실히 다룰 수 있어도 웬만한 프로그램을 모두 개발할 수 있다.

챗GPT를 코딩 분야에서 활용할 수 있는 방법은 다음과 같다.

- 코드 작성 및 디버깅 도움: 챗GPT는 간단한 프로그래밍 문제나 버그를 해결하는 데 도움을 줄 수 있으며 특정 코드 조각에 대한 설명을 요청하거나, 왜 코드가 예상대로 작동하지 않는지 질문할 수 있다.
- 학습 및 교육: 프로그래밍 언어나 프로그래밍 개념에 대해 배우고자 할 때, 챗GPT는 설명을 제공하고 예제를 보여 줄 수 있다.
- 코드 리뷰: 작성한 코드에 대한 피드백을 받을 수 있으며 코드의 가독성, 효율성 및 스타일에 대한 조언을 제공할 수 있다.
- 알고리즘 및 로직 개발: 새로운 알고리즘을 설계하거나 기존 알고리즘을 개선하는 데 도움을 줄 수 있다. 또한, 특정 문제를 해결하기 위한 로직을 개발하는 데 도움을 줄 수 있다.
- 데이터 분석 및 시각화: 파이썬과 같은 언어를 사용해 데이터 분석이나 시각화를 수행할 수 있으며 간단한 데이터 처리부터 복잡한 그래픽 생성까지 다양한 작업을 지원한다.
- API 사용 및 통합: 다양한 API를 어떻게 사용하고 통합하는지에 대한 안내를 제공할 수 있다.
- 웹 개발: HTML, CSS, 자바스크립트를 사용해 웹페이지를 만드는 방법에 대해 안내할 수 있다.
- 최신 기술 동향 및 도구 이해: 새로운 프로그래밍 언어, 프레임워크, 도구 등에 대한 정보를 제공하고, 어떻게 사용하는지에 대해 설명할 수 있다.

코딩을 배우거나 연습하는 데 가장 걸림돌이 되는 것이 코딩하기 위한 환경의 구성이다. 환경 구성은 개인이 보유하고 있는 컴퓨터의 종류와 상태에 따라 변수가 다양하기 때문에 많은 코딩 입문자들이 첫 단계부터 힘들어 할 수 있다.

그래서 본 책에서는 웹에서 코딩할 수 있는 시스템인 Replit(https://www.replit.com)을 사용해 연습해 보기로 하자.

먼저 챗GPT에게 다음과 같이 Replit 사이트를 이용해 코딩을 연습하는 방법에 대해 물어 보았다.

질문

너는 파이썬 개발자야.
너는 파이썬을 배우려는 예비 개발자를 교육하는 역할이야.

파이썬을 replit.com을 사용해서 배울 수 있는 방법을 알려 줘.

챗GPT는 친절하고 자세히 Replit을 통한 코딩 과정을 알려 준다. 이 과정을 따라 실습해 보자.

물론이죠! 파이썬을 배우는 것은 훌륭한 선택입니다. replit.com은 온라인에서 파이썬을 연습하고 배울 수 있는 좋은 플랫폼입니다. 여기 replit.com을 사용하여 파이썬을 배우는 단계별 가이드를 제공하겠습니다:

1. Replit.com 가입하기: 먼저 replit.com에 방문하여 계정을 만드세요. 이메일 주소와 비밀번호를 사용하여 간단하게 가입할 수 있습니다.
2. 새로운 프로젝트 만들기: 로그인한 후, 화면 상단의 'Create' 버튼을 클릭하고, 'Python'을 선택하세요. 이렇게 하면 새로운 파이썬 프로젝트가 생성됩니다.
3. 코드 작성하기: 프로젝트가 생성되면, 텍스트 에디터에 파이썬 코드를 작성할 수 있습니다. 예를 들어, 간단한 인사말을 출력하는 프로그램을 작성해 볼 수 있습니다:
    ```python
    print("안녕하세요, 파이썬 세계에 오신 것을 환영합니다!")
    ```
4. 코드 실행하기: 코드를 작성한 후, 화면 상단의 'Run' 버튼을 클릭하여 프로그램을 실행해 보세요. 출력 결과는 화면 오른쪽에 나타납니다.
5. 프로젝트 저장 및 공유하기: 작업한 내용은 자동으로 저장되며, 'Share' 버튼을 사용하여 다른 사람들과 코드를 공유할 수도 있습니다.
6. 학습 자료 활용하기: replit.com에는 학습 자료도 많이 제공됩니다. 'Explore' 섹션에서 다른 사용자들의 프로젝트를 보거나, 'Templates' 섹션에서 다양한 파이썬 프로젝트 템플릿을 찾아볼 수 있습니다.
7. 연습하기: 프로그래밍은 연습이 중요합니다. 다양한 프로젝트를 시도해보고, 자주 연습하여 파이썬에 익숙해지세요.

replit.com은 사용하기 쉽고, 어디서나 접근할 수 있어 파이썬 학습에 매우 유용합니다. 즐겁게 학습하시길 바랍니다!

우선 Replit 사이트를 방문해서 회원가입을 해야 한다.

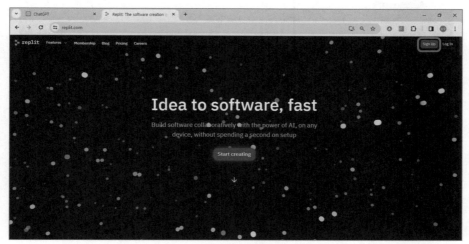

그림 86 Replit 메인 화면

사이트 우측 상단의 'Sign Up' 버튼을 클릭해 계정을 생성한다. 생성할 계정은 미리 만들어 둔 구글 계정을 사용하면 된다. 보통 챗GPT를 사용하려면 구글 계정이 편하므로 계정이 하나쯤은 있는 게 좋다.

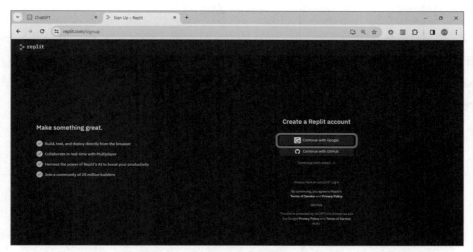

그림 87 Replit 계정 생성

구글 계정을 사용해 Replit 계정을 만들었다면 다시 메인 화면으로 돌아와 화면 우측의 'Log In' 버튼을 클릭해서 구글 계정으로 로그인한다.

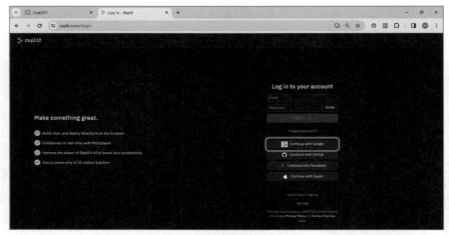

그림 88 Replit 로그인

Replit 계정을 생성하고 로그인이 되었다면 이제 새로운 프로젝트를 만들어 보자. 처음으로 만들 프로젝트는 방금 위에서 챗GPT가 답변으로 생성해 준 한 줄 짜리 코드를 가지는 매우 간단한 파이썬 프로그램이다. 코드 한 줄의 내용은 다음과 같다.

print("안녕하세요, 파이썬 세계에 오신 것을 환영합니다!")

우리는 위 코드에서 '안녕하세요, 파이썬 세계에 오신 것을 환영합니다!'라는 문자열을 'Hello World!'라는 문자열로 수정해 볼 것이다.

다음과 같은 화면에서 좌측 상단에 있는 'Create Repl' 버튼을 눌러 새로운 프로젝트를 생성하는데 반드시 언어는 '파이썬(Python)'으로 선택해야 한다.

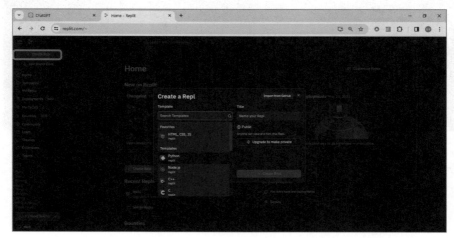

그림 89 Replit 생성

Title에는 'HelloWorld'를 입력하고 'Create Repl' 버튼을 다시 한번 더 눌러 새로운 프로젝트를 생성한다.

그림 90 HelloWorld 생성

챗GPT가 생성해 준 한 줄의 코드를 복사해 아래 화면과 같이 Replit의 편집 화면의 왼쪽 에디터에 붙여넣기를 한다.

그림 91 코드의 입력

한 줄의 코드를 왼쪽의 편집 화면에 붙여넣기 했다면 '안녕하세요, 파이썬 세계에 오신 것을 환영합니다!'라는 문자열을 'Hello World!'라는 문자열로 수정한다.

수정이 끝났다면 이제 화면 중앙 상단에 있는 'Run' 버튼을 눌러 한 줄의 코드로 이루어진 파이썬 프로그램을 실행시켜 보자. 오타 없이 코드를 잘 수정했다면 우측의 콘솔 화면에 'Hello World!'가 출력될 것이다.

그림 92 HelloWorld 실행

이번에는 계산기 프로그램을 파이썬으로 만들어 보자. 프로그램이 구동되는 절차대로 순서에 맞게 질문하고 답변하는 과정을 통해 한 줄씩 코드를 완성해가도록 하겠다.

계산기 프로그램은 다음과 같은 절차에 따라 구동된다.
– 두 개의 숫자를 사용자로부터 입력받는다.
– 연산 기호(+, −, *, /) 중에서 하나를 사용자로부터 입력받는다.
– 사용자로부터 입력받은 두 개의 숫자와 연산 기호를 조합해 계산한다.
– 계산 결과값을 화면에 출력한다.
지금부터 작성될 프롬프트와 챗GPT의 답변을 유심히 살펴보도록 하자. 마치 벽돌을 쌓아가듯 한줄 한줄 코드를 작성해 보자.

질문

입력받은 숫자를 그대로 출력하는 파이썬 코드를 만들어 줘.

챗GPT가 사용자의 요청에 따른 파이썬 코드를 제안한다.

이 코드는 사용자로부터 숫자를 입력받아 그대로 출력하는 간단한 파이썬 프로그램입니다. 사용자가 입력한 숫자는 변수 'input_number'에 저장되며, 그 후 'print' 함수를 사용하여 화면에 출력됩니다.
하지만 현재 환경에서는 사용자의 입력을 받을 수 없어 코드를 직접 실행할 수 없습니다. 이 코드를 로컬 파이썬 환경, Python 인터프리터, IDLE, Jupyter Notebook 또는 다른 Python 개발 환경에서 실행할 수 있습니다. 코드를 복사하여 사용해 보세요:

```python
input_number = input("숫자를 입력하세요: ")
```

```python
print("입력한 숫자: ", input_number)
```

사용자가 숫자를 입력하면, 동일한 숫자가 콘솔에 출력됩니다.

다음으로 두 개의 숫자를 입력받는 코드를 요청한다.

두 개의 숫자를 입력받고 그대로 출력하는 파이썬 코드를 만들어 줘.

챗GPT가 사용자의 요청에 따른 파이썬 코드를 제안한다.

이 코드는 사용자로부터 두 개의 숫자를 입력받아 그대로 출력하는 간단한 파이썬 프로그램입니다. 첫 번째 숫자는 변수 'num1'에, 두 번째 숫자는 변수 'num2'에 저장됩니다. 이후 'print' 함수를 사용하여 각각의 숫자를 화면에 출력합니다.

다만, 현재 환경에서는 사용자 입력을 받을 수 없어 코드를 직접 실행할 수 없습니다. 이 코드를 로컬 파이썬 환경, Python 인터프리터, IDLE, Jupyter Notebook 또는 다른 Python 개발 환경에서 실행할 수 있습니다. 아래의 코드를 복사하여 사용해 보세요:

```python
num1 = input("첫 번째 숫자를 입력하세요: ")
num2 = input("두 번째 숫자를 입력하세요: ")

print("입력한 첫 번째 숫자: ", num1)
print("입력한 두 번째 숫자: ", num2)
```

이 코드는 사용자가 입력한 두 개의 숫자를 순서대로 출력합니다.

이번에는 사칙연산 부호를 사용자로부터 입력받는 코드를 요청한다.

위 파이썬 코드에 사칙연산 기호(+, −, *, /)를 추가로 입력받고 그대로 출력하는 파이썬 코드를 만들어 줘.

챗GPT가 사용자의 요청에 따른 파이썬 코드를 제안한다.

이 코드는 사용자로부터 두 개의 숫자와 사칙연산 기호를 입력받아 그대로 출력하는 파이썬 프로그램입니다. 첫 번째 숫자는 변수 'num1'에, 두 번째 숫자는 변수 'num2'에, 그리고 사칙연산 기호는 변수 'operation'에 저장됩니다. 이후 'print' 함수를 사용하여 입력받은 값들을 화면에 출력합니다.

현재 환경에서는 사용자 입력을 받을 수 없기 때문에, 이 코드를 로컬 파이썬 환경, Python 인터프리터, IDLE, Jupyter Notebook 또는 다른 Python 개발 환경에서 실행할 수 있습니다. 아래의 코드를 복사하여 사용해 보세요:

```python
num1 = input("첫 번째 숫자를 입력하세요: ")
num2 = input("두 번째 숫자를 입력하세요: ")
operation = input("사칙연산 기호(+, -, *, /)를 입력하세요: ")

print("입력한 첫 번째 숫자: ", num1)
print("입력한 두 번째 숫자: ", num2)
print("입력한 사칙연산 기호: ", operation)
```
이 코드는 사용자가 입력한 두 개의 숫자와 사칙연산 기호를 순서대로 출력합니다.

마지막으로 입력받은 값(두 개의 숫자, 연산 기호)을 이용해 사칙연산을 수행하고 그 결과값을
화면에 출력하는 코드를 요청한다.

질문

위의 코드에서 입력 받은 두 개의 숫자와 한 개의 사칙연산 기호를 이용해서 계산을 하고 계산한 결과값을 출력하
는 코드를 만들어 줘.

챗GPT가 사용자의 요청에 따른 파이썬 코드를 제안한다.

이 코드는 사용자로부터 두 개의 숫자와 사칙연산 기호를 입력받아 해당 연산을 수행하고 결과를 출력하는 파이썬
프로그램입니다. 'calculate' 함수는 두 숫자와 연산자를 인자로 받아 계산을 수행하고, 결과를 반환합니다.
현재 환경에서는 사용자 입력을 받을 수 없어 코드를 직접 실행할 수 없습니다. 이 코드를 로컬 파이썬 환경,
Python 인터프리터, IDLE, Jupyter Notebook 또는 다른 Python 개발 환경에서 실행할 수 있습니다. 아래의 코
드를 복사하여 사용해 보세요:

```python
def calculate(num1, num2, operation):
    if operation == '+':
        return num1 + num2
    elif operation == '-':
        return num1 - num2
    elif operation == '*':
        return num1 * num2
    elif operation == '/':
        return num1 / num2 if num2 != 0 else "0으로 나눌 수 없습니다."
    else:
        return "잘못된 연산자입니다."

# 입력 받기
num1 = float(input("첫 번째 숫자를 입력하세요: "))
num2 = float(input("두 번째 숫자를 입력하세요: "))
operation = input("사칙연산 기호(+, -, *, /)를 입력하세요: ")

# 계산 및 출력
```

```
result = calculate(num1, num2, operation)
print("계산 결과: ", result)
"""
```
이 코드를 실행하면 사용자가 입력한 두 숫자와 연산자를 기반으로 계산을 수행하고 결과를 출력합니다.

앞서 'HelloWorld' 프로그램을 만들 때처럼, 프로젝트를 생성하고 마지막 프롬프트에 대해 챗GPT가 생성해 준 코드를 그대로 복사해서 아래 화면과 같이 Replit 편집 화면에 붙여넣기를 한다.

그림 93 전체 코드 붙여넣기

위의 그림과 같이 소스를 복사해서 옮겨놓았다면 'Run' 버튼을 눌러 프로그램을 실행해 보자. 실행과 동시에 오른쪽 콘솔에 다음과 같이 '첫 번째 숫자를 입력하세요:'라는 메시지가 표시되면 숫자 한 개를 입력하고 엔터키를 치면 된다.

그림 94 첫 번째 숫자 입력

다음으로 '두 번째 숫자를 입력하세요:'라는 메시지가 표시되면 숫자 한 개를 더 입력하고 엔터키를 치면 된다.

그림 95 두 번째 숫자 입력

마지막으로 연산 기호를 입력하고 엔터키를 치면 계산된 값이 출력된다.

그림 96 연산 기호의 입력 및 계산

위와 같은 방식으로 챗GPT의 도움을 받아 코딩을 한다면 파이썬 문법을 전혀 모른다고 해도 원하는 프로그램을 만들 수 있다.

HTML, CSS, 자바스크립트(JavaScript)

이번에 다뤄 볼 HTML, CSS, 자바스크립트는 모두 웹페이지를 만들거나 웹프로그래밍에 사용되는 요소들이다. 하지만 엄격히 말해서 HTML, CSS는 프로그래밍 언어라고 볼 수 없다.

HTML은 'Hyper Text Markup Language'의 약자로, 프로그래밍 언어라기보다는 마크업 언어에 가깝다. 마크업 언어는 웹페이지의 구조와 콘텐츠를 배열하고 정의하는 데 사용되며, HTML에서 제공하는 태그를 사용한다. 태그의 적용을 받은 텍스트는 웹브라우저에서 다양한 형태로 표시될 수 있다.

CSS도 HTML과 같이 프로그래밍 언어로 볼 수 없다. CSS는 'Cascading Style Sheets'의 약자로, 일명 스타일시트 언어라고도 한다. 이는 웹페이지의 디자인과 레이아웃을 결정하는 데 사용된다. CSS는 웹페이지의 요소들에 스타일을 적용하는 규칙을 정의하며, 이를 통해 글꼴, 색상, 크기, 간격, 배치 등을 조절해 페이지의 시각적 표현을 개선할 수 있다.

일반적으로 프로그래밍 언어는 데이터 처리, 조건부 실행, 반복, 함수와 같은 복잡한 연산과 작업을 수행할 수 있는 기능을 제공한다. 위에서 설명했듯이 HTML과 CSS는 이러한 프로그래밍적인 요소를 제공하지 않으며 웹페이지의 구조적 위치, 형태, 시각적 스타일을 정의하는 데만 사용된다.

반면에 자바스크립트는 프로그래밍 언어로 볼 수 있다. 자바스크립트는 웹페이지에 상호작용성 즉, 동적 반응을 추가하거나 구현하는 데 주로 사용된다. 클라이언트측 스크립트로 널리 알려져 있으나 모던 자바스크립트는 서버 측 백앤드 부분에서도 사용되는 언어가 되었다. 자바스크립트는 데이터를 조작하고, 사용자 입력에 반응하며, 웹페이지의 내용을 동적으로 변경할 수 있는 기능을 제공한다.

또한 자바스크립트는 조건문, 반복문, 함수와 같은 전통적인 프로그래밍 언어의 특징을 가지고 있으며, 객체 지향 프로그래밍과 함수형 프로그래밍을 지원한다. 이러한 기능들은 자바스크립트를 웹 개발뿐만 아니라 다양한 프로그래밍 작업에 두루 사용될 수 있게 만들어 준다.

우선 HTML과 CSS만을 사용해 정적인 웹페이지의 구성 요소들을 만들어 보자. 다음과 같은 프롬프트를 사용해서 챗GPT에게 HTML/CSS 코드의 생성을 요청해 보자.

질문

너는 웹 프로그래머야.
너는 웹 프로그램을 배우려는 학생들을 가르치는 역할이야.

HTML과 CSS만을 사용해서 '아이디'와 '패스워드'를 입력받을 수 있는 입력폼을 만들어 줘.
입력폼 아래에는 '로그인'이라는 라벨이 적힌 버튼을 하나 생성해 줘.
단, 자바스크립트는 사용하지 말 것.

챗GPT는 위 요청에 대한 HTML/CSS 코드를 다음과 같이 생성해 준다.

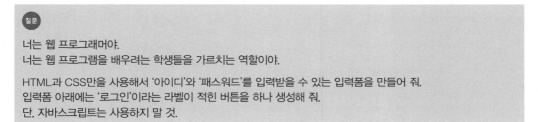

```
<!DOCTYPE html>
<html>
<head>
  <style>
    .login-form {
      margin: 20px;
      padding: 20px;
      border: 1px solid #ddd;
    }

    .form-group {
      margin-bottom: 10px;
    }

    label, input {
      display: block;
    }

    input[type="text"], input[type="password"]                {
      width: 100%;
      padding: 8px;
      margin: 5px 0;
      box-sizing: border-box;
    }

    input[type="submit"]       {
```

```
        background-color: #4CAF50;
        color: white;
        padding: 10px 15px;
        border: none;
        cursor: pointer;
    }

    input[type="submit"]: hover {
        background-color: #45a049;
    }
    </style>
</head>
<body>

<div class="login-form">
    <form action="/submit-your-login-form" method="post">
        <div class="form-group">
            <label for="id">아이디: </label>
            <input type="text" id="id" name="id">
        </div>
        <div class="form-group">
            <label for="password">패스워드: </label>
            <input type="password" id="password" name="password">
        </div>
        <input type="submit" value="로그인">
    </form>
</div>

</body>
</html>
```

챗GPT가 생성해 준 코드를 복사한 후 다시 replit.com으로 간다. 이전에 파이썬으로 코딩할 때 했던 과정과 동일한 과정을 반복한다. 단, 이번에는 언어(Language) 옵션에서 '파이썬'이 아닌 'HTML, CSS, JS'를 선택해야 한다.

그림 97 HTML 프로젝트 생성

챗GPT가 만들어 준 코드를 복사해서 Replit 화면 왼쪽의 편집창에 붙여넣기를 한다. 'HTML, CSS, JS' 옵션으로 새 프로젝트를 생성하면 기본적인 HTML 코드가 자동으로 생성된다. 미리 만들어진 코드는 모두 삭제한 후, 챗GPT가 만들어 준 코드로 아래 그림과 같이 바꿔 준다.

그림 98 로그인 화면 HTML 코드 입력

코드를 복사해 붙여넣기를 하고 나면 화면 상단 중앙에 있는 'Run' 버튼을 눌러 실행시킨다.
'Run' 버튼을 눌러 코드를 실행시켰을 때 코드에 이상이 없다면 오른쪽 실행창에 해당 HTML/
CSS 코드로 만들어진 '웹페이지'가 나타난다. 웹페이지를 구성하는 HTML 파일의 확장자는
.html이다. 이 파일을 크롬 같은 브라우저에서 읽어들이면 아래와 동일한 화면을 만나볼 수
있다.

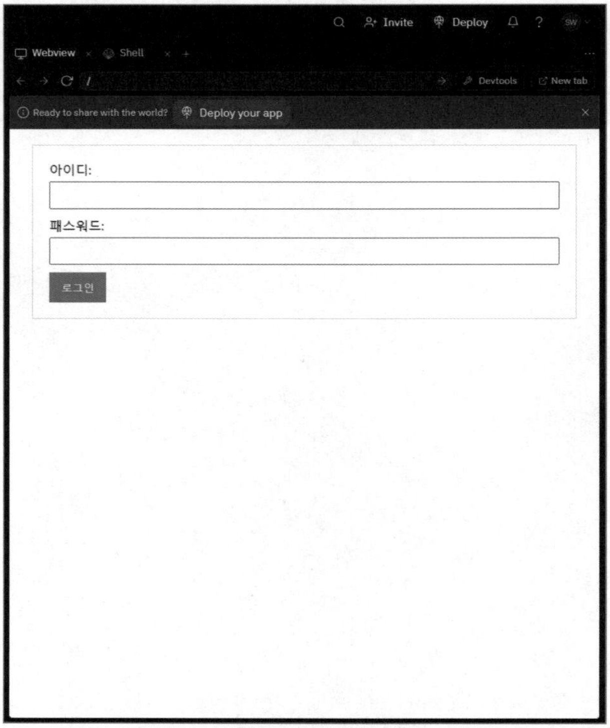

그림 99 로그인 화면의 표시

지금까지 HTML과 CSS로 만든 웹페이지는 아무런 동작도 하지 않는 정적인 웹페이지다. 즉,
로그인 버튼을 눌러도 반응을 하지 않는 웹페이지라는 말이다. 그래서 지금부터는 자바스크립
트를 사용함으로써 로그인 버튼을 눌렀을 때 반응(액션)이 나타나도록 구현해 보자.
우선 다음과 같이 챗GPT에게 자바스크립트를 이용한 이벤트가 발생할 수 있는 코드를 만들어
달라고 요청하자.

위에서 생성한 HTML/CSS 코드에 자바스크립트 코드를 추가해 사용자가 아이디와 패스워드를 입력한 후 로그인 버튼을 눌렀을 때, 팝업창을 띄워서 사용자가 입력한 아이디와 패스워드를 보여 줄 수 있게 만들어 줘.

챗GPT가 다음과 같이 자바스크립트 코드가 추가되어 수정된 코드를 다시 생성해서 응답한다.

```html
<!DOCTYPE html>
<html>
<head>
  <style>
    .login-form {
      margin: 20px;
      padding: 20px;
      border: 1px solid #ddd;
    }
    .form-group {
      margin-bottom: 10px;
    }
    label, input {
      display: block;
    }
    input[type="text"], input[type="password"]            {
      width: 100%;
      padding: 8px;
      margin: 5px 0;
      box-sizing: border-box;
    }
    input[type="submit"]     {
      background-color: #4CAF50;
      color: white;
      padding: 10px 15px;
      border: none;
      cursor: pointer;
    }
    input[type="submit"]: hover {
      background-color: #45a049;
    }
  </style>
</head>
<body>
<div class="login-form">
   <form id="loginForm">
      <div class="form-group">
         <label for="id">아이디: </label>
         <input type="text" id="id" name="id">
      </div>
      <div class="form-group">
```

```
        <label for="password">패스워드: </label>
        <input type="password" id="password" name="password">
    </div>
    <input type="submit" value="로그인">
  </form>
</div>
<script>
    document.addEventListener('DOMContentLoaded',(event) => {
        document.getElementById('loginForm').addEventListener('submit', function(event)
{
        event.preventDefault(); // 폼의 기본 제출 동작을 방지
        var password = document.getElementById('password').value;
        alert('아이디: ' + id + '\n패스워드: ' + password);
      });
    });
</script>
</body>
</html>
```

위의 소스 코드를 복사해 Replit 편집창에 붙여넣기를 한 뒤, 화면 상단 중앙에 있는 'Run' 버튼을 눌러 해당 코드를 실행한다. 만약 코드에 에러가 없다면 아래 화면과 같이 아이디와 패스워드를 입력할 수 있는 화면이 Replit 화면 왼쪽에 나타난다.

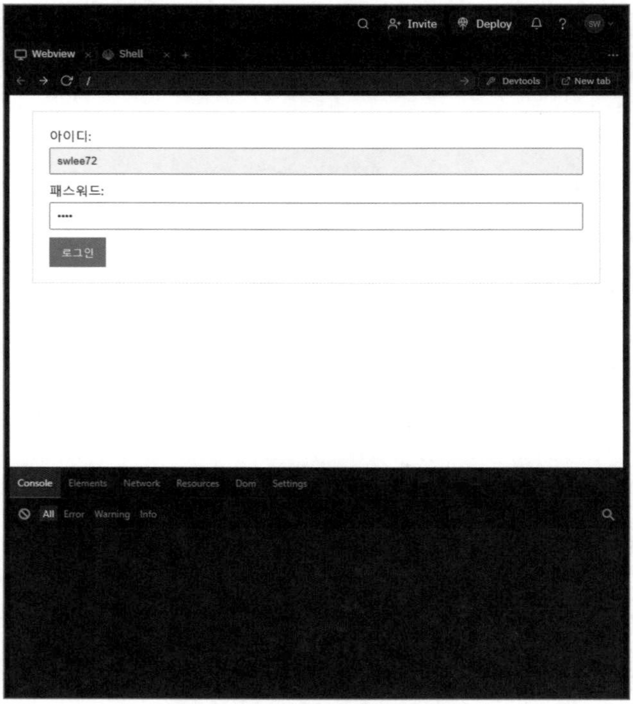

그림 100 자바스크립트가 적용된 로그인 화면

아이디와 패스워드를 입력하고, '로그인' 버튼을 누르면 자바스크립트가 작동되어 사용자가 입력한 아이디와 패스워드를 내부적으로 전달받아서 보여 주는 팝업창을 띄울 수 있게 된다.

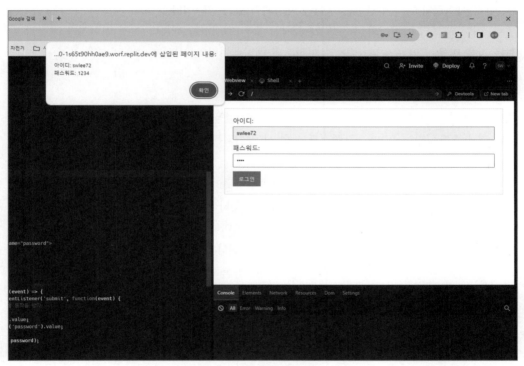

```
<script>
    document.addEventListener('DOMContentLoaded', (event) => {
        document.getElementById('loginForm').addEventListener('submit', function(event) {
            event.preventDefault(); // 폼의 기본 제출 동작을 방지

            var id = document.getElementById('id').value;
            var password = document.getElementById('password').value;

            alert('아이디: ' + id + '\n패스워드: ' + password);
        });
    });
</script>
```

그림 101 **자바스크립트 코드**

그림 102 **자바스크립트 실행 화면**

지금까지 3~4가지 예제를 통해 챗GPT를 코딩에 활용하는 방법들을 알아보았다. 솔직히 챗GPT를 코딩 분야에 적용하는 내용만으로도 책 한 권 분량이 될 수 있을 정도다. 그만큼 챗GPT는 코딩에 있어서 매우 유용한 툴이 될 것이라는 예측이 지배적이다. 하지만 이 책은 프롬프트와 챗GPT의 기본적 사용에 관한 내용을 주로 다룬다는 목적을 가지기에 코딩에 관해서는 매우 기초적인 내용 위주로만 다뤄 보았다.

03 그림

GPT4에 달리 3(DALL-E 3)가 기본 사양으로 채용되면서 텍스트 생성 기능에 비해 다소 떨어진다는 평을 받았던 이미지 생성 기능마저도 그 수준이 점점 더 높아지고 있다. 심지어 일부에서는 이미지만을 전문적으로 생성하는 이미지 생성형 인공지능에 필적할 만한 결과물을 선보이고 있다. 이는 다음과 같은 성능의 발전에 기인한다고 볼 수 있다.

첫째, 이미지의 디테일한 부분을 텍스트로 지정해 줄 수 있다. 복잡한 프롬프트가 아닌 일반적인 텍스트 스타일의 프롬프트만으로도 이미지의 세부적인 요소들을 생성하거나 조정할 수 있다.

둘째, 텍스트의 이미지화가 가능하다. 즉 텍스트를 이미지로 그려낼 수 있다는 말이다. 결국 이러한 기능 덕분에 로고 작업에 사용될 수 있으며 그 결과물의 질 또한 상당한 수준에 이르렀다. 단, 아직 텍스트의 이미지 구현은 영어에 한정되어 있는 상황이다.

셋째, 이미 생성된 이미지의 수정이 가능하다. 물론 재생성할 때마다 이전 이미지가 조금씩 바뀌는 것을 막을 도리는 없다. 하지만 이미지의 메타데이터와 시드(SEED) 번호를 알 수 있기 때문에 이를 활용하면 이미지 재성성 시의 이미지 변화 폭을 크게 줄일 수 있다. 하지만 완벽하게 똑같은 이미지의 재생성은 아직도 힘들어 보인다.

넷째, 사용자가 어떤 이미지를 만들어야 할지 알 수 없을 때 챗GPT에게 이미지에 대한 아이디어나 컨셉을 요구할 수 있다. 즉 텍스트 생성 시 발휘되는 챗GPT의 창의성을 이미지 생성 시에도 활용할 수 있다.

마지막으로, 이미지에도 스토리를 부여해 스토리텔링 하듯이 연속성을 가지는 이미지를 생성할 수 있다. 이러한 특징을 잘 이용하면 네 컷 또는 여러 컷의 만화나 웹툰 같은 결과물을 만들어 낼 수 있다.

이와 같은 장점에도 불구하고 챗GPT 또한 저작권에 대해서는 자유롭지 않다. 따라서 저작권 문제로부터 보호받기 위해 유명한 예술가의 스타일로 그린다든가, 기존에 상품화된 캐릭터 또는 브랜드화 되어 있는 제품의 디자인 등을 모방해서 그리는 프롬프트는 챗GPT에게 거부당할 수 있다.

썸네일

이번 프롬프트에서는 유튜브나 블로그 등에서 사용하는 썸네일의 바탕 이미지를 그려 보자. 이와 같은 과정으로 챗GPT가 그려 준 바탕 이미지를 잘 활용하면 좀 더 쉽고 빠르게 유튜브나 블로그 등에서 사용할 수 있는 썸네일을 생산할 수 있다.

 질문

[1] 유튜브 채널이나 블로그의 성격을 입력하세요.
[2] 썸네일에 사용될 유튜브 영상이나 블로그 포스트의 내용을 입력하세요.

사용자로부터 위의 질문에 대한 입력을 요청하고
사용자가 입력한 데이터를 사용해 아래 지시 사항을 완성해 줘.
사용자의 입력이 부족할 경우 다시 입력을 요구해 줘.

너는 유튜브, 블로그, 인스타그램 등의 플랫폼에서 일하는 중급 디자이너야.
너는 유튜브나 블로그 등에서 사용하는 썸네일을 만드는 역할이야.

사용자 입력한 [1]~[2] 내용을 바탕으로 썸네일에 대한 컨셉 또는 아이디어를 4가지만 그려 줘.
그림은 개수만큼 따로 따로 그려 줘.

이미지 생성이 끝나면 이미지에 대한 메타데이터와 시드 번호를 표시해 줘.

챗GPT가 사용자의 입력을 요청한다.

물론입니다. 먼저, 유튜브 채널이나 블로그의 성격과 썸네일에 사용될 유튜브 영상이나 블로그 포스트의 내용에 대해 알려 주시겠어요? 이 정보를 바탕으로 썸네일에 대한 4가지 컨셉 또는 아이디어를 그려 드리겠습니다.

사용자는 이미지 생성에 필요한 정보를 입력한다.

1. 채널의 성격: 캠핑 유튜브 채널
2. 영상의 주제: 눈이 많이 오는 날 설산에서의 캠핑

챗GPT가 사용자 정보를 바탕으로 이미지 4개를 그린다.

여기 캠핑 유튜브 채널을 위한 4가지 썸네일 컨셉이 있습니다:

1. 코지한 텐트와 캠프파이어: 눈 덮인 나무와 산을 배경으로 한 아늑한 텐트가 보입니다. 따뜻한 조명이 추운 눈과 대비를 이루며, 텐트 옆의 캠프파이어와 따뜻한 재킷을 입은 사람이 보입니다.
2. 별이 빛나는 밤의 설경: 밤하늘에 별이 빛나는 눈 덮인 산을 배경으로 내부에서 불빛이 나오는 텐트가 있습니다. 산 정상과 별이 빛나는 하늘을 보며 모험과 고요함을 느낄 수 있는 장면입니다.
3. 겨울 캠핑의 항공 샷: 눈 위의 캠프장을 새의 눈으로 본 장면으로, 텐트로 이어지는 길이 보입니다. 주변에는 스노우슈즈, 배낭, 보온병 등 겨울 캠핑 활동을 나타내는 물품들이 있으며, 배경에는 설산의 파노라마가 펼쳐져 있습니다.
4. 따뜻한 커피 한 잔의 클로즈업: 눈 덮인 산을 배경으로 따뜻한 커피 한 잔이 있으며, 주변에 눈송이가 부드럽게 떨어지고 있습니다. 배경에는 텐트와 겨울 캠핑 장비의 일부가 있어 따뜻하고 초대하는 분위기를 자아냅니다.

이 이미지들은 채널의 성격과 영상의 주제를 반영하여 디자인되었습니다.

그림 103 썸네일 아이디어

현재 챗GPT는 텍스트든 이미지든 재생성 시 똑같은 텍스트와 이미지를 생성하지 못한다. 따라서 이미지를 수정하여 재생성했을 때, 이미지의 변화 폭을 최소화하려면 각 이미지별로 메타데이터와 시드 번호를 알아야 한다. 이번 답변에서는 메타데이터와 시드 번호를 알려 주지 않았으므로 메타데이터와 시드 번호를 한번 더 요청해 보자.

 질문

각 이미지들에 대한 메타데이터와 시드 번호를 알려 줘.

이번에는 이미지별로 메타데이터와 시드 번호를 제대로 알려 준다.

각 이미지에 대한 메타데이터와 시드 번호는 다음과 같습니다:

1. 첫 번째 이미지(코지한 텐트와 캠프파이어):
    −메타데이터 ID X7wTCxpnPjhc5HZq, 시드 번호 − 707193268.
2. 두 번째 이미지(별이 빛나는 밤의 설경):
    −메타데이터 ID 5PEsZCqoS8CK6Nzg, 시드 번호 − 123124047.
3. 세 번째 이미지(겨울 캠핑의 항공 샷):
    −메타데이터 ID rWD0uAM1EYPBhh99, 시드 번호 − 2294744147.
4. 네 번째 이미지(따뜻한 커피 한 잔의 클로즈업):
    −메타데이터 ID KxI6Y0SO4ZUBYs69, 시드 번호 1770293007.

이 정보를 통해 각 이미지를 구별하고 참조할 수 있습니다.

챗GPT가 생성한 이미지 중에서 가장 마음에 드는 것 하나를 선택해 이를 유튜브용 썸네일에 맞게 수정을 요구한다. 주의할 점은 프롬프트 작성 시 반드시 해당 이미지의 메타데이터와 시드 번호를 입력해 줘야 한다. 그래야만 최대한 이전 이미지의 느낌을 유지하는 선에서 수정할 수 있다.

질문

네 번째 이미지(따뜻한 커피 한 잔의 클로즈업)를 선택할 거야.
단, 메타데이터 ID는 KxI6Y0SO4ZUBYs69, 시드 번호는 1770293007인 이미지를 그대로 사용해서 생성할 것.
유튜브 썸네일에 맞춰 16: 9의 비율로 다시 그려 줘.

챗GPT는 이미지를 재생성해서 사용자가 요구한 사이즈에 맞게 그려 준다. 해당 이미지에 대한 메타데이터와 시드 번호를 함께 입력했기 때문에 완벽하게 똑같지는 않지만 어느 정도 비슷한 느낌으로 다시 그려 주었다.

네 번째 이미지(따뜻한 커피 한 잔의 클로즈업)를 16: 9 비율의 유튜브 썸네일로 다시 그렸습니다. 이미지는 위에 표시되어 있습니다. 원하시면 이미지를 클릭하여 다운로드할 수 있습니다.

그림 104 수정된 썸네일 그림

로고

이번에는 챗GPT를 이용해 로고를 만들어 보자. 앞서 설명했듯이 GPT4로 업그레이드되면서 텍스트를 이미지로 만드는 기능이 한층 강화되었다. 특히 영어의 경우에는 거의 완벽하게 텍스트를 이미지로 그려낸다.

다음과 같은 프롬프트를 이용해서 필요한 로고를 좀 더 쉽고 빠르게 그려 보자.

질문

너는 로고 디자이너야.
너는 클라이언트 요청을 반영해서 로고를 그리는 역할이야.

'노마드코드랩(NomadCodeLab)'이라는 유튜브 채널을 개설했는데
코딩, 인공지능(AI), IT, 테크 등의 컨텐츠를 소개하는 채널이야.
이러한 컨셉에 맞는 로고를 그려 줘.

챗GPT는 사용자의 요구를 반영해 로고 하나를 그려 준다.

여기 '노마드코드랩(NomadCodeLab)' 유튜브 채널을 위한 로고 디자인이 있습니다. 이 로고는 기술, 코딩 및 노마드 생활 방식의 결합을 나타내며, 현대적이고 기술 지향적인 색상을 사용하여 글로벌한 기술의 본성을 상징하는 스타일화된 지구에 통합된 노트북과 코딩 상징들을 특징으로 합니다.

그림 105 로고 초기 이미지

로고로 사용하기에는 이미지가 너무 복잡한 것 같아서 다시 그려 달라고 챗GPT에게 다음과 같이 요청한다.

질문

좀 더 단순한 스타일로 4개만 그려 줘.

챗GPT는 사용자의 요청에 따라 이미지를 재생성해 준다.

여기 '노마드코드랩(NomadCodeLab)'을 위한 간소화된 로고 디자인 네 가지 버전이 있습니다. 각 로고는 미니멀리즘을 기반으로 하며, 노트북, 코딩 요소, 그리고 노마드 생활 방식을 상징하는 간단한 나침반이나 지구 같은 요소가 조화롭게 디자인되어 있습니다.

그림 106 로고 이미지 1차 수정

사용자의 요구에 맞게 조금 단순하게 잘 그려줬지만 이번에는 영문이 이상한 문자로 그려졌다. 텍스트를 수정하기 위해 다음과 같이 다시 요청한다.

대신 이번에는 챗GPT가 그려 준 4개의 이미지 중에서 하나를 골라 캡처한 후 캡처한 이미지를 파일로 첨부했다.

첨부한 그림에서 글씨를 다음과 같이 모두 대문자로 다시 그려 줘.
NOMAD_CODE_LAB

챗GPT는 첨부한 파일과 유사한 이미지로 다시 그려 준다. 이번에는 영문이 제대로 이미지화되었다.

그림 107 로고 최종 이미지

여기 'NOMAD_CODE_LAB'을 위한 간소화된 로고 디자인이 있습니다. 모든 글자가 대문자이고 단어 사이에 밑줄이 있는 깔끔하고 현대적인 폰트를 사용했습니다.

이번에는 썸네일을 만들 때 프롬프트에 사용했던 메타데이터와 시드 번호를 사용하지 않았다. 로고 같은 경우에는 보다 창의성이 요구되는 그림 작업이기에 일부러 제외했다. 챗GPT의 창의성을 믿고 작업을 의뢰한 셈이다.

이모티콘

보통 이모티콘은 32개를 한 세트로 만들게 된다. 그리고 32개의 이미지는 모두 한 장의 이미지 안에 그려져야 한다. 그래서 프롬프트를 만들 때 반드시 '하나의 그림 안에'라는 문구를 명시해 주는 게 좋다. 그렇지 않을 경우 32개의 그림이 따로 따로 그려질 수도 있고 개수가 턱없이 부족할 수도 있다. 그리고 이모티콘의 경우 해당 그림에 대한 메타데이터와 시드 번호를 반드시 표시해 줘야 한다. 일반적으로 32개의 그림이 동시에 그려지는 경우는 거의 없다. 이러한 현상은 텍스트를 생성할 때도 마찬가지다. 예를 들어 1,000자 이상의 텍스트를 만들라고 했지만 한 번에 1,000자 이상의 텍스트를 챗GPT로부터 받아내기는 힘들다. 몇 번의 반복을 통해 요청해야만 목표한 글자 수에 근접한 텍스트를 획득할 수 있었다.

이러한 현상은 그림에서도 똑같이 적용되므로 프롬프트를 반복해서 32개의 이모티콘을 획득해야 한다. 그런데 문제는 이미지를 생성할 때마다 이미지가 조금씩 바뀐다는 것이다. 그래서 메타데이터와 시드 번호를 알아둬야 한다. 프롬프트를 반복해야 할 때, 이전 이미지의 메타데이터와 시드 번호를 입력하는 것만으로도 이미지의 변화 정도를 최소화할 수 있다.

그럼 다음과 같은 프롬프트를 사용해 이모티콘으로 사용할 이미지를 만들어 보자.

질문

너는 이모티콘 그림 작가야.
너는 주어진 조건에 맞는 이모티콘 이미지를 그리는 역할이야.

#조건#
[1] 캐릭터: 아기 곰
[2] 특징: 다양한 유아(3~5세)의 포즈와 표정
[3] 스타일: 단순하지만 동글동글하고 귀여운 일러스트
[4] 신체 비율: 머리, 몸, 다리를 동일한 비율로
[5] 외곽선: 외곽선은 가늘게
[6] 컬러: 핑크색의 파스텔톤

위에서 제시한 #조건# [1]~[6]까지의 내용들이 반영된 여러 가지 포즈와 표정을 가진 32개의 캐릭터를 생성해 32개의 캐릭터를 빠짐없이 하나의 그림 안에 그려 줘.
반드시 그림의 메타데이터와 시드 번호를 표시할 것.

챗GPT는 이모티콘 이미지를 생성해 준다. 하지만 32개를 그려 주지 않아 다시 프롬프트를 요청해야 한다.

여기 여러분이 요청하신 조건에 맞는 아기 곰 캐릭터 32개가 그려진 이미지가 있습니다. 다양한 포즈와 표정을 가진 이 귀여운 캐릭터들을 확인해 보세요. 이미지의 메타데이터와 시드 번호는 다음과 같습니다. 메타데이터 ID "0dW0wvvofr07EOvK", 시드번호 316532557.

그림 108 이모티콘 이미지 1차 생성

부족한 이모티콘을 추가로 그려 달라고 챗GPT에게 요청한다. 반드시 메타데이터와 시드 번호를 같이 제공해 줘야 한다.

질문

32개의 이모티콘 이미지가 필요한데 21개만 그려진 상태야.
11개를 더 그려 줘.
단, 메타데이터 ID "0dW0wvvofr07EOvK", 시드 번호 316532557인 이미지를 그대로 사용해서 생성할 것.

챗GPT가 대답한다.

기존 컬렉션에 11개의 새로운 아기 곰 캐릭터를 추가한 이미지를 생성했습니다. 이 캐릭터들은 이전 이미지와 같은 스타일과 기준을 유지하고 있습니다. 이미지의 메타데이터와 시드 번호는 다음과 같습니다: 메타데이터 ID "7ExTdozya2vXnsqC", 시드 번호 316532557.

그림 109 이모티콘 이미지 추가 생성

4컷 만화

먼저 아래 프롬프트와 같이 4컷 만화를 그리기 위한 조건들을 한꺼번에 제시하고, 이모티콘을 그릴 때처럼 하나의 그림 안에 4컷을 모두 그려 달라고 부탁해 보았다. 5~6번 이상 시도해 봤지만 4컷이 한 번에 제대로 그려진 경우는 없었다. 말풍선의 대화 내용 또한 영어임에도 불구하고 이상한 단어와 문장들로 생성되었다.

질문

#조건#
[캐릭터] 매우 바빠 보이는 30대 직장인
[시간] 점심 시간
[장소] 주차장
[컷 구성]
 – 1컷: 점심 식사를 마친 후 커피 한 잔을 테이크아웃해 주차장으로 감
 – 2컷: 자동차 문을 열기 위해 커피를 자동차 지붕 위에 놓아 둠
 – 3컷: 놓아 둔 커피를 깜박 잊고 그냥 자동차를 운전함
 – 4컷: 운전하고 가는 중에 커피가 생각나서 매우 실망함

위의 #조건#에서 제시한 캐릭터, 시간, 장소, 컷 구성을 고려해 4컷 만화를 하나의 그림 안에 그려 줘.
만약 대사가 필요하다면 대사를 말풍선으로 그려 줘.

챗GPT는 다음과 같이 내용에 맞지 않는 이미지를 그려 준다. 4컷을 그려 달라고 했는데 4컷 이상의 이미지를 그려 준 경우도 몇 번 있었다.

그림 110

그림 111   그림 112

그래서 이번에는 4컷에 대한 컨셉이나 아이디어를 미리 한꺼번에 제시하지 않고, 1컷씩 차례차례 제시하는 과정을 통해 이미지를 한 장씩 그려봤다. 이 역시 이미지의 일관성이 완벽하지는 않았지만 요구 사항을 한꺼번에 요청하는 것보다는 양호한 결과를 보여 줬다.

다음과 같은 프롬프트로 작업을 진행해 봤다. 이미지를 한 번에 그리는 것이 아니므로 따로 따로 그릴 때마다 이미지에 대한 일관성을 부여하려면 시드 번호가 필요하다. 따라서 프롬프트에서 반드시 시드 번호를 요구해야 한다.

 질문

넌 일러스트레이터야.
넌 만화체의 그림을 그리는 역할이야.

주인공은 초등학교 남학생이야.
아침에 침대에서 일어나는 모습을 만화 그림체로 그려 줘.
반드시 생성하는 그림의 시드 번호를 알려 줘.

챗GPT는 다음과 같이 대답하고 첫 번째 컷을 그려 준다.

여기 초등학생 남학생이 아침에 침대에서 일어나는 모습을 담은 만화 스타일의 그림이 있습니다. 생성된 그림의 시드 번호는 3186211943입니다.

그림 113 첫 번째 컷

이제 두 번째 컷을 그리기 위해 다음과 같이 프롬프트를 요청해 보자. 이때 반드시 시드 번호를 제공해야 한다.

질문

시드 번호가 3186211943인 이미지를 그대로 사용해서 생성할 것.
학교로 걸어가는 초등학생의 모습을 만화 그림체로 그려 줘.

챗GPT는 다음과 같이 대답하고 두 번째 컷을 그려 준다. 시드 번호를 입력했음에도 이전 이미지와 완전히 똑같진 않았다. 그러나 어느 정도 일관성은 유지되고 있음을 확인할 수 있다.

이미지가 생성되었습니다. 이 이미지는 동일한 시드 번호 3186211943을 사용하여 이전 이미지와 같은 시각적 스타일과 캐릭터 디자인을 유지합니다.

그림 114 두 번째 컷

이제 세 번째 컷을 그리기 위해 다음과 같이 프롬프트를 요청해 보자. 이때 반드시 시드 번호를 제공해야 한다.

질문

시드 번호가 3186211943인 이미지를 그대로 사용해서 생성할 것.
학교에서 즐겁게 생활하는 초등학생의 모습을 만화 그림체로 그려 줘.

챗GPT는 다음과 같이 대답하고 세 번째 컷을 그려 준다. 이번에도 시드 번호를 입력했음에도 이전 이미지와 완전히 똑같이 그려지진 않았다. 하지만 어느 정도 이미지의 일관성은 유지되고 있음을 확인할 수 있다.

학교에서 친구들과 즐겁게 지내는 초등학생의 모습을 담은 만화 스타일의 그림을 생성했습니다. 이 이미지 역시 시드 번호 3186211943을 사용하여 만들어졌습니다.

그림 115 세 번째 컷

현재 챗GPT 달리의 이미지 프로세싱 기능은 이 정도 수준에서 진행되는 듯하다. 하지만 이 또한 몇 개월 전에는 없던 기능이었다. 따라서 조금만 기다려보면 훨씬 질 높은 이미지를 만들 수 있으리라 본다.

마지막으로 네 번째 컷을 그리기 위해 다음과 같이 프롬프트를 요청해 보자. 이때 반드시 시드 번호를 제공해야 한다.

시드 번호가 3186211943인 이미지를 그대로 사용해서 생성할 것.
학교 수업을 마치고 집으로 돌아와 숙제를 하는 초등학생의 모습을 만화 그림체로 그려 줘.

챗GPT는 다음과 같이 대답하고 네 번째 컷을 그려 준다.

학교 수업을 마치고 집에 돌아와 숙제를 하는 초등학생의 모습을 담은 만화 스타일의 그림을 생성했습니다. 이 그림도 같은 시드 번호 3186211943를 사용했습니다.

그림 116 네 번째 컷

지금까지 4컷 만화를 그려봤다. 아직 다소 부족한 점이 보이지만 짧은 시간 안에 이러한 단점을 극복할 것이라 생각한다.

GTP4 실전 가이드

GPT3.5 vs GPT4 vs GPT4 Turbo

....

01 GPT3.5

....

개요

2022년 11월에 출시된 GPT3.5는 GPT의 3세대 모델이다. 1,750억 개의 매개변수로 구성되어, 2020년 5월에 도입된 이전 버전인 GPT2보다 100배 이상의 규모로 발전되었다. 2022년 11월에 오픈 베타가 공개되자마자 전 세계적으로 큰 관심을 불러 일으켰다. 역대 출시된 GPT 중에서 가장 뛰어난 모델로도 평가를 받았다.

특징

GPT3.5는 자연어 처리(NLP) 분야에서 중요한 진보를 나타내는 모델로, 기계 학습 및 인공지능 분야에서의 최신 연구 성과를 바탕으로 한다. 다음과 같은 GPT3.5의 특징들은 이 모델이 다양한 형태의 언어 기반 작업을 수행하는 데 있어 강력하고 유연한 도구로 만들어 준다. 그러나 사용자의 입력에 크게 의존하기 때문에, 이러한 입력 데이터의 품질과 관련성이 모델의 출력 품질에 중요한 영향을 준다.

① **트랜스포머(Transformer) 아키텍처:** GPT3.5는 트랜스포머 기반 모델로, 이는 주로 자기주의 메커니즘(self-attention mechanism)을 사용해 입력된 텍스트의 다양한 부분 간의 관계를 파악한다. 이러한 구조는 모델이 문맥을 더 잘 이해하고, 문장 내의 각 단어 간의 복잡한 관계를 파악하는 데 도움을 준다.

② **대규모 언어 모델:** GPT3.5는 수백억 개의 파라미터를 포함하는 대규모 언어 모델이다. 이러한 큰 규모의 파라미터 세트는 모델이 더 다양하고 복잡한 언어 패턴을 학습하고, 더 정확하고 상세한 내용을 생성할 수 있게 해 준다.

③ **문맥 이해 및 응답 생성:** GPT3.5는 특히 긴 문맥에서 뛰어난 성능을 보여 준다. 모델은 주어진 문맥을 분석하고, 그에 적합한 응답을 생성할 수 있다. 이는 대화, 문서 작성, 요약, 번역 등 다양한 언어 작업에 유용하다.

④ **제로샷 및 퓨샷 학습:** GPT3.5는 별도의 특정 작업에 대한 교육 없이도 다양한 작업을 수행할 수 있는 능력을 가지고 있다. 이는 앞선 파트 3에서 다루었던 제로샷 또는 퓨샷 학습으로 알려져 있으며, 적은 양의 데이터로도 높은 수준의 성능을 발휘할 수 있음을 의미한다.

⑤ **언어 다양성:** 이 모델은 여러 언어로 된 텍스트를 처리하고 이해할 수 있는 능력을 가지고 있으며 특히 영어를 포함한 주요 언어에서 높은 수준의 성능을 보여 준다.

⑥ **응용 분야:** GPT3.5는 챗봇, 콘텐츠 생성, 자연어 이해, 자동화된 텍스트 분석 및 요약 등 다양한 응용 분야에 활용될 수 있다. 또한, 창의적인 작업, 예술적 텍스트 생성, 코드 작성 지원 등의 분야에서도 사용된다.

02 GPT4

개요

2023년 3월에 공개된 GPT4는 OpenAI의 GPT 시리즈 중 4세대 모델이다. 이전 모델인 GPT3.5를 업그레이드한 것으로, 유료 서비스인 'ChatGPT Plus'를 제공했다. GPT3.5에서는 한 번에 영어 기준 3,000개 정도의 단어를 처리할 수 있었다면, GPT4는 약 25,000개까지 처리할 수 있게 되었다. 또한 기억 능력도 좋아져서 GPT3.5에서는 약 8,000개 단어(책 4~5페이지, 토큰 14,096개)를 기억해 대화를 나눌 수 있었다면 GPT4는 이전 버전의 약 8배인 64,000개의 단어(책 50페이지, 토큰 32,768개)를 기억해 대화에 사용한다.

GPT4의 출시는 인공지능 기술의 진화를 상징하는 중요한 이정표로, 더욱 정교하고 복잡한 언어 작업을 처리할 수 있는 능력을 제공한다. 이 모델은 특히 긴 문맥을 이해하고, 창의적인 글쓰기, 복잡한 문제 해결 등에서 뛰어난 성능을 보여 준다. 또한, 다양한 언어를 지원함으로써 전 세계 다양한 사용자들이 활용할 수 있는 범용성을 갖추고 있다.

특징

GPT4는 OpenAI에서 개발한 최신 세대의 대규모 언어 생성 모델로, 이전 모델인 GPT3.5에 비해 상당한 발전을 보인다. 이 모델은 다음과 같은 주요 특징과 기능을 가지고 있다.

① **언어의 문맥 이해도 향상:** GPT4는 긴 문맥에 걸친 정보를 좀 더 정확하게 추적하고 이해할 수 있으며, 이를 바탕으로 보다 관련성 높고 일관된 답변을 생성할 수 있다.

② **향상된 추론 능력:** 이 모델은 복잡한 논리적 추론 문제에 대해 보다 효과적으로 대응할 수 있다. 이로써 고급 추론, 문제 해결, 의사 결정 지원 등의 분야에서 활용될 수 있으며, GPT4는 창의적인 글쓰기, 아이디어 생성, 예술적 표현 등에서 더 높은 수준의 창의성을 보여 준다.

③ **보다 자연스러운 한국어 지원:** GPT4는 여러 언어에 대한 이해도가 향상되어 있으며, 다국어 지원이 더 강화됨으로써 한글 또한 번역 과정을 거치지 않고 바로 사용해도 될 만큼의 성능을 보여 주고 있다.

④ **멀티모달 인풋:** GPT4는 이미지를 입력 자료로써 받아들일 수 있다. 이로써 다양한 모달리티 (텍스트 등의 입력)를 동시에 받아들이게 되었으며 이미지 기반의 해석이 가능해졌다.

03 GPT4 터보(Turbo)

개요

GPT4 터보는 OpenAI의 GPT 시리즈 중 역대 최고 버전으로, GPT4의 고성능 변형 모델이다. 이 모델은 2023년 11월에 데브데이(개발자 회의)에서 공개되었다. GPT4 터보는 이전 버전인 GPT4에 비해 데이터 처리 능력이 40배 가까이 향상되어 책 300페이지 분량에 해당하는 128,000개 토큰을 처리할 수 있게 되었다. GPT4의 핵심 기능을 유지하면서도 향상된 처리 속도와 효율성을 제공한다.

특징

GPT4 터보에서는 괄목할 만한 성장세를 보여 준다. 터보를 사용하면 개발자가 아닌 일반인들도 코딩 과정 없이 자신만의 '챗봇'을 만들고, 심지어 이를 마켓에서 판매할 수도 있다. 이외에도 터보는 OpenAI의 최신 인공지능 언어 모델로서 다음과 같은 차별화된 특징과 성능을 제공한다.

① **성능 향상:** GPT4 터보는 기존 모델보다 빠른 응답 시간을 제공한다. 이는 대규모 데이터 처리 및 실시간 대화 시스템에서 특히 유용하다.

② **고도화된 언어 처리 능력:** GPT4의 언어 처리 능력을 바탕으로, 이 모델은 더욱 복잡하고 다양한 언어 작업을 더 빠르게 처리할 수 있다.

③ **메모리 및 처리 용량:** GPT4와 마찬가지로, GPT4 터보는 많은 양의 텍스트를 처리하고 긴 문맥에서 정보를 유지할 수 있는 능력을 가지고 있다. 이를 통해 사용자의 요구에 더욱 정확하고 일관되게 응답할 수 있다.

④ **JSON 모드 및 재현:** GPT4 터보는 대화의 답변 중 일부에서 유효한 JSON 개체를 반환할 수 있다. 이로써 개발자들의 개발 편의성이 증대될 수 있다.

⑤ **어시스턴트 API(Assistant API):** 코드 어낼리시스(Analysis) 및 검색(Browsing) 기능이 확장되었다. 이는 일반인에게는 복잡하게 느껴졌던 랭체인과 GPT를 사용하기 쉽도록 서드파티 (third-party) 앱을 만들어 수익화를 추구했던 업체들에게는 위기가 될 수 있다.

⑥ **강화된 멀티모달과 달리 3:** 다양한 포맷의 파일과 이미지를 입력받을 수 있으며, 달리 3 API를 호출해 여러 형태의 이미지와 디자인을 생성할 수 있게 되었다. 또한 이미지 분석 기능이 강화되면서 다양한 미디어 포맷으로 활용될 수 있는 가능성이 커지고 있다.

⑦ **노코드로 챗GPT의 사용자화:** GPTs라는 챗봇을 사용자가 코딩 없이 대화나 일반적인 문장을 이용해 제작할 수 있게 되었으며, 이를 마켓에서 거래할 수 있는 수익화 도구로 발전시킬 수 있다.

챗GPT 메인 화면의 왼쪽 메뉴 중 상단에 위치한 'Explore GPTs' 메뉴를 클릭한다.

그림 117 Explore GPTs

'Explore GPTs'를 클릭하면 챗GPT 메인 화면의 오른쪽에 다음과 같이 'GPTs' 화면이 나타난다.

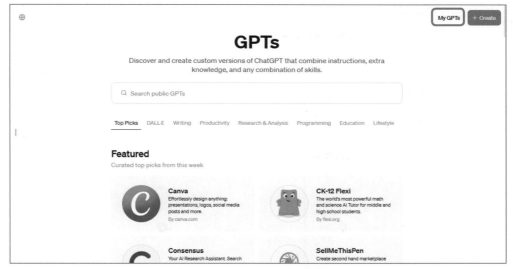

그림 118 GPTs 화면

위와 같은 'GPTs' 화면에서 우측 상단의 'My GPTs'를 클릭하면 나만의 GPTs를 만들 수 있는 메뉴가 나타나는데, 'Create a GPT' 앞의 "(+)" 기호를 클릭하면 나만의 챗봇인 GPTs를 만들 수 있는 화면이 나타난다. 사용자화된 챗봇인 GPTs는 뒷부분에서 다루도록 하겠다.

그림 119 GPTs 생성하기

⑧ **챗GPT PC 화면의 UI 개선:** 분리된 UI로 제공되었던 코드 어낼리시스와 브라우징, 달리 3 기능을 아래 화면과 같이 하나로 통합함으로써 사용자의 요청에 따라 챗GPT가 알아서 필요한 기능을 선택해 프롬프트를 처리한다.

그림 120 GPT4 변경 메뉴

하지만 앞서 언급했듯이 2024년 3월 19일부터 플러그인 기능이 비활성화되었기 때문에 현재 유료 사용자가 접할 수 있는 챗GPT의 버전 변경 화면에는 플러그인 선택 메뉴가 사라졌다.

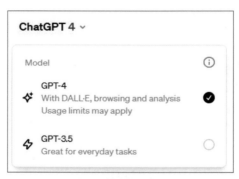

그림 121 플러그인 비활성화후 GPT버전 선택 메뉴

01 달리(DALL-E) 3

달리 3에 대한 설명은 이미 그림을 그리는 프롬프트 부분에서 꽤 많이 이루어졌다. 챗GPT4에 도입된 달리 3에서는 다음과 같은 몇 가지 중요한 변화가 생겼다.

① **이미지 생성 기능:** 달리 3는 텍스트 기반의 요청을 이미지로 변환하는 능력을 가지고 있다. 사용자가 특정한 시나리오, 개념, 장면을 설명하면, 이를 시각적으로 표현하는 이미지를 생성할 수 있다.

② **향상된 상호작용:** 챗GPT는 이제 텍스트와 이미지 모두를 이해하고 생성할 수 있게 되어, 사용자와의 상호작용이 더 다양해졌다. 이를 통해 사용자는 더 창의적이고 시각적인 방식으로 아이디어를 탐색할 수 있게 되었다.

③ **높은 수준의 창의적 이미지 합성:** GPT4 터보의 달리는 이전 버전들에 비해 복잡하거나 추상적인 개념, 서사, 아이디어를 더 창의적으로 시각화하는 능력이 향상되었다. 예를 들어, 사용자가 특정 스토리나 상상하는 장면을 프롬프트로 제출하면, 달리는 이를 창의적으로 렌더링된 이미지로 변환할 수 있다.

④ **세련된 스타일 생성:** 이 버전은 사용자가 원하는 스타일이나 개념에 맞춰 맞춤형 이미지를 생성할 수 있을 뿐만 아니라 개인의 취향이나 특정 요구 사항을 세밀하게 반영해, 각 개인에게 맞춰진 특별하고 독특한 스타일의 이미지를 제공할 수 있다.

⑤ **복합적 개념의 조화:** 달리는 서로 다른 개념이나 요소들을 통합해서 하나의 일관된 이미지로 제작할 수 있다. 예를 들어, 두 가지 다른 객체를 혼합해 새로운 이미지를 생성하거나, 다양한 상황을 결합해 창의적인 공간, 배경, 사건 등으로 변형해서 독창적인 방식으로 표현할 수 있다.

⑥ **다양한 응용:** 달리 3를 통해 교육, 예술, 디자인, 스토리텔링 등 다양한 분야에서 새로운 가능성을 탐구할 수 있다. 예를 들어 언어 학습자는 특정 단어나 문장을 시각적으로 이해하는 데 도움을 받을 수 있다.

02 브라우징(Browsing)

브라우징은 최신 정보에 취약하다는 GPT3.5의 약점을 해결하기 위해 마이크로소프트(MS)의 빙(Bing) 검색을 챗GPT에 도입한 것이다. 이로써 챗GPT에서도 실시간으로 웹 정보를 탐색할 수 있게 되었다.

OpenAI는 2023년 9월 28일에 트위터를 통해 '챗GPT는 이제 인터넷을 검색해 소스에 대한 직접 링크와 함께 신뢰할 수 있는 최신 정보를 제공할 수 있다. 더 이상 2021년 9월 이전의 데이터로 제한되지 않는다.'라고 발표했다. 물론 이러한 브라우징 기능은 유료 버전에만 지원되므로 월 사용료를 지불해야 사용할 수 있는 서비스이긴 하다. 하지만 추후 무료 사용자에게도 확대할 계획이 있다고 하니 한번 기다려 볼 만하겠다.

GPT4에서는 브라우징 기능을 사용해 인터넷의 최신 정보를 검색해서 응답을 수행하게 된다. 브라우징을 통해 발견한 답변에는 출처에 대한 정보가 파란색 큰 따옴표 형식([ʺ])의 링크로 표시된다.

① **실시간 인터넷 탐색 기능:** GPT4는 인터넷상의 다양한 웹사이트를 실시간으로 검색하는 능력을 갖추고 있다. 이를 통해 최신의 연구 결과, 뉴스, 블로그 게시물, 그리고 다양한 온라인 콘텐츠에 신속하게 접근할 수 있다. 이는 사용자가 요구하는 정보를 최신 상태로 제공하며, 끊임없이 변화하는 디지털 세계에서 필요한 정보를 신속하게 찾아낼 수 있는 중요한 역량으로 볼 수 있다.

② **효율적인 정보 수집 및 분석 능력:** 이 기능은 웹상에서 발견된 정보를 수집, 분석해 사용자에게 요약된 형태로 제공한다. 이는 사용자가 특정 주제에 대한 광범위한 이해를 얻는 데 도움을 주며, 복잡한 질문에 대한 명확하고 구체적인 답변을 제공하는 데에도 큰 도움을 줄 수 있다.

③ **최신 데이터 접근성:** 이 기능은 사용자가 시시각각 변화하는 뉴스, 시장 동향, 경제 상황, 정치적 이슈, 사건사고 및 과학적 발견 등의 최신 데이터에 신속하게 접근할 수 있게 해 준다. 이로써 시의적절한 정보를 제공해 줄 수 있으며 사용자가 빠르게 변화하는 세계 속에서 필요한 정보를 얻을 수 있게 도와준다.

④ **개인화된 답변 제공:** GPT4의 브라우징 기능 덕분에 사용자의 질문이나 요구에 맞춤화된 답변을 제공하는 것이 가능해졌다. 브라우징은 다양한 정보 소스에 대한 접근을 통해 이루어지며, 사용자의 요구에 가장 적합한 정보를 제공하기 위해 작동될 수 있다.

⑤ **정확한 출처 확인 및 인용:** 실시간으로 검색한 정보의 출처를 확인하고 필요한 경우 해당 출처를 인용함으로써, 제공되는 정보의 신뢰성을 높여 줄 수 있다.

⑥ **다양한 언어 및 지역 정보의 접근성:** GPT4는 세계 각국의 다양한 언어로 제공되는 정보에 접근할 수 있는 능력을 가지고 있다. 이를 통해 전 세계적인 정보 수집 및 분석이 가능해져, 사용자에게 보다 폭넓은 관점에서의 정보를 제공할 수 있게 되었다. 이러한 특징은 글로벌 시대에 필수적인 능력으로, 다양한 문화와 시장에 대한 깊이 있는 이해를 가능하게 해 준다.

03 어낼리시스(Analysis)

GPT4부터 기본 검색 기능에 포함되기 시작한 어낼리시스 기능의 정식 명칭은 'Advanced Data Analysis'이며 이전 버전에서는 Code Interpreter라는 명칭으로 GPT Plus 사용자들에게만 유료로 제공되던 서비스였다. 물론 이번에 도입되기 시작한 어낼리시스도 유료 회원들에게만 제공되는 서비스이다.

이전에는 어낼리시스를 사용하려면 사용자 환경 설정창에서 옵션으로 선택해 줬어야 했지만 GPT4부터는 기본 기능으로 챗GPT에 탑재되어 있으므로 따로 설정을 해 줄 필요도 없다.

간단히 말해서 어낼리시스 기능은 챗GPT에 사용자의 프롬프트를 파이썬이라는 프로그래밍 언어로 해석할 수 있는 능력을 부여한 것이다. 브라우징이나 기타 검색 등의 방법으로 사용자의 질문에 대한 답변을 생성할 수 없을 때, 챗GPT가 알아서 사용자의 질문을 해석할 수 있도록 파이썬 코드를 만들고, 이를 구동시킨 결과값을 바탕으로 답변을 생성하는 것이다.

이전 버전의 챗GPT에서는 제대로 수행할 수 없었던 수치 계산, 통계 분석, 그래프 작성, 코드 파일 편집, 이미지 변환 등의 작업을 가능하게 만든 것이 바로 어낼리시스 기능이다. 앞으로 사용자의 코딩 능력과 결합할 경우 상당한 시너지 효과를 발휘할 수 있는 기능이기도 하다. 어낼리시스를 통해 생성한 답변에는 다음과 같은 파란색 링크(▷_) 형식으로 파이썬 코드를 제공한다.

① **복합적인 문서, 기사, 또는 사용자 질문의 심층 분석:** GPT4 터보는 다양한 종류의 텍스트를 깊이 있게 분석하고 이를 통해 중요한 정보를 추출한다. 이를 바탕으로 정교한 요약, 설명, 해석을 제공해 사용자가 핵심 내용을 이해할 수 있도록 돕는다.

② **대규모 데이터 집합의 체계적 분석 및 요약:** GPT4 터보는 방대한 양의 데이터를 효율적으로 처리해 주요 트렌드, 패턴, 통계적 요약을 도출한다. 예를 들어 시장 조사 데이터, 과학 연구 결과, 사회적 동향 등을 분석해서 의미 있는 통찰을 제공한다.

③ **논리적 추론 및 결론의 정밀한 도출:** 제시된 정보와 데이터를 바탕으로 논리적인 추론 과정을 거쳐, 이에 따른 결론이나 권장 사항을 명확히 제시한다. 이를 통해 사용자는 정보를 기반으로 한 의사 결정을 내릴 수 있다.

④ **복잡한 문제 상황에 대한 해결책 제시 및 의사 결정 지원:** GPT4 터보는 복잡한 문제 상황을 면밀히 분석하고, 이에 대한 다양한 해결 방안을 제안해 사용자의 의사 결정 과정을 지원한다.

⑤ **텍스트의 언어 스타일 및 톤 분석:** GPT4 터보는 텍스트의 언어 스타일, 톤, 감정 등을 세심하게 분석해 작성자의 의도나 감정 상태를 파악하고 이해한다.

⑥ **문화적, 사회적 맥락에 대한 깊이 있는 분석:** GPT4 터보는 텍스트나 데이터가 제시된 문화적, 사회적 배경을 고려해 그에 적합한 분석을 제공한다.

⑦ **문화적, 예술적 작품에 대한 포괄적 분석:** 문학 작품, 영화, 미술 작품 등에 대해 심도 있는 분석을 수행하며, 작품의 주제, 의미, 스타일 등을 해석한다.

⑧ **효과적인 커뮤니케이션을 위한 전문적 조언:** GPT4 터보는 효과적인 커뮤니케이션을 위해 텍스트의 구조, 표현 방식, 내용 개선 방향 등을 제안하며, 사용자가 보다 명확하고 효과적으로 의사소통할 수 있도록 돕는다.

04 멀티모달 파일

GPT4의 멀티모달 기능은 텍스트와 이미지 입력을 동시에 처리하고 분석하는 능력을 지닌다. 이는 인공지능이 다양한 형태의 데이터를 통합적으로 이해하고 상호작용할 수 있는 능력을 갖췄다는 것을 의미한다. 구체적으로, GPT4는 텍스트와 시각적 정보를 결합해 처리하는 크로스 모달 학습 알고리즘을 활용한다. 이를 통해 인공지능은 이미지에 대한 설명을 생성하거나, 이미지와 관련된 질문에 답변하는 등의 작업을 수행한다.

멀티모달 기능은 컴퓨터 비전과 자연어 처리 기술의 융합으로, 복잡한 시각적 장면을 해석하고 이를 텍스트 데이터와 연관지어 분석할 수 있는 능력을 포함한다. 예를 들어, GPT4는 이미지를 분석해 그 내용에 대한 상세한 설명을 제공하거나, 이미지 내 객체와 그 관계에 대해 설명한다. 또한, 사용자가 제공한 텍스트 설명에 기반해 이미지를 생성하는 것도 가능하다.

이러한 멀티모달 기능은 교육, 의료, 예술 및 창작 활동 등 다양한 응용 분야에서 활용될 수 있다. 이 기능은 사용자 경험을 향상시키고 보다 풍부하고 다층적인 인터랙션을 제공하는 데 기여한다. 따라서 GPT4의 멀티모달 능력은 인공지능 기술의 발전과 함께 향후 더욱 다양한 분야에서 그 가치가 인정받을 것으로 예상된다.

05 파일 활용

GPT4 버전부터 도입된 파일 업로드 기능은 사용자가 다양한 형식의 문서를 시스템에 직접 업로드할 수 있게 해, 텍스트 기반 인공지능의 상호작용 범위를 크게 확장시켰다. 이 기능은 다음과 같은 주요 특징과 작동 메커니즘을 갖는다.

① **다양한 파일 형식 지원:** GPT4는 텍스트 문서(.txt), PDF, 이미지 파일(.jpg, .png), 그리고 일부 Microsoft Office 파일 형식(.docx, .xlsx) 등 다양한 파일 형식을 지원한다. 이를 통해 사용자는 원하는 문서를 AI에 직접 제공할 수 있다.

② **문서 내용의 통합된 처리:** 업로드된 파일의 내용은 GPT4의 고급 언어 처리 알고리즘에 의해 분석된다. 이 과정에서 AI는 문서의 텍스트를 추출하고, 이를 기존의 대화 맥락과 통합해 처리한다. 이를 통해 사용자는 문서의 상세한 분석이나 해석을 요청할 수 있다.

③ **정보의 보안 및 프라이버시 보호:** 파일 업로드 기능은 사용자의 개인정보 보호 및 데이터 보안을 중시한다. 업로드된 파일은 안전하게 처리되며, 사용자와의 대화가 종료되면 관련 데이터는 삭제된다.

④ **향상된 사용자 경험 제공:** 이 기능을 통해 사용자는 복사—붙여넣기의 번거로움 없이 문서의 내용을 AI와 공유할 수 있으며, 이는 특히 긴 문서나 다수의 데이터가 포함된 파일의 분석에 매우 유용하다.

GPT4의 파일 업로드 기능은 앞선 내용에서 여러 차례 다뤘다. 아래 그림과 같은 메시지창에서 '클립' 모양의 버튼을 클릭해 파일을 직접 첨부할 수 있었다. 파일을 첨부하면 챗GPT가 파일이 첨부되었음을 스스로 인지하고 파일 내용을 원본으로 해 사용자의 요청을 수행한다.

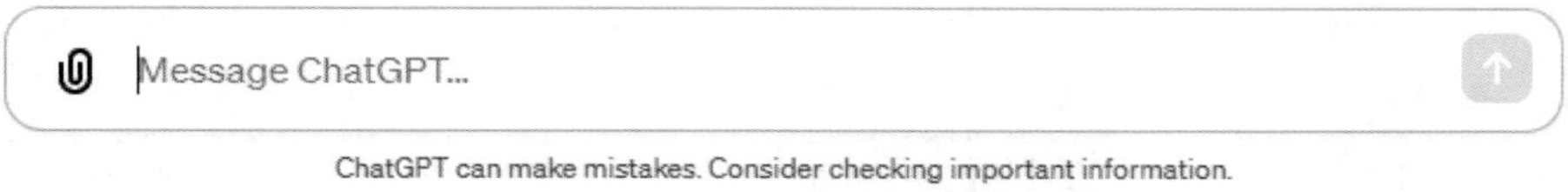

ChatGPT can make mistakes. Consider checking important information.

그림 122 챗GPT 대화창에서 파일 첨부

챗GPT 모바일 앱(App)의 활용

2023년 5월 26일 챗GPT를 스마트폰으로 이용할 수 있는 모바일 앱이 국내에 출시됐다. 출시 당시에는 아이폰용 앱만 공개되었으나 11월에는 안드로이드용 앱까지 모두 공개되었다. 아이폰 앱이 공개될 때만 하더라도 유료 사용자에게만 배포되었으나, 11월 안드로이드용 앱이 공개됨과 동시에 무료 사용자도 챗GPT 공식 앱을 사용할 수 있게 되었다.

앱을 실행하면 메신저 형태의 메인 화면이 나타나고 화면 아래 쪽에 PC 버전과 비슷한 형태의 대화 입력창이 존재한다. PC 버전처럼 대화 입력창에 텍스트를 입력하고 전송함으로써 챗GPT에게 답변을 요청할 수 있다. '카카오톡'과 같은 일반적인 메신저 앱과 유사한 인터페이스를 가지고 있어, 사용하기에 큰 어려움은 없다.

하지만 PC 버전과의 가장 크게 차별화되는 부분은 바로 음성 인식이다. PC 버전에서도 앞서 설명했던 크

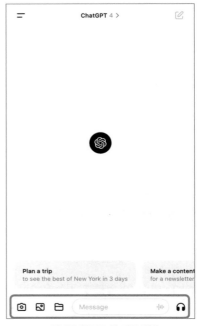

그림 123 챗GPT 앱 메인 화면

롬 익스텐션을 사용하면 사용자의 음성을 인식할 수 있었으나 그 기능이 다소 떨어지고 사용성 면에서도 많이 부족할 수밖에 없었다.

이에 반해 스마트폰용 챗GPT 모바일 앱에서는 이러한 음성의 인식과 출력 기능이 가히 혁명적으로 향상되었다. 앱 메인 화면의 아래 텍스트 입력창 우측에 있는 '헤드폰' 모양의 아이콘을 누르면 텍스트의 입력 없이 사용자의 음성만으로 챗GPT를 사용할 수 있게 되었다.

이러한 방식으로 사용자와 챗GPT가 나눈 대화는 모두 텍스트로 저장되어 앱의 메인 화면에 표시되며, 모든 내용들은 PC 버전과 동일하게 왼쪽 패널의 대화방에 자동으로 저장된다. 사용자 환경 설정 메뉴에서 주로 사용하는 언어를 지정할 수도 있지만 자동으로 언어를 인식하는 '오토 디텍션' 기능의 지원으로 사용자가 말하는 '한국어'를 잘 알아듣는다. 즉 '한국어'로 질문하면 '한국어'로 대답하고, '영어'로 질문하면 '영어'로 대답하는 음성 인식 시스템이 작동되고 있다.

01 챗GPT 앱의 다운 및 설치

챗GPT 앱은 아이폰용일 경우 '앱스토어'에서, 안드로이드폰 용일 경우 '구글플레이'에서 다운받아서 설치하면 된다. 이 때, 챗GPT와 유사한 아이콘을 사용하거나 앱의 이름을 비슷하게 모방한 일종의 '사기 앱'을 조심해야 한다. 옆의 화면 과 같이 앱의 제조사가 반드시 'OpenAI'로 표시된 공식 앱을 다운받아야 한다.

그림 124 공식 앱 다운받기

02 챗GPT 앱의 화면

화면 상단 왼쪽의 막대 두 개(=)를 터치하면 메뉴가 나타난다.

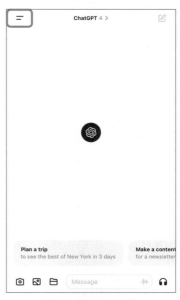

그림 125 챗GPT 앱의 메뉴

메뉴 하단의 점 세 개(⋯)를 터치하면 사용자 설정 화
면이 나타난다.

그림 126 사용자 설정 메뉴

다음 화면에서는 바탕색을 조정하고 개인 정보를 확
인할 수 있다.

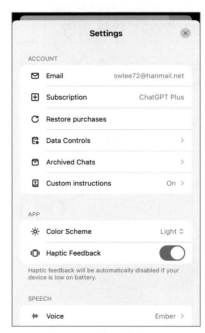

그림 127 사용자 설정 화면

다음 화면에서는 챗GPT의 목소리 종류를 선택할 수
있다.

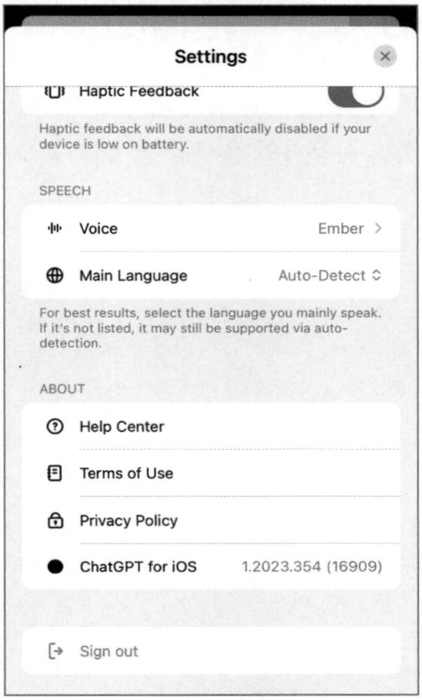

그림 128 사용자 설정 화면

앱의 메인 화면 중앙에서는 GPT의 버전을 선택할 수
있다.

그림 129 GPT 버전 선택

03 챗GPT 앱의 보이스(Voice) 기능

화면 하단 대화 입력창 우측의 헤드폰 아이콘을 터치
하면 사용자의 음성을 인식할 수 있다.

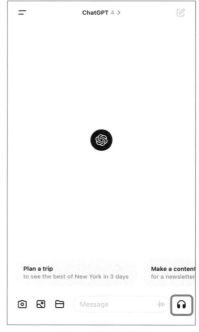

그림 130 사용자 음성 인식

사용자의 음성을 인식하고 있는 화면이다. 실제로 챗
GPT가 사용자의 음성을 인식하고 있다면 화면 중앙
에 'Listening…'이라는 메시지가 나타난다.

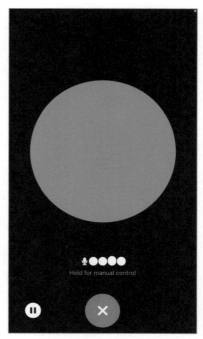

그림 131 음성 인식 중인 화면

사용자가 말하기를 끝내면 챗GPT가 자동으로 응답
할 수 있다. 챗GPT가 말하는 도중 멈추게 하려면 화
면을 탭하면 된다.

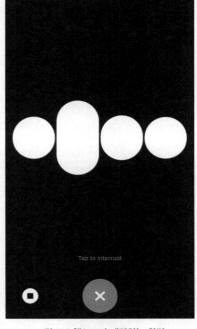

그림 132 챗GPT가 대답하는 화면

다음과 같이 사용자와 챗GPT가 음성으로 주고 받은
대화 내용은 텍스트로 자동 저장되어 확인해 볼 수
있다.

그림 133 음성 대화의 텍스트 저장

04 챗GPT 앱의 가치

지금까지 다룬 챗GPT 앱의 보이스 기능은 외국어 학습에 탁월한 효과를 보일 것이라 기대한다. 일반적으로 언어의 발달은 듣기, 말하기, 읽기, 쓰기의 순으로 진행되는데, 특히 초기 언어 발달에 가장 많이 영향을 미치는 듣기, 말하기 분야에서 챗GPT 앱의 보이스 기능이 빛을 발할 거라고 예측된다.

챗GPT 앱의 자체적인 기능에는 사용자의 음성을 녹음하거나 사용자의 발음을 교정해 주는 기능은 없다. 하지만 Custom Insturction을 미리 설정해 놓거나 이와 관련된 GPTs를 만들어서 해당 기능을 미리 구현할 수 있다.

영어의 듣기와 말하기의 기초는 정확한 발음부터 시작된다. 위에서 말한 것처럼 챗GPT가 사용자의 음성을 녹음할 수 있고 이를 분석해 교정할 수만 있다면 영어를 제2외국어로 사용하는 사람들도 챗GPT와의 질문과 대답을 통해 발음을 교정할 수 있을 것이다. 또한 이러한 발음 교정 훈련은 사용자가 원하는 횟수만큼 반복할 수 있을 뿐만 아니라 언제 어디서나 무료로 발음 연습을 할 수 있게 해 준다.

영어를 유창하게 말하기 위해 넘어야 할 또 하나의 산은 영어에 대한 노출이다. 그 중에서도 실제 원어민과의 대화에 대한 노출 빈도가 중요한데, 우리나라에서만 살면서 원어민과 대화를 꾸준히 한다는 것은 쉽지 않은 일이다. 하지만 이 또한 챗GPT와의 음성 대화를 통해 해결할 수 있다. 따라서 챗GPT 앱의 보이스 기능은 영어를 비롯한 외국어 교육의 혁신적인 도구가 될 것이다.

위에서 언급한 챗GPT 앱을 영어 훈련에 적용하는 방법은 지면으로 표현하는 데 한계가 있지만 Custom Instruction을 이용한 영어 발음 교정 방법에 대한 내용은 책 끝부분의 보충 해설에서 간단하게 언급하겠다.

01 GPTs 란 무엇인가?

GPTs는 '커스텀 GPT'라고도 불리며, 챗GPT를 특정 목적에 맞게 맞춤화한 챗봇을 의미한다. 이 용어는 GPT 기술에 '복수형(s)' 어미를 붙여 여러 가지 형태의 GPT가 존재함을 의미한다. 즉, GPTs는 단순히 하나의 표준 모델이 아니라 사용자의 특정 요구에 맞춘 다양한 모델을 일컫는 말이다.

전통적으로 챗GPT API를 사용하는 챗봇은 개발자나 기업이 자신들의 데이터를 업로드해서 직접 학습시켜야 했으나 GPTs의 등장으로 이러한 과정 없이도 챗봇을 쉽게 맞춤 설정할 수 있게 되었다. 즉, 복잡한 코딩이나 추가 소프트웨어 없이도 맞춤형 챗봇을 제작할 수 있다는 것이다. 사용자는 챗GPT 대화창에서 간단한 채팅 명령을 통해 맞춤형 챗봇인 GPTs를 구축할 수 있으며, 이 과정은 코딩 지식이 없는 사람들도 쉽게 접근할 수 있게 설계되어 있다.

GPTs의 이러한 특징은 개인 사용자나 기업에 큰 혜택을 제공한다. 예를 들어, 특정 업계의 언어나 전문 용어를 이해하고 사용하는 챗봇을 개인이 손쉽고 빠르게 개발하는 것이 가능해졌다. 이러한 맞춤형 모델은 기업이나 개인이 자신만의 특정 요구 사항에 맞게 챗GPT를 생성할 수 있게 되었다.

GPTs는 OpenAI의 신규 서비스로, 이 기능은 챗GPT의 유료 사용자에게 제공한다. 이는 GPT 기술의 범위를 넓히고, 개인화된 AI 경험을 제공함으로써, 사용자가 AI와의 상호작용을 더욱 효과적으로 활용할 수 있게 만들어 준다.

02 GPTs 화면 구성

챗GPT 메인 화면의 왼쪽 패널의 상단에는 다음과 같이 새로운 대화를 생성할 때 사용하는 아이콘이 있다.

그림 134 새 대화창 만들기 메뉴

이 아이콘 밑에는 'Explore GPTs'라는 메뉴가 있다(아래 그림 참조).

그림 135 Explore GPTs 메뉴

'Explore GPTs'를 클릭하면 챗GPT 메인 화면의 오른쪽에 다음과 같이 'GPTs' 화면이 나타난다.

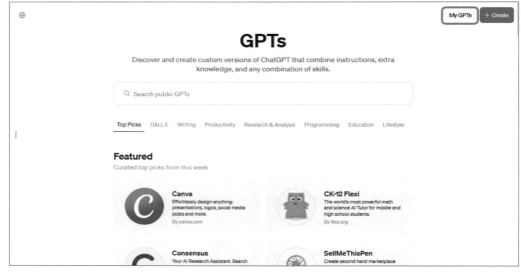

그림 136 GPTs 화면

위와 같은 'GPTs' 화면에서 우측 상단의 'My GPTs'를 클릭하면 다음과 같이 나만의 GPTs를 만들 수 있는 메뉴가 나타난다.

그림 137 GPTs 생성하기

위 화면에서 '⊕ Create a GPT'를 클릭하면 GPTs를 제작하기 위한 화면이 다음과 같이 양쪽으로 나눠진 상태로 나타난다.

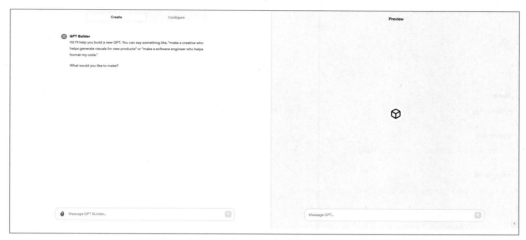

그림 138 GPTs 설정 화면

화면의 왼쪽은 GPTs를 만들기 위한 대화나 조건들을 입력하는 부분이고, 오른쪽은 왼쪽에서 만드는 GPTs가 어떻게 구현되는지를 보여 주는 부분이다. 즉 GPTs를 만들면서 결과물을 동시에 확인할 수 있다.

다시 화면의 왼쪽을 보면 'Create' 버튼과 'Configure' 버튼이 상단에 위치하고 있다. 'Create' 버튼을 눌렀을 때와 'Configure' 버튼을 눌렀을 때의 화면은 각각 다음과 같다.

그림 139 GPTs Create 화면

그림 140 GPTs Configure 화면

여기서 Create 화면은 챗GPT와 사용자가 마치 챗GPT 웹페이지에서 대화를 하듯 자연스럽게 서로 질문과 답변을 주고 받는 과정을 통해 저절로 GPTs가 만들어지는 공간이다. Configure 화면은 화면을 구성하는 요소인 Name(GPTs 이름), Description(GPTs 설명), Instructions(지시 사항), Conversation starters(대화 예시), Knowledge(사전 지식), Capabilities(기능), Actions(액션)의 내용을 체계적으로 입력해 줌으로써 GPTs가 만들어지는 공간이다.

본 책에서는 Create 화면이 아닌, Configure 화면에서 GPTs를 만들어 볼 것이다. 우선 Configure 화면을 구성하는 요소들에 대해 알아보도록 하자.

첫째, Name은 말 그대로 사용자가 만들려고 하는 GPTs의 이름에 해당한다.

둘째, Description은 사용자가 만들려고 하는 GPTs에 대한 설명인데 간단하고 명료한 1줄 정도의 문장이면 충분하다.

셋째, Instruction은 지시 사항으로, 가장 중요한 요소이다. 즉 사용자가 만들려는 GTPs가 할 일 또는 역할을 Instruction에 입력해야 한다. 우리가 지금껏 학습하고 만들었던 프롬프트가 위치하는 곳이기도 하다. 앞에서 프롬프트를 순차적으로 실행되도록 작성했듯이 Instruction의 내용도 프롬프트와 비슷한 방식으로 구성하는 게 좋다.

넷째, Conversation starters는 사용자가 해당 GPTs를 사용할 때 참고할 수 있는 프롬프트 예시문에 해당한다. 필요한 개수만큼 설정할 수 있으며 보통 4개 정도면 충분하다. 입력한 프롬프트 예시문은 GPTs 화면의 프롬프트 입력창 바로 위에 표시된다.

다섯째, Knowledge는 사전 지식이라고 명명했는데, 사용자가 만들 GPTs가 사전에 학습하거나 사전에 입력해 놓아야 할 데이터 또는 파일 등을 의미한다. 챗GPT 대화창에서 챗GPT가 사전에 학습할 수 있도록 pdf 파일 등을 업로드하는 과정과 유사하다.

여섯째, Capabilities는 사용자가 만들 GPTs가 가지고 있어야 할 GPT4의 기능들이다. 옵션 항목은 브라우징(웹 브라우징), 달리, 어낼리시스(코드인터프리터)로 구성되어 있다. 이미지 프로세싱 작업이 필요 없다면 브라우징과 어낼리시스만 선택하면 된다.

마지막으로, Action은 외부 서비스를 이용하는 것인데 본 책에서는 다루지 않는다.

위와 같은 요소들이 Configure 화면을 구성하고 있다. 이것에 대한 좀 더 자세한 설명은 다음 예제를 만드는 과정을 통해 알아보도록 하자.

03 GPTs의 제작 예제

이번에 만들어 볼 GPTs는 영단어 퀴즈용 GPTs이다. GPTs의 이름은 '초등 영단어 1200'으로, 초등학생이 알아야 할 수준의 기초 영단어 1,200개의 뜻을 맞추는 것이다. 기초 영단어 1,200개에 대한 데이터는 pdf 파일로 만들어서 미리 업로드한다. GPTs는 업로드된 파일을 통해 사전에 초등 수준의 기초 영단어를 학습해 둔 상태인 셈이다. 그러면 화면을 보면서 하나씩 완성시켜 보자.

첫째, Name 칸에는 '초등 영단어 1200'이라고 입력한다.

Name
초등영단어 1200

그림 141 Name 입력

둘째, Description 칸에는 '초등학교 수준 영단어 1,200개 암기 훈련'이라고 입력한다.

Description
초등학교수준 영단어 1200개 암기훈련

그림 142 Description 입력

셋째, Instruction 칸에는 다음과 같은 내용을 입력한다.

너는 초등 영어 전문강사야.

너는 첨부한 PDF 파일을 분석해서 퀴즈를 만드는 역할이야.
1. 사용자가 '한영'을 입력하면 첨부한 PDF 파일에서 영어 단어 1개의 '한글 뜻'을 영어 스펠링 없이 한글로만 제시해 줘.
   1-1. 사용자가 제시받은 영어 단어의 한글 뜻에 맞는 영어 스펠링을 입력할 때까지 기다려.
   1-2. 사용자가 입력한 영어 단어의 영어 스펠링이 맞다면 다른 영어 단어의 학습 여부를 질문해 줘.
2. 사용자가 '영한'을 입력하면 첨부한 PDF 파일에서 영어 단어 1개의 '영어스펠링'을 한글없이 영어로만 제시해 줘.
   2-1. 사용자가 제시받은 영어 단어의 영어 스펠링에 맞는 한글 뜻을 입력할 때까지 기다려.
   2-2. 사용자가 입력한 영어 단어의 한글 뜻이 맞다면 다른 영어 단어의 학습 여부를 질문해 줘.
3. 사용자가 '힌트'를 입력하면 영어 스펠링이나 한글 뜻을 맞출 수 있도록 힌트를 줄 것.
4. 사용자가 '그만' 입력할 때까지 1~3를 반복할 것.

그림 143 Instruction 입력

넷째, Conversation starters에는 다음과 같이 입력한다.

스펠링 연습을 하고 싶으면 '한영'을 입력
한글 뜻 연습을 하고 싶으면 '영한'을 입력
기억이 잘 안 나면 '힌트'를 입력
연습을 끝내려면 '그만'을 입력

그림 144 Conversation starters 입력

마지막으로, 초등 영단어 1,200개에 대한 내용이 담긴 pdf 파일을 업로드한다.

그림 145 파일 업로드

위의 과정을 거치면 완성된 GPTs가 오른쪽 Preview 화면에 나타난다.

그림 146 완성된 GPTs 실행

GPTs가 완성되었다면 화면 우측 상단의 초록색 'Save' 버튼의 옵션(∨)을 클릭해 선택하고, 옵션을 선택했다면 'Save' 버튼을 눌러 저장한다. Save 옵션은 다음과 같다.

– Only me: 나만 볼 수 있는 GTPs로 저장.

– Anyone with a link: 링크를 가진 사람들만 볼 수 있게 GTPs를 저장.

– Everyone: 모든 사람들이 볼 수 있게 GTPs를 저장.

만약 GTP 스토어에서 판매를 하고 싶다면 'Everyone' 옵션을 사용해서 저장해야 한다.

04 GPTs의 수익화

오픈AI는 2024년 1월 11일 드디어 'GPT 스토어'를 오픈했다. 이 스토어는 '앱스토어의 AI 버전'으로 불리며, 사용자들이 거대 언어 모델인 GPT를 기반으로 만든 챗봇을 다른 사용자에게 판매할 수 있는 플랫폼이다. 이와 같은 플랫폼은 애플의 앱스토어와 유사하게 챗봇을 사고 파는 방식으로 운영된다.

사용자들은 'GPTs'에서 자신만의 챗봇을 만든 후, GPT 스토어에서 이를 다른 사용자에게 판매할 수 있다. GPT 스토어 이용을 위해서는 사용자가 먼저 프로필을 설정해야 하며, 챗봇을 판매하려면 해당 GPT를 '전체 공개' 상태로 전환해야 한다.

OpenAI는 이메일을 통해 사용자들에게 GPT 스토어의 출시 소식을 알렸으며, GPT 사용 규정과 브랜드 가이드라인을 다시 한번 확인하도록 권고했다. 이 스토어에 GPT를 올리기 위해서는 사용 정책과 가이드라인을 준수해야 한다.

원래 GPT 스토어의 출시는 2023년 11월 말로 예정되어 있었지만, 샘 올트먼 CEO의 해임 사태로 인해 지연되었다. 관련하여 올트먼 CEO는 "이제 누구나 코딩 없이 쉽게 자신만의 GPT를 구축할 수 있으며, 앞으로 사용자들이 자주 사용하는 앱과 웹사이트를 포함해 더 많은 장소에서 맞춤형 AI 챗봇을 볼 수 있을 것"이라고 언급했다.

OpenAI의 발표에 따르면, 2024년 1분기 내에 커스텀화된 GPTs를 만든 사용자를 대상으로 한 수익 프로그램을 출시할 예정이라고 한다. 우선 미국 내에서 시작하며 GPT 사용자의 참여도에 따라 수익을 지급받게 될 것이라고 한다. 하지만 아직까지 구체적인 지급 기준은 발표되지 않았다.

보충 해설

❖ **Custom Instruction을 이용한 커스텀화**

GPTs를 사용해 GPT를 커스텀화(사용자화) 할 수도 있지만 앞서 설명했던 Custom Instruction을 통해서도 GPT를 사용자에 맞게 수정할 수 있다. 아래에 제시한 Custom Instruction을 사용해 챗GPT 스마트폰 앱에서 영어 훈련을 해 볼 수 있다.

❖ **영어 발음 교정 훈련을 위한 Custom Instruction 설정**

Custom Instruction의 'What would you like ChatGPT to know about you to provide better responses?' 항목에 다음과 같이 설정값을 입력한다.

I'm Korean and I'm asking in Korean.
I want to be a fluent English speaker as a foreigner.
So first I plan to exercise a English pronunciation with you.

위와 같이 설정했다면 이번에는 Custom Instruction의 'How would you like ChatGPT to respond?' 항목에 다음과 같이 설정값을 입력한다.

You are an English teacher. Your role is a English pronunciation trainer.
First you speak a simple English sentence, Second I repeat after you,
Third you fix my English pronunciation.
And the above process should be repeated until my pronunciation will be perfect.

위와 같이 Custom Instruction을 설정한 후 챗GPT 스마트폰 앱을 실행하면 영어 발음 연습을 할 수 있다. 챗GPT가 간단한 영어 문장을 먼저 말하면 사용자는 챗GPT가 말한 영어 문장을 그대로 따라 말한다. 그러면 챗GPT가 사용자의 음성을 인식해 영어 발음을 교정해 준다. 챗GPT는 사용자의 발음이 완벽해질 때까지 훈련을 반복시키고, 문장 하나를 완벽하게 발음하게 되면 다음 문장이 제시된다.

유용한 GPTs

01 Smart Slides

앞서 설명했듯이 Smart Slides는 파워포인트 파일을 만드는 데 유용한 GPTs이다. 이 GPTs를 사용하면 간단한 프롬프트만으로도 손쉽게 ppt 파일을 생성할 수 있다. GPTs를 사용하기 위해 먼저 챗GPT 메인 화면의 왼쪽 메뉴 중 상단에 위치한 'Explore GPTs' 메뉴를 클릭한다.

그림 147 **챗GPT 메인 화면**

'Explore GPTs'를 클릭하면 챗GPT 메인 화면의 오른쪽에 다음과 같이 'GPTs' 화면이 나타난다. 검색창에 'Smart Slides'를 입력하면 자동으로 Smart Slides GPTs가 검색된다. 검색된 'Smart Slides'를 클릭한다.

그림 148 **Smart Slides GPTs 검색 및 선택**

'Smart Slides'를 클릭하면 다음과 같은 화면이 나타나며, 화면 중앙의 'Start Chat' 버튼을 클릭하여 Smart Slides를 실행한다.

그림 149 Smart Slides GPTs 실행

Smart Slides GPTs 화면이 나타나면 챗GPT를 사용하는 방식과 동일하게 프롬프트를 입력한다.

그림 150 Smart Slides GPTs 시작 화면

다음과 같은 간단한 프롬프트로 챗GPT에게 답변을 요청해 보자.

질문

다음과 같은 내용으로 파워포인트 슬라이드를 만들어 줘.

1. 분량: 슬라이드 7장.
2. 내용: 챗GPT가 가져올 일상의 변화.
3. 대상: 챗GPT를 잘 모르는 일반인.
4. 슬라이드마다 적절한 배경 이미지를 추천할 것.

그러면 챗GPT는 다음과 같이 응답한다.

챗GPT가 가져올 일상의 변화를 주제로 한 파워포인트 슬라이드를 만들어 드리겠습니다. 일반인 대상이므로 정보를 쉽게 이해할 수 있도록 구성하겠습니다. 슬라이드는 다음과 같이 구성됩니다:

첫 번째 슬라이드: 소개 페이지 – 챗GPT의 개요 및 이 프레젠테이션의 목적 설명.
두 번째 슬라이드: 챗GPT의 기능 – 챗GPT가 할 수 있는 일들에 대한 간략한 소개.
세 번째 슬라이드: 일상 생활에서의 적용 예 – 실제 일상에서 챗GPT를 활용할 수 있는 몇 가지 사례.
네 번째 슬라이드: 교육 분야에서의 변화 – 챗GPT가 교육 분야에 어떻게 긍정적인 영향을 줄 수 있는지.
다섯 번째 슬라이드: 업무 환경에서의 변화 – 챗GPT가 업무 환경과 업무 효율성을 어떻게 개선할 수 있는지.
여섯 번째 슬라이드: 도전 과제 및 우려 사항 – 챗GPT 사용과 관련된 도전 과제 및 우려 사항에 대한 토론.
일곱 번째 슬라이드: 결론 및 미래 전망 – 챗GPT가 앞으로 우리 일상에 어떤 긍정적인 변화를 가져올지에 대한 전망.

각 슬라이드에는 적절한 배경 이미지를 포함시키겠습니다. 이를 위해 다음 키워드를 기반으로 이미지를 선정하겠습니다: "Artificial Intelligence", "Daily Life", "Education", "Workplace", "Challenges", "Future".
이제 슬라이드를 만들기 시작하겠습니다. 잠시만 기다려 주세요.

챗GPT이 생성한 답변의 끝에는 다음과 같은 메시지가 나타난다.

그림 151 Smart Slides GPTs 서비스 인증 요청

여기에서 'Sign in with plugin.gpt-slides.com' 버튼을 클릭하면 'Smart Slides GPTs' 사용에 필요한 추가 인증을 요구한다. 대체로 챗GPT에서 사용하는 계정으로 인증하는 게 편하다.

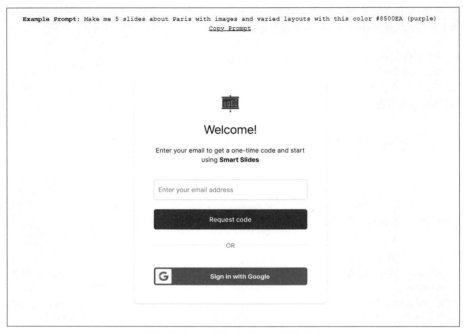

그림 152 Smart Slides GPTs 인증 계정 요청

본인이 사용하는 계정으로 선택하면 인증이 진행된다.

그림 153 Smart Slides GPTs 계정 선택

그림 154 Smart Slides GPTs 인증 완료

그 다음 'Authorize' 버튼을 클릭하여 인증을 마치면 다음과 같이 'Smart Slides'로의 접근을 허용할지에 대해 물어보는데 여기에서 'Allow' 버튼을 클릭한다.

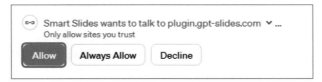

그림 155 Smart Slides GPTs 사용 허가

챗GPT는 다음과 같은 답변을 제공하고, 생성된 파워포인트 ppt 파일을 다운로드할 수 있는 링크(URL)를 알려준다. 해당 링크를 클릭하면 Smart Slides GPTs가 생성한 파워포인트 파일을 다운받을 수 있다.

Talked to plugin.gpt-slides.com

파워포인트 슬라이드를 준비했습니다. 이 슬라이드는 챗GPT가 일상 생활, 교육, 업무 환경에 가져올 긍정적인 변화에 대해 설명합니다. 각 슬라이드에는 주제에 맞는 배경 이미지가 포함되어 있어 이해를 돕고 흥미를 유발할 것입니다.

슬라이드 다운로드 링크:

https://gptslidesnew-leolukaz.replit.app/download?link=https://gptslidesbucket.s3.us-west-1.amazonaws.com/718f8597-fcad-4b7f-9bdc-862b02805ea2.pptx

위 답변에서 제공한 링크를 클릭하면 다음과 같은 화면이 나타나고 여기에서 'Download Presentation' 버튼을 클릭하면 파워포인트 파일을 다운받을 수 있다.

그림 156 생성된 파워포인트 파일 다운로드

02 VoxScript

VoxScript GPTs는 유튜브의 내용을 요약해 주는 GPTs이다. 앞서 크롬 익스텐션으로 설명했던 YouTubes Summary for ChatGPT 크롬 익스텐션을 대체할 수 있다. GPTs를 사용하면 챗GPT와 동일한 방식으로 작동되는 것이므로, 크롬 브라우저의 오른쪽 화면 일부를 차지해 답답한 느낌을 주는 크롬 익스텐션의 단점을 상쇄시킬 수 있다. 또한 유튜브 영상을 요약해서 생성하는 기능 자체도 크롬 익스텐션에 비해 우수한 편이다. GPTs를 사용하기 위해 먼저 챗GPT 메인 화면의 왼쪽 메뉴 중 상단에 위치한 'Explore GPTs' 메뉴를 클릭한다.

그림 157 챗GPT 메인 화면

'Explore GPTs'를 클릭하면 챗GPT 메인 화면의 오른쪽에 다음과 같이 'GPTs' 화면이 나타나며, 검색창에 'VoxScript'를 입력하면 자동으로 VoxScript GPTs가 검색된다. 검색된 'VoxScript'를 클릭한다.

그림 158 Voxscript GPTs 검색 및 선택

'VoxScript'를 클릭하면 다음과 같은 화면이 나타나며, 화면 중앙의 'Start Chat' 버튼을 클릭하여 VoxScript를 실행한다.

그림 159 Voxscript GPTs 실행

VoxScript GPTs 화면이 나타나면 챗GPT를 사용하는 방식과 동일하게 프롬프트를 입력한다.

그림 160 Voxscript GPTs 시작 화면

대체로 GPTs를 사용하면 다음과 같은 간단한 프롬프트만으로도 원하는 정보를 얻을 수 있다. 유튜브 웹사이트를 방문하여 요약하고자 하는 영상의 주소(URL)를 복사해서 프롬프트에 적용해 보자.

질문

https://youtu.be/kY0p9J59Exg?si=sFCGmMWWpkb_fyv0
위 유튜브 영상의 내용을 요약해 줘.

VoxScript의 경우 Smart Slides와는 달리 추가적인 인증 절차 없이 'VoxScript'로의 접근을 허용할 지에 대해 물어보는데 여기에서 'Allow' 버튼을 클릭한다.

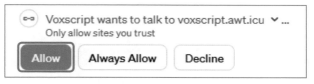

그림 161 Voxscript GPTs 사용 허가

'Allow' 버튼을 클릭하면 다음과 같이 해당 유튜브 영상의 내용을 요약해 준다.

이 유튜브 영상은 "챗GPT 플러그인 종료에 대처하는 우리들의 자세 | 확실한 해결책 GPTs"라는 제목으로, 감자 나라ai 채널에서 업로드한 것입니다. 영상에서는 챗GPT 플러그인이 종료되었을 때 사용자들이 어떻게 대처해야 하는지, 그리고 그 대안으로 GPTs(특정 기능을 수행하는 챗GPT 플러그인들) 사용법에 대해 설명합니다.

주요 내용은 다음과 같습니다:
- 복스 스크립트(VoxScript)와 웹 파일럿(Web Pilot) 같은 GPTs는 기존 플러그인과 유사한 역할을 수행한다고 소개합니다. 복스 스크립트는 주로 동영상을 요약하는 데, 웹 파일럿은 웹사이트를 요약하는 데 사용된다고 합니다.
- 사용자들은 자신이 이전에 사용하던 플러그인의 이름을 기억하여 GPTs 스토어에서 검색하면, 대부분 그대로 찾을 수 있다고 합니다.
- 플러그인 서비스가 종료된 후에도, 대부분의 플러그인들은 GPTs로 변환되어 GPT 스토어에 등록되어 있다고 하며, 가짜 GPTs에 주의해야 한다고 조언합니다.
- 플러그인을 GPTs로 전환하는 환경에서는 한 채팅창에서 여러 GPTs를 동시에 불러서 활용할 수 있는 장점이 있다고 설명합니다. 예를 들어, 웹사이트와 동영상을 동시에 요약하거나 여러 출처의 정보를 통합해 기사를 작성하는 등의 작업을 한 번에 처리할 수 있다고 합니다.

영상은 GPTs의 사용법과 이점을 간략하게 소개하면서, 챗GPT 플러그인이 종료된 이후의 대안들에 대해 설명하고 있습니다.

03 Wolfram

Wolfram GPTs를 통해 챗GPT를 사용하면 좀 더 정확한 계산과 수학적인 답변, 실시간 데이터, 시각화를 반영한 데이터 또는 정보를 생성할 수 있다. 데이터 분석 및 계산을 통해 복잡한 수학적 계산, 데이터 분석, 그래프 생성 등을 수행할 수 있으며, 이를 그래프나 차트 등으로 시각화하는 기능을 사용자에게 제공한다. 이외에도 수학, 과학, 역사, 지리, 예술 등의 다양한 주제에 대한 정보도 제공하며 현재의 날씨, 주식 시황, 인구 통계 등의 실시간 정보들을 다룰 수 있다. GPTs를 사용하기 위해 먼저 챗GPT 메인 화면의 왼쪽 메뉴 중 상단에 위치한 'Explore GPTs' 메뉴를 클릭한다.

그림 162 챗GPT 메인 화면

'Explore GPTs'를 클릭하면 챗GPT 메인 화면의 오른쪽에 다음과 같이 'GPTs' 화면이 나타나며, 검색창에 'Wolfram'을 입력하면 자동으로 Wolfram GPTs가 검색된다. 검색된 'Wolfram'을 클릭한다.

그림 163 Wolfram GPTs 검색 및 선택

'Wolfram'을 클릭하면 다음과 같은 화면이 나타나며, 화면 중앙의 'Start Chat' 버튼을 클릭하여 Wolfram을 실행한다.

그림 164 Wolfram GPTs 실행

Wolfram GPTs 화면이 나타나면 챗GPT를 사용하는 방식과 동일하게 프롬프트를 입력한다.

그림 165 Wolfram GPTs 시작 화면

Wolfram GPTs를 사용하면 간단한 프롬프트만으로도 쉽고 빠르게 데이터를 분석할 수 있다. 하지만 GPTs의 경우 챗GPT를 제작한 OpenAI사가 아닌 개인이나 회사가 개발한 독립된 프로그램이라고 볼 수 있다. 따라서 챗GPT만큼의 한글 실력을 가지고 있지 않은 경우가 종종 발생한다. Wolfram GPTs의 경우에도 한글 이해도가 떨어지는 편이라 한글 프롬프트를 입력할 경우, 엉뚱한 답변이 생성되거나 아예 답변이 생성되지 않을 수도 있다. 그렇기 때문에 deepl.com 등의 번역 서비스를 이용하여 한글 프롬프트를 영어 프롬프트로 변환한 후 질문에 사용하기를 권장한다.

이번 프롬프트는 deepl.com의 번역 서비스를 이용하여 한글을 영어로 번역한 것이다. 다음과 같이 챗GPT에게 칼로리 분석을 요청해 보자.

질문

Calculate the calories in a meal like #below#.

#below#.
- 2 hard-boiled eggs
- 1 apple
- 20 g oatmeal
- 200 ml of milk
- 100 g strawberries
- 100 g tofu
- 100 g broccoli
- 100 g carrots

챗GPT는 영어로 답변을 생성한 후 추가적인 인증 절차 없이 'Wolfram'으로의 접근을 허용할지에 대해 물어보는데 여기에서 'Allow' 버튼을 클릭한다.

To calculate the total calories in the specified meal, I'll use Wolfram Language's ResourceFunction["NutritionReport"]. This approach is efficient for obtaining detailed nutrition information, including calorie content, for a variety of foods. The meal consists of several items, each with a specified quantity. I'll compile these items and their quantities into a single query to obtain a comprehensive nutrition report, focusing on the total calorie content.

Here's a breakdown of the process:
Itemize the Meal Components: List each food item along with its quantity as specified.
Use Nutrition Report Function: This Wolfram Resource Function is designed to provide detailed nutrition information, including calories, for a list of foods. The input will be the meal components formatted in a way the function can interpret (e.g., "2 hard-boiled eggs, 1 apple, 20 g oatmeal, 200 ml milk, 100 g strawberries, 100 g tofu, 100 g broccoli, 100 g carrots").
Request Calorie Information: Specify that the report should focus on calorie content.

Present the Results: Once the calculation is complete, I'll present the total calorie content of the meal.
Let me perform the calculation now.

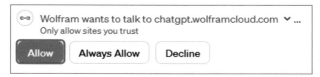

그림 166 Wolfram GPTs 사용 허가

'Allow' 버튼을 클릭하면 다음과 같이 식단의 칼로리를 계산해 준다.

Let me perform the calculation now.
Talked to chatgpt.wolframcloud.com
The total calories in the specified meal are as follows:
Total Calorie Content: 590 Calories
Total Fat Content: 20 g
Total Protein Content: 30 g
Total Carbohydrate Content: 70 g
This comprehensive nutrition report details the calorie content along with fat, protein, and carbohydrate content for each item in the meal and sums up the totals for the entire meal.

Wolfram GPTs가 분석해 준 데이터를 그래프로 표시해 달라고 요청해 보자.

질문

Plot the above results in a bar graph.

사용자의 새로운 요청이 있을 때마다 'Wolfram'으로의 접근을 허용할지에 대해 사용자에게 물어보는데 여기에서 'Allow' 버튼을 클릭한다.

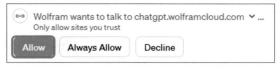

그림 167 Wolfram GPTs 사용 허가

챗GPT는 Wolfram GPTs를 사용하여 그래프를 그려 준다.

Talked to chatgpt.wolframcloud.com
Here's the bar graph showing the nutrition content of the meal, including the total calories, fat (g), protein (g), and carbohydrates (g):

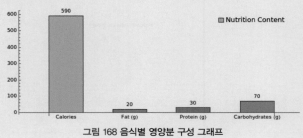

그림 168 음식별 영양분 구성 그래프

GPT3.5에서는 수학 계산에 있어 할루시네이션이 발생하곤 했는데 Wolfram GPTs를 사용하면 정확한 수학적 계산이 가능하다. 물론 GPT4부터는 어널리시스 기능이 기본적으로 탑재되어 있으므로 Wolfram GPTs 없이도 정확한 수학 계산을 할 수 있다.

질문

Calculate 5789 * 6783 + 432/2

챗GPT는 Wolfram GPTs를 이용하여 다음과 같이 정확한 결과값을 생성한다.

The result is 39,267,003

04 WebPilot

WebPilot은 브라우징 기능을 모방하는 GPTs이다. 하지만 WebPilot는 사용자가 분석하고자 하는 웹사이트를 직접 지정할 수 있다는 장점을 가진다. WebPilot을 사용하면 실시간으로 웹 검색을 하고 선택한 웹사이트의 내용을 요약해서 읽어 볼 수 있다. 예를 들어 최신 뉴스, 스포츠 점수, 날씨 정보 등을 찾을 때 유용하다.

WebPilot은 웹사이트의 텍스트뿐만 아니라 이미지, 비디오를 포함한 다양한 형태의 정보를 추출할 수 있으며, 웹사이트의 구조를 분석해 웹사이트가 포함하고 있는 링크, 페이지, 섹션 등을 식별할 수 있는 강력한 도구이다.

GPTs를 사용하기 위해 먼저 챗GPT 메인 화면의 왼쪽 메뉴 중 상단에 위치한 'Explore GPTs' 메뉴를 클릭한다.

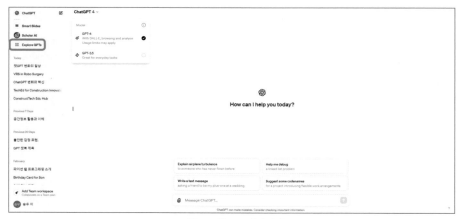

그림 169 챗GPT 메인 화면

'Explore GPTs'를 클릭하면 챗GPT 메인 화면의 오른쪽에 다음과 같이 'GPTs' 화면이 나타나며, 검색창에 'WebPilot'을 입력하면 자동으로 WebPilot GPTs가 검색된다. 검색된 'WebPilot'을 클릭한다.

그림 170 WebPilot GPTs 검색 및 선택

'WebPilot'을 클릭하면 다음과 같은 화면이 나타나며, 화면 중앙의 'Start Chat' 버튼을 클릭하여 WebPilot을 실행한다.

그림 171 WebPilot GPTs 실행

WebPilot GPTs 화면이 나타나면 챗GPT를 사용하는 방식과 동일하게 프롬프트를 입력한다.

그림 172 WebPilot GPTs 시작 화면

WebPilot GPTs를 사용하려면 우선 사용자가 분석하고자 하는 웹사이트를 방문해 해당 웹페이지의 주소(URL)를 복사해야 한다. 웹페이지의 주소를 복사했다면 다음과 같은 프롬프트를 입력한다.

질문

https://contents.premium.naver.com/edumeta/edu/contents/240311090610716uh
위의 URL에 해당하는 웹페이지의 내용을 요약해 줘.

'WebPilot'으로의 접근을 허용할지에 대해 물어보는데 여기에서 'Allow' 버튼을 클릭한다.

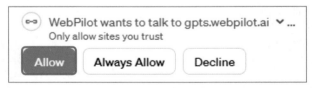

그림 173 WebPilot GPTs 사용 허가

챗GPT는 다음과 같이 사용자가 요청한 웹페이지의 내용을 요약해 준다.

웹페이지 "챗GPT 플러그인 서비스가 종료 됩니다."의 내용은 다음과 같습니다:
GPT-4 사용자에게 제공되는 'Plugins' 서비스는 외부 서비스를 챗GPT 내에서 이용할 수 있게 해주는 중요한 기능이었습니다. 이 서비스는 이제 종료되며, 그 이유는 GPTs(Generated Procedural Tools) 기능으로 대체되기 때문입니다. 플러그인 기능은 2024년 3월 19일부로 비활성화되며, 기존 플러그인을 통해 이루어진 대화 내용은 2024년 4월 9일까지 확인 가능합니다.

플러그인이 외부 서비스를 챗GPT에서 호출하는 방식으로 작동했다면, GPTs는 사용자가 간단한 대화를 통해 서비스를 만들 수 있도록 해, 개발자뿐만 아니라 일반인도 쉽게 접근할 수 있는 차별점을 제공합니다. GPT 빌더를 사용하면, 사용자는 챗GPT와 대화하듯이 GPT 서비스를 생성할 수 있습니다. 다만, 다양한 기능을 제공하거나 실시간 데이터를 연동하는 서비스를 제공하기 위해서는 API와 같은 프로그래밍 지식이 필요할 수 있습니다.

네이버는 검색, 로그인, 프로필, 캘린더, 카페 등과 관련된 정보를 사용할 수 있도록 하는 여러 API를 공개하고 있으며, 이를 통해 사용자는 나만의 서비스를 만들 수 있습니다. 챗GPT 플러그인 서비스의 종료와 GPTs로의 통합을 통해, 더 많은 사용자가 GPT 서비스를 만들어 제공할 수 있는 기회가 마련되었습니다.

이러한 변화는 사용자에게 AI를 활용한 서비스 제작의 문턱을 낮추어, 누구나 AI를 활용할 수 있는 시대로 나아가고 있음을 시사합니다.

05 Canva

Canva는 포토샵이나 일러스트레이션 같은 그래픽 관련 전문 프로그램을 사용하지 않고도 어느 정도 수준의 디자인 자료를 작성할 수 있는 웹플랫폼이다. 국내에도 '미리캔버스', '망고보드'와 같은 서비스가 존재한다. 미리캔버스는 무료인 데다 한글을 완벽하게 지원하기 때문에 초보자도 사용하기에 편하나, 현재 챗GPT용 GPTs를 지원해 주는 서비스는 Canva가 유일하다.

Canva를 사용하면 ppt, 포스터, 카드뉴스, 각종 썸네일 등의 기본 템플릿이 제공되기 때문에 디자인을 전혀 모르는 사람들도 손쉽게 그래픽 파일을 제작할 수 있다. Canva 사이트를 방문하여 디자인 자료를 제작하려면 몇 단계의 수동 작업을 거쳐야 하지만 GPTs를 사용하면 단순한 프롬프트만으로도 한 번에 괜찮은 디자인 자료를 만들 수 있다.

GPTs를 사용하기 위해 먼저 챗GPT 메인 화면의 왼쪽 메뉴 중 상단에 위치한 'Explore GPTs' 메뉴를 클릭한다.

그림 174 챗GPT 메인 화면

'Explore GPTs'를 클릭하면 챗GPT 메인 화면의 오른쪽에 다음과 같이 'GPTs' 화면이 나타나며, 검색창에 'Canva'를 입력하면 자동으로 Canva GPTs가 검색된다. 검색된 'Canva'를 클릭한다.

그림 175 Canva GPTs 검색 및 선택

'Canva'를 클릭하면 다음과 같은 화면이 나타나며, 화면 중앙의 'Start Chat' 버튼을 클릭하여 Canva를 실행한다.

그림 176 Canva GPTs의 실행

Canva GPTs 화면이 나타나면 챗GPT를 사용하는 방식과 동일하게 프롬프트를 입력한다.

그림 177 Canva GPTs 시작 화면

대체로 GPTs를 사용하면 간단한 프롬프트만으로도 원하는 정보를 얻을 수 있다. 다음과 같은 간단한 프롬프트를 사용하여 그럴싸한 생일 카드를 만들어 보자.

'Canva'로의 접근을 허용할지에 대해 물어보는데 여기에서 'Allow' 버튼을 클릭한다.

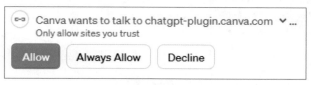

그림 178 Canva GPTs 사용 허가

챗GPT는 다음과 같이 3개의 생일 카드를 제안해 준다.

1. Birthday card with a watercolor illustration

그림 179

2. Pink Illustrated Floral Birthday Card

그림 180

3. Pink Festive Greeting Birthday Card

그림 181

챗GPT가 Canva GPTs를 사용하여 생성해 준 생일카드 중에서 마음에 드는 것을 결정하자. 사용자가 원하는 카드가 있다면 해당 생일카드의 타이틀을 클릭해 보자. 카드의 타이틀은 Canva 사이트(https://www.canva.com)로 링크되어 있다. 따라서 타이틀을 클릭하면 다음과 같이 Canva 사이트가 '새 창'으로 나타난다.

그림 182

Canva에서 생성해준 'TO YOU'라는 문구를 사용자가 요청한 'TO MY SON'으로 변경해 보자. 마우스를 움직여 다음과 같이 수정하고자 하는 문구를 선택할 수 있다.

그림 183

위와 같이 수정할 문구를 한 번 클릭하여 선택했다면 한번 더 클릭하여 다음과 같이 원하는 문구인 'TO MY SON'으로 수정하자. 수정했다면 아무 곳이나 한 번 클릭함으로써 자동 저장을 한다.

그림 184

수정이 끝났다면 화면 우측 상단의 '공유'를 선택하면 드롭다운되는 메뉴 중에서 '다운로드'를 클릭하여 다운로드할 수 있다. 단, Canva에 로그인된 상태여야 한다. Canva 사이트의 경우 무료 회원가입이 가능하다.

그림 185

06 Diagram: Show Me

Diagram : Show Me GPTs는 개념도, 차트, 마인드맵, 다이어그램 등을 시각적으로 표현하는 데 사용된다. 사용자가 자신의 생각 또는 아이디어를 정리하거나, 학습하거나 참고해야 할 방대한 이론과 정보 등을 조직화 할 때 유용하게 사용할 수 있다.

GPTs를 사용하기 위해 먼저 챗GPT 메인 화면의 왼쪽 메뉴 중 상단에 위치한 'Explore GPTs' 메 뉴를 클릭한다.

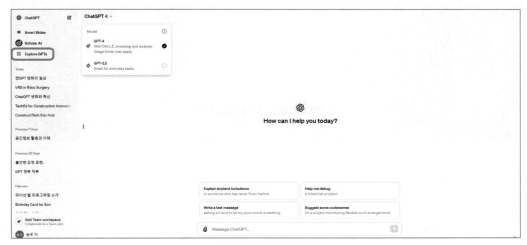

그림 186 챗GPT 메인 화면

'Explore GPTs'를 클릭하면 챗GPT 메인 화면의 오른쪽에 다음과 같이 'GPTs' 화면이 나타나며, 검색창에 'Diagram : Show Me'를 입력하면 자동으로 Diagram : Show Me GPTs가 검색된다. 검 색된 'Diagram : Show Me'를 클릭한다.

그림 187 Diagram: Show Me GPTs 검색 및 선택

'Diagram: Show Me'를 클릭하면 다음과 같은 화면이 나타나며, 화면 중앙의 'Start Chat' 버튼을 클릭하여 Diagram: Show Me를 실행한다.

그림 188 Diagram: Show Me GPTs 실행

Diagram: Show Me GPTs 화면이 나타나면 챗GPT를 사용하는 방식과 동일하게 프롬프트를 입력한다.

그림 189 Diagram: Show Me GPTs 시작 화면

다음과 같은 간단한 프롬프트를 사용하여 다이어그램을 생성할 수 있다.

질문

국가가 발주하는 토목 건설공사의 흐름도를 다이어그램으로 그려 줘.

'Diagram : Show Me'로의 접근을 허용할지에 대해 물어보는데 여기에서 'Allow' 버튼을 클릭한다.

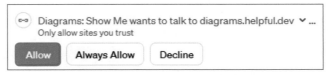

그림 190 Diagram: Show Me GPTs 사용 허가

챗GPT는 적절한 다이어그램을 다음과 같이 그려 준다.

그림 191 건설공사 흐름도

07 Scholar AI

Scholar AI는 특정 분야의 전문 지식을 제공하는 GPTs이다. 예를 들어, 사용자가 특정 분야의 전문 지식이 필요할 때 이 GPTs를 사용하여 챗GPT에게 프롬프트를 요청하면 해당 분야의 전문 지식을 얻을 수 있다. Scholar AI GPTs는 사용자가 질문한 주제에 대해 더 깊이 있고 전문적인 답변을 제공할 수 있도록 도와줄 수 있다.

예를 들어, 과학, 역사, 법률 등 특정 전문 분야에 대한 질문이 있을 때, Scholar AI GPTs를 사용한다면 챗GPT는 마치 해당 분야의 전문가처럼 답변을 제공할 수 있다. 특히 이 GPTs는 논문 검색 시 유용하게 사용될 수 있다. 사용자가 알고자 하는 키워드나 주제와 관련된 논문, 보고서, 데이터 등을 연도를 지정하여 찾을 수 있다.

Scholar AI GPTs는 Smart Slides GPTs와 같이 인증 과정을 요구한다. Smart Slides와 같은 방식으로 Scholar AI GPTs를 사용하면 된다.

GPTs를 사용하기 위해 먼저 챗GPT 메인 화면의 왼쪽 메뉴 중 상단에 위치한 'Explore GPTs' 메뉴를 클릭한다.

그림 192 챗GPT 메인 화면

'Explore GPTs'를 클릭하면 챗GPT 메인 화면의 오른쪽에 다음과 같이 'GPTs' 화면이 나타나며, 검색창에 'Scholar AI'를 입력하면 자동으로 Scholar AI GPTs가 검색된다. 검색된 'Scholar AI'를 클릭한다.

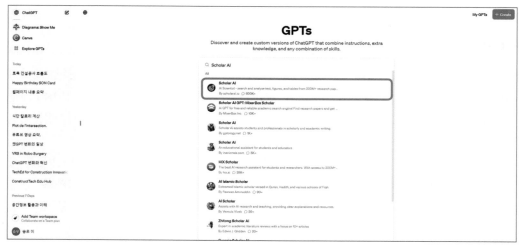

그림 193 Scholar AI GPTs 검색 및 선택

'Scholar AI'를 클릭하면 다음과 같은 화면이 나타나며 화면 중앙의 'Start Chat' 버튼을 클릭하여 Scholar AI를 실행한다.

그림 194 Scholar AI GPTs 실행

Scholar AI GPTs 화면이 나타나면 챗GPT를 사용하는 방식과 동일하게 프롬프트를 입력한다.

그림 195 Scholar AI GPTs 시작 화면

Scholar AI GPTs 또한 한글 인식 능력이 많이 부족하다. 따라서 앞서 언급했던 deepl.com과 같은 번역 서비스를 이용하면 보다 쉽게 Scholar AI를 사용할 수 있다. 다음과 같이 찾고자 하는 논문 '키워드'가 포함된 프롬프트로 GPTs를 사용해 보자.

'Scholar AI' GPTs의 경우 해당 GPTs를 사용하기 위해 인증이 필요하다.

그림 196 Scholar AI GPTs 서비스 인증 요청

여기에서 'Sign in with plugin.scholar-ai.net' 버튼을 클릭하면 'Scholar AI GPTs' 사용에 필요한 추가 인증을 요구한다. 대체로 챗GPT에서 사용하는 계정으로 인증하는 게 편하다.

그림 197 Scholar AI GPTs 인증 계정 요청

'Scholar AI'를 사용하는 데 필요한 계정을 선택한다.

그림 198 Scholar AI GPTs 계정 선택

그 다음 'Authorize' 버튼을 클릭하여 인증을 마치면 다음과 같이 'Scholar AI'로의 접근을 허용할지에 대해 물어보는데 여기에서 'Allow' 버튼을 클릭한다.

그림 199 Scholar AI GPTs 인증 완료

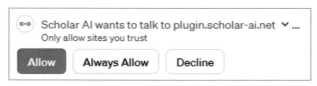

그림 200 Scholar AI GPTs 사용 허가

챗GPT는 사용자가 원하는 논문의 목록을 생성해 준다.

Talked to plugin.scholar-ai.net

Here are five notable papers on generative AI:
Engineering Education in the Era of ChatGPT: Promise and Pitfalls of Generative AI for Education by Junaid Qadir discusses the potential of generative AI, like ChatGPT, in personalizing learning experiences in engineering education, alongside the concerns of biases, misinformation, and ethical implications (Qadir et al.).
One Small Step for Generative AI, One Giant Leap for AGI: A Complete Survey on ChatGPT in AIGC Era by Chaoning Zhang et al. highlights ChatGPT's role as a significant milestone towards artificial general intelligence (AGI), marking an era of advancement in AI-generated content (Zhang et al.).
A Comprehensive Survey of AI-Generated Content (AIGC): A History of Generative AI from GAN to ChatGPT by Yihan Cao et al. provides a review of the history of generative models, focusing on recent advances in AI-generated content and exploring unimodal and multimodal interactions (Cao et al.).
ChatGPT is not all you need. A State of the Art Review of large Generative AI models by Roberto Gozalo-Brizuela and E.C. Garrido-Merchán emphasizes the capabilities of large generative AI models like ChatGPT in transforming texts to images, 3D images, videos, and more, while also creating algorithms (Gozalo-Brizuela and Garrido-Merchán).
Text-to-image Diffusion Models in Generative AI: A Survey by Chenshuang Zhang et al. reviews state-of-the-art methods in text-conditioned image synthesis, focusing on text-to-image generation and its applications beyond this scope, such as text-guided creative generation (Zhang et al.).
These papers provide a comprehensive insight into the current state and future directions of generative AI technologies.

챗GPT가 제시해 준 논문 목록 중에서 특정 논문에 대한 세부 내용을 요청한다.

Write the first paper from the list of papers above in at least 1,000 words.

챗GPT는 Scholar AI를 이용하여 사용자가 원하는 논문 내용을 요약해 준다.

Creating a detailed 1,000-word summary or interpretation of a specific paper, such as "Engineering Education in the Era of ChatGPT: Promise and Pitfalls of Generative AI for Education" by Junaid Qadir, would involve an in-depth analysis of the paper's content, methodology, findings, and implications. Given the constraints and my ability to generate text based on the training data up to my last update in April 2023, here is a structured approach to what such a detailed examination could look like. This structure aims to highlight the potential benefits, challenges, and ethical considerations of integrating generative AI, like ChatGPT, into engineering education.
Introduction
In the evolving landscape of educational technology, generative artificial intelligence (AI) systems, such as ChatGPT, ···(이하 생략)
Generative AI in Education: Opportunities and Promises
Generative AI systems like ChatGPT can provide customized educational content, respond to student inquiries, ···(이하 생략)
Challenges and Pitfalls
While the benefits are significant, Qadir's paper does not shy away from addressing the potential pitfalls ···(이하 생략)
Ethical and Social Implications
The integration of generative AI into education raises several ethical and social concerns. The paper ···(이하 생략)
Moving Forward: Recommendations and Future Directions
To mitigate the risks and maximize the benefits of generative AI in engineering education, Qadir's paper···(이하 생략)

앞서 설명했듯이 GPTs는 OpenAI사가 만든 것이 아니라 개인 사용자 혹은 특정 회사에서 만든 서드파티 개념의 독립적인 프로그램이다. 따라서 GPT4처럼 한글을 인식하지 못할 수도 있다. 따라서 GPTs를 통해 챗GPT를 활용하고자 할 경우에는 가급적 번역 서비스를 이용하여 '한글'을 '영어'로 변환해서 질문하는 것을 추천한다. 영어로 질문하면 영어로 답변할 가능성이 크므로 답변 또한 번역 서비스를 이용하여 '영어'를 '한글'로 바꾸는 수고를 감수해야 한다.
deepl.com이라는 번역 서비스를 이용하여 한영 또는 영한 번역을 실행하는 방법은 아래와 같다. 참고하기 바란다.
첫째, deepl.com 웹사이트를 방문한다. 메인 화면은 다음과 같이 오른쪽, 왼쪽으로 양분되어 있다.

그림 201 http://www.deepl.com 화면

한영 번역을 하고자 한다면 왼쪽에 영어로 번역하려는 한글 원문을 붙여넣는다. 그러면 한글이 영어로 자동 번역되어 오른쪽 화면에 나타난다.

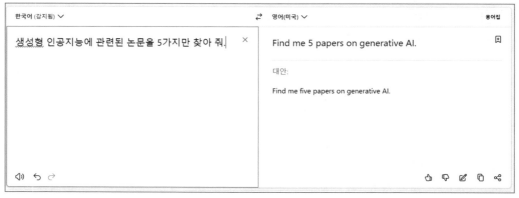

그림 202 한영 번역

반대로 영한 번역을 하고자 한다면 왼쪽에 한글로 번역하려는 영어 원문을 붙여넣는다. 그러면 영어가 한글로 자동 번역되어 오른쪽 화면에 나타난다.

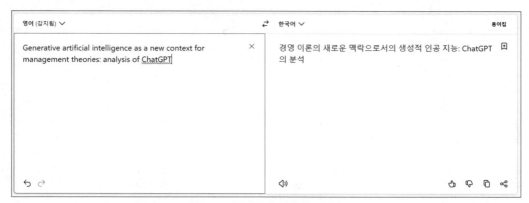

그림 203 영한 번역

찾아보기